DIE BESTEN STELL- UND CAMPING-PLÄTZE AN DER OSTSEEKÜSTE

Regenbogen Prerow 38

Ganz nah an der Ostsee kann hier übernachtet werden. Direkt am feinen Sandstrand und mitten in den Dünen oder unter alten Kiefern und auf Wiesengrund bietet die moderne Ferienanlage für jeden Wohnmobilisten das Passende (s. S. 117).

AF630550

184wo-lr

185wo-lr

49 Wohnmobilstellplatz An der Rügenbrücke Stralsund

Moderner Stellplatz, den man aus allen Himmelsrichtungen schnell erreicht. Von hier aus sind es nur 20 Min. Fußweg in die historische Altstadt von Stralsund bzw. zum Hafen (s. S. 141).

Wohnmobilstellplatz Sanddornstrand Wittenbeck 23

Natur pur und ein Blick von der Steilküste machen diesen Stellplatz aus. Man kann von hier aus zu Wanderungen oder Fahrradtouren starten. Die angrenzende Gaststätte bietet einen Brötchenservice (s. S. 72).

186wo-lr

187wo-lr

81 Campingplatz Thiessow

Wunderbar gelegener Platz zwischen Ostsee und Zicker See am südlichen Zipfel der Insel Rügen, von dem aus man den Strand nach wenigen Schritten erreicht. Zweimal wöchentlich macht hier der Rügen-Markt mit regionalen Produkten Station (s. S. 216).

Wohnmobilpark Banana Jack Boltenhagen 4

Mitten in Boltenhagen liegt dieser Platz mit Erlebnisgastronomie. Hier ist immer was los, denn es gibt ein Klub- und Partyhaus, eine Cocktailbar, das Bistro „Wurstmama“, Billard, Darts, Tanz… (s. S. 34).

188wo-lr

DIE SCHÖNSTEN LANDSCHAFTEN

189wo-lr

Gespensterwald Nienhagen

Hoch über dem Wasser und teilweise entlang der Steilküste kann man wunderschöne bizarre Bäume entdecken und den Gespensterwald auf einer Rundtour durchstreifen. Dabei eröffnen sich stets neue Ausblicke auf die Ostsee (s. S. 78).

190wo-lr

Insel Hiddensee

Ganz ohne Autoverkehr – das ist Hiddensee. Mit Kutsche oder Fahrrad lässt sich die Insel am besten erkunden. Dabei findet man am langen Sandstrand auch ein einsames Plätzchen zum Baden oder man besucht die kleinen quirligen Inselorte (s. S. 166).

191wo-lr

Kap Arkona

Oft als Nordkap Deutschlands bezeichnet, bietet sich hier dem Besucher eine einzigartige Küstenlandschaft mit steilen Kreidefelsen und bewegter Geschichte, lebendigen Fischerdörfern und ruhigen Plätzchen zum Entspannen (s. S. 177).

192wo-lr

Die Schaabe

Sandstrand, so weit das Auge reicht – 12 Kilometer lang ist die Nehrung zwischen Juliusruh und Glowe. Hat man den Kiefernwald an der Küste durchquert, steht einem uneingeschränkten Badevergnügen im recht flachen Gewässer nichts mehr im Wege (s. S. 182).

192wo-lr

Nationalpark Jasmund

Der Nationalpark ist zwar Deutschlands kleinster, aber er besticht durch das größte zusammenhängende Buchenwaldgebiet an der Ostseeküste und natürlich durch die berühmten Kreidefelsen wie den „Königsstuhl“ (s. S. 196).

DIE SEHENSWERTESTEN ORTE

Hansestadt Rostock

Backsteingotik trifft quirliges Leben. In der Hansestadt liegt alles eng beisammen: Kirchen, Restaurants, Museen und Theater. Zur jährlichen Hanse Sail im August verwandelt sich der Stadthafen in ein einziges großes Veranstaltungsgelände (s. S. 86).

183wo-lr

Heiligendamm

Das älteste Seebad Deutschlands wird auch als „Weiße Stadt am Meer“ bezeichnet, weil es mit seinem klassizistischen Gebäudeensemble ein außergewöhnlicher Ort ist. Flanieren, Einkehren und Baden stehen hier im Fokus (s. S. 72).

194wo-lr

Hansestadt Stralsund

UNESCO-Welterbestadt und Tor zur Insel Rügen – das ist Stralsund. Die Stadt ist umgeben von Wasser, hat eine spannende Historie und ist vor allem für Kinder wegen des Ozeaneums ein lohnendes Ausflugsziel (s. S. 136).

195wo-lr

Kaiserbäder auf Usedom

Dort, wo sich seit dem 19. Jh. alles, was Rang und Namen hatte, zur Erholung traf, kann heute jeder auf der Strandpromenade zwischen den Orten Bansin, Heringsdorf und Ahlbeck entlangbummeln und die herrschaftlichen Kaiserzeitvillen bestaunen (s. S. 271).

196wo-lr

Hansestadt Wismar

Eine Stadt, die von den Schweden geprägt wurde – das merkt man noch heute. So zeugen der Alte Schwede, ein Gasthaus am Markt, oder die Schwedenköpfe, die einst die Hafeneinfahrt zierten, von jener Zeit, als Wismar zu Schweden gehörte (s. S. 46).

197wo-lr

Auf der Reise zu Hause
www.reise-know-how.de
Ergänzungen nach Redaktionsschluss
kostenlose Zusatzinformationen und Downloads
das komplette Verlagsprogramm
aktuelle Erscheinungstermine
Newsletter und Social Media

INHALTSVERZEICHNIS

Die berühmten Kreidefelsen auf der Insel Rügen (Foto: 173wo-fo©Rico K.– stock.adobe.com)

Darß
Rügen
Stralsund
OSTSEE
Rostock
Greifswald
Usedom
Świnoujście

Darß
Rügen
Stralsund
OSTSEE
Rostock
Greifswald
Usedom
Świnoujście

Darß
Rügen
Stralsund
OSTSEE
Rostock
Greifswald
Usedom
Świnoujście

VORWORT

Zu jeder Jahreszeit sieht man an der Ostseeküste zahlreiche Wohnmobile. Das hat seinen guten Grund, denn hier findet jeder Wohnmobilist ganzjährig ein nahezu grenzenloses Urlaubs- und Freizeitangebot in beeindruckender Naturkulisse. Die Ostsee ist zwar „nur" ein relativ kleines Binnenmeer, lässt aber keine Wünsche offen, wenn man Strand, küstennahe Natur, Geschichte und Kultur erleben will. Entlang der Ostseeküste Mecklenburg-Vorpommerns locken einerseits die vielen breiten Sandstrände zum Badeaufenthalt oder einem Strandspaziergang, andererseits beeindrucken auch die steilen Küsten und dunklen Wälder. Wer es wünscht, dem wird eine große Menge touristischer Unterhaltung geboten, aber auch Ruhe und ungestörte Einsamkeit lassen sich noch finden.

Eine wechselvolle Geschichte bestimmte die Region und historische Zeugnisse laden den interessierten Besucher ein, eine Reise in die Vergangenheit zu unternehmen. Tausende Jahre alte Steinzeitgräber, Erinnerungen an die oft grausame Christianisierung zu Beginn des letzten Jahrtausends, Relikte aus dem Dreißigjährigen Krieg und historisch junge Überbleibsel aus der Zeit des Nationalsozialismus – überall an der Küste gibt es interessante Orte. Die Bedeutung der schiffbaren Ostsee als internationale Handelsverbindung und ihrer Hansestädte als reiche Handelsorte dokumentieren große Sakralbauten und reich verzierte Bürgerhäuser aus Backstein. Die Villen der sogenannten Bäderarchitektur zeugen von einer Zeit, als durch die Etablierung des Gästeverkehrs aus armen Fischerorten reiche Seebäder wurden.

Heute bestimmt der Tourismus als wichtigster Wirtschaftszweig den Takt an der Ostseeküste Mecklenburg-Vorpommerns. Industrie, Handelsschifffahrt und Fischfang haben ihre Bedeutung größtenteils verloren. Die Hochseehandels- und Fischereiflotte der DDR zählte einst zu den größten der Welt. Nach ihrer Abwicklung verloren Tausende Seeleute ihren Arbeitsplatz. Seit geraumer Zeit befinden sich die Werften der Ostseeküste als ehemals größte Arbeitgeber der Regionen in einer andauernden Krise und sind von Insolvenz und Schließung bedroht.

Der Tourismus wächst jedoch ungebrochen weiter und die Anzahl der in ihm Beschäftigten steigt. Nach wie vor werden neue Tourismusofferten erschlossen und bereits bestehende weiter ausgebaut. Dabei bemüht sich das Land Mecklenburg-Vorpommern, das touristische Angebot naturnah, naturschonend, ökologisch und sozial verträglich zu entwickeln. Man ist intensiv dabei, verschiedene touristische Sünden der Vergangenheit zu korrigieren. Durch den Wunsch von Millionen Gästen nach einem Aufenthalt an der Ostseeküste ist das aber keine leichte Aufgabe.

Liebe Leserinnen und Leser,

die Inhalte aus diesem Wohnmobil-Tourguide wurden detailliert recherchiert und gewissenhaft kontrolliert. Allerdings bringt die Corona-Pandemie manche Unwägbarkeiten mit sich – auch an der Ostseeküste. Da bis zum Redaktionsschluss noch nicht im Detail absehbar war, wie sich diese Krise auf das wirtschaftliche, kulturelle und soziale Leben in der Region auswirken wird, kann es u. U. passieren, dass einzelne im Buch aufgeführte Angebote nur eingeschränkt oder gar nicht mehr existieren. Trotz dieser Unwägbarkeiten soll der Wohnmobil-Tourguide Ostseeküste Mecklenburg-Vorpommern stets auf dem aktuellsten Stand sein. Deshalb bitten wir Sie, den Verlag über mögliche Veränderungen zu informieren, damit wir sie über die Update-Funktion zum Buch auf der Website www.reise-know-how.de/wohnmobil-tourguide/ostsee21 allen Nutzern bereitstellen können.

Vielen Dank!

In der DDR waren fast überall an der Ostseeküste die Innenstädte dem Niedergang geweiht. 1990 hatten sie bereits einen Zustand massiven, teils auch totalen Verfalls erreicht. Die politische Wende und die hiermit einhergehende wirtschaftliche Entwicklung sowie die damit verbundene Städtebauförderung im Osten Deutschlands retteten die oftmals historischen Innenstädte der bekannten und weniger bekannten Ostseeorte und gerade sie ziehen heute die Gäste in ihren Bann.

Mit der Flexibilität und der Freiheit des Wohnmobils kann es Besuchern gelingen, ganz tief in die verschiedenen Regionen der Ostseeküste Mecklenburg-Vorpommerns einzutauchen. Allerdings darf nicht unerwähnt bleiben, dass viele Orte an der Ostsee, v. a. im Jahr 2020, von Wohnmobilen außerordentlich stark frequentiert wurden und werden. Dies führt dazu, dass freie Übernachtungsmöglichkeiten kaum noch gegeben sind und sich die Parkplatzsuche für Wohnmobilisten nicht selten schwierig gestaltet. Trotzdem ist die Ostsee für uns ein bevorzugtes Urlaubsziel.

Gerne lassen wir uns zu jeder Jahreszeit einfangen von ihrem Charme, ihrem gesunden Klima und den netten „Fischköppen". An der mecklenburgischen Küste können wir nach kurzer Anreise auf gut ausgebauten Straßen schnell Meeresluft schnuppern und uns den frischen Wind um die Nase wehen lassen. Und obwohl wir dies seit vielen Jahren regelmäßig tun, eröffnet sich uns immer wieder Neues und Spannendes, erobern wir sommers neue Strände, genießen wir im Winter Eis und gelegentlich auch Schnee. Leider lassen sich nicht alle Sehenswürdigkeiten der langen Ostseeküste Mecklenburg-Vorpommerns in diesem Buch darstellen. Dazu würde man eine mehrbändige und trotzdem immer unvollkommen bleibende Ausgabe benötigen. Wir hoffen jedoch, dass es uns gelungen ist, eine interessante, abwechslungsreiche und vielseitige Auswahl zu treffen. Da sich dieses Buch vorrangig an Wohnmobilreisende und Campingfreunde richtet, wurden alle Camping- und Stellplätze vor Ort aufgeführt. Denken Sie bitte an ausreichend

174wo-fo©Igor – stock.adobe.com

Münzgeld, es werden immer mehr Automaten aufgestellt.

Die nur in der Hauptsaison gelegentlich auf Privatgrundstücken und in den kleinen Häfen angebotenen, sehr kleinen Stellmöglichkeiten mit 1–5 Stellplätzen wurden von uns wegen ihrer begrenzten Verfügbarkeit und dem unregelmäßigen Angebot nicht immer aufgenommen. Meist richten sich diese Angebote in erster Linie an Zelttouristen und es steht für Wohnmobile nur eingeschränkt Platz und Infrastruktur zur Verfügung. Bei solchen Plätzen empfiehlt es sich, die tagesaktuelle Ausschilderung vor Ort zu beachten.

Alle Angaben im Buch wurden von uns gründlich vor Ort recherchiert. Dennoch kann es vorkommen, dass einzelne Daten nicht mehr stimmen, denn wie schnell ändern sich Öffnungszeiten und Preise, eröffnen neue Restaurants, Ausstellungen und Museen. Ebenso ist es natürlich möglich, dass sich die Situation auf Camping- und Stellplätzen mittlerweile anders darstellt, als wir sie bei unserer Recherche vorgefunden haben. Darum unsere Bitte: Wenn Sie bei Ihrem Besuch der Ostseeküste Mecklenburg-Vorpommerns Veränderungen bemerken, teilen Sie uns diese bitte mit. Am besten erreichen sie uns und den Verlag per E-Mail an info@reise-know-how.de.

Allen Lesern wünschen wir spannende und erholsame Touren entlang der mecklenburgischen Ostseeküste. Wir hoffen, dass Ihnen dieses Buch ein wenig behilflich sein und vielleicht noch unbekannte Informationen zu Land und Leuten, zu Geschichte und Geschichten näherbringen kann. Wir sind uns sicher, dass diese Reise in den Norden Mecklenburg-Vorpommerns nicht Ihre letzte sein wird, denn wer einmal die Schönheiten der Ostseeküste Mecklenburg-Vorpommerns entdeckt hat, kann nur schwer wieder von ihr lassen.

Sylke Liehr und Achim Rümmler

⊡ *Blick auf Stralsund – die Hansestadt ist das Tor zur Insel Rügen*

DIE REGION ENTDECKEN

Die Ostseeküste Mecklenburg-Vorpommerns erstreckt sich von der Lübecker Bucht an der Grenze zu Schleswig-Holstein im Westen über 1700 km Länge bis zum Nachbarland Polen im Osten. Feinsandige, flache Strände wechseln mit hohen Steilküsten, Wälder und Sanddünen bestimmen den abwechslungsreichen Küstenabschnitt. Daneben prägen viele Inseln – darunter die größte deutsche Insel: Rügen – und mehrere Halbinseln die Region. Die kaum spürbaren Gezeiten und die geringe Wassertiefe ermöglichen vielerorts gefahrloses Baden, es sei denn, die Brandung ist bei starkem Wind sehr hoch. Zahlreiche Seebäder mit einer imposanten Villenarchitektur entstanden um die Wende zum 20. Jh. Sie locken auch heute noch mit dem Charme längst vergangener Zeiten, sind aber gleichzeitig Orte pulsierenden Lebens. Oft finden sich in diesen Bädern Seebrücken, manche ragen mehrere hundert Meter in die Ostsee. Zum einen dienen sie den Gästen als Promenade, zum anderen legen an ihnen Schiffe an, die Passagiere in andere Seebäder bringen und von See aus grandiose Blicke auf das Festland gewähren.

Neben Badestränden bietet dieser Abschnitt der deutschen Ostseeküste aber

11wo-lr

noch viel mehr. Die Hansestädte Wismar, Rostock (übrigens die größte Stadt an der mecklenburgischen Ostseeküste), Stralsund und Greifswald mit ihrer über 800 Jahre alten Geschichte laden ein zu einer Besichtigung ihrer alten Bauten der Backsteingotik, bieten Kulturgenuss verschiedenster Art und zahlreiche Einkaufsmöglichkeiten. Unterschiedlichste Schlösser und Herrenhäuser sind in der Region ebenso zu finden wie verträumte Dörfer, deren Häuser mit Reet gedeckt sind. Zwischen den Badeorten und im Hinterland der Ostseeküste wird bis heute viel Landwirtschaft betrieben. Industrie gibt es nur in den größeren Städten. Ein gut ausgebautes Radwegenetz auch außerhalb der großen Touristenorte lädt Fahrradfreunde dazu ein, die Nationalparks „Jasmund" und „Vorpommersche Boddenlandschaft" oder die Biosphärenreservate, Naturparks und Feuchtgebiete intensiver zu erkunden oder einen der größten Kranichrastplätze Europas am Günzer See zu besuchen. Die Natur der Ostseeküste mit ihrer Flora und Fauna ist einzigartig und bietet für jeden etwas.

Die Geschichte der Ostseeküste ist reich an Ereignissen von großer historischer Bedeutung. Die ältesten Zeugnisse menschlicher Besiedlung stammen vom Ende der Altsteinzeit. Einstige Jäger und Sammler ließen sich als Ackerbauern und Viehzüchter nieder. Waren dies bis zur Eisenzeit noch hauptsächlich Germanen, erfolgte nach deren Abzug während der germanischen Völkerwanderung im 7. Jh. eine Besiedlung durch slawische Stämme aus dem Osten. Zur Zeit der deutschen Ostexpansion im 13. Jh. entstanden die meisten der heutigen Dörfer und Städte. Aufgrund ihrer strategisch wichtigen Lage an der Ostsee und ihrer wirtschaftlichen Bedeutung waren viele Orte lange Jahre umkämpft und wechselten mehrfach Machthaber und Länderzugehörigkeit. Als erste Eroberer kamen die Dänen, die auch wesentlichen Anteil an der Christianisierung des Gebietes hatten. Ihnen entgegen stellten sich die reichen Hansestädte, die den Ostseeraum ab dem 14. Jh. wirtschaftlich und militärisch beherrschten. Die Universitäten Rostock und Greifswald gehören zu den ältesten Universitäten im Ostseeraum und gründeten sich auf den Reichtum der hanseatischen Kaufleute. Nach der Landung von König Gustav Adolf von Schweden 1630 bei Peenemünde auf Usedom wurden in der Folge große Gebiete Norddeutschlands von den Schweden besetzt. Nach dem Dreißigjährigen Krieg verblieben die Gebiete um Wismar und östlich des Darß über Stralsund, Rügen bis nach Usedom beim Königreich Schweden. Die vorpommerschen Gebiete südlich Usedoms gingen an Preußen. 1701 entstanden mit Mecklenburg-Schwerin und Mecklenburg-Strelitz zwei mecklenburgische Herzogtümer auf dem heutigen Gebiet des Bundeslandes Mecklenburg-Vorpommern. Nach dem Wiener Kongress 1815 übernahm Preußen große Teile der bis dahin schwedischen Besitzungen. Erst 1903 wurden mit der Stadt Wismar und der Insel Poel die letzten schwedischen Gebiete an Mecklenburg übergeben. 1934 vereinigte man die beiden Freistaaten Mecklenburg-Schwerin und Mecklenburg-Strelitz, doch wurde Mecklenburg infolge der politischen Neugliederung in der DDR 1952 erneut in drei Bezirke (Rostock, Schwerin und Neubrandenburg) geteilt.

Erst 1990 entstand wieder ein vereintes Land Mecklenburg-Vorpommern, welches sofort die Entwicklung des Tourismus zu einer seiner wichtigsten Aufgaben zählte. Heute kann man mit Sicherheit feststellen, dass die Lösung dieser Aufgabe gut gelungen ist.

◁ *Idyllische Landstriche findet man überall an der Küste, hier Schlösschen Lichtenstein in Lietzow am Abstecher nach Ralswiek*

HINWEISE ZUR BENUTZUNG

Auswahl der Stell- und Campingplätze

In diesem Wohnmobil-Tourguide wird eine breite Auswahl der in der Region verfügbaren Stell- und Campingplätze mit allen wichtigen Angaben beschrieben. Darüber hinaus listen einschlägige Apps und Stellplatzführer weitere Übernachtungsmöglichkeiten auf. Die Nichterwähnung in unserem Buch bedeutet nicht, dass ein Platz nicht mehr existiert oder eine geringe Qualität aufweist.

Fahrzeuggröße

Wenn vermerkt ist, dass eine Strecke oder ein Stellplatz für „große Wohnmobile" nicht geeignet ist, sind damit Womos über 8 m Länge gemeint. „Campingbusgröße" meint Camper unter 2,20 m Höhe und 5,50 m Länge.

Schreibweise der GPS-Koordinaten

Alle GPS-Daten in diesem Buch sind als **geografische Koordinaten** (Breite/Länge; Lat./Lon.) in Dezimalgrad (hddd.dddd) angegeben, also z. B. GPS 54.678843, 13.4341. Die erste Angabe zeigt den Wert für die nördliche Breite (° N), die zweite den für die östliche Länge (° E) an. Alle modernen GPS-Geräte akzeptieren die Schreibung als Dezimalgrad, gegebenenfalls muss das Eingabeformat in den Einstellungen des Gerätes aber erst ausgewählt werden. Einige Geräte verlangen möglicherweise statt des Punktes ein Komma als Trennzeichen. **Kartendatum** ist WGS84.

Umrechnung von GPS-Koordinaten

Wenn Sie die GPS-Angaben **von Dezimalgrad in Dezimalminuten** (dd° mm,mmm') umrechnen müssen, so beachten Sie bitte, dass ein Grad 60 (nicht 100!) Minuten hat. Die Angaben in Dezimalgrad können daher nicht einfach durch Kommaverschiebung in Dezimalminuten umgewandelt werden! 54.678843° sind nicht gleich 54° 67,8843', sondern 54° 40,731'. Ein Datenkonverter wie z. B. www.geoplaner.de erleichtert die Umrechnung erheblich.

Koordinaten zum Download

Die **GPS-Koordinaten der Stell- und Campingplätze im Buch** können auf der Verlags-Homepage www.reise-know-how.de von der Artikelseite dieses Buches unter der Rubrik Datenservice als Waypoint-Liste heruntergeladen werden. Benötigt Ihr Gerät ein **anderes Datenformat als kml oder gpx,** kann die Umrechnung beispielsweise unter www.routeconverter.de oder www.gpsvisualizer.com erfolgen.

Nutzung der GPS-Koordinaten

Wer ein **GPS-Gerät** oder **Navigationssystem** benutzt, das Koordinaten-Eingaben akzeptiert, der kann sich direkt zu den jeweiligen Punkten führen lassen. Praktisch alle GPS-Handgeräte bieten diese Möglichkeit, während manche Navigationssysteme nur Eingaben von Adressen akzeptieren – und Park- oder Stellplätze haben nicht immer eine Adresse.

Einige **Internet-Kartendienste** wie GoogleMaps™ (www.google.de/maps) zeigen nach Eingabe der geografischen Daten den gesuchten Punkt an, auf Wunsch mit Satellitenansicht und an vielen Stellen mit StreetView-Funktion.

Service für Mobilgeräte

Durch Einscannen des QR-Codes auf dem Umschlag bzw. über die Webadresse **www.reise-know-how.de/wohnmobil-tourguide/ostsee21** wird ein für den mobilen Einsatz optimierter Internetdienst aufgerufen. Damit kann die Lage der Camping- und Stellplätze auf einer Karte und die Route dorthin angezeigt werden. Außerdem können darüber **Updates nach Redaktionsschluss** aufgerufen werden. Voraussetzung ist eine Datenverbindung über das Mobilfunknetz oder WLAN.

Abkürzungen aus der DDR-Zeit

FDGB	Freier Deutscher Gewerkschaftsbund
FDJ	Freie Deutsche Jugend
NVA	Nationale Volksarmee
VEB	Volkseigener Betrieb

ROUTE 1

INNERDEUTSCHE GRENZE, LUFTFAHRT-GESCHICHTE, EIN DICHTER UND ERSTE STRÄNDE – IM KLÜTZER WINKEL

001wo-lr

ROUTENÜBERSICHT

Strecke:

Schönberg (s. S. 16) – **Dassow** (8 km, s. S. 20) – **Pötenitz** (6 km, s. S. 21) – **Abstecher nach Rosenhagen** (hin und zurück etwa 3 km, s. S. 23) – **Harkensee** (4 km, s. S. 23) – **Abstecher nach Groß Schwansee** (hin und zurück etwa 6 km, s. S. 24) – **Kalkhorst** (6 km, s. S. 26) – **Brook** (3 km, s. S. 28) – **Klütz** (10 km, s. S. 29) – **Abstecher in das Steinzeitdorf Kussow** (hin und zurück etwa 18 km, s. S. 32) – **Boltenhagen** (4 km, s. S. 32) – **Tarnewitzer Huk** (3 km, s. S. 34) – **Wohlenberger Wiek** (7 km, s. S. 36) – **Grevesmühlen** (10 km, s. S. 39)

Streckenlänge:

ohne Abstecher ca. 61 km
mit Abstecher ca. 88 km

Die Tour startet unweit des ehemaligen „Eisernen Vorhangs“ zwischen Ost und West im beschaulichen Schönberg und führt dann zur Pötenitzer Wiek, wo einst Wasser- und Amphibienflugzeuge getestet wurden und Gefangene Waffen und Flugzeuge produzierten. Heute kann man sich hier in einem schönen Naturschutzgebiet wunderbar erholen. Neben Schlössern und Herrenhäusern locken unterwegs immer wieder (Backstein-)Kirchen zur Einkehr. Der bekannte Dichter und Schriftsteller Uwe Johnson setzte der kleinen Stadt Klütz in seinem Hauptwerk „Jahrestage“ ein literarisches Denkmal und ihm zu Ehren richtete die Stadt ein sehenswertes Literaturmuseum ein. Strandbesucher kommen auf dieser Tour schnell auf ihre Kosten, denn neben dem berühmten Ostseebad Boltenhagen gibt es zahlreiche weitere Möglichkeiten, die Ostseeküste von ihren schönsten Seiten kennenzulernen.

⊠ Kapitelstartseite: Die Klützer Mühle (s. S. 30) ist weithin sichtbar und bietet Besuchern einen guten Blick auf Stadt und Umland

⊠ 96 m über dem Meeresspiegel: der Blick vom Aussichtsturm Hohen Schönberg

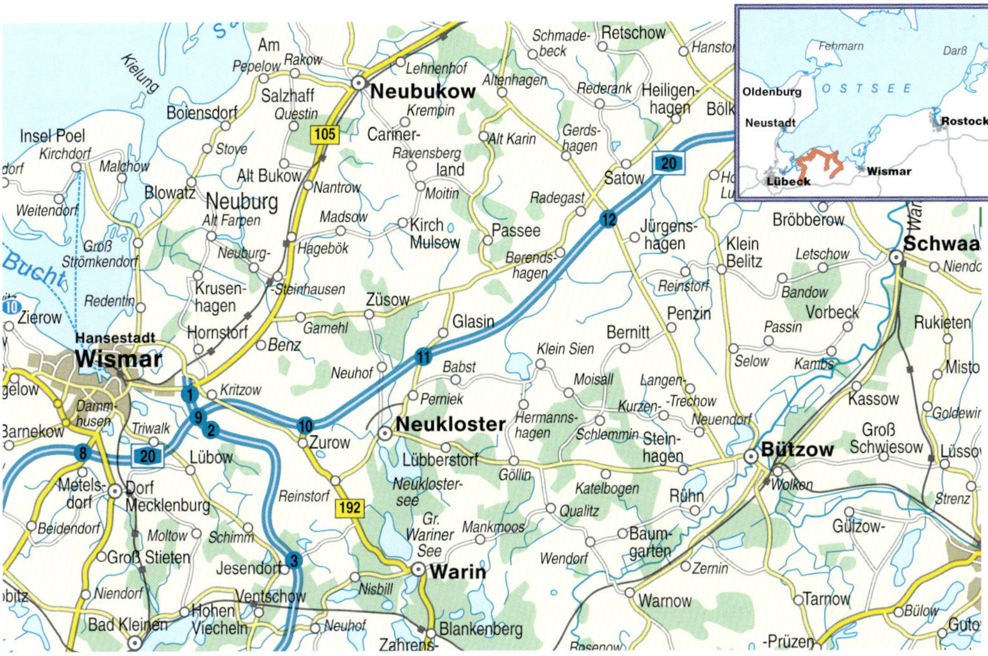
Am
Pepelow
Rakow
Kielung
Salzhaff
Boiensdorf
Questin
Lehnenhof
Neubukow
Krempin
Altenhagen
Schmade-
beck
Retschow
Rederank
Heiligen-
hagen
Bölk
Hanstor
Insel Poel
Kirchdorf
Malchow
Stove
Alt Bukow
Blowatz
Neuburg
Alt Farpen
Neuburg-
Steinhausen
Nantrow
Madsow
Hagebök
Cariner-
Ravensberg
land
Alt Karin
Moitin
Kirch
Mulsow
Passee
Gerds-
hagen
Radegast
Satow
Berends-
hagen
Jürgens-
hagen
Weitendorf
Groß
Strömkendorf
Bucht
Redentin
Zierow
Krusen-
hagen
Hornstorf
Benz
Gamehl
Züsow
Glasin
Hansestadt
Wismar
Kritzow
Neuhof
Babst
Klein Sien
Bernitt
Penzin
Reinstorf
Klein
Belitz
Bröbberow
Letschow
Bandow
Vorbeck
Passin
Selow
Kambs
Schwaan
Niendorf
Rukieten
Misto
Kassow
Goldewin
gelow
Damm-
husen
Triwalk
Barnekow
Lübow
Zurow
Perniek
Neukloster
Moisall
Langen-
-Trechow
Kurzen-
Neuendorf
Hermanns-
hagen
Schlemmin
Stein-
hagen
Bützow
Groß
Schwiesow
Lüssow
Metels-
dorf
Dorf
Mecklenburg
Reinstorf
Lübberstorf
Neukloster-
see
Göllin
Katelbogen
Rühn
Wolken
Strenz
Beidendorf
Moltow
Schimm
Gr.
Wariner
See
Mankmoos
Qualitz
Baum-
garten
Gülzow-
Groß Stieten
Jesendorf
Warin
Wendorf
Zernin
Niendorf
Ventschow
Nisbill
Warnow
Tarnow
Bülow
Bad Kleinen
Hohen
Viecheln
Neuhof
Blankenberg
Zahrens-
-Prüzen
105
20
12
11
10
1
9
2
8
3
192
Fehmarn
Darß
Oldenburg
OSTSEE
Neustadt
Rostock
Lübeck
Wismar

213wo-lr

SCHÖNBERG

Nicht einmal 20 Kilometer von der ehemaligen innerdeutschen und heutigen Landesgrenze Mecklenburg-Vorpommerns entfernt und mittlerweile mit vorzüglicher Verkehrsanbindung über die relativ neue Ostseeautobahn A20 ist Schönberg ein idealer Einstieg für eine Wohnmobiltour entlang der Ostseeküste Mecklenburg-Vorpommerns. Von Lübeck kommend erreicht man Schönberg innerhalb einer knappen halben Stunde, Hamburg ist nur eine Fahrstunde entfernt und auch ab Berlin dauert eine Fahrt hierher heute kaum länger als zwei Stunden. Dabei war es gerade diese Lage im äußersten Nordwesten Mecklenburg-Vorpommerns und zu DDR-Zeiten an der Grenze zur Bundesrepublik, welche die Entwicklung der Stadt ganz erheblich beeinflusste. Stellte sie sich nach 1990 als bedeutender Standortvorteil bei der Ansiedlung neuer Unternehmen in einem wiedervereinigten Deutschland heraus, war gerade diese Lage in Grenznähe zu DDR-Zeiten ein erhebliches Handicap für die Stadt. Wirtschaftliche Investitionen wurden damals kaum noch getätigt, der Tourismus wurde nicht entwickelt, die Stadt verfiel zusehends. Deshalb gab es nach der Wiedervereinigung 1990 erheblichen Nachholbedarf, um der Stadt zu alter Blüte zu verhelfen.

Erstmals urkundlich erwähnt wurde Schönberg bereits im Jahre 1219 und erlangte als Residenz der Bischöfe von Ratzeburg schnell überregionale Bedeutung. Nach der Säkularisation 1648 entstand aus dem ehemaligen Hochstift Ratzeburg das Fürstentum Ratzeburg, welches als Gebietsentschädigung für die an Schweden übertragenen Gebiete Mecklenburgs den Herzögen von Mecklenburg zugestanden wurde. Nach 1701 und der Dritten Mecklenburgischen Landesteilung wurde der Ort als territoriale Exklave dem Herzogtum Mecklenburg-Strelitz zugeschlagen. Aufgrund dieser vom übrigen Herzogtum Mecklenburg-Strelitz abgetrennten Lage ergab sich die Notwendigkeit der Einrichtung eines herzoglichen Verwaltungssitzes innerhalb der Exklave und Schönberg erhielt 1822 das Stadtrecht. Seinen Status als Verwaltungsort und spätere Kreisstadt behielt Schönberg bis 1948. Nach der deutschen Wiedervereinigung wurde Schönberg der Verwaltungssitz des neuen Amtes Schönberg Land. Heute zeugen viele sanierte, repräsentative Gebäude in Schönberg von der Bedeutung als Verwaltungsstadt.

Nach Verlassen der A20 an der Autobahnabfahrt Schönberg kann das Stadtzentrum Schönbergs nach 4 km erreicht werden. 1,3 km nach der Autobahnabfahrt gelangt man an einen Abzweig, an dem man sich entscheiden muss, ob man die Stadt umfahren oder besuchen möchte. Falls man die Stadt nicht besuchen will, bleibt man auf der als Umgehungsstraße ausgelegten B104 und umfährt die Stadt auf ihrer östlichen Seite in nördlicher Richtung. Nimmt man jedoch den Abzweig in Richtung Schönberg, so gelangt man auf der Marienstraße direkt in den Ort bis zum Marktplatz.

Verfahren kann man sich nicht. Die Marienstraße führt geradewegs in das kleine Zentrum des Ortes mit Kirche, Marktplatz und Rathaus. Die in massiver Backsteinbauweise erbaute **St.-Laurentius-Kirche** in Schönberg wurde auf den Resten verschiedener Vorgängerbauten, die bis in die Zeiten der Ratzeburger Bischöfe reichen, nach einem Brand 1601 neu errichtet. In späteren Jahren erfolgten verschiedene Umbauten und Veränderungen. Auffallend ist ihr gedrungener Turm mit der umlaufenden Besucherplattform, die jedoch nur nach Voranmeldung beim Pfarrer betreten werden kann. Zu Weihnachten grüßen Bläser vom Turm. Bei länger dauernden Restaurierungen in der Zeit von 1987 bis 1991 konnten im Innenbereich Malereien aus dem 17. Jahrhundert wieder freigelegt werden. Das bronzene Taufbecken der St.-Laurentius-Kirche in Glockenform wurde 1357 durch Gerhard Cranemann in Lübeck gegossen und gilt als eines der ältesten Bronzetaufbecken Mecklenburgs. Bronzene Tauf-

222wo-lr

becken dieser Art, auch als Tauffässer oder Bronzefünten bezeichnet, lösten im letzten Viertel des 13. Jahrhunderts, beginnend in den reichen Hansestädten der Ostseeküste, die bis dahin verwendeten steinernen Taufbecken ab. Sie galten als Zeichen von Reichtum und Eleganz und dienten vor allem repräsentativen Zwecken. Das Taufbecken der St.-Laurentius-Kirche wird von knienden Engeln getragen und zeigt verschiedene kirchliche Symbole und Heiligenfiguren sowie Motive der Taufe und Kreuzigung Christi.

Der prächtige Kirchenaltar wurde nach dem Brand um 1616 durch Fürstbischof August Herzog zu Braunschweig-Lüneburg gestiftet und ist sehr gut erhalten. Die Orgel wurde 1847 geweiht. Im Kirchhof befindet sich ein ca. 2 m hoher Sühnestein von 1410, der für den ermordeten Ritter und Straßenräuber Hermann Karlow vom Sohn des Opfers gesetzt wurde. Auf der Vorderseite des stark verwitterten Steines ist ein Kreuz mit einem betenden Mann eingeritzt, auf seiner Rückseite befindet sich eine Inschrift. Ebenfalls im Kirchhof steht ein Obelisk mit dem Relief Martin Luthers. Ein für eine solche Kleinstadt auffallend großes Kriegerdenkmal aus rotem Granit für die Gefallenen des Deutsch-Französischen Krieges von 1870/71 findet man auf der Westseite der Kirche neben der August-Bebel-Straße.

Bekannt ist die Schönberger St.-Laurentius-Kirche auch wegen der Musik- und Kunstveranstaltungen, die seit 1987 im Rahmen des **Schönberger Musiksommers** jährlich in ihr stattfinden. Das Programm reicht dabei von Kirchenmusik bis zu Jazz, vom großen Orchester bis zum Solisten. Zum Beispiel gastierte in der Kirche bereits der berühmte Leipziger Thomanerchor.

⊡ *Rings um den Marktplatz in Schönberg stehen historische Häuser – links hinten vor der Kirche das Volkskundemuseum im Koch'schen Haus*

Zweigeteilt ist das **Volkskundemuseum** Schönberg, auch als Museum des Ratzeburger Landes bezeichnet, in ein neu gestaltetes Haupthaus direkt am Markt und eine schöne Außenanlage, den **Bechelsdorfer Schulzenhof** in der Johann-Boye-Straße. Der Bechelsdorfer Schulzenhof wurde 1518–1525 erbaut und 1964 an diese Stelle umgesetzt. Das Haupthaus des Volkskundemuseums wurde nach aufwendiger Sanierung 2017 in das repräsentative Koch'sche Haus direkt am Markt verlegt. Dieses Gebäude wurde 1832 erbaut und setzt seine wechselvolle Geschichte als ehemaliges Hotel, Bankgebäude und Seniorenheim nun als Museum fort. Der Museumsbestand wurde 1901 nach einer Sammlung des Alterthumsvereins für das Fürstenthum Ratzeburg gegründet und möchte alte Traditionen bewahren.

Der mehrfach im Ort ausgeschilderte Parkplatz am Schönberger Freibad ist für Wohnmobile gesperrt. Auf der an der Rückseite der St.-Laurentius-Kirche gelegenen Hinterstraße kann man zwei Stunden kostenlos parken. Die gepflasterte, ausgeschilderte Zufahrt zum Parkplatz ist aber recht eng und für sehr große Wohnmobile ungeeignet. Weitere Parkmöglichkeiten (von 8–18 Uhr kostenfrei) befinden sich entlang der August-Bebel-Straße und auf der Rückseite des Marktplatzes (Parkplatz Zentrum).

Sehenswertes

› **St.-Laurentius-Kirche Schönberg,** Hinterstraße 4, 23923 Schönberg, Tel. 038828 21587

› **Schönberger Musiksommer,** Schönberger Musiksommer, Evangelisch-Lutherische St.-Laurentius-Kirchgemeinde Schönberg, Hinterstraße 4, 23923 Schönberg, www.schoenberger-musiksommer.de, Tel. 038828 23196. Jährlich stattfindende Reihe von Musik- und Kunstveranstaltungen in der St.-Laurentius-Kirche Schönberg. Dazu gibt es zahlreiche Veranstaltungen außerhalb des Musiksommers, die ebenfalls von der Kirchgemeinde organisiert werden.

› **Volkskundemuseum Schönberg mit Touristen-Informationsstelle,** Haupthaus: Am Markt 1, 23923 Schönberg, Außenanlage: Johann-Boye-Straße, 23923 Schönberg, Tel. 038828 348993, www.volkskundemuseum-schoenberg.de, Eintritt: 3 € Erw., 2 € Kinder, geöffnet: Di. 13–18, Mi./Do. 11–18, Sa. 13–18 Uhr, Außenanlage nur Mai–Okt. geöffnet. Museum des ehemaligen Ratzeburger Landes mit schön gestalteter Außenanlage. Zusätzliche Parkmöglichkeiten auch direkt an der Außenanlage.

Information

› **Amt Schönberger Land,** Am Markt 15, 23923 Schönberg, Tel. 038828 3300, www.schoenberger-land.de, geöffnet: Mo.–Do. 9–12 Uhr, Di./Do. 14–18 Uhr. Sitz des Amtes Schönberger Land in einem schön sanierten alten Fachwerkhaus direkt am Markt.

Parken

P 1 **Parkplatz Gewerbegebiet „Sabower Höhe",** GPS 53.83995, 10.95293. Kurz vor dem Ortseingang Schönbergs liegt das Gewerbegebiet „Sabower Höhe" rechts neben der Straße. Falls Fahrer und Wohnmobil eine Pause brauchen, kann man im hinteren Bereich problemlos und kostenfrei parken oder übernachten.

P 2 **Parkplatz am Bechelsdorfer Schulzenhof Schönberg,** GPS 53.84372, 10.92342, Johann-Boye-Straße, 23923 Schönberg. Die Johann-Boye-Straße wird über die August-Bebel-Straße nach dem Abbiegen auf die Ludwig-Bicker-Straße erreicht. Der kostenlose Parkplatz eignet sich gut für einen Aufenthalt von Wohnmobilen aller Größen.

P 3 **Parkplatz hinter ehemaligen „Orpheus" Lichtspielen Schönberg,** GPS 53.85063, 10.92661, Lübecker Straße, 23923 Schönberg. Sehr großer, geschotterter und kostenloser Parkplatz hinter den ehemaligen „Orpheus-Lichtspielen". Hier kann auch übernachtet werden.

P 4 **Parkplatz Zentrum Schönberg,** GPS 53.84559, 10.93578, Fritz-Reuter-Straße, 23923 Schönberg, ab Markt als Parkplatz Zentrum ausgeschildert, kostenfrei. Parkplatz gepflastert und mit Rasengittersteinen.

P 5 **Parkflächen auf dem Marktplatz von Schönberg,** GPS 53.8457, 10.9337. Die schönen, großen Parkflächen sind freitags 6–17 Uhr wegen Markttreibens belegt, sonst kann man hier eine halbe Stunde kostenfrei parken.

In Richtung Dassow folgt man der Lübecker Straße durch Schönberg und biegt nach Überquerung der Eisenbahnschienen nach rechts auf die Dassower Straße ab (Ausschilderung: Zur B104). Entlang der Dassower Straße erstreckt sich bis zum Ortsausgang Schönbergs ein Gewerbegebiet u. a. mit verschiedenen Lebensmittel-Discountern. Die Straße überquert später die B104 und führt als wunderschöne Alleenstraße direkt nach Dassow. Kurz vor Dassow passiert man die wenigen Häuser von Schwanbeck.

Norddeutsche Backsteingotik

Der rote Backstein kündet noch heute vom Reichtum im Ostseeraum, als dieser im Mittelalter europäisches Wirtschaftszentrum war. Es sind die gewaltigen Kirchen und Klöster, aber auch prächtige Bürgerhäuser, Rathäuser, Stadttore und Wallanlagen, die von der florierenden Hansezeit erzählen. Die Norddeutsche Backsteingotik verdankt ihre Entstehung einem Mangel, nämlich dem an geeignetem natürlichen Baumaterial wie z. B. Sandstein. Deshalb nutzte man Backstein (Ziegelstein) als Werkstoff. Dafür wurde im Herbst der Ton gestochen, damit er im Freien überwintern konnte, was wichtig für seine Auflockerung war. Erst im Frühjahr wurde der Ton mit Wasser vermischt und gestampft, sodass eine geschmeidige Masse entstand, die in Formen lange (oft jahrelang) getrocknet werden musste. Schließlich brannte man die Rohziegel in einem Ziegelofen, wobei sich bei ca. 1000 Grad das in der Tonerde vorhandene Eisenhydroxid in rotes Eisenoxid wandelte. Schon im 12. Jahrhundert wurde Backstein verwendet. Dank der Hanse breitete sich die Backsteingotik rasch aus, wobei Lübeck mit seiner St.-Marien-Kirche Vorbild für andere Sakralbauten u. a. in Rostock, Wismar oder auch Danzig und Riga war. Charakteristisch für die Norddeutsche Backsteingotik ist das Fehlen figurativer Bauelemente, da diese mit dem Werkstoff nicht realisierbar waren. Man benötigte stets eine neue Form für andersartige Backsteine. Andererseits konnte durch den Wechsel von roten und glasierten Ziegeln sowie weiß gekalkten Wandflächen eine reiche Flächengliederung erzielt werden. Gemauerte Ornamente sind keine Seltenheit an den oft sehr wuchtigen und monumentalen Bauten. Auf 15 Routen erschließen sich dem Besucher Wege zur Backsteingotik in Mecklenburg-Vorpommern zu Fuß, per Rad oder auf dem Wasserweg. Die Europäische Route der Backsteingotik führt länderübergreifend zu backsteingotischen Bauten in Schweden, Dänemark, Deutschland, Polen und bis ins Baltikum. Vor allem hansestädtische Backsteinbasiliken an der Ostsee stehen hierbei im Mittelpunkt. In Mecklenburg-Vorpommern kann man u. a. in Wismar, Rostock, Greifswald und Schwerin oder auch auf Rügen Backsteingotik auf sich wirken lassen. Oder man begibt sich auf eine backsteingotische Pilgerreise auf den Spuren der Heiligen Birgitta von Schweden. Informationen dazu erhält man im Pilger-Zentrum im Kloster Tempzin. Bei einer Wanderung entlang der Elde-Wasserstraße oder des Malich-Wolgast-Wasserweges genießt man Backsteinbauten aus der Flussperspektive. Die jeweiligen Tourismusbüros geben gern nähere Auskünfte zu den einzelnen Routen.

› ***Infos zu den Routen der Backsteingotik:*** *www.info-mv.de/backsteingotik*

› ***Europäische Route der Backsteingotik e.V.,*** *Littenstraße 10, 10179 Berlin, Tel. 030 206132555, www.eurob.org. Unter genannter Internetadresse können Flyer zu Routen der Backsteingotik heruntergeladen oder angefordert werden.*

› ***Pilger-Kloster Tempzin e.V.,*** *An der Klosterkirche 3, 19412 Tempzin, Tel. 038483 28329, www.pilger-kloster-tempzin.de. 500 Jahre alte Gebäude erwarten Besucher in Tempzin: ursprünglich eine gewaltige Antoniter-Hospital-Kloster-Anlage, existieren heute noch Kirche, Warmhaus und Gutspächterhaus. Informationen zu Pilgerwegen auf der Homepage oder direkt im Kloster.*

Schloss Lütgenhof ist einen Blick und einen Rundgang durch den Park wert

DASSOW

(8 km – km 8)

Dassow bezeichnet sich selbst als westlichste Ostseegemeinde Mecklenburg-Vorpommerns. Direkt am Ostseestrand liegt der Ort freilich nicht. Die Ostsee kann aber von hier über das Wasser des Dassower Sees erreicht werden und das Verwaltungsgebiet der Stadt Dassow erstreckt sich mittlerweile über die Ortsteile Pötenitz und Rosenhagen bis an die Ostseeküste. Deshalb ist die Bezeichnung nicht von der Hand zu weisen. An die Lage direkt an der ehemaligen innerdeutschen Grenze erinnert ein alter Wachturm der DDR-Grenztruppen westlich Dassows an der B105 in Richtung Lübeck. Von diesem aus wurde der Dassower See überwacht, um DDR-Bürger an der Flucht aus ihrem Land zu hindern. Im Gegensatz zum ruhigen Schönberg ist die größere Bedeutung des Tourismus für Dassow sofort spürbar. Es existiert ein Tourismusverein „Dassow – Tor zur Ostsee e. V.“, es gibt zahlreiche Übernachtungsmöglichkeiten, die Gastronomie ist gut aufgestellt und der Tigerpark Dassow lockt Besucher an.

Schon von Weitem fällt bei Einfahrt in den Ort Dassow der alte und vor Kurzem sanierte Speicher neben der Brücke über das kleine Flüsschen Stepenitz auf. Direkt hinter der Brücke und dem angrenzenden kleinen Bootshafen befindet sich auf der linken Straßenseite ein größerer unbefestigter und kostenfreier Parkplatz.

P 6 **Parkplatz Ortseinfahrt Dassow,** GPS 53.90738, 10.96846, 23942 Dassow. Der Parkplatz liegt hinter der Brücke über die Stepenitz auf der linken Straßenseite. Unbefestigter, kostenfreier und sehr großer Parkplatz zwischen Straße und Dassower See.

Von diesem Parkplatz kann man den Ort leicht zu Fuß erkunden oder auch ein Stück am Ufer entlang des Dassower Sees wandern. Der alte Ortskern Dassows ist ziemlich eng und es finden sich für Wohnmobile nur wenige Parkmöglichkeiten.

Das prächtige Schloss **Lütgenhof**, heute eine psychosomatische Klinik, nebst zugehöriger Parkanlage zählt Wohnmobilisten sicher weniger zu seiner Kundschaft, es lohnt sich aber, einmal einen Blick darauf zu werfen. Zu finden ist die ehemalige Schlossanlage im Ul-

menweg 10 (GPS 53.90098, 10.97476) im Süden Dassows. Ganz sicher einen Besuch wert ist der **Erlebnis- und Tigerpark** Dassow. Neu entstanden ist der **Outpost One,** eine galaktische Fanausstellung der bekannten Science-Fiction-Produktion Star Wars. Hier findet man auf mehr als 1300 m² in lebensgroßen Sets verschiedenste Exponate zur Filmreihe von Kostümen über Waffen und Fahrzeugen bis hin zu Raumschiffmodellen.

› **Erlebnis- und Tigerpark Dassow,** Gewerbestraße 35, 23942 Dassow, der B105 durch Dassow folgen bis zum Gewerbegebiet „Holmer Berg", gut ausgeschildert, Tel. 038826 88180, www.tigerpark.de, geöffnet: April–Okt. tägl. 10–18 Uhr, Eintritt: Erw. 11,90 €, Kinder 9,90 €. Schöner Erlebnis- und Tigerpark mit zahlreichen Veranstaltungen, Tigershows, Gastronomie, Raubtierschule und Mitmachzirkus.

› **Outpost One,** Travemünder Weg 20, 23942 Dassow, Tel. 0152 02650481, www.outpost-one.de, geöffnet: Mi.–Fr. 12–18, Sa./So. 10–18 Uhr, Eintritt: Erwachsene 30 €, Kinder 20 €. Ausstellung verschiedenster Exponate der Star-Wars-Filmreihe.

Der alte Speicher, die Straßenbrücke über die Stepenitz und die ersten Fischerboote erwarten den Besucher am Ortseingang Dassow

Gastronomie

› **Jägerhof Dassow,** Jägerhof 1, 23942 Dassow OT Holm, außerhalb des Ortes und etwas abseits der Route, der B105 in Richtung Grevesmühlen folgen, Tel. 038826 89464, www.jagdhotel-ostsee.de, geöffnet: tägl. Mitten im Wald gelegen und mit guten Parkmöglichkeiten für Wohnmobile aller Größen. Sehr rustikales Ambiente und ausgezeichnete Wild- und Fischgerichte. Übernachtung mit Wohnmobil bei Restaurantbesuch auf Anfrage vor Ort möglich.

Um der Route nach Pötenitz zu folgen, biegt man in Dassow von der B105 (Friedensstraße) auf den Travemünder Weg ab. Pötenitz ist ausgeschildert.

PÖTENITZ

(6 km – km 14)

Das kleine und auf den ersten Blick recht unscheinbare Dorf Pötenitz gehört seit 2004 zur Stadt Dassow. Hier findet man einen schnellen Übergang in das nur 3 km entfernte Travemünde sowie in etwa 800 m Entfernung vom Ort verschiedene Zugänge zum Baden und Wandern am Ostseestrand. Westlich von Pötenitz führt der **Priwall,** eine Halbinsel zwischen Ostsee und Pötenitzer Wiek, bis zur Trave. Über die hier 240 m breite Trave und als Verbindung in die Travemünder Innenstadt besteht eine Fährverbindung mit drei Autofähren. Der Fährpreis richtet sich nach dem Gewicht des Fahrzeuges und der Anzahl der Personen. Die einmalige Fahrt mit einem Fahrzeug bis 3,5 t und 2 Personen kostet beispielsweise 7,20 € (Stand Frühjahr 2021).

Auch Pötenitz litt zu DDR-Zeiten unter seiner Lage an der innerdeutschen Grenze. Im Grenzsperrgebiet gelegen verbot sich jede touristische Entwicklung. Das sicherte dem Ort aber auch seine Naturbelassenheit und schützte vor Massentourismus, wie er auf der anderen Seite der heutigen Landesgrenze Mecklenburg-Vorpommerns leicht zu finden ist. Die Unterschiede zwischen dem Gebiet um Pötenitz und dem schleswig-holsteinischen Teil des Priwalls könnten deshalb nicht größer sein.

Wer die Ruhe und Naturbelassenheit der Pötenitzer Flur verlassen möchte, trifft schon wenige Meter hinter der Landesgrenze auf dem Gebiet Schleswig-Holsteins auf eine nahezu geschlossene, dichte Bebauung mit zahlreichen touristischen und gastronomischen Angeboten. Nach mehrjähriger Bauzeit ist nun auch noch das touristische Megaprojekt „Priwall Waterfront" mit fast 2000 Gästebetten fertiggestellt. Dies und ein langer Sandstrand sorgen vor allem im Sommer auf dem Priwall für einen erheblichen Besucherstrom.

Der ehemalige Verlauf der innerdeutschen Grenze ist an der Straße nach Travemünde durch einen **Gedenkstein** mit der Aufschrift „Nie wieder geteilt – 3. Febr. 1990" markiert. Die Grenzziehung am östlichen Zugang zum Priwall, nur wenige hundert Meter westlich von Pötenitz entfernt, erscheint ungewöhnlich, würde sich doch eigentlich die Trave für eine Grenzziehung anbieten. Doch diese Grenze hat seit Jahrhunderten einen nicht immer unumstrittenen Bestand und wurde schon 1226 im Lübecker Reichsfreiheitsbrief Kaiser Friedrichs II. festgelegt. Im Reichsfreiheitsbrief sicherte sich Lübeck auch Gewässer- und Fischereirechte auf dem Dassower See. Diese Grenze wurde nach beständigen Streitigkeiten, die bis auf die Herzöge von Mecklenburg zurückführen, mehrfach juristisch überprüft, letztmalig durch das Reichsgericht 1890.

Pötenitz ist ein kleiner Ort, dessen ehemalige Bedeutung man heute nur noch bei genauem Hinschauen bemerkt. Zwischen 1928 und 1945 wurde hier einer der außergewöhnlichsten Standorte der Luftfahrtindustrie Deutschlands aufgebaut. Das sogenannte Luftzeugamt und die Erprobungsstelle „See" am Wasser der Pötenitzer Wiek gelegen waren in die Entwicklung, Erprobung und Zulassung von Luftfahrzeugen als Schwerpunktbetrieb Deutschlands eingebunden. Als besondere Aufgabe galt die Entwicklung von Wasser- und Amphibienflugzeugen. Im Rahmen der Kriegsvorbereitungen der Nationalsozialisten wurden in einer letzten Ausbaustufe ab 1936 auf 53 ha Fläche mehr als 50 Gebäude, Werkhallen und Hafenanlagen gebaut. Ein Eisenbahnanschluss ab Dassow wurde errichtet. Später produzierten hier Tausende Zwangsarbeiter und Gefangene Jagdflugzeuge. Nach Kriegsende plünderten zunächst die Rote Armee und Anwohner die Anlagen. Maschinen und Ausrüstung wurden später demontiert und in die UdSSR verbracht. 1947 sprengten dann Pioniere der Roten Armee große Teile der Anlage. Ein großes Trümmerfeld gesprengter Gebäude und Bunker befindet sich am Abzweig in Richtung Travemünde auf der linken Straßenseite.

Der heute noch bestehende Rest der Anlagen wird jetzt von Gestrüpp und Bäumen überwuchert und zählt zum Naturschutzgebiet „Küstenlandschaft zwischen Priwall und Barendorf mit Harkenbäkniederung". Die **Pötenitzer Wiek** zählt ebenfalls zu diesem Naturschutzgebiet. Auf Teilen einer alten Slipanlage für Wasserflugzeuge entstand eine geschützte Brutinsel für Wasservögel. Für die Erkundung des Naturschutzgebietes und des Priwalls bis Travemünde bietet sich eine

Fahrradtour auf den gut ausgebauten Fahrradwegen an. Das **Pötenitzer Schloss** wurde 1854 erbaut und geriet nach 1990 in die Hände wechselnder Investoren. Investitionen in das Schloss gelangen jedoch leider nicht. So verfiel die sich anfänglich noch in gutem Zustand befindliche Schlossanlage zur Ruine. Seit 2020 befindet sich das Schloss in der Hand der gleichen Investorengruppe, die bereits die alte Seefahrtschule in Wustrow erfolgreich sanierte, sodass jetzt Hoffnung auf eine Instandsetzung des Schlosses besteht. Bei der Durchfahrt durch den Ort fällt dem aufmerksamen Beobachter das Eingangsportal zum Schloss Pötenitz mit der Datumsangabe 29. Juli 1901 auf.

Pötenitz ist schnell durchfahren. Man folgt der Ausschilderung in Richtung Rosenhagen, Harkensee und Kalkhorst.

ABSTECHER NACH ROSENHAGEN

(hin und zurück etwa 3 km)

Aufgrund der sehr geringen Entfernung kann man eigentlich kaum von einem wirklichen Abstecher reden, wenn man am Abzweig nach Rosenhagen die Route kurz verlassen will. Rosenhagen ist eine kleine Siedlung, in der jedoch in den letzten Jahren zahlreiche Ferienhäuser entstanden sind. Vermutlich auch deshalb hat man sich von den Wohnmobilstellplätzen des Ortes wieder getrennt. Der ehemals im Ort befindliche Wohnmobilstellplatz wurde schon 2014 geschlossen. Das an diesen früheren Stellplatz gelegene Café „Strandgut“ wird aber weiter betrieben (www.cafe-bistro-strandgut.m-vp.de). Relativ überraschend wurde auch der erst vor wenigen Jahren neu erbaute wunderschöne Wohnmobilhafen am Ortseingang wieder geschlossen. Heute kann dieser ehemalige Stellplatz nur noch als Parkplatz (Parkplatz Rosenhagen) mit der Möglichkeit zur einmaligen Übernachtung genutzt werden.

Nach Durchquerung des Orts auf der einzigen Straße ist der Zugang zum etwa 400 Meter entfernten Ostseestrand ausgeschildert. Da sich hier keine Parkmöglichkeiten befinden, muss für den Strandgang der am Ortseingang befindliche Parkplatz genutzt werden. Wer den Abzweig nach Rosenhagen nicht genommen hat, erreicht nach knapp 4 km den Ort Harkensee. Hier muss man die Straße nach links in den Ort verlassen. Sonst fährt man wieder nach Dassow zurück.

Parken

P 7 **Parkplatz Rosenhagen,** GPS 53.95991, 10.94324, Straße des Friedens, 23943 Dassow OT Rosenhagen, Tageskarte 4 €, Übernachtung 10 €, nur eine Übernachtung gestattet

HARKENSEE

(4 km – km 18)

In Harkensee sollte man nicht versäumen, das Wohnmobil eine Runde um das Rondell vor dem prächtigen **Herrenhaus** des kleinen Ortes zu lenken. Vielleicht kann man so das ehemals herrschaftliche Flair dieses Ortes besser spüren. Bis auf die schöne Architektur im neoklassischen Stil ist das Haus für Wohnmobilisten jedoch eher uninteressant. Es beherbergt heute hochwertige Ferienwohnungen sowie einen Weinkeller und sein großer Saal steht für Seminare und Tagungen offen. Das Herrenhaus wurde 1829 durch die Familie von Plessen errichtet, wechselte jedoch später mehrfach den Besitzer. Um es zu erreichen, biegt man am Ortseingang nach links auf die Straße der Freundschaft ab (ausgeschildert als Strand, Barendorf und Neuenhagen) und nach wenigen Hundert Metern führt ein Abzweig nach rechts direkt zum etwas erhöht liegenden Herrenhaus.

Wer mit Kindern reist oder selbst gern Torten, Eis und Gebäck isst, dem kann der Besuch des **Eiscafés Harkensee,** im Ort auch als „Gartencafé Redlich“ ausgeschildert, empfohlen werden. Die selbstgebackenen

Torten des Eiscafés sind berühmt und sorgen für einen großen Besucherstrom.

› **Eiscafé Harkensee,** Straße der Freundschaft 14F, 23942 Dassow OT Harkensee, Tel. 038827 7566, geöffnet: April–Oktober 12–18 Uhr, Mo. Ruhetag. Einfaches Café mit schöner Außenanlage und hausgebackenem Kuchen.

Folgt man nach dem Gebäude der Freiwilligen Feuerwehr im Ort der nach links abbiegenden Straße der Freundschaft (geradeaus dann Friedensstraße, ausgeschildert Richtung Barendorf), findet man das Eiscafé auf der rechten Seite. Der weitere Straßenverlauf entlang der Straße der Freundschaft führt nach **Barendorf.** Eigentlich nur eine kleine Siedlung, fällt Barendorf aber durch zahlreiche neu gebaute Ferienhäuser auf. Nach der Ortsdurchfahrt Barendorfs besteht ein Zugang zum Ostseestrand mit Bademöglichkeit. Der zugehörige Badeparkplatz direkt am Strand ist nur von Mai bis September geöffnet und steht ausschließlich Badegästen zur Verfügung. Eine Übernachtung mit dem Wohnmobil ist nicht gestattet. Seit 2020 ist leider auch der ca. 1 km von Barendorf entfernte Großparkplatz „Strand" (Parkplatz „Seestern") strikt für Wohnmobile verboten. Selbst tagsüber wird kein Parken von Wohnmobilen mehr toleriert.

172wo-lr

Die Route führt durch Harkensee entlang der Straße der Freundschaft, die nach dem Abzweig nach Barendorf Friedensstraße heißt, in Richtung Neuenhagen und Kalkhorst (ausgeschildert Richtung Klütz). Die landschaftlich schöne, aber bis Neuenhagen nicht sehr breite Straße ist im Bereich Harkensee kurzzeitig gepflastert, später jedoch rollt man über Asphalt und es bestehen aufgrund des Wiesenrandes überall Möglichkeiten, andere Fahrzeuge passieren zu lassen. Für Fahrzeuge mit Lkw-Zulassung ist die Durchfahrt der einsamen und wenig befahrenen Straße allerdings gesperrt. Diese müssten über Dassow nach Kalkhorst fahren.

ABSTECHER NACH GROSS SCHWANSEE

(hin und zurück etwa 6 km)

Auf der vorgeschlagenen Route besteht etwa 2,5 km nach Harkensee und kurz nach Dorf Neuenhagen die Möglichkeit, links in Richtung Groß Schwansee abzubiegen, anschließend wird Groß Schwansee nach etwa 3 km erreicht. Der Ort kann auch ab Kalkhorst über die Kreisstraße 11 erreicht werden. Reizen können den Wohnmobilisten in Groß Schwansee besonders der wunderschöne Sandstrand und die schön asphaltierten Fahrradwege. Der Ort hat zwei gute und strandnah gelegene Parkplätze, die auch für

Übernachtungen mit dem Wohnmobil ausgewiesen sind. Besonders preiswert sind sie aber nicht. Dazu kommt, dass die ansehnliche Übernachtungsgebühr von 25 € nur in Münzen an den Automaten bezahlt werden kann.

Groß Schwansee gehört als Ortsteil zu Kalkhorst und ist für das **Schlossgut Groß Schwansee** bekannt. Das Schlossgut besteht aus einer sehr großen und weitläufigen Anlage mit einem schönen Park und wird heute als Hotel und Tagungsort betrieben. Die Schlossanlage diente als Drehort für den Kinderkrimi „Paulas Geheimnis" und war Außenstandort der Bundesgartenschau im Jahr 2009. Für Wohnmobile gibt es ausreichend Parkmöglichkeiten am Schlossgut, die sich hervorragend als Ausgangspunkt für einen Spaziergang durch den Park oder einen Ausflug zum Strand eignen.

Das vielfach ausgezeichnete Schlossrestaurant „1745" bietet gehobene mecklenburgische und französische Küche. Der Name des Restaurants leitet sich vom Baujahr des spätbarocken und besonders imposanten Hauptgebäudes ab.

› **Restaurant „1745",** Am Park 1, 23942 Groß Schwansee, Tel. 038827 88480, www.schwansee.de, geöffnet: Mi.–Sa. ab 17 Uhr. Schlossrestaurant mit sehenswertem Kreuzgewölbe und erstklassiger, gehobener Küche, die Fleisch- und Fischvariationen anbietet.

Parken

P 8 Strandparkplatz Groß Schwansee 1, GPS 53.98795, 10.99168, 23943 Kalkhorst OT Groß Schwansee, der Ausschilderung folgen. Großer, naturbelassener Parkplatz etwa 200 m vom Strand. Teilweise geschottert. 100 m entfernt asphaltierter Fahrradweg entlang der Ostseeküste. Offizieller Übernachtungsplatz, Übernachtungspreis für Wohnmobile 25 €, Parken 2 Std. 2 €, Müllentsorgung, WC 100 m entfernt am Fahrradweg. Bezahlung nur in Münzen! Zufahrt ab Ortseingang ausgeschildert.

P 9 Strandparkplatz Groß Schwansee 2, GPS 53.99129, 11.00974, Strandweg, 23943 Kalkhorst OT Groß Schwansee, Ausschilderung zum Schlossgut folgen, geöffnet: ganzjährig, Preise: Wohnmobile Tageskarte 25 €, 2 Std. 2 €. Geschotterter schöner Strandparkplatz am Rande des Schlossparks. Entfernung zum Strand etwa 500 m, 850 m bis zum Hundestrand. Bezahlung nur in Münzen!

‹ Bei gutem Wetter reicht der Blick vom Strand bei Groß Schwansee bis Travemünde

Die Parkgebühren im Ort sind auf beiden Plätzen gleich. Zwischen beiden Parkplätzen und dem Strand verläuft der hier sehr gut ausgebaute Ostseeradfernweg entlang der Küste. Im Gemeindegebiet gibt es überwiegend Sandstrand mit flachem Wasser, gelegentlich auch steinige Abschnitte. Vom Strand sind bei schönem Wetter die ca. 11 km entfernten Häuser Travemündes und die großen Ostsee-Fähren zu sehen. Neu eröffnet wurde innerorts das „Café Blau" (www.cafe-blau-pension.de). Es liegt direkt an der Zufahrtstraße zum Schlossgut.

Groß Schwansee gilt als offizieller **Gedenkort für die Cap-Arkona-Schiffskatastrophe,** bei der etwa 6500 KZ-Häftlinge ihr Leben verloren. Die genaue Anzahl der Opfer konnte nicht bestimmt werden. Der 1927 gebaute Luxusdampfer „Cap Arkona" wurde zusammen mit dem kleinen Dampfer „Thielbek" in den letzten Tagen des Zweiten Weltkrieges als Gefängnisschiff verwendet. Beide Schiffe wurden am 3.5.1945 von britischen Kampfflugzeugen in der Lübecker Bucht versenkt. Zu diesem Zeitpunkt befanden sich etwa 7000 Häftlinge des KZ Neuengamme eingesperrt auf den beiden Schiffen, davon über 5000 auf der Cap Arkona. Nach dem Untergang der beiden Schiffe wurden mehr als 400 Leichen in Groß Schwansee an den Strand getrieben und in einem Massengrab bestattet. Im Beisein des Ministerpräsidenten von Mecklenburg-Vorpommern wurde am 3.5.2006 eine neu gestaltete Gedenkstätte im Gedenken an diese Katastrophe in Groß Schwansee eingeweiht. Der Untergang der „Cap Arkona“ zählt zu den fünf verlustreichsten Schiffskatastrophen der Geschichte.

KALKHORST

(6 km – km 24)

Kalkhorst ist knapp 800 Jahre alt, wurde 1230 erstmalig urkundlich erwähnt und war jahrhundertelang ein Gutsdorf. Die Rittergüter unterschiedlicher Besitzer prägten deshalb den Ort entscheidend. Dem Zeitgeist folgend besaß ein Rittergut auch immer ein Herrenhaus oder ein Schloss. Aufgrund von kriegsbedingten Zerstörungen und Insolvenzen der Besitzer gab es im Laufe der Zeit verschiedene dieser Repräsentativbauten in Kalkhorst.

Mit dem Bau des heutigen **Schlosses Kalkhorst** wurde erst 1853 auf einer kleinen Anhöhe 1,5 km südöstlich des Ortskerns begonnen und es dauerte fast 20 Jahre, bis der Schloss- und Parkkomplex fertiggestellt wurde. Nach 1945 wurde die Anlage als Tuberkulosekrankenhaus und Psychiatrie genutzt, bis sie 1999 wieder privatisiert werden konnte.

Das Schloss wurde im Frühjahr 2015 an einen neuen Eigentümer verkauft. Bei Ausstellungen ist es wieder für Besucher geöffnet und in den Sommermonaten finden jetzt auch wieder Führungen durch den schönen Schlosspark und kulturelle Veranstaltungen statt. Die Zuschauer des NDR wählten Schloss Kalkhorst 2013 auf Platz 10 der schönsten Schlösser Norddeutschlands und seine Parkanlage wurde 2002 wegen herausragenden Artenreichtums als zweitschönste Parkanlage Deutschlands augezeichnet. Vielleicht auch ein Grund, warum hier Dreharbeiten des ZDF für die Kriminalreihe „SOKO Wismar“ stattfanden. Eine direkte Zufahrt mit dem Wohnmobil bis zum Schloss sollte man mangels Wende- und Parkmöglichkeiten auf dem engen Pflasterweg unbedingt vermeiden. Es ist empfehlenswert, außerhalb zu parken und die Reststrecke zu Fuß zurückzulegen.

Das Schloss ist aufgrund seiner Lage inmitten hoher Bäume des Schlossparks von Kalkhorst aus nicht zu sehen. Stattdessen dominiert die **St.-Laurentius-Kirche** den Ort visuell. Die mächtige dreischiffige Hallenkirche mit ihrem schiefergedeckten und weithin sichtbaren Turm steht an zentraler Stelle im Ort. Angeblich geht ihr Bau auf einen reichen Adligen zurück, der im 13. Jahrhundert zum Dank für seine Lebensrettung nach einem Schiffbruch auf der Ostsee schwor, eine Kirche zu errichten. Die Westwand der Kirche ist heute noch original erhalten. Die Kirche

115wo-lr

Gedenkstein für den Troja-Entdecker Schliemann in Kalkhorst gegenüber der Kirche, in der sein Onkel als Pfarrer tätig war

wurde wiederholt und letztmalig im 19. Jahrhundert umgebaut und verändert. Sie verfügt über eine ungewöhnlich reichhaltige Innenausstattung. Der prächtige und sehr beeindruckende Hochaltar mit der Darstellung der Auferstehung Jesu wurde 1708 vom Altarbauer Johann Friedrich Wilde aus Wismar errichtet. Seit 1653 besitzt die Kirche eine Orgel, die auf die Stiftung einer Lübecker Kaufmannsfamilie zurückzuführen ist. 1869 wurde die Orgel letztmalig umgebaut. Das alte Gehäuse mit Rankenschnitzwerk blieb erhalten und eine Inschrift erinnert an die Stifter. Die Kanzel im Mittelschiff der Kirche wurde 1714 im Barockstil erbaut.

Schon weit vor Kalkhorst mehrfach ausgeschildert ist der **minimare Entdeckerpark** Kalkhorst. In der besonders für Kinder interessanten Anlage finden Besucher verschiedene Themenparks, einen Abenteuerspielplatz und eine Sammlung von Miniaturbauwerken.

Dem aufmerksamen Betrachter fällt noch der **Schliemann-Gedenkstein** gegenüber der Kirche auf. Der bekannte deutsche Kaufmann, Archäologe und Entdecker Trojas lebte als Kind nach dem Tod seiner Mutter 1831 für einige Zeit in der Familie seines Onkels in Kalkhorst.

Wieder errichtet wurde der kleine **Schliemann-Pavillon** im Garten des Pfarrhauses. In den achteckigen Bau soll sich der kleine Schliemann gern zurückgezogen haben. Der Pavillon liegt an der Zufahrtsstraße zum Schloss (Heinrich-Schliemann-Straße) hinter einer Steinmauer und kann über eine kleine Pforte erreicht werden, ohne das Pfarrhaus zu betreten. Ein schöner Platz für ein kleines Picknick!

Sehenswertes

› **St.-Laurentius-Kirche Kalkhorst,** Friedensstraße, 23942 Kalkhorst, im Dorfzentrum am Schnittpunkt aller Straßen gelegen, Pfarramt Tel. 038827 230. Gotische Backsteinkirche mit aufwendiger Innenausstattung.

› **minimare Entdeckerpark,** Friedensstr. 24, 23942 Kalkhorst, zentral im Ort unweit der Kirche, Tel. 038827 885945, www.minimare.de, geöffnet: Ostern–31.10. täglich 10–18 Uhr, Eintritt: Erwachsene 8,50 €, Kinder 5,50 €

200wo-lr

In Kalkhorst biegt man an der Kirche in Richtung Brook ab und fährt dann auf dem Brooker Weg. Landschaftlich reizvoll führt die Straße anschließend über die ebenfalls zur Gemeinde Kalkhorst gehörenden Ortsteile Brook, Warnkenhagen und Elmenhorst nach Klütz.

Wer den kleinen, aber feinen **Stellplatz am Ostseehotel „Klützer Winkel"** ❶ nutzen möchte, muss in Kalkhorst direkt der Landesstraße 1 in Richtung Klütz folgen. Das Hotel wird dann nach 2,5 km erreicht und liegt auf der linken Straßenseite. Der Stellplatz ist an der Straße ausgeschildert. Das Hotel bietet den Gästen auch einen sehr schönen Wellness-Bereich.

Der minimare Entdeckerpark bietet neben diversen Miniaturbauwerken auch einen Abenteuerspielplatz

1 Wohnmobilstellplätze am Ostseehotel „Klützer Winkel“ Hohen Schönberg

GPS 53.97864, 11.07331

Wohnmobilstellplätze am Hotel „Klützer Winkel“, Nutzung der Hoteleinrichtungen inkl. Wellness. **Lage/Anfahrt:** Direkt an der Landesstraße 1 zwischen Kalkhorst und Klütz; **Platzanzahl:** 6; **Untergrund:** Schotter; fest; **Service:** Strom; **Sicherheit:** beleuchtet; **Preise:** 5 €/Fahrz.; **Geöffnet:** ganzjährig; **Kontakt:** Kalkhorster Str. 5, 23948 Hohen Schönberg, Tel. 038827 8870, www.ostseehotel.eu.

Sehr empfehlenswert ist auch ein Besuch des neu gestalteten **Aussichtsturmes „Hoher Schönberg“,** der nur 1,5 km vom Ostseehotel entfernt ist. Am Biohof „Hoher Schönberg“ (www.hofhoherschoenberg.de) direkt an der L1 kann man parken (GPS 53.97748, 11.09758). Die Strecke zum Aussichtsturm beträgt etwa 500 m. Im Biohof findet man auch einen Hofladen.

BROOK

(3 km – km 27)

Im niederdeutschen Sprachgebrauch steht das Wort Brook für eine feuchte Landschaft mit Wald- und Buschbestand. Bekannt ist das kleine Straßendorf Brook aufgrund des **Naturschutzgebietes Brooker Wald,** das an den Ort angrenzt und entlang der Ostseeküste führt. Der Brooker Wald wurde bereits 1942 als Naturschutzgebiet ausgewiesen und in späteren Jahren wurde das Schutzgebiet mehrfach erweitert. Deshalb ist das Gebiet mit seinem alten Laubwaldbestand heute von Menschenhand relativ unbeeinflusst und lädt zu Wanderungen, Fahrradtouren oder dem Besuch des zugehörigen Ostseestrands ein. Vom gebührenpflichtigen **Wanderparkplatz** sind es etwa 250 m bis zum Strand. Der Parkplatz ist mit dem Hinweisschild „Zum Strand“ an der Straße in Brook ausgeschildert, hat aber seit 2020 eine Höhenbegrenzung von 2,20 m an der Zufahrt und ist deshalb nur noch für Kleinbusse geeignet.

10 Wanderparkplatz Brooker Wald, GPS 54.00235, 11.04379, 23948 Brook, Dorfstraße durch Brook folgen. Wanderparkplatz ausgeschildert, geöffnet: ganzjährig, Preise: 8–18 Uhr kostenpflichtig, 2 Std. 2 €, Tagespauschale 6 €. Schön angelegter, großräumiger Wanderparkplatz direkt am Brooker Wald, in Brook Richtung Strand ausgeschildert.

In **Elmenhorst** kann man nach links in Richtung Steinbeck abbiegen (Steinbecker Weg). In **Steinbeck** befindet sich ein sehr schöner, geräumiger Strandparkplatz, der auch für Übernachtungen mit dem Wohnmobil ausgewiesen ist. Auf der Zufahrt ist jedoch höchste Aufmerksamkeit geboten: Die Straßenbreite erlaubt nur ein Fahrzeug.

P 11 Strandparkplatz Steinbeck, GPS 54.00838, 11.14711, Dorfstraße, 23948 Klütz OT Steinbeck, geöffnet: ganzjährig, Preise: 20 € Übernachtung. Strandparkplatz auf Wiesengelände, kurzer Zugang zum Strand, teilweise uneben, Toilette, Müllentsorgung, Imbissangebot während der Sommersaison, dann tagsüber starker Badebetrieb mit vielen Pkw und vielen Wohnmobilen

Ein sehr schöner und beliebter **Hofladen mit Café** sowie Verkauf von Milch und Fleisch aus eigener Produktion kann in Steinbeck auf der Dorfstraße 10 besucht werden. Dort verkauft Familie Mann neben vielen anderen Angeboten auch Wurst aus eigener Produktion und selbstgebackenen Kuchen.

› **Hofladen Steinbeck,** Dorfstraße 10, 23948 Steinbeck, Tel. 038825 23340, www.steinbecker-hofladen.de, geöffnet: tägl. 10–18 Uhr, im Winter Mi.–So. 10–17 Uhr. Hofladen mit Café auf großem Bauernhof, gutes Angebot an selbsterzeugten Lebensmitteln, Fleisch und Wurstwaren, Backwaren, Milchprodukte. Parkmöglichkeiten auch für Wohnmobile bestehen im Hof.

Der kleine Ort **Grundshagen** wird ca. 2 km vor Klütz passiert.

KLÜTZ

(10 km – km 37)

Man befindet sich im Klützer Winkel, solange man den Kirchturm der Klützer St.-Marien-Kirche sieht, sagen die Einheimischen. Die Stadt Klütz und ihre Herren bestimmten über Jahrhunderte die Entwicklung der gesamten Umgebung. Deshalb wirkte der Ortsname namensgebend für dieses Umland, den sogenannten Klützer Winkel, zu dem auch das heutzutage selbstverwaltete Ostseebad Boltenhagen zählt. Der Ortsname der heutigen Kleinstadt mit etwa 3000 Einwohnern wurde 1188 erstmalig urkundlich erwähnt. Seit dem 14. Jahrhundert beherrschte das Rittergeschlecht von Plessen den Ort und die Umgebung, im 18. Jahrhundert kaufte die Familie von Bothmer weite Teile des Grundbesitzes auf und besaß über 7000 ha Land. Als Sitz der Grafen von Bothmer wurde ab 1726 die größte barocke Schlossanlage Mecklenburg-Vorpommerns in Klütz errichtet. Bis 1732 baute der Architekt Johann Friedrich Künnecke ein einzigartiges 13 Gebäude umfassendes Schlossensemble auf einer Schlossinsel und legte ein System von Wassergräben und Lindenalleen an. Bis heute bietet die 250 Jahre alte Allee aus im Spalier gepflanzten Linden dem Besucher einen einzigartigen Zugang zum **Schloss Bothmer.** 2008 erwarb das Land Mecklenburg-Vorpommern die Anlagen und kurz darauf wurde mit der Sanierung der Gebäude begonnen. Nach umfangreichen und mehrjährigen Sanierungsarbeiten öffnete das Schloss 2015 wieder seine Tore für Besucher. Kostenlos zugänglich sind von April bis September von 8 bis 20 Uhr alle Außenanlagen und der Schlosspark. Von März bis Oktober ist nur von 10 bis 16 Uhr geöffnet. Für die Schlossgebäude gelten andere Öffnungszeiten (s. S. 30). Die Außenanlagen des Schlosses sind auch jährliche Kulisse für die sommerlichen **Festspiele Mecklenburg-Vorpommerns** und waren 2009 Außenstandort der Bundesgartenschau.

Die **Marienkirche** von Klütz öffnet in den Sommermonaten von 10–16 Uhr. In unregelmäßigen Abständen finden in der Kirche Konzerte statt. Die große Hallenkirche wurde Mitte des 13. Jahrhunderts erstmalig urkundlich erwähnt. Aus dieser Zeit stammt der Taufstein aus Granit. Der quadratische Kirchturm diente früher als Seezeichen. Die Kanzel der Kirche wurde 1587 errichtet und trägt die

⊡ *Besonderer Anziehungspunkt für Gäste ist das Schloss Bothmer*

Wappenschilder der alten Adelsgeschlechter der Umgebung. Der Barockaltar von 1730 mit seinen geschnitzten Figuren wurde in Wismar hergestellt.

Wie der Kirchturm ist auch die **Klützer Mühle** weithin sichtbar und überragt auf einem Hügel gelegen die Stadt. Die markante Galerieholländermühle wurde 1901 erbaut und bis 1954 wurde hier Getreide gemahlen. Nach Jahren des Stillstandes und Verfalls wurde die Mühle 1981 durch eine Bürgerinitiative und die Stadt Klütz übernommen und restauriert. Seitdem wird sie als Restaurant betrieben. Besonders empfehlenswert ist bei schönem Wetter der Blick von der Mühle über das Umland.

Unbedingt besuchen sollten Literaturfreunde das **Literaturhaus „Uwe Johnson"** im alten Getreidespeicher von 1860. Ob sich der international bekannte Schriftsteller Uwe Johnson, der in der DDR, der Bundesrepublik, in den USA und England lebte, jemals in Klütz aufgehalten hat, ist zwar nicht nachweisbar verbürgt, der Klützer Getreidespeicher spielt jedoch eine zentrale Rolle in seinem Roman „Jahrestage". Das Literaturhaus wurde nach aufwendiger Sanierung und umfassendem Umbau des Getreidespeichers 2006 eröffnet. Auf zwei Stockwerken kann eine Dauerausstellung zu Leben und Werk des Schriftstellers besichtigt werden. Außerdem befinden sich im Gebäude eine Bibliothek und Räume für Wechselausstellungen. Das Haus bietet zu festen Terminen Stadtführungen auf den Spuren der Romane Uwe Johnsons an. Wer mit Kindern unterwegs ist, kann die Stadtbesichtigung durch einen Besuch des **Klützer Schmetterlingspark**s etwas auflockern. Hier können Hunderte lebende Schmetterlinge zahlreicher tropischer Arten beobachtet werden. Am Klützer Markt im Ortszentrum befindet sich ein **in Blumenform gestalteter Wegweiser,** auf dem die meisten Sehenswürdigkeiten ausgeschildert sind. Vor einigen Jahren neu entstanden ist die **„Alte Molkerei"** als Kunst-, Handwerker- und Kulturhaus in der Lübecker Straße 3. Hier haben verschiedene Kunsthandwerker und Künstler ein neues Zuhause gefunden. Neben dem Besuch von Veranstaltungen ist es hier auch möglich, Kleidung und Accessoires sowie Leder- und Keramikwaren zu bestaunen und zu kaufen. Bei gutem Wetter zwischen April und Oktober sollte man sich unbedingt eine Fahrt im offenen Waggon mit der **historischen Kleinspurbahn „Lütt Kaffeebrenner"** zwischen Klütz und Reppenhagen gönnen. Die Fahrt kostet etwa 10 € für Erwachsene und 5 € für Kinder. Am alten Bahnhof in Klütz befinden sich ausreichend kostenfreie Parkplätze.

Sehenswertes

› **Schloss Bothmer Klütz,** Schlossstraße, 23948 Klütz, ab Markt der Schlossstraße folgen, das Schloss ist gut ausgeschildert, www.mv-schloesser.de/de/besucherservice-bothmer, geöffnet: Mai, Juni, September, Oktober Di.-So. 10-17 Uhr, Juli, August tägl. 10-18 Uhr, November-April nur Führungen auf Anfrage, Schlosspark tägl. ab 10 Uhr geöffnet, Eintritt: 6 € Erwachsene, Kinder bis 18 Jahre frei. Größte barocke Schlossanlage Mecklenburg-Vorpommerns mit großem Schlosspark.

› **Literaturhaus „Uwe Johnson" Klütz,** Im Thurow 14, 23948 Klütz, im Zentrum von Klütz gelegen, Tel. 038825 22387, www.literaturhaus-uwe-johnson.de, geöffnet: April-Oktober Di.-So. 10-17 Uhr, November-März Mi.-Sa. 10-16 Uhr, Eintritt: 3,50 € Erwachsene, 2 € Kinder. Architektonisch sehr schön gestaltetes und preisgekröntes Literaturhaus in einem alten Getreidespeicher. Verschiedene Ausstellungen zum Schriftsteller Uwe Johnson und anderen Literaturthemen, Lesungen und Vorträge.

› **Schmetterlingspark Klütz,** An der Festwiese 2, 23948 Klütz, Zufahrt über die Boltenhagener Straße zu einem kleinen Gewerbegebiet, Tel. 038825 263987, www.schmetterlingswelt.de, geöffnet: April-Oktober tägl. 9.30-17.30 Uhr, Eintritt: 8,50 € Erwachsene, 5,50 € Kinder. Schmetterlingspark mit tropischen Schmetterlingsarten.

Parken

P 12 **Parkplatz Schloss Bothmer,** GPS 53.95879, 11.16453. Neuer, kostenloser Großparkplatz beim Schloss, auf dem auch übernachtet werden kann.

Das Gold der Ostsee

Vermutlich gibt es kaum einen Besucher der Ostseeküste Mecklenburg-Vorpommerns, der nicht ein einziges Mal mit gesenktem Kopf am Ostseestrand entlanglief und den Blick auf den Boden gerichtet hielt, um den Strand abzusuchen. In einer alten litauischen Sage verliebten sich die Meerjungfrau Jūratė und der Fischer Kastytis ineinander und lebten im Bernsteinschloss der Meerjungfrau zusammen, bis der Donnergott Perkūnas von dieser Liebe zwischen dem Sterblichen Kastytis und der Meerjungfrau Jūratė erfuhr und den Fischer tötete. Das Bernsteinschloss zerstörte er mit einem gewaltigen Blitz in Millionen kleine Stücke, die bis heute an den Strand gespült werden. In anderen Varianten der Sage weint die Meerjungfrau bittere Tränen über den Tod ihres Geliebten und übergibt sie als Bernstein dem Meer. Wie auch immer, der Bernstein ist bis heute an der Ostseeküste Mecklenburg-Vorpommerns zu finden und wird seit Jahrhunderten als das Gold der Ostsee bezeichnet. Der baltische Bernstein, der in Mecklenburg-Vorpommern gefunden wird, entstand vor 40 bis 50 Mio. Jahren aus dem Harz ausgedehnter Nadelwälder. Das Harz trat aus den Bäumen aus und umschloss dabei nicht selten Mücken, Libellen, Spinnen, aber auch Pflanzenteile. Im Mittelalter durften nur Feudalherren und Kaufleute mit dem Ostseegold handeln. Als ganz besonderer Schmuckstein erlangte Bernstein bald beachtlichen Wert. Bis heute gilt das legendäre, aber verschollene Bernsteinzimmer als Inbegriff von Reichtum und Luxus. Mit dem Beginn des industriellen Abbaus von Bernstein im Tagebauverfahren Anfang des 20. Jh. und der damit folgenden Großförderung in enormem Umfang sank der materielle Wert des Bernsteins jedoch erheblich. Heute wird die Masse des im Handel angebotenen Bernsteins im Baltikum an Land abgebaut. Nichtsdestotrotz verlangt es viele Besucher der Ostseeküste nach einem eigenen Bernsteinfund als ganz spezielle Erinnerung an diesen Aufenthalt. Deshalb folgende Tipps für eine hoffentlich erfolgreiche Suche nach dem Gold der Ostsee: Bernstein wurde zwar schon überall an der Ostseeküste gefunden, an bestimmten Strandabschnitten kommt er aber besonders häufig vor, während an anderen Abschnitten kaum Chancen auf einen Fund bestehen. Bernstein schwimmt im Ostseewasser und gelangt auf diese Art an den Strand. Deshalb wird Bernstein vor allem an den Strandabschnitten mit starker auflandiger Strömung gefunden, wie sie bspw. auf den (Halb-)Inseln Hiddensee, Darß, Ummanz, Zingst oder Usedom zu finden sind. Auch die offenen Küsten der Insel Rügen bieten z. B. bei Dranske, Prora, Sellin, Kap Arkona gute Chancen. Wenig erfolgversprechend ist dagegen die Suche an ruhigen Strandabschnitten ohne markante Strömung oder an Boddengewässern. Da der Bernstein eine starke auflandige Strömung benötigt, um an den Strand gespült zu werden, ist er ganz besonders häufig nach heftigen Stürmen zu finden. Die Ostseeküste ist bekannt für ihre starken Frühjahrs- und Herbststürme, während im Sommer meist ruhiges Wetter herrscht. Da Bernstein sehr leicht ist, wird er auch in Algen und Seegras gebunden an Land gespült. Profis unter den Bernsteinsuchern sind meist mit Gummistiefeln und Kescher ausgerüstet. Nach einem Sturm warten sie nicht, bis Hunderte Urlaubsgäste den Strand bevölkern, sondern beginnen schon in den frühen Morgenstunden mit ihrer Suche. Besonders große Chancen ergeben sich an Stellen, an denen angespülte Holzansammlungen oder Algen und Seegras besonders starke auflandige Strömungen anzeigen. Bernstein ist an seinem geringen Gewicht und der Schwimmfähigkeit im Salzwasser am besten zu erkennen. Seine Farbe wechselt stark zwischen weiß, hellgelb, goldgelb, orange bis zu rötlich und braun. Seinen Glanz und eventuelle Einschlüsse gibt er meist erst nach einer gewissenhaften Oberflächenpolitur preis. Am Strand wird er im Regelfall nur matt, stumpf und mit aufgerauter Oberfläche gefunden. An der Küste der Insel Usedom sollte man jedoch unbedingt die gefährliche Verwechslungsmöglichkeit mit weißem Phosphor beachten (s.a. Exkurs „Munitionsbelastung der Insel Usedom und ihrer Küstengewässer“ S.254).

ABSTECHER INS STEINZEITDORF KUSSOW

(hin und zurück etwa 18 km)

In dem kleinen Dorf Kussow südlich von Klütz befindet sich das **Steinzeitdorf Kussow.** Hier erhalten Besucher einen Einblick in das Leben vor 10.000 Jahren. Zu besichtigen sind Häuser, Werkzeuge und Bekleidung, die den Gegebenheiten der damaligen Zeit nachempfunden sind. Einige Handwerkstechniken der Steinzeitleute wie Weben und Töpfern, aber auch Bogenschießen kann man selber ausprobieren. Besonders für Kinder ist ein Besuch des Steinzeitdorfes lohnenswert. Das Steinzeitdorf ist in den Wintermonaten nur eingeschränkt geöffnet.

› **Steinzeitdorf Kussow,** Kussower Weg 9, 23948 Kussow, der Landesstraße 3 ab Klütz in Richtung Grevesmühlen folgen und am Abzweig Kussow abbiegen, das Steinzeitdorf ist ausgeschildert, Tel. 03881 715055, www.steinzeitdorf-kussow.de, geöffnet: April–Oktober tägl. 10–17 Uhr, Nov.–März Mo.–Fr. 10–15 Uhr, Eintritt: 4 € Erw., 2,50 € Kinder.

Über die Landesstraße 3 sind es ab Klütz nur wenige Minuten bis Boltenhagen. Wer die Steilküste besuchen möchte oder einen netten kleinen versteckten Stellplatz sucht, biegt vor Boltenhagen links in Richtung Redewisch ab, durchfährt den Ort auf der Dorfstraße und folgt der Ausschilderung in Richtung Redewisch-Ausbau. Dort befinden sich ein Golfplatz mit einem kleinen Café sowie einem **Parkplatz,** von dem man zur Steilküste wandern kann. Neben dem Cafe befinden sich auf zwei Seiten sehr schöne Wiesenstellplätze für Wohnmobile.

2 Wohnmobilstellplatz Golf und Café Großklützhöved

GPS 54.00879, 11.17064

Park- und Stellplatz an Golfanlage und Steilküste. **Lage/Anfahrt:** ab Redewisch in Richtung Redewisch-Ausbau und Golfanlage; **Untergrund:** Wiese; **Preise:** Parken für Besucher des Cafés und der Golfanlage kostenfrei, Übernachtung 17 € inkl. Strom; **Geöffnet:** April–Oktober, im Winter auf Anfrage möglich; **Kontakt:** Ausbau 16, 23946 Boltenhagen OT Redewisch, Tel. 038825 26320, www.swingolf-boltenhagen.de

BOLTENHAGEN

(4 km – km 41)

Wie viele der heute reichen und stark besuchten Ostseebäder war Boltenhagen vor der Entwicklung des Bädertourismus viele Jahrhunderte lang ein sehr kleiner und unbedeutender Fischerort, der aus nicht mehr als 10 Bauernstellen, den sogenannten Bauernhufen, bestand. Ab 1230 lassen sich Hinweise auf den Ort in alten Urkunden finden, der jedoch nie besondere Aufmerksamkeit erfuhr und dessen Bewohner aufgrund ihrer Armut beständig ums Überleben kämpfen mussten, denn die kargen Sandböden erlaubten keinen großen landwirtschaftlichen Ertrag. Das änderte sich mit der Entstehung des Badebetriebes. Um 1803 wurde der erste und damals von den Bewohnern noch misstrauisch beobachtete Bäderkarren aufgestellt, doch ab 1810 stieg die Zahl der Badegäste rasch an und man benötigte immer mehr Platz in den Bauernhöfen zur Vermietung an die Gäste. Deshalb wurde schon 1838 ein erster Hotelbau errichtet und bereits 1845 entstand ein erstes Kurhaus. Ein weiterer rasanter Ausbau, verbunden mit starkem Aufschwung des Tourismus, folgte und ab 1935 sorgte der Aufbau der Luftwaffen-Erprobungsstelle Tarnewitz auch für zahlreiche Arbeitsstellen außerhalb des Badebetriebes. In der Mitte der 1980er-Jahre verbrachten mehr als 80.000 Menschen jährlich in Boltenhagen ihren Urlaub und zusätzlich kamen 35.000 Tagesgäste vorrangig zum Baden an den Strand des Ostseebades. 1992 wurde die 290 m lange Seebrücke erbaut und 1998 erfolgte die längst überfällige staatliche Anerkennung als Seeheilbad. Mit dem Ausbau des Geländes der ehemaligen militärischen Erprobungsstelle Tarnewitz ab 2008 zu einem Jacht- und Fischereihafen entstanden weitere Übernachtungsmöglichkeiten für Gäste und zahlreiche zusätzliche Arbeitsplätze. In den Monaten der Hauptsaison ist Boltenhagen heute regelrecht von Menschenmassen überflutet und wer zu spät kommt, hat Probleme, noch einen Platz am immerhin etwa 3 km langen Sandstrand zu finden. Erlaubt das Wetter im Sommer keinen Badebetrieb, konzentrieren sich alle Besucher in den zahlreichen Geschäften und Restaurants oder nutzen die weiteren Freizeitmöglichkeiten des Ortes. In der Hauptsaison ist es fast unmöglich, ohne Voranmeldung noch einen Stellplatz auf den Camping- und Stellplätzen des Ortes zu finden. Das Zentrum des Ortes bildet die lange **Ostseeallee.** Viele Einkaufsmöglichkeiten, aber auch Camping- und Stellplätze lassen sich entlang dieser Straße finden. Für einen Moment der Ruhe und Besinnung innerhalb dieses ganzen Trubels in Boltenhagen lässt sich die **Schifferkirche „Zur Paulshöhe"** gleich neben der Ostseeallee besuchen. Gemessen am langen Bestehen des Ortes ist die Kirche sehr jung, sie wurde erst 1872 erbaut. Die Kirche ist als offene Kirche täglich von 10 bis 18 Uhr geöffnet. Östlich der Kirche findet man einen Gedenkstein an die Sturmflut der Ostsee 1872, bei der große Teile Boltenhagens zerstört wurden. Vor dem Kircheneingang steht die Holzskulptur „Menschen im Sturm", die für die Bundesgartenschau 2009 geschaffen wurde und sich seit 2010 in Boltenhagen befindet.

Ein Tipp für Freunde filigran gestalteter Buddelschiffe ist das kleine private **Buddelschiffmuseum** Boltenhagens. Hier finden sich nicht nur Buddelschiffe, sondern auch Strandgut und alte maritime Gerätschaften. Ein schön gestalteter **Kletterpark** findet sich direkt an der Strandpromenade und lädt mit fünf Parcours und einer 80 m langen Seilbahn zu einem aktiven Aufenthalt ein. Leider wurde die mancherorts noch ausgewiesene Ostseetherme in Boltenhagen dauerhaft geschlossen. Wie in allen Ostseebädern muss in Boltenhagen im Sommer mit sehr vielen Besuchern und mehr als dicht gefüllten Stränden gerechnet werden.

Für Boltenhagen und Tarnewitz wird eine **Kurtaxe** von täglich 2,10 € pro Person älter als 16 Jahre erhoben, die bei einem Besuch der Camping- oder Stellplätze sofort in Rechnung gestellt wird. In der gesamten Ortslage gilt Leinenzwang für Hunde, die nur an speziell ausgewiesenen Strandabschnitten mitgeführt werden dürfen.

Sehenswertes

› **Buddelschiffmuseum Boltenhagen,** Ostseeallee 23, 23946 Boltenhagen, www.ostsee.de/boltenhagen/buddelschiffmuseum.html, Tel. 038825 29062, geöffnet: Mo.–Fr. 14–18 Uhr, Sa./So. 13–18 Uhr. Kleines gepflegtes, privates Museum mit Buddelschiffen und anderen maritimen Themen. Der Eintritt ist frei.

Information

› **Kurverwaltung Boltenhagen,** Ostseeallee 4, 23946 Boltenhagen, Tel. 038825 3600, www.boltenhagen.de, geöffnet: April–Oktober Mo.–Fr. 9–17 Uhr, Sa./So. 10–17 Uhr, November–März Mo.–Fr. 9–17 Uhr, So. 11–15 Uhr. Kurverwaltung, Touristinformation, Zimmernachweis.

3 Krämer's Wohnmobilhafen Boltenhagen

GPS 53.98128, 11.21899

Großer Wohnmobilhafen auf Wiesengelände mit Baumbestand, liegt direkt neben dem Wohnmobilpark Banana Jack und Regenbogen Boltenhagen. Fahrradverleih. **Lage/Anfahrt:** direkt an zentraler Ortsdurchfahrtsstraße Boltenhagens, über Ostseeallee; **Platzanzahl:** über 50; **Untergrund:** Schotter, Rasengitter, Wiese; fest; **Service:** Strom, Trinkwasser, Abwasser, Chemie-WC; **Sicherheit:** umzäunt, beleuchtet, bewacht; **Preise:** 19 €/Fahrz. inkl. 2 Personen, Strom 3 €, keine Kartenzahlung!; **Geöffnet:** ganzjährig; **Kontakt:** Ostseeallee 58 B, 23946 Boltenhagen, Tel. 038825 23288, www.kraemerswohnmobilhafen.de.

4 Wohnmobilpark Banana Jack Boltenhagen

GPS 53.98134, 11.21848

Größerer Stellplatz auf Wiesenfläche mit Baumbestand, liegt zwischen Krämer's Wohnmobilhafen Boltenhagen 3. **Lage/Anfahrt:** direkt an zentraler Ortsdurchfahrtsstraße Boltenhagens, über Ostseeallee; **Platzanzahl:** über 50; **Untergrund:** Schotter, Rasengitter, Wiese; fest; **Service:** Strom, Trinkwasser, Abwasser, Chemie-WC; **Sicherheit:** umzäunt, beleuchtet, bewacht; **Preise:** 16 €/Fahrz. inkl. 2 Pers., Strom 3 €; **Geöffnet:** ganzjährig; **Kontakt:** Ostseeallee 58, 23946 Boltenhagen, Tel. 038825 21030, Mobil 0163 1418141, www.ostsee-wohnmobilstellplatz.de.

229wo-lr

5 Campingplatz und Wohnmobilhafen Regenbogen Boltenhagen

GPS 53.98118, 11.21667

Großer, gepflegter und sehr schöner Campingplatz mit extra Wohnmobilhafen vor der Zufahrt. **Lage/Anfahrt:** direkt an zentraler Ortsdurchfahrtsstraße Boltenhagens, über Ostseeallee; **Platzanzahl:** über 100; **Untergrund:** Schotterrasen, Wiese; fest; **Service:** Strom, Trinkwasser, Abwasser, Chemie-WC; **Sicherheit:** umzäunt, beleuchtet, bewacht; **Preise:** je nach Saison/Stellplatz variabel, Übernachtung im Wohnmobilhafen 20 €; **Geöffnet:** ganzjährig; **Kontakt:** Ostseeallee 54, 23946 Boltenhagen, Tel. 038825 42222, www.regenbogen.ag.

Von Boltenhagen führt die Straße geradeaus bis zur Anlage der Weißen Wiek, die sich auf der Tarnewitzer Huk befindet.

Nur ein kleiner Teil der Weißen Wiek in Tarnewitz ist dieses Gebäudeensemble mit Ferienwohnungen

TARNEWITZER HUK

(3 km – km 44)

An der Grenze von Boltenhagener und Wismarer Bucht, nur 3 km östlich Boltenhagens, schuf die deutsche Luftwaffe ab 1935 für die Erprobungsstelle Tarnewitz eine ca. 2 km lange künstliche Halbinsel. Die Halbinsel wurde durch die Aufspülung von Seesand, der durch lange Spundwände gehalten wurde, angelegt und anschließend mit Bitumen befestigt. Daraus erklärt sich der nahezu rechteckige Umriss der Halbinsel.

Auf dieser Halbinsel wurde anschließend ein Flugplatz angelegt. Seit 1937 befanden sich die umfangreichen Anlagen in Betrieb. Auftrag war die Erprobung von Waffen und Munition für Luftfahrzeuge. 1945 wurde die Anlage von den Amerikanern und Engländern geplündert. Alles von militärischem und wissenschaftlichem Wert wurde abtransportiert, bevor Tarnewitz an die Rote Armee übergeben wurde. Diese sprengte anschließend weite Teile der Anlage.

006wo-lr

Ab 1952 übernahmen die Streitkräfte der DDR die Halbinsel, errichteten dort neue Gebäude und bauten den südlich der künstlichen Halbinsel an der Küste der Wohlenberger Wiek gelegenen ehemaligen Versorgungshafen des Flugplatzes zu einem Marinestützpunkt aus. Da die Bundeswehr nach 1990 an dem Gelände nicht interessiert war, wurde es privatisiert.

Die bestehenden Gebäude im gesamten ehemals militärischen Bereich wurden fast alle abgerissen und auf dem Gebiet des ehemaligen militärischen Versorgungshafens entstand nach 2008 die **Weiße Wiek,** ein schönes und sehr großes Ensemble von Ferienwohnungen, Hotels, Restaurant, Schwimmhalle und Jachthafen. Für Wohnmobilisten finden sich hier verschiedene Park- und im weitläufigen Gelände auch Übernachtungsmöglichkeiten, die aber fast alle kostenpflichtig sind. Die Weiße Wiek besitzt einen eigenen kleinen Sandstrand mit Bademöglichkeit im Nordteil der Anlage. Im eigenen Hafen besteht die Möglichkeit, mit verschiedenen Schiffen auf eine größere oder kleinere Rundfahrt zu gehen.

Empfehlenswert sind die Schiffsfahrten zu den Seehundbänken vor dem Tarnewitzer Huk. Die Kosten dafür liegen bei etwa 14 €. Informationen zu Abfahrtszeiten finden sich am Hafen oder auf der Internetseite www.ms-seebaer.de.

Die aufgespülte künstliche Halbinsel, auf der sich die Flugplatzanlagen befanden, bildet seit 1993 das Naturschutzgebiet Tarnewitzer Huk und kann momentan nur im Rahmen von sehr seltenen Führungen betreten werden.

P 13 **Weiße Wiek Tarnewitz,** GPS 53.97527, 11.25246, Mecklenburger Allee/Am Waldrand, 23946 Boltenhagen, Preise: 8–20 Uhr kostenpflichtig, 2 €/1 Std., Tagesgebühr 6 €.

P 14 **Parkplatz am Hafen Tarnewitz,** GPS 53.97588, 11.25092, Zum Hafen, 23946 Boltenhagen, Preise: 8–20 Uhr kostenpflichtig, 2 €/1 Std., Tagesgebühr 6 €.

Von Tarnewitz folgt man der Straße An der Weißen Wiek, bis man die Landesstraße 1 erreicht, und biegt im Kreisverkehr in Richtung Wismar/Grevesmühlen ab.

WOHLENBERGER WIEK

(7 km – km 51)

Von Tarnewitz gelangt man schnell nach **Wohlenberg** und weiter zur Wohlenberger Wiek. Wohlenberg ist eine sehr kleine Gemeinde und schon lange besiedelt, davon zeugt am Ortsrand Wohlenbergs ein alter slawischer Burgwall. Viel ist von ihm nicht mehr zu sehen, aber von diesem Hügel (GPS 53.93864, 11.24034) bietet sich ein schöner Blick über die gesamte Bucht. Von Boltenhagen kommend zweigt in der ersten größeren Linkskurve der Straße bei Dat ole Huus im Ort ein Weg nach rechts ab und führt auf diesen Hügel. Das Wohnmobil sollte man aber unbedingt im Ort oder auf den Parkplätzen an der Wohlenberger Wiek parken, denn der Weg auf den Hügel ist unbefestigt.

Morgenstimmung am Flachwasser des Badestrandes Wohlenberger Wiek

Wohlenberg hat in den letzten Jahren durch einen starken Anstieg der Besucherzahlen einen deutlichen Aufschwung genommen und zahlreiche Ferienhäuser entstanden. Die Wohlenberger Wiek, eine der schönsten Badebuchten Mecklenburgs, mit ihrem fast 4 km langen Sandstrand ist ein wesentlicher Grund dafür. Die Bucht besitzt eine Flachwasserzone von bis zu 300 m und bietet sich so besonders für Badegäste mit Kindern an.

Das Wasser erwärmt sich hier bei Wassertiefen von nur einem Meter deutlich schneller als an anderen Badestränden der Ostsee. Wohnmobilisten fallen sofort die kilometerlangen Parkflächen für Tausende Fahrzeuge hinter Wohlenberg rechts neben der Straße auf. Außerhalb der Badesaison sind diese Flächen meist völlig verwaist und wirken dann aufgrund ihrer Größe für den kleinen Ort Wohlenberg überdimensioniert. Bei Badewetter im Sommer sind sie jedoch oft bis zum letzten Platz mit den Fahrzeugen der Tagesgäste gefüllt. Allerdings verlassen diese meist

007wo-lr

schon gegen Nachmittag den Strand und dann wird es bis zum nächsten Morgen sehr ruhig auf den Parkflächen. Außerhalb der Badesaison sind bis auf ein paar Spaziergänger hier nur selten Menschen zu entdecken.

Seit 2020 ist das Parken und Übernachten mit Wohnmobil nur noch auf einer speziell ausgewiesenen Fläche am westlichen Rand der Wohlenberger Wiek gestattet. Alle anderen Parkflächen sind Pkw vorbehalten. Die Einfahrt zum Wohnmobilparkplatz befindet sich neben dem Wartehäuschen der Bushaltestelle.

Für den Aufenthalt am Strand der Wohlenberger Wiek wird eine Strandgebühr in Höhe von 2 € pro Tag erhoben. In Wohlenberg befindet sich auf dem Gelände des Feriendorfes ein **Wohnmobilstellplatz 6**.

P 15 Parkplatz Wohlenberger Wiek, GPS 53.93673, 11.25146, 23948 Wohlenberg. Sehr große Parkflächen zwischen Wohlenberg und dem Abzweig nach Niendorf entlang der Wohlenberger Wiek, geöffnet: ganzjährig, Preise: 8–18 Uhr gebührenpflichtig, Wohnmobile Tageskarte 10 €, Übernachtungsgebühr 18–8 Uhr 10 €.

6 Wohnmobilstellplatz Feriendorf Wohlenberg

GPS 53.93972, 11.24584

Kleiner Wohnmobilstellplatz auf Wiesengelände, liegt neben sehr großem Feriendorf. Komplette Nutzung der Angebote des Feriendorfs mit Wellness, Fahrradverleih, vielen Sportmöglichkeiten. **Lage/Anfahrt:** an Ortsdurchfahrt Wohlenberg, ausgeschildert; **Platzanzahl:** 12; **Untergrund:** Wiese, fest; **Service:** Strom, Trinkwasser; **Sicherheit:** umzäunt, beleuchtet; **Preise:** 15 €/Fahrz. inkl. Strom; **Geöffnet:** ganzjährig; **Kontakt:** An der Chaussee 5, 23948 Wohlenberg, Tel. 038825 410, www.feriendorf-ostsee.de.

Direkt an der Wohlenberger Wiek befinden sich die drei Campingplätze **Ostseequelle Niendorf 8**, **Liebeslaube 7** und **Ostseecamping Beckerwitz 9**. Außerdem gibt es hier ein markiertes Windsurfing-Revier und das Kindermotorland, ein Erlebniszentrum, in dem Kinder mit verschiedenen Fahrzeugen selbst fahren oder auch andere Veranstaltungen besuchen können.

7 Campingplatz Liebeslaube Hohenkirchen

GPS 53.93074, 11.28855

Sehr gut ausgebauter und ruhiger Campingplatz direkt am Wasser der Wohlenberger Wiek mit eigenem Badestrand, Gaststätte, Kinderspielplatz, Kiosk, Puppenbühne und Einkaufsmöglichkeit. **Lage/Anfahrt:** liegt im Ostteil der Wohlenberger Wiek; von Landesstraße 1 direkt auf den Campingplatz abbiegen; **Platzanzahl:** über 150; **Untergrund:** Schotter, Wiese, Sand; fest; **Service:** Strom, Trinkwasser, Abwasser, Chemie-WC; **Sicherheit:** umzäunt, beleuchtet, bewacht; **Preise:** 32 €/Fahrz. inkl. 2 Personen, Strom und Wasser extra; **Geöffnet:** ganzjährig; **Kontakt:** Wohlenberger Wiek 1, 23968 Hohenkirchen, Tel. 038428 60219, www.campingplatz-liebeslaube.de.

010wo-lr

199wo-on © Campingplatz Ostseequelle GmbH

8 Campingplatz Ostseequelle Niendorf

GPS 53.92920, 11.26994

Schöner und großer Campingplatz nur 200 m vom Badestrand der Wohlenberger Wiek entfernt. **Lage/Anfahrt:** liegt südlich der Wohlenberger Wiek am Abzweig nach Niendorf; ausgeschildert; **Platzanzahl:** über 50; **Untergrund:** Schotter, Wiese, Sand; fest; **Service:** Strom, Trinkwasser, Abwasser, Chemie-WC; **Sicherheit:** umzäunt, beleuchtet, bewacht; **Preise:** 12 €/Fahrz., 6 €/Pers., Strom, Wasser, Hund extra; **Geöffnet:** Mai–Oktober; **Kontakt:** Strandstraße 21, 23968 Hohenkirchen (Ort Niendorf), Tel. 038428 60222, www.ostsee-campingplatz.de; **Achtung:** Der 6 km entfernt liegende Campingplatz Zierow 10 ist unter der gleichen Postleitzahl und dem gleichen Straßennamen zu finden – es besteht Verwechslungsgefahr.

Der Campingplatz **Zierow** 10 liegt nur wenige Kilometer östlich der Wohlenberger Wiek direkt an der Ostseeküste.

› **Kindermotorland Niendorf,** Strandstraße 7, 23948 Hohenkirchen, Tel. 038428 61143, www.kindermo torland.de, geöffnet: April–Okt. 11–18 Uhr, Eintritt: kostenfrei, Bezahlung nach Nutzung der Fahrzeuge/ Veranstaltungen. Kleiner Kindererlebnispark mit Rennstrecke, Schatzsuche, Wasserspiele usw.

Aktivität

› **Surfschule Knopf Wohlenberger Wiek,** Wohlenberger Wiek 1, 23986 Hohenkirchen, über Campingplatz Liebeslaube Hohenkirchen anfahren, Tel. 0170 4446354, www.surfknopf.de, geöffnet: in den Sommermonaten.

9 Campingplatz Ostseecamping Beckerwitz

GPS 53.94136, 11.31660

Sehr familiärer und gemütlicher Campingplatz, abseits des Badetrubels. **Lage/Anfahrt:** liegt am Wasser der Wohlenberger Wiek; von der Landesstraße 1 neben der Abfahrt zum Campingplatz Liebeslaube Hohenkirchen dem unbefestigten Weg folgen oder besser mit kleinem Umweg über Beckerwitz auf gut befestigter Straße fahren; **Platzanzahl:** über 50; **Untergrund:** Schotter, Wiese, Sand; fest; **Service:** Strom, Trinkwasser, Abwasser; **Sicherheit:** umzäunt, beleuchtet, bewacht; **Preise:** 8,50 €/Fahrz., 5,50 €/Pers., 3 € Hund, 3 € Strom, Wasser extra, Sonderangebote in Nebensaison, Wohnmobile können für 12 € auf dem Parkplatz vor dem Campingplatz übernachten und die Einrichtungen des Campingplatzes nutzen; **Geöffnet:** April–Oktober; **Kontakt:** Ostseestraße 1, 23968 Hohenkirchen, Tel. 038428 60265, Mobil 0163 8101087, www. ostseecampingbeckerwitz.de.

10 Ostseecamping Zierow

GPS 53.93380, 11.37370

Sehr großer und komfortabel ausgestatteter Campingplatz mit Gaststätte, Kinderspielplatz und Streichelzoo. **Lage/Anfahrt:** Nördlich der Ortschaft Zierow direkt am Ostseestrand, über Zierow Ausschilderung folgen; **Platzanzahl:** über 100; **Untergrund:** Schotter, Wiese, Sand; fest; **Service:** Strom, Trinkwasser, Abwasser, Chemie-WC; **Sicherheit:** umzäunt, beleuchtet, bewacht; **Preise:** Campingpaket bis 40 € inkl. 2

Personen, Strom und Duschen; **Geöffnet:** ganzjährig; **Kontakt:** Strandstraße 19c, 23968 Zierow, Tel. 038428 63820, www.ostsee-camping.de; **Achtung:** Der 6 km entfernt liegende Campingplatz Ostseequelle Niendorf (8) ist unter der gleichen Postleitzahl und dem gleichen Straßennamen zu finden – es besteht Verwechslungsgefahr.

Ist man der Straße entlang der Wohlenberger Wiek gefolgt, führt nach den großen Parkplätzen die vorgeschlagene Route über den ausgeschilderten Abzweig nach Niendorf und später nach Grevesmühlen. Der **Campingplatz Ostseequelle Niendorf** (8) befindet sich direkt am Abzweig. 3 km weiter trifft man auf die Landesstraße 2 und biegt in Richtung Grevesmühlen nach rechts ab. Bis Grevesmühlen sind es noch 7 km. Etwa 1,5 km vor dem Ortseingang Grevesmühlen breitet sich der **Santower See** aus. Hier wurde ein Wanderpfad am See angelegt, der Wohnmobilisten zu einer kleinen Pause mit etwas Bewegung einlädt. Wer direkt nach Wismar reisen oder die **Campingplätze Liebeslaube** (7), **Ostseecamping Beckerwitz** (9) oder **Zierow** (10) besuchen möchte, darf am Niendorfer Abzweig jedoch nicht abbiegen, sondern muss der Landesstraße 1 in der ausgeschilderten Richtung Wismar folgen. Nach ca. 1 km wäre dann der Campingplatz Liebeslaube, Hohenkirchen auf der linken Straßenseite erreicht, die Zufahrten nach Beckerwitz und Zierow sind kurz darauf ausgeschildert und die alte Hansestadt Wismar ist auf durchgehender Straße nur noch 10 km entfernt.

GREVESMÜHLEN

(10 km – km 61)

Grevesmühlen ist eine der ältesten Städte Mecklenburgs. Erstmalig erwähnt wurde sie 1226 urkundlich. Besiedelt wurde die Gegend jedoch schon wesentlich früher. Die Megalithgräber in den Grevesmühlener Ortsteilen Barendorf und Everstorf können bis in die Jungsteinzeit zurückdatiert werden. Im 13. Jahrhundert begann man mit der Errichtung einer Befestigungsanlage zum Schutz der Stadt, die am Schnittpunkt verschiedener Handelsstraßen lag. Es entand eine die Stadt komplett umfassende Stadtmauer mit drei Stadttoren. Heute sind davon nur noch wenige Mauerreste erhalten. Grevesmühlen besaß auch viele Jahre lang ein Münzprägerecht, welches die hohe wirtschaftliche Bedeutung der Stadt als ein Zentrum Nordwestmecklenburgs beweist. Im 19. Jahrhundert erlangte die Stadt mit dem Bau einer großen Malzfabrik, einer Ziegelei und eines Sägewerks zusätzliche Bedeutung, wesentlich wichtiger für Grevesmühlen waren jedoch immer die hier ansässigen regionalen Verwaltungen und Herrschaften. Erst Ende 2011 verlor Grevesmühlen im Zuge der letzten Kreisgebietsreform den Status als Kreisstadt, die Kreisverwaltung des Landkreises Nordwestmecklenburg ist jedoch immer noch hier ansässig.

Die Stadt bietet dem Besucher zahlreiche unterschiedliche touristische Ziele und gute Einkaufsmöglichkeiten. Dominiert wird Grevesmühlen heute wie vor 100 Jahren durch die große **Malzfabrik** mit ihren 2 Schornsteinen. Damals einer der größten Arbeitgeber und Steuerzahler ist die alte Malzfabrik heute Standort der Kreisverwaltung. Der große und kostenfreie Parkplatz vor dem gepflegten Industriedenkmal kann ein guter Ausgangspunkt sein, um Grevesmühlen zu Fuß oder per Fahrrad zu entdecken. Besichtigen sollte man die alte und 1230 erstmals urkundlich erwähnte **Backsteinkirche St. Nikolai.** Die Kirche wurde mehrfach verändert. Ihr heutiges Aussehen erhielt sie nach ihrem letzten Umbau 1872. Leider wurden bei diesen Baumaßnahmen auch fast alle Bestandteile der alten Innenausstattung ausgetauscht. Deshalb befindet sich heute im Inneren der Kirche kein mittelalterlicher Altar mehr. Das gotische Triumphkreuz von 1430 wurde erst 1969 aus der Wismarer Heilig-Geist-Kirche nach Grevesmühlen verbracht. Lediglich drei Gemälde in der Kirche lassen

sich bis ins 17. Jahrhundert zurückverfolgen. Wer den Kirchturm der St. Nikolaikirche besteigen will, kann sich den Schlüssel in der Stadtinformation abholen. Im Gebäude der Stadtinformation am Kirchplatz 5 befindet sich auch das **Städtische Museum** Grevesmühlens. Hier lässt sich eine kleine Ausstellung zur Geschichte der Stadt und anderen gelegentlich wechselnden Themen finden. Die Öffnungszeiten sind mit denen der Stadtinformation identisch. Am **Markt** befinden sich gegenüberliegend das Rathaus, die alte Markt-Apotheke – ein schöner sanierter Fachwerkbau – und die Gaststätte „Altes Rathaus". Das alte Amtsgericht und heutige Rathaus steht an der Stelle des früheren Grevesmühlener Schlosses, welches bei einem großen Stadtbrand 1659 zerstört wurde, und entstand 1789. Die heutige Gaststätte „Altes Rathaus" wurde 1715 gebaut und diente bis 1994 als Sitz der Stadtverwaltung. Die beliebte Einkaufsstraße Grevesmühlens ist die **August-Bebel-Straße** zwischen dem Marktplatz und dem Karl-Liebknecht-Platz. Sie führt direkt am Kirchplatz mit der Stadtinformation und dem Städtischen Museum vorbei. Ein weiteres besonders auffallendes und repräsentatives Gebäude befindet sich in der Goethestraße. Es wurde als Amtshaus erbaut und als Finanzamt genutzt und war von 1945 bis 1991 Sitz der sowjetischen Kommandantur. Auf dem Mühlenberg in der Sandstraße 1a erhebt sich ein weiteres Wahrzeichen Grevesmühlens, die **alte Holländermühle.** Erst 1970 wurde der Mühlenbetrieb eingestellt und die Mühle später restauriert. Heute ist die Mühle in Privatbesitz und bewohnt, deshalb ist eine Besichtigung leider nicht möglich. Zwischen Juni und September findet in Grevesmühlen das **Piraten Openair Theater** zahlreiche Zuschauer. Ein Besuch dieses gelungenen Actionspektakels auf der Freiluftbühne kann Groß und Klein begeistern. Unbedingt besuchen sollte man im Ortsteil Wotenitz den **Wasserlehrpfad.** Er wurde sehr liebevoll und informativ gestaltet. Zumindest außerhalb der Saison kann man hier auch eine Nacht mit dem Wohnmobil verbringen.

Stirnseite eines der Megalithgräber im Everstorfer Forst (s. S. 42)

116wo-lr

Großsteingräber an der Ostseeküste Mecklenburg-Vorpommerns

Großsteingräber bestehen aus Findlingen, den steinernen Ablagerungen der letzten Eiszeit. Im Volksmund bezeichnet man sie auch als Hünengräber, wobei dieser Name auf das mittelhochdeutsche Wort „hiune" und das niederdeutsche Wort „hûne" zurückgeht. Beides bedeutet „Riese" und so werden die Gräber wohl für Riesen gemacht worden sein bzw. es müssen echte Hünen gewesen sein, die sie während der Jungsteinzeit (3500–2800 v. Chr.) erbauten. Mehrere andere Bezeichnungen werden synonym verwendet, z. B. der Name Megalithgräber (aus dem Griechischen: mega = groß, lithos = Stein). Man spricht auch von Hünenbetten, wenn die Steingräber aus Geschiebeblöcken errichtet wurden, aus einer Steinkammer bestehen und von einem Hügel überdeckt werden. Hügelgräber dagegen bestehen nur aus Erdmaterial, sie stammen meist aus der Bronze- oder Eisenzeit.

Die Großsteingräber gehören zu den ältesten von Menschenhand geschaffenen Bauwerken in Deutschland, die bis heute erhalten geblieben sind. Seit vielen Jahren beschäftigt der Bau dieser Gräber nicht nur Wissenschaftler. Der Bentheimer Gelehrte Dr. Johann Picardt behauptete im 17. Jahrhundert sogar, Riesen und Zwerge hätten die Gräber in gemeinschaftlicher Arbeit errichtet und seien von den damaligen Menschen anschließend mit großen Holzkeulen vertrieben worden.

1999 und 2000 führte man im Emsland Experimente durch, die das Rätsel lösen sollten, wie solch tonnenschwere Steine transportiert werden konnten. Man stellte fest, dass es unmöglich ist, einen ca. 8 Tonnen schweren Findling über gefrorenen Boden, Schnee und Eis zu schleifen, weil jede Unebenheit des Bodens zum unüberwindlichen Hindernis wird. Ein Transport auf Rollhölzern gelang zwar, aber man benötigte 10 Personen, damit sich der Hünenstein überhaupt in Bewegung setzte und die Rollhölzer mussten absolut parallel laufen – auch in Kurven. Außerdem musste ein Schlitten zum Tragen der Last verwendet werden.

Archäologen fanden in den erhaltenen Steingräbern v. a. Keramik der Trichterbecherkultur (so benannt wegen der Form den Tongefäße), Pfeilspitzen und Steinäxte, aber auch Schmuck wie Bernsteinperlen. Menschliche Überreste waren selten, sodass einige Wissenschaftler die Meinung entwickelten, dass die Gräber vor allem als Beinhäuser für heute nicht mehr erhaltene Knochen dienten. Die Knochen der Toten wurden darin aufbewahrt, nachdem die Leichen zunächst auf Gestellen oder der Erde dem Zerfall ausgesetzt waren. Ebenso gehen Forscher davon aus, dass Großsteingräber nicht nur Bestattungsstätten waren, sondern auch als magische Kultstätten dienten. Gleichermaßen könnten die Hünengräber die Macht einer Sippe verdeutlichen, denn es handelte sich um weit sichtbare und repräsentative Bauwerke, die meist in der Nähe damaliger Handelsstraßen standen. Will man sich die Großsteingräber bzw. deren Relikte heute ansehen, muss man sich meist von den größeren Straßen entfernen. Dies lässt sich in der Regel problemlos mit kürzeren Wanderungen durch die schöne mecklenburger Natur verbinden. Manchmal gibt es Hinweisschilder, denen man einfach folgen kann, manchmal muss man sich aber sehr auf seine eigenen Augen verlassen, um die Gräber zu entdecken. In diesem Buch wird auf einige besonders interessante Großsteingräber entlang der vorgeschlagenen Routen hingewiesen.

› **Piraten Openair Theater,** Schweriner Landstraße 15, 23936 Grevesmühlen, GPS 53.85150, 11.20364, im ganzen Ort Grevesmühlen ausgeschildert, Tel. 03881 756600, www.piratenopenair.de, geöffnet: Juni–September Di.–Sa., Eintritt: je nach Preisgruppe bis zu 34 € für Erwachsene und 26 € für Kinder. Mehrstündiges Actionspektakel im Freilufttheater für die ganze Familie, jährlich wechselnde Stücke, ausreichend kostenlose Parkplätze, außerhalb der Spielsaison Parkflächen geschlossen, Hunde bei Aufführung nicht gestattet, Regenschirme verboten.

Information

› **Stadtinformation Grevesmühlen,** Kirchplatz 5, 23936 Grevesmühlen, Tel. 03881 723222, www.grevesmuehlen.info, geöffnet: Di.-Fr. 10-12 und 13-17 Uhr

Aktivität

› **Wasserlehrpfad Wotenitz,** Wasserwerk Wotenitz, Dorfstraße 16, 23936 Grevesmühlen OT Wotenitz, April-Okt. tägl. geöffnet, Eintritt und Parken frei. GPS 53.8446, 11.17782.

Parken

P 16 **Parkplatz Malzfabrik Grevesmühlen,** GPS 53.86237, 11.17656, Börzower Weg 3, 23936 Grevesmühlen. Alte Malzfabrik, heutiges Industriedenkmal und Sitz der Kreisverwaltung. Kostenloses Parken für Wohnmobile aller Größen möglich. Wochentags ist die Parkzeit während der Arbeitszeit der Kreisverwaltung auf 2 Stunden begrenzt. Nachts und am Wochenende keine Einschränkung.

Nur 4 km östlich Grevesmühlens und über die Bundesstraße 105 in Richtung Wismar gut zu erreichen liegt der **Everstorfer Forst** mit seiner höchsten Erhebung, dem Iserberg. Der **Iserberg** ist mit 99 m die höchste Erhebung im Umkreis und bietet bei gutem Wetter eine ausgezeichnete Fernsicht bis an die Wohlenberger Wiek. Über den Iserberg ist ein Wanderweg markiert, der verschiedene Bodendenkmäler verbindet.

Die Gesamtlänge dieses Wanderweges, der auch für einen Fahrradausflug gut geeignet ist, beträgt 20 km. Mit wenigen Wanderschritten von einem kostenfreien Wanderparkplatz schnell zu erreichen ist die Südgruppe der **Megalithgräber Barendorf im Everstorfer Forst.** Auf diesem Wanderparkplatz neben der Straße B105 befindet sich eine Tafel, auf der die Lage der umliegenden Großsteingräber (s. S. 41) verzeichnet ist. Zur Barendorfer Südgruppe gehören fünf Gräber, drei davon liegen südlich der B105 und zwei nördlich. Diese mächtigen und teils bis zu 50 m langen Großsteingräber gehören zu den schönsten Megalithgrabanlagen Deutschlands.

17 **Wanderparkplatz Megalithgräber Barendorf,** GPS 53.86215, 11.28284

In der Barendorfer Nordgruppe befinden sich zehn Grabanlagen (GPS 53.88075, 11.27467). Die Entfernung zwischen der Südgruppe mit dem Parkplatz und der Nordgruppe beträgt nur etwa 2,5 km und man kann dem Weg durch Barendorf auch leicht zu Fuß oder mit dem Fahrrad folgen. Eine gute Ausschilderung ist vorhanden.

ROUTE 2

EINE HANSESTADT, EINE INSEL, EINE MÜHLE UND LEUCHTTÜRME – VIEL GESCHICHTE AN DER KÜSTE

180wo-lr

« *Kapitelstartseite: Blick vom Forellenhof nach Kirchdorf*

214wo-lr

ROUTENÜBERSICHT

Strecke:
Wismar (s. S. 46) - **Fährdorf** (10 km, s. S. 52) - **Kirchdorf** (4 km, s. S. 53) - **Timmendorf** (5 km, s. S. 54) - **Schwarzer Busch** (7 km, s. S. 55) - **Gollwitz** (4 km, s. S. 56) - **Malchow** (3 km, s. S. 57) - **Stove** (11 km, s. S. 57) - **Boiensdorf** (2 km, s. S. 58) - **Rerik** (12 km, s. S. 59) - **Abstecher nach Bastorf** (hin und zurück etwa 14 km, s. S. 63)

Streckenlänge:
ohne Abstecher ca. 58 km
mit Abstecher ca. 72 km

Die Vogelinsel Langenwerder kann im Rahmen von Führungen betreten werden

Ausgangspunkt der Tour ist die wunderschöne Hansestadt Wismar, die ihre Gäste zu historischen Entdeckungen – nicht nur aus der Schwedenzeit – einlädt. Natur erlebt man im Verlauf der Route auf der Insel Poel, wo einige Vogelschutzgebiete existieren. Daneben gibt es auf der Insel auch Bademöglichkeiten und reges touristisches Treiben. In Stove kann altes Mühlenhandwerk bestaunt werden und der Boiensdorfer Werder bietet dem Wohnmobilisten eine große Auswahl an faszinierenden, naturnahen Stellplätzen. Schließlich erlebt man in Rerik reges Hafentreiben und kann per Schiff rund um Wustrow fahren. Anschließend lohnt ein Abstecher zum Leuchtturm von Bastorf, nicht nur, um im dortigen Café Selbstgebackenes zu genießen, sondern auch, um sich – im wahrsten Sinne des Wortes – einen Überblick über diesen Küstenabschnitt zu verschaffen.

WISMAR

Schon früh war die Region um die heutige Stadt Wismar Siedlungsgebiet. Erst lebten hier germanische Stämme und nach der Völkerwanderung waren es bis zum 10. Jahrhundert die wendischen und slawischen Obodriten, die an dieser Stelle siedelten.

Heutzutage (seit 2002) ist Wismars Altstadt gemeinsam mit der Altstadt Stralsunds **UNESCO-Welterbe** unter dem Namen „Historische Altstädte Stralsund und Wismar".

Der Name Wismar findet sich in der Knytlinga-Sage, der Sage über König Knut den Großen und seine Nachkommen, die 1260 auf Island verfasst wurde. Darin steht, dass der dänische König Sven Grade 1147 in der Wismarer Bucht landete. Zum ersten Mal urkundlich benannt wurde ein Ort Wismar 1167 in einer Urkunde von Heinrich dem Löwen, in der die Grenzen des Bistums Ratzeburg festgeschrieben wurden. Die östliche Grenze des Bistums ist demnach mit aqua que Wissemara dicitur, ad aquem Wissemaram bezeichnet. Gemeint ist ein kleiner Flusslauf im Osten Wismars. Eine andere Erklärung bezieht sich auf eine Ableitung von Wismaria oder Ort des Vysěmêr. Das eigentliche Jahr der Stadtgründung schätzt man auf 1226, eine erste urkundliche Erwähnung der Stadt Wismar existiert aus dem Jahre 1229. Die zwei ursprünglich einzeln gelegenen Siedlungen um die Kirchen St. Marien und St. Nikolai wuchsen später zusammen. Heute steht nur noch der 80 Meter hohe Turm der **St.-Marien-Kirche** als ein Wahrzeichen Wismars. Weitere Kirchen entstanden in den Folgejahren. Bis zu ihrer Beschädigung im Zweiten Weltkrieg und der Sprengung des Kirchenschiffes 1960 galt die ehemalige Ratskirche als eine der schönsten Backsteinkirchen im norddeutschen Raum. **St. Nikolai,** die Kirche der Schiffer und Fahrensleute, besitzt ein 37 Meter hohes Mittelschiff und damit das vierthöchste Deutschlands. Ab 1250 entstand die Neustadt um die neue Kirche **St. Georgen.** Die St.-Georgen-Kirche war einst die Kirche der Handwerker und Gewerbetreibenden und ihre Ursprünge liegen im frühen 13. Jahrhundert. Fertiggestellt wurde die Kirche 1594. Heute wird sie für Konzerte, u. a. präsentiert vom NDR, genutzt. Weiterhin war Wismar auch Sitz zweier Bettelorden, der Franziskaner und der Dominikaner. Ende des 13. Jahrhunderts wurde um alle vorhandenen Viertel eine Stadtmauer errichtet, die noch heute die Begrenzung der Altstadt darstellt.

Während der Hansezeit entwickelte sich Wismar zu einer wohlhabenden und bedeutenden Stadt. Von diesem wirtschaftlichen Erfolg zeugen mächtige Sakralbauten und mittelalterliche Bürgerhäuser genauso wie beeindruckende Backsteingotik und die **Wasserkunst auf dem Marktplatz.** Diese wurde am Ausgang des 16. Jahrhunderts im Stil holländischer Renaissance errichtet und diente bis 1897 zur Versorgung der Stadt mit Trinkwasser. Ebenso diente die **„Grube",** erbaut Mitte des 13. Jahrhunderts und einer der ältesten künstlichen Wasserläufe Deutschlands, der durch eine Stadt führt, lange zur Trink- und Brauchwasserversorgung. Sie verbindet über den Mühlenteich, den Wallensteingraben und den Lostener See den Schweriner See mit der Ostsee.

Im 17. Jahrhundert traf der Dreißigjährige Krieg Wismar schwer, denn schon 1632 besetzten schwedische Truppen die Stadt, die 1648 im Westfälischen Frieden Schweden zugesprochen wurde. Erst 1903 – nach einer langen Zeit als Streitobjekt wegen ihrer strategisch günstigen Lage und ihres noch verbliebenen Reichtums – wurde die Stadt Wismar wieder Mecklenburg zugesprochen. Die Schwedenzeit prägt bis heute die Stadt. So sieht man am sogenannten Baumhaus im „Alten Hafen" die **Schwedenköpfe,** bunt bemalte Herkulesbüsten, die einst die Hafeneinfahrt zierten, als Wahrzeichen des Hafens. Ein historisches Original dieser Büsten findet sich im stadtgeschichtlichen Museum **„Schabbellhaus".** Dieses wurde in der zweiten Hälfte des 16. Jahrhunderts für den späteren Wismarer Bürgermeister Hinrich

Schabbell erbaut und ist eines der ältesten Renaissancegebäude, das Backstein mit Sandsteinelementen verbindet.

In einem der ältesten Bürgerhäuser am Markt lohnt eine Einkehr in das **Gasthaus „Alter Schwede".** Das erinnert genauso an die Zugehörigkeit Wismars zu Schweden wie das schwedische Kommandantenhaus, der Schwedenstein oder das Zeughaus. Letzteres wurde 1700 neu aufgebaut, weil eine gewaltige Pulverturmexplosion, ausgelöst durch ein Gewitter, das alte Zeughaus 1699 zerstört hatte. Es ist ein bedeutendes Zeugnis schwedischer Militärarchitektur, u. a. deshalb, weil es über einen einzigartigen Dachstuhl verfügt, der nur auf der Umfassungsmauer ruht.

Schon 1211 wurde erstmals ein Seehafen in Wismar erwähnt. Dieser hat vor allem Bedeutung als Umschlagplatz für Massen- und Stückgüter und besitzt seit Ende der 1990er-Jahre eine Massengutanlage für Kali und Salz. Aus der Zeit vor dem Beginn des Industriezeitalters stammt der historische **„Alte Hafen",** wohl einer der attraktivsten Orte Wismars. Zwar hat er keine wirtschaftliche Bedeutung mehr, aber er ist Heimathafen der Rekonstruktion der Poeler Kogge und, neben der St.-Georgen-Kirche und der Heiligen-

Die Deutsche Hanse

Viele Städte im Ostseeraum tragen heute noch den Namenszusatz „Hansestadt". Woher aber stammt diese Bezeichnung? Um diese Frage beantworten zu können, muss man ins 14. Jahrhundert zurückblicken. Damals schlossen sich in Deutschland verschiedene Städte zusammen, um ihre Handelsmöglichkeiten und damit ihre Gewinne zu erhöhen. Die Deutsche Hanse war einer dieser Städtebünde, der auch von allen am längsten bestand.

Seine Gründung war eng verbunden mit der fortschreitenden Entwicklung des Transportwesens. In der Seefahrt spielte die Kogge, ein Schiffstyp, der erheblich größer und schneller war als die bis dahin gebräuchlichen, eine wichtige Rolle. Gebaut wurden diese Koggen vor allem in den Werften der Hafenstädte im norddeutschen Raum. Mit den Koggen konnten die Kaufleute dieser Städte Waren recht schnell und billig ausliefern. Fernkaufleute, die regelmäßig gleiche Ziele in Gotland, Flandern oder England ansteuerten, schlossen sich in regionalen Genossenschaften, sogenannten Hansen, zusammen. Nun konnten sie gemeinsam Koggen erwerben und Vorrechte am Zielort, wie freie Ein- und Ausreise, aushandeln sowie sich gegenseitigen Schutz auf Überfahrten gewähren. Die Kaufleute entstammten häufig der gesellschaftlichen Oberschicht oder stiegen aufgrund ihres wirtschaftlichen Erfolgs schnell in hohe städtische Positionen auf. So sorgten Städte zunehmend für die militärische Sicherung der Handelswege und der Einhaltung der Handelsprivilegien ihrer Kaufleute und begannen sich untereinander abzusprechen. Dazu lud eine Stadt Vertreter anderer Städte zu Tagfahrten, den späteren Hansetagen, ein. Es entwickelte sich ein großer Städtebund, der 1358 erstmals als „dudesche Hanse" erwähnt wurde.

Um 1400 gehörten ca. 80 Städte der Deutschen Hanse an. Feste Niederlassungen mit Stapelplätzen, Lagerhallen, Büros und eigenen Gerichten wurden errichtet. Diese Hansekontore, z. B. die „Brücke" in Bergen oder der „Petershof" in Nowgorod, waren im europäischen Handelsraum sehr bekannt. Häufig lagen Firmenzentralen in Hansestädten, Söhne und Verwandte des Unternehmers waren auf Außendienst in ausländischen Kontoren und wurden am Gewinn beteiligt. Daheim legten die Kaufleute ihren Gewinn an und so wurden die Hansestädte sehr wohlhabend. Das führte dazu, dass die Hanse Bündnisse schloss und sogar Kriege führte, als sei sie ein eigenständiger Staat. Die Deutsche Hanse war zweihundert Jahre die Herrin der Ostsee, bis im 16. Jahrhundert Engländer und Holländer sie überflügelten. Geblieben sind aus dieser Zeit die imposanten Bauten und der Namenszusatz Hansestadt.

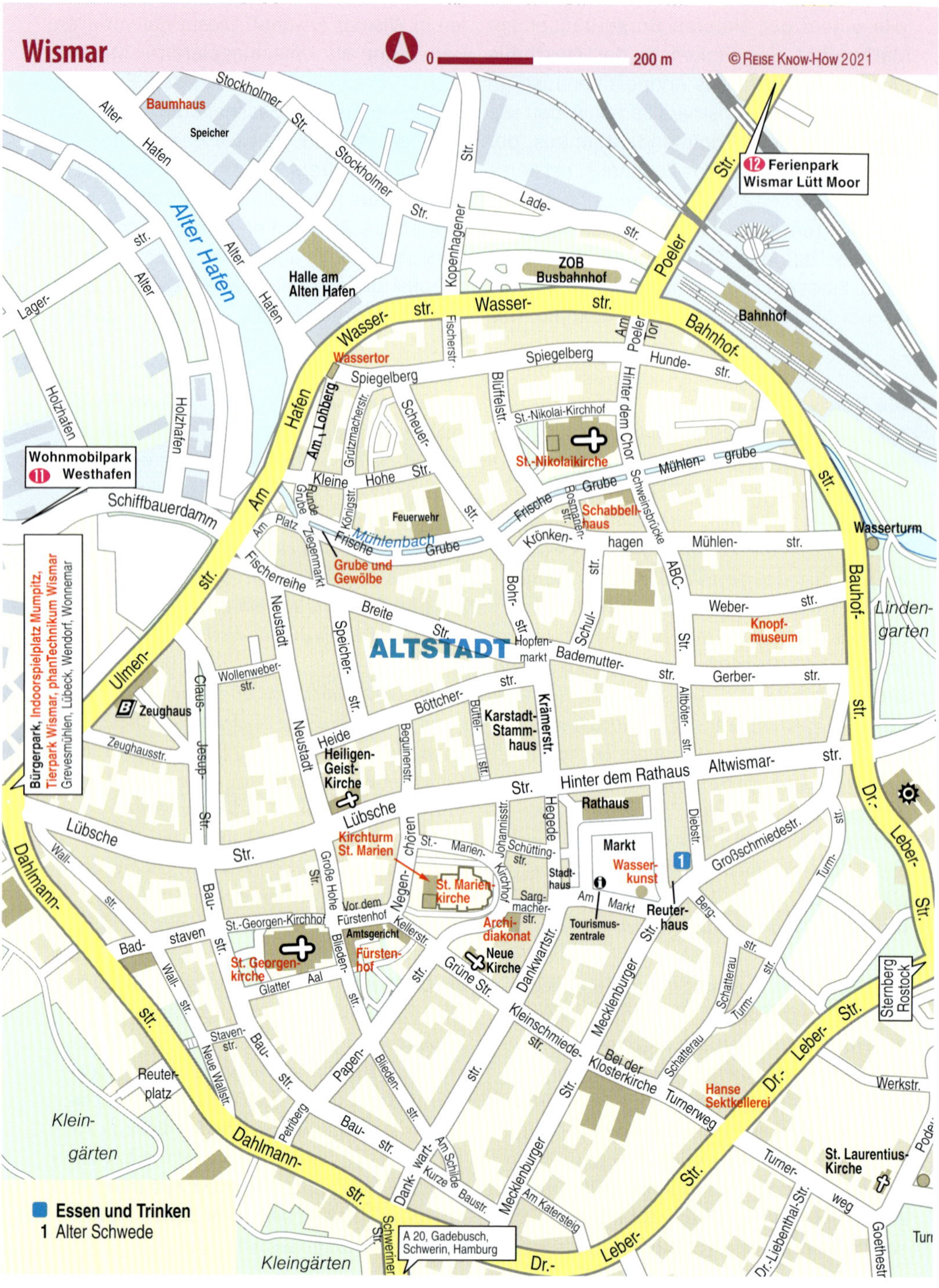
Wismar
0
200 m
© Reise Know-How 2021
Stockholmer Str.
Baumhaus
Speicher
Alter Hafen
Alter Hafen
Halle am Alten Hafen
Kopenhagener Str.
Lade-str.
ZOB Busbahnhof
Poeler Str.
Ferienpark Wismar Lütt Moor
Bahnhof
Lager-str.
Holzhafen
Wasser-str.
Wassertor
Spiegelberg
Fischerstr.
Am Poeler Tor
Bahnhof-str.
Hunde-str.
Hinter dem Chor
Am Lohberg
Grützmacherstr.
Scheuer-str.
Blüffelstr.
St.-Nikolai-Kirchhof
St.-Nikolaikirche
Wohnmobilpark Westhafen
Schiffbauerdamm
Am Hafen
Kleine Hohe Str.
Runde Grube
Königstr.
Feuerwehr
Frische Grube
Mühlenbach
Mühlen-grube
Schabbellhaus
Schweinsbrücke
Bosmanstr.
Krönken-hagen
Mühlen-str.
Wasserturm
Am Platz
Ziegenmarkt
Grube und Gewölbe
Fischerreihe
Neustadt
Breite Str.
Bohr-str.
Schul-str.
ABC-Str.
Weber-str.
Knopf-museum
Lindengarten
Bürgerpark, Indoorspielplatz Mumpitz, Tierpark Wismar, phanTechnikum Wismar
Grevesmühlen, Lübeck, Wendorf, Wonnemar
ALTSTADT
Speicher-str.
Hopfen-markt
Bademutter-str.
Gerber-str.
Bauhof-str.
Ulmen-str.
Wollenweber-str.
Zeughaus
Claus-Jesup-Str.
Böttcher-str.
Büttel-str.
Karstadt-Stammhaus
Krämerstr.
Altböter-str.
Zeughausstr.
Heide
Heiligen-Geist-Kirche
Beguinenstr.
Hinter dem Rathaus
Altwismar-str.
Rathaus
Lübsche Str.
Dr.-Leber-Str.
Wall-str.
Kirchturm St. Marien
Negen-chören
St.-Marien-Kirchhof
Johannisstr.
Hegede
Schütting-str.
Markt
Wasser-kunst
Diebstr.
Großschmiedestr.
Dahlmann-str.
Bau-str.
Große Hohe Str.
St. Marienkirche
Sarg-macher-str.
Stadt-haus
Am Markt
Reuter-haus
Turm-str.
Vor dem Fürstenhof
Tourismus-zentrale
Berg-str.
Bad-staven
St.-Georgen-Kirchhof
Amtsgericht
Kellerstr.
Archi-diakonat
St. Georgen-kirche
Fürsten-hof
Blieden-str.
Neue Kirche
Dankwartstr.
Mecklenburger Str.
Schatterau
Sternberg Rostock
Glatter Aal
Grüne Str.
Staven-str.
Kleinschmiede-str.
Reuter-platz
Neue Wallstr.
Papen-str.
Bei der Klosterkirche
Turnerweg
Hanse Sektkellerei
Werkstr.
Klein-gärten
Petriberg
Am Schilde
Kurze Baustr.
Dank-wart-str.
Am Katersteig
St. Laurentius-Kirche
Turner-weg
Essen und Trinken
1 Alter Schwede
Schweriner Str.
A 20, Gadebusch, Schwerin, Hamburg
Kleingärten
Dr.-Liebenthal-Str.
Goethestr.

012wo-lr

Geist-Kirche, Spielort der **Festspiele Mecklenburg-Vorpommern.** Gastronomische Einrichtungen laden hier zum Verweilen ein.

Ebenfalls sehr empfehlenswert ist das **phanTechnikum,** das Technische Landesmuseum Mecklenburg-Vorpommern. Sammlungsschwerpunkte sind unter anderem der Flugzeugbau und die Luftfahrtgeschichte, Energieerzeugung, Schweißtechnik und Schiffsantriebstechnologien. Das Museum liegt „Am Festplatz" in der Nachbarschaft des Tierparks und der Werft.

Wer noch mehr über Wismar wissen will und neugierig auf dessen Geschichte ist, sollte sich einer der angebotenen **Stadtführungen** anschließen. Diese finden unter verschiedenen Themen wie Nachtwächter-Führung, Klaus-Störtebeker-Führung oder SOKO-Wismar-Führung nahezu täglich zu verschiedenen Zeiten statt. Eine vorherige Anmeldung ist nicht erforderlich. Die Kosten betragen etwa 10 € für Erwachsene und 7 € für Kinder. Die Führungen dauern etwa 2 Std.

Im Alten Hafen bieten verschiedene Reedereien **Hafenrundfahrten** und Rundfahrten zu anderen Zielen an. Die Preise beginnen bei ca. 15 €. Für Familien mit Kindern lohnen sich die von der Reederei Adler nur im Sommer angebotenen Piratenfahrten. Für die Fahrten, bei denen die Kinder als Piraten verkleidet werden, muss man ca. 2 € pro Person einplanen.

In der Innenstadt Wismars ist es für Wohnmobile schwierig, einen Parkplatz zu finden. Zwar sind ausreichend Parkflächen vorhanden, doch sind diese häufig für Wohnmobile gesperrt. Es empfiehlt sich deshalb, tagsüber in den großen Hafenbereichen oder auch im **Wohnmobilpark Westhafen Wismar** (11) zu parken. Der Wohnmobilpark bietet nicht nur Stellplätze, sondern auch Tagesparkplätze für 9 € an und in diesem Preis sind bereits die Entsorgungskosten für Chemie-WC oder Abwasser enthalten. Nach 20 Uhr sind auch oft die Hafenparkplätze für Wohnmobile verboten. Das ist etwas unverständlich, stehen doch dort sehr schöne und wirklich riesige Flächen zum Parken zu Verfügung.

In Wismars Altem Hafen liegen historische Schiffe, Fahrgastschiffe und Fischerboote direkt am Rande der Altstadt vor Anker

Sehenswertes

- **phanTECHNIKUM Wismar**, Zum Festplatz 3, 23966 Wismar, www.phantechnikum.de, Tel. 03841 304570, geöffnet: Jan.-Juni und Sept.-Dez. Di.-So. 10-17 Uhr, Juli/Aug. tägl. 10-18 Uhr, Eintritt: 8 € Erwachsene, 5 € Kinder. Technisches Landesmuseum Mecklenburg-Vorpommern.
- **Tierpark Wismar,** Zum Festplatz 4, 23966 Wismar, Tel. 03841 707070, www.tierpark-wismar.de, geöffnet: tägl. 9-18 Uhr, Winter nur 10-16 Uhr, Eintritt: 5 € Erwachsene, 3 € Kinder. Tierpark mit großen Spiellandschaften und Gastronomie, ausreichend große Parkflächen, die auch außerhalb der Öffnungszeiten des Tierparks genutzt werden können. Hunde an der Leine erlaubt.

Information

- **Tourismuszentrale Wismar,** Lübsche Straße 23 a, 23966 Wismar, Tel. 03841 19433, www.wismar.de, geöffnet: tägl. 9-17, Nov.-März tägl. 10-16 Uhr

Gastronomie

- **Alter Schwede Wismar,** Am Markt 22, 23966 Wismar, Tel. 03841 283552, www.alter-schwede-wismar.de, geöffnet: tägl. ab 11.30 Uhr. Stilvolles historisches Restaurant, das v. a. einheimische Spezialitäten anbietet.

Aktivitäten

- **Erlebnisbad Wonnemar Wismar,** Bürgermeister-Haupt-Straße 38, 23966 Wismar. Von der Zufahrtsstraße in Richtung Zentrum (Lübsche Straße) auf die Philipp-Müller-Straße in südlicher Richtung abbiegen und dann auf die Bürgermeister-Haupt-Straße, Tel. 03841 327623, www.wonnemar.de/wismar, geöffnet: tägl. 10-21 Uhr, Eintritt: Eintrittspreise beginnen ab 12 €/1,5 Std. für Erwachsene. Sehr schönes und großes Erlebnisbad mit Sauna- und Wellnessbereich, großflächige und kostenlose Parkmöglichkeiten.
- **Indoorspielplatz Mumpitz Wismar,** An der Westtangente 12, 23966 Wismar, Am Stadtring (B106) Abfahrt Richtung Grevesmühlen (L12), ca. 2 km vom Tierpark Wismar entfernt, Tel. 03841 229667, www.mumpitz-wismar.de, geöffnet: Mo.-Fr. 13-19 Uhr, Wochenende/Feiertage 10-19 Uhr, in den Ferien tägl. 10-19 Uhr, Eintritt: 10 € Kinder bis 18 Jahre, 7 € Erwachsene. 3000 m² großer Hallenspielplatz mit verschiedenen Spielflächen, Trampolin, Kartfahren.

224wo-lr

11 Wohnmobilpark Westhafen Wismar

GPS 53.89428, 11.45176

Gepflegter Wohnmobilpark in der Nähe der Altstadt, nebenan Einkaufsmöglichkeiten. **Lage/Anfahrt:** am Rande des Westhafens, Entfernung zum Alten Hafen ca. 300 m und zur Altstadt 500 m; dem Schiffbauerdamm und der Ausschilderung zum Stellplatz folgen; **Platzanzahl:** 65; **Untergrund:** Asphalt, Rasengitter, Pflaster; fest; **Service:** Strom, Trinkwasser, Abwasser, Chemie-WC; **Sicherheit:** umzäunt, beleuchtet; **Preise:** 12 €/Fahrz., Strom und Wasser je 1 €; **Geöffnet:** ganzjährig; **Kontakt:** Platzwart Herr Schnelle, Schiffbauerdamm 12, 23966 Wismar, Mobil 0172 3905368, www.wohnmobilpark-wismar.de. Anreise durchgehend möglich, da Kassierung über Kassenautomat.

Ostseebad Insel Poel

Bereits 1163 wurde die nur 37 km² große Insel Poel urkundlich erstmalig erwähnt. Viele Jahrhunderte war die landwirtschaftlich geprägte und flache Vorinsel der Ostseeküste Mecklenburgs aufgrund ihrer guten strategischen Lage Zankapfel und Objekt der Begierde, nicht nur verschiedener Adliger, sondern auch verschiedener Länder. Besonders ihre Rolle als Vorposten der alten Hansestadt Wismar war dabei von Belang. Preußen, Mecklenburger, Dänen und Schweden stritten erbittert um den Besitz dieser Insel. Ursprünglich im Besitz verschiedener Mecklenburger Adelsfamilien, eroberten die Truppen des dänischen Königs Christian IV. von Dänemark sie 1629. Einige Jahre später marschierten die Schweden ein und im Westfälischen Frieden von 1648 musste Mecklenburg vorerst endgültig auf die Insel verzichten. Die darauffolgenden Jahrhunderte gehörte die Insel Poel zu Schweden. Doch trotz bestehender schwedischer Herrschaft wurde sie im 18. Jh. mehrfach durch ausländische Truppen geplündert und besetzt. 1803 verpachteten die Schweden im Vertrag von Malmö die Insel für die damalige Rekordsumme von 1,25 Mio. Reichstalern an den mecklenburgischen Großherzog Friedrich Franz I. Bis 1903 wehte bei offiziellen Anlässen noch die schwedische Fahne über Poel, dann übergab der schwedische König die Insel endgültig an Mecklenburg. Mit dem Bau des ersten Kurhauses begann 1910 der Aufschwung der Insel als Badeort, der bis heute fortdauert und 2005 in der Verleihung des Titels Ostseebad Insel Poel mündete.

Heute besuchen jährlich Hunderttausende Gäste die Insel, auf der gerade einmal knapp 3000 Einwohner leben. Trotzdem ist der Insel Poel der Massentourismus, wie er andernorts an der Ostsee immer häufiger vorherrscht, fremd. Die Besucher können sich auf der Insel und ihren langen Stränden und Küsten verteilen und laute Attraktionen sind verpönt. Für Badegäste stehen 11 km Sandstrand zur Verfügung. Alle Siedlungen der Insel bilden heute eine amtsfreie Gemeinde. Dabei gilt Kirchdorf mit seinen etwa 2000 Einwohner als Mittelpunkt und Verwaltungszentrum. Neben dem Tourismus ist die Landwirtschaft die Haupterwerbsquelle der Einwohner.

Überregional bekannt ist dabei die durch den Poeler Bauernsohn und späteren Professor Hans Lembke 1897 gegründete Saatzucht, die bis heute besteht. Besonderer Schwerpunkt war immer die Züchtung und Vermehrung frostresistenter Arten wie Raps, Winterweizen, Hafer und Kartoffeln.

Nordöstlich der Insel vorgelagert ist die ca. 1 km lange Vogelschutzinsel Langenwerder. Sie ist Brutort Tausender Seevögel. Bereits 1910 wurde Langenwerder als Vogelschutzgebiet ausgewiesen und ist damit das älteste Vogelschutzgebiet der Ostsee. Außerhalb der Brutzeit kann man an einer Inselführung teilnehmen (Anmeldung in der Kurverwaltung Kirchdorf, s. S. 54). Die Insel kann nur zu Fuß erreicht werden und es ist dabei notwendig, ab Gollwitz das hier sehr flache Ostseewasser bis Langenwerder zu durchwaten. Die Führungen sind auf jeweils 15 Personen begrenzt. Eine Spende für den Vogelschutz in Höhe von 5 € wird dankend angenommen.

Auf der Insel Poel wird eine ***Kurtaxe*** *von tägl. 2 € für Erwachsene in der Hauptsaison erhoben. Kinder zahlen nichts. Bei Übernachtung mit dem Wohnmobil auf einem der zahlreichen Stell- und Campingplätze wird die Kurtaxe sofort mit in Rechnung gestellt. In allen Orten und an den Stränden sind zusätzlich entsprechende Kassenautomaten aufgestellt. Einmal gelöste und zeitlich noch gültige Parkscheine werden auf öffentlichen Parkplätzen überall auf der Insel akzeptiert, da die Inselverwaltung alle öffentlichen Parkplätze mit den gleichen Parkgebühren betreibt. Besucher achten beim Bezahlen auf die Aufschrift „Parkkarte ist an allen gemeindeeigenen Parkautomaten gültig". Für private Parkplätze erhobene Parkgebühren sind dagegen nur auf dem zugehörigen Parkplatz gültig. Die Insel Poel bietet sich für eine Erkundung mit dem Fahrrad an. Es existieren zahlreiche Fahrradwege, die auch die Fahrt entlang der Küsten erlauben. Das wohnmobiltaugliche Straßennetz begrenzt sich dagegen auf Zufahrten zu den einzelnen Siedlungen und eine Rundstraße.*

⓬ Ferienpark Wismar Lütt Moor

GPS 53.92283, 11.48787

Großer, 2020 neu eröffneter Wohnmobilstellplatz mit terassenförmiger Anordnung der Stellflächen. **Lage/ Anfahrt:** Neben der L21 Fahrtstrecke zur Insel Poel am Ortsausgang Wismar; **Platzanzahl:** 155; **Untergrund:** Schotter, Rasengitter; **Service:** Strom, Trinkwasser, Abwasser, Chemie-WC; **Sicherheit:** umzäunt; **Preise:** 25 €/Fahrz. alles inkl., Bezahlung über Automat; **Geöffnet:** ganzjährig; **Kontakt:** Lütt-Moor 1, 23970 Wismar, Tel. 0152 07367096, www.ferienpark-wismar.de

Die Fahrstrecke in Richtung **Insel Poel** ist in Wismar gut ausgeschildert. Etwa 5 km nach Wismar wird Groß Strömkendorf erreicht und dort auf die Insel Poel abgebogen.

FÄHRDORF

(10 km – km 10)

Der Breitling ist ein schmaler, aber schiffbarer Meeresarm und trennt die Insel Poel vom Festland. Bereits um 1760 begann man mit der Aufschüttung eines Dammes, um die Insel besser an das Festland anzubinden. Bis 1927 wurde der Damm noch durch zwei Brücken unterbrochen, die jede Nacht für die Schifffahrt und zum Schutz der Insel geöffnet wurden. Der stark ansteigende Fahrzeugverkehr, damals wie heute vor allem dem zunehmenden Tourismus geschuldet, verlangte jedoch dringend einen breiteren Ausbau. In der heutigen Form mit nur noch einer Brücke, die nicht mehr geöffnet werden kann, existiert der Breitlingdamm seit 1927. Die Brücke musste 2001 komplett erneuert werden und kann heute aufgrund der Brückenhöhe nur noch von kleineren Schiffen unterquert werden. Hat man den Breitlingdamm, der die Insel Poel mit dem Festland verbindet, überquert, rollt man schon nach Fährdorf. Das Dorf ist das Eingangstor der Insel Poel und gleichzeitig auch das urkundlich erste nachgewiesene Dorf der Insel. Der Name des Dorfes leitet sich von seiner jahrhundertealten Funktion als Standort des Fährbetriebes zum Festland ab. Unmittelbar am Ende des Breitlingdammes am Ortseingang Fährdorf befindet sich ein großer kostenfreier **Park-**

011wo-lr

⓭ Wohnmobilstellplatz Poeler Forellenhof Niendorf

GPS 53.99450, 11.44651

Vom Dorf Niendorf etwas abgesetzter Forellenhof mit Fischrestaurant, Räucherei und Stellplätzen direkt am Wasser und mit schönem Blick. Besonders empfehlenswert. **Lage/Anfahrt:** Zwischen Niendorf und Kirchdorf westlich der Landesstraße 121, der Landesstraße in Richtung Kirchdorf folgen; **Platzanzahl:** 30; **Untergrund:** Asphalt, Beton, Pflaster; **Service:** Strom, Trinkwasser, Abwasser; **Sicherheit:** umzäunt; **Preise:** 14 €/Fahrz. inkl. Strom, Duschen und WC; **Geöffnet:** ganzjährig, im Winter nur auf Anfrage und mit begrenzter Platzanzahl, da die Stellflächen auch von Booten als Winterlager genutzt werden; **Kontakt:** Niendorf 13, 23999 Insel Poel, Tel. 038425 4200, www.poeler-forellenhof.de.

und Rastplatz, der Wohnmobilisten zu einer Pause und dem Blick über die angrenzenden feuchten Salzwiesen einlädt. Seit über 20 Jahren bevölkern Schafe ganzjährig diese Salzwiesen.

18 Park- und Rastplatz Fährdorf, GPS 53.97278, 11.46562, 23999 Fährdorf/Insel Poel, direkt am Ortseingang Fährdorfs, kostenfrei. Großer Park- und Rastplatz mit Picknickhütte, WC und Müllentsorgung.

Die Landesstraße 121 in Richtung Kirchdorf führt an dem kleinen Flecken **Niendorf** vorbei. Lohnen kann sich ein Aufenthalt im Poeler Forellenhof Niendorf, zu dem nach Niendorf auf der linken Straßenseite eine ausgeschilderte kurze Zufahrt führt. Der Forellenhof bietet nicht nur ein ausgezeichnetes Fischrestaurant mit eigener Räucherei, sondern auch den schönen **Wohnmobilstellplatz Poeler Forellenhof** 13 am Wasser mit Blick auf das gegenüberliegende Kirchdorf.

KIRCHDORF

(4 km – km 14)

Knapp 1 km nach Niendorf erreicht man Kirchdorf, den größten Ort der Insel Poel und die heimliche Inselhauptstadt. Durch Kirchdorf fließt nahezu der gesamte Besucherverkehr der Insel Poel und entsprechend voll ist es in der Hauptreisezeit. Die meist von Wismar kommenden Fahrgastschiffe legen im schönen und großen Hafen an und verteilen ihre Gäste auf Kirchdorf und per Bus auch auf die anderen Orte der Insel. Die Fähren und Fahrgastschiffe befördern aber keine Fahrzeuge. Eine An- oder Abreise mit dem Wohnmobil per Fähre ist deshalb nicht möglich.

In Kirchdorf haben einige Fischer ihren Heimathafen. Frischer Fisch ist bei ihnen fast täglich zu bekommen. Eine Erlebnisräucherei mit Biergarten findet man im **Gasthaus „Zur Insel"** in der Wismarschen Straße 19. Bereits 1250 wurde die namensgebende Kirche von Kirchdorf urkundlich erwähnt und auch die angrenzende Ostseebucht erhielt passend dazu den Namen Kirchdorfsee. Heute ist die Kirche das älteste erhaltene Gebäude der Insel Poel und wird auch gern als Bischofsmütze bezeichnet. Grund dafür ist der markante achteckige Kirchturm, der mit stattlichen 47 m Höhe viele Jahrhunderte eine zweite Funktion als Seezeichen hatte. Aufgrund der lange Jahre begrenzten wirtschaftlichen Möglichkeiten der Kirche und ihrer Gemeinde, aber auch der zahlreichen Plünderungen im Verlauf ihrer Geschichte ist das Innere der Kirche heute auffallend schlicht gehalten. Ältestes Inventar ist eine alte Grabplatte aus dem 13. Jahrhundert. Trotzdem sollte man die gotische Backsteinkirche einmal besuchen. Von Pfingsten bis November ist sie täglich 10–16 Uhr geöffnet.

Um die Kirche herum sind noch die **Reste** der alten Wallanlagen **der ehemaligen Festung** zu finden, die die Wismarer Bucht und die Hafeneinfahrt nach Wismar beherrschte und militärisch sicherte. Ursprünglich geplant war damals, den Ort Kirchdorf als Flottenstützpunkt auszubauen und deshalb wurde hier ab 1614 eine große, sternförmige Festung mit umlaufendem großen Wall und Wassergraben errichtet. Ein zweiflügeliges und zweistöckiges repräsentatives Schloss kam später dazu. Trotz ihrer 30 Kanonen wurde die Festung Poel mehrfach von ausländischen Truppen eingenommen und schlussendlich zerstört. Ende des 17. Jahrhunderts kam es zur endgültigen Aufgabe der Festungsanlage und anschließend wurden ihre Steine von der Bevölkerung als Baumaterial genutzt. An der Kirche informieren heute Tafeln die Besucher über die Festungsanlage und auch im **Inselmuseum** finden sich weitere Informationen. Kirchdorf ist ein sehr interessanter und kurzweiliger Ort.

Einen sicheren und kostenfreien Parkplatz für Wohnmobile findet man am Sportplatz an der Strandstraße. Von dort sind es ungefähr 15 Minuten zu Fuß bis zum Hafen. Auch am Hafen befindet sich ein größerer gepflasterter

Parkplatz. Gute und kostenfreie Parkmöglichkeiten mit kurzem Weg zu den alten Wallanlagen und der Kirche befinden sich auch auf einem großen, jedoch unbefestigten Parkplatz am Ortsausgang in Richtung Timmendorf.

Sehenswertes

› **Inselmuseum Kirchdorf,** Möwenweg 4, 23999 Kirchdorf, zentral im Ort gelegen, Tel. 038425 20732, www.insel-poel.de/inselmuseum.php, geöffnet: Mai–September Di.–So. 10–16 Uhr, Oktober–April Mo.–Fr. 10–14, Sa. 10–12 Uhr, Eintritt: 2,50 € Erwachsene, 1,25 € Kinder. Das Museum geht auf die private Sammlung der beiden Insellehrer Wiechmann und Hensan von 1930 zurück. Heute beherbergt es eine 250 m² umfassende Sammlung zur Natur- und Heimatkunde der Insel Poel im ehemaligen Schulhaus. Zusätzlich finden wechselnde Themenaustellungen und kulturelle Veranstaltungen statt. Am Inselmuseum befindet sich auch ein kleiner Findlingsgarten. Begrenzte Parkmöglichkeiten bestehen gegenüber dem Museum.

Information

› **Kurverwaltung der Insel Poel Kirchdorf,** Gemeindezentrum 2, 23999 Insel Poel/OT Kirchdorf, Tel. 038425 20347, www.insel-poel.de, geöffnet: Mai–September Mo.–Fr. 9–17.30 Uhr, Sa. 10–12 Uhr u. 14–16 Uhr, So. 10–12 Uhr, Oktober–April Mo.–Fr. 9–12 Uhr und 14–17 Uhr. Inselinformation, WLAN, Fahrradverleih, Angelkarten, Bibliothek

Gastronomie

› **Gasthaus „Zur Insel" Kirchdorf,** Wismarsche Straße 19, 23999 Kirchdorf, Tel. 038425 42615, www.gasthauszurinsel.de, geöffnet: tägl. ab 11 Uhr. Gasthaus mit mehreren Gasträumen und einem Biergarten, wo Fleisch- und Fischspezialitäten angeboten werden sowie Erlebnisräucherei mit Fischverkauf

Parken

P **19 Parkplatz Kirchdorf Sportplatz,** GPS 54.00275, 11.43923, Strandstraße, 23999 Kirchdorf. Kostenfreier, unbefestigter und größerer Parkplatz am Sportplatz von Kirchdorf.

P **20 Parkplatz Hafen Kirchdorf,** GPS 53.99533, 11.44069. Gepflastert, Übernachtung möglich, Parkgebühr 10 € pro Tag, für eine Übernachtung werden zusätzliche 10 € erhoben.

P **21 Parkplatz Ortsausgang Kirchdorf,** GPS 53.99484, 11.43632. Bei Wallanlagen, unbefestigt.

TIMMENDORF

(5 km – km 19)

Von Kirchdorf sind es etwa 5 km bis zum Touristenort Timmendorf. Dort befindet sich der **Campingplatz Leuchtturm Timmendorf** (14) und der **Wohnmobilstellplatz am Strandparkplatz Timmendorf** (15). Timmendorf ist heute ein reiner Urlaubsort, obwohl seine Wurzeln ursprünglich in der Fischerei lagen. Der Ort besitzt deshalb seit vielen Jahrhunderten einen Hafen, der markante Timmendorfer Leuchtturm wurde jedoch erst 1871 erbaut und ist einer der beiden Leuchttürme auf der Insel Poel. Bis heute ist er als wichtiges Seezeichen in Betrieb. Besonders in den letzten Jahren entstanden zahlreiche Ferienhäuser und Hotelanlagen in Timmendorf, denn feinster Sandstrand und die ausgezeichneten Bademöglichkeiten locken zahlreiche Gäste an.

Die **Einfahrt** nach Timmendorf ist **nur Fahrzeugen mit Sondergenehmigung erlaubt.** Deshalb sind am Ortseingang große Parkflächen ausgewiesen und auch die Camping- und Stellplätze befinden sich hier. Timmendorf ist mit Kraftfahrzeugen eine Sackgasse. Um andere Orte der Insel Poel zu erreichen, muss man zwingend bis Kirchdorf zurück der einzigen Ortsverbindungsstraße folgen. Radfahrer und Wanderer hingegen können von Timmendorf auch in die umliegenden Orte entlang der ausgewiesenen Radwege gelangen.

Parken

P **22 Großparkplatz Timmendorf,** GPS 53.99250, 11.38177, 23999 Insel Poel, OT Timmendorf, Ortseingang Timmendorf, großer, unbefestigter Wiesenparkplatz, ganzjährig geöffnet, Wohnmobile 2 €/Std., Tageskarte 10 €, für Übernachtung zusätzlich 10 €.

013wo-lr

⑭ Campingplatz Leuchtturm Timmendorf

GPS 53.99375, 11.37958
Großer und gepflegter Campingplatz mit Einkaufsmöglichkeit. Der Campingplatz ist in der Fläche größer als der Ort Timmendorf. Zusätzliche Wohnmobilstellplätze vor dem Eingang zum Campingplatz. **Lage/Anfahrt:** Nördlich an Timmendorf angrenzend, 150 m bis zum Ostseestrand. Ab Ortseingang Timmendorf ausgeschildert; **Platzanzahl:** über 100; **Untergrund:** Schotter, Rasengitter, Wiese, Sand; fest; **Service:** Strom, Trinkwasser, Abwasser, Chemie-WC; **Sicherheit:** umzäunt, beleuchtet, bewacht; **Preise:** 10,50 €/Fahrz., 5,50 €/Pers., Strom, Hund, Duschen je 2,90 € zusätzlich; **Geöffnet:** April–Oktober; **Kontakt:** Lotsenstieg 25, 23999 Timmendorf, Tel. 038425 20224, www.campingplatz-leuchtturm.com.

Zentrum Timmendorfs ist der Hafen mit seinem markanten Leuchtturm

⑮ Wohnmobilstellplatz am Strandparkplatz Timmendorf

GPS 53.99287, 11.38088
Nüchtern gehaltener, aber preisgünstiger Wohnmobilstellplatz auf parzellierter Anlage neben dem Campingplatz, Bezahlung über Kassenautomaten. **Lage/Anfahrt:** Ortseingang Timmendorf; **Platzanzahl:** 64; **Untergrund:** Wiese; **Service:** Strom, Trinkwasser, Abwasser, Chemie-WC, Container-Dusche; **Sicherheit:** umzäunt, beleuchtet; **Preise:** Tageskarte 5 €, Übernachtung 10 €; **Kontakt:** Tau'n Lüchttorm, 23999 Insel Poel OT Timmendorf.

SCHWARZER BUSCH

(7 km – km 26)

An der kleinen Siedlung Schwarzer Busch, nur etwa 1 km von Kirchdorf entfernt, findet der Besucher mit dem Wohnmobil einen sehr großen, naturbelassenen Parkplatz mit WC, der sich auch gut für eine Übernachtung eignet. Die Tagesgebühr für Wohnmobile beträgt 10 €, eine stundenweise Nutzung ist auch möglich. Der Parkplatz wird im Sommer gern für Veranstaltungen und Feste genutzt. Die sehr enge Ortslage Schwarzer Busch bietet kaum Wendemöglichkeiten und keine öffentlichen Parkmöglichkeiten. Deshalb sollte man immer den großen Parkplatz benutzen und die Einfahrt in den Ort mit dem Wohnmobil unbedingt vermeiden, ohnehin endet die Straße als Sackgasse im Ort. Schwarzer Busch besitzt einen sehr schönen Sandstrand mit ausgezeichneten Bademöglichkeiten. Die Entfernung vom Parkplatz bis zum Strand beträgt etwa 400 m.

Da auch an den Stränden der Insel Poel 1945 nach dem Untergang des Gefängnisschiffes Cap Arkona (s. S. 25) Leichen angespült wurden, befindet sich in Schwarzer Busch eine Gedenkstätte etwa 100 m vom Parkplatz entfernt.

Neben den Tagesgästen dominieren vor allem die zahlreichen Patienten der Mutter-Kind-Kureinrichtung „Ostseeklinik Poel" den kleinen Ort.

P 23 **Großparkplatz Schwarzer Busch,** GPS 54.00938, 11.43487, 23999 Insel Poel, OT Schwarzer Busch, direkt neben dem Ortseingang, unbefestigt, geöffnet: ganzjährig, Preise: Wohnmobile 2 €/Std., Tageskarte 10 €. Großer Wiesenparkplatz mit WC, für eine Übernachtung werden zusätzliche 10 € erhoben.

Auch Schwarzer Busch besitzt nur eine Zufahrt ab Kirchdorf. Deshalb muss man auch hier nach einem Abstecher in den Ort zwingend nach Kirchdorf zurückkehren. Ab Kirchdorf folgt man der Ringstraße in Richtung Vorwerk/Malchow, die wieder zurück bis nach Fährdorf führt. An dieser Straße befindet sich etwa 1 km nach Kirchdorf auf der rechten Seite ein ehemaliger Agrarflugplatz (GPS 54.00360, 11.46092), dessen betonierte Flächen sich für einen kurzen kostenlosen Aufenthalt anbieten. Da es sich bei dem ehemaligen Flugplatz um eine der am höchsten gelegenen Stellen der Insel Poel handelt, bietet sich von hier bei schönem Wetter ein guter Rundumblick.

GOLLWITZ

(4 km – km 30)

Kurz vor Vorwerk liegt der Abzweig nach Gollwitz. Vom kleinen Gollwitzer Hafen wurde früher das auf der Insel geerntete Getreide verschifft. Außerdem war er Heimathafen zahlreicher Fischer. Zusätzliche Einnahmequelle der Einwohner von Gollwitz war der Vogelfang und die Suche nach Vogeleiern auf der Insel Langenwerder. Heutzutage lebt der Ort von den Touristen, die hier übernachten oder als Tagesgäste den Strand besuchen. Auch in Gollwitz findet sich wunderbarer Sandstrand und die Ostsee ist sehr flach. Deshalb ist ein Badeurlaub hier besonders für Familien mit Kindern attraktiv.

Gollwitz ist Ausgangspunkt für Führungen über die dem Ort etwa 100 m vorgelagerte Vogelinsel Langenwerder. Außerhalb von Führungen, die nur außerhalb der Brutzeit stattfinden, darf die Vogelinsel nicht betreten werden. Informationen über Führungen erhält man in der Kurverwaltung in Kirchdorf. Weitere Informationen zu Insel und Führungen gibt es beim Verein Langenwerder, welcher die Internetseite www.langenwerder.de betreibt.

Ähnlich wie in Schwarzer Busch hat die Inselverwaltung einen großen Parkplatz vor der Ortseinfahrt Gollwitz angelegt, der sich auch für eine Übernachtung eignet.

P 24 **Großparkplatz Gollwitz,** GPS 54.01880, 11.47992, 23999 Insel Poel OT Gollwitz, Ortseingang Gollwitz, geöffnet: ganzjährig, Preise: Wohnmobile 2 €/Std., Tageskarte 10 €. Großer Wiesenparkplatz, ca. 600 m bis zum Strand, für eine Übernachtung werden zusätzliche 10 € erhoben.

Zurück auf der Ringstraße ist **Vorwerk,** eine sehr kleine Siedlung, schnell erreicht. Da sie keinen direkten Zugang zur Ostsee hat, muss sie noch auf ihre Entdeckung durch den Tourismus warten. Durch ihre etwas erhöhte Lage und die umliegenden weiten Salzwiesen kann man hier aber schöne Wanderungen mit Blick über den Breitlingstrom und die Insel Poel unternehmen.

MALCHOW

(3 km – km 33)

Vielleicht ist Malchow die älteste Siedlung auf der Insel Poel. Jedenfalls wurden hier 1933 die Reste einer eisenzeitlichen Grabanlage gefunden. Wie Vorwerk besitzt auch Malchow keinen Sandstrand und ist deshalb bis heute landwirtschaftlich und nicht touristisch geprägt.

Hier wurde durch den Malchower Bauernsohn und späteren Professor Hans Lembke 1897 ein Saatzuchtbetrieb gegründet, der bis heute existiert und europaweit bekannt ist. 2002 erhielt das Unternehmen für die Entwicklung biologischer Pflanzenschutzmittel den Deutschen Umweltpreis. Die Hochschule Wismar unterhält auf dem Gelände des teils neu errichteten Laborkomplexes Malchow direkt neben dem Saatzuchtbetrieb einen **Schaugarten** für nachwachsende Rohstoffe mit vielen interessanten unterschiedlichen Pflanzenarten.

Der Schaugarten war Außenstandort der IGA 2003 (Internationale Gartenbauausstellung) in Rostock und der BUGA (Bundesgartenschau) 2009 in Schwerin. Mehr als 500 verschiedene energie- und rohstofferzeugende Pflanzenarten, Heil- und Gewürzkräuter, Laub- und Nadelgehölze sowie Sommerblumen und Stauden erwarten den Besucher. Der Schaugarten ist täglich geöffnet und kostenlos zu besuchen. Sachkundige Führungen können unter der Telefonnummer 038425 427811 bestellt werden. Der Schaugarten ist gut ausgeschildert.

Kostenlose Parkmöglichkeiten sind vorhanden. Übernachtungen sind hier jedoch nicht möglich.

› **Schaugarten der Hochschule Wismar in Malchow,** Inselstraße 12, 23999 Insel Poel OT Malchow, www.hs-wismar.de, Tel. 038425 427811 (nur für das Erfragen von Führungen), geöffnet: Zugang immer möglich, Eintritt: kostenfrei

Nur 1,5 km nach Malchow erreicht man erneut Fährdorf und verlässt die Insel Poel über den Breitlingdamm. Wieder in Groß Strömkendorf angekommen, biegt man nach links auf die Landesstraße 12 in Richtung Blowatz/Stove ab. Nach etwa 5 km durchfährt man Blowatz und kommt 2 km später in Stove an.

STOVE

(11 km – km 44)

Stove gehört als Ortsteil zur Gemeinde Boiensdorf. Besucher beeindruckt die alte **Holländerwindmühle** vor dem Ortseingang von Stove. Der zugehörige schön asphaltierte und kostenfreie Parkplatz auf der anderen Straßenseite eignet sich gut für einen Aufenthalt oder eine Übernachtung. Betrieben wird die Mühle heute vom Windmühlen- und Museumsverein Stove. Erbaut bereits im Jahr 1889, war die Mühle viele Jahrzehnte in Privatbesitz und nutzte für den Antrieb des Mahlwerkes bis zur Einstellung des wirtschaftlichen Betriebes ausschließlich Windenergie. Das war selten, wurden doch ab den 1920er-Jahren immer mehr Windmühlen auf Diesel- oder elektrische Antriebe umgestellt, um einen windunabhängigen Betrieb zu sichern. 1976 wurde die Mühle an den Kreis Wismar verkauft. Die Mühle mit ihrem sehr gut erhaltenen Innenleben kann im Sommer täglich besichtigt werden und bei gutem Wind ist auch manchmal ein Schaumahlen nicht ausgeschlossen.

Der Mühlenverein unterhält zusätzlich zur Windmühle ein kleines **Dorfmuseum** in der Mühlenstraße 34 in Stove. Dort kann man das Mühlenbrot, gebacken im Lehmofen, kaufen.

› **Holländerwindmühle Stove,** 23974 Boiensdorf, Ortsteil Stove, Tel. 0162 6888000, www.muehlen verein-stove.de, Eintritt: 2,50 € Erwachsene, 1,50 € Kinder, geöffnet: April–Oktober Di.–So. 10–16 Uhr, Juli/August täglich 10–18 Uhr. Ausgezeichnet erhaltene Holländerwindmühle, die Besuchern innen und außen offensteht. Vom Mühlenhügel bietet sich ein ausgezeichneter Blick über Umland und Ostsee. Parkplatz GPS 54.00247, 11.54591

BOIENSDORF

(2 km – km 46)

Boiensdorf ist eine landwirtschaftlich geprägte kleine Gemeinde. Die Ostsee befindet sich in ungefähr 1,5 km Entfernung und ist über die durchgehende Strandstraße schnell zu erreichen.

Interessant sind für Besucher mit dem Wohnmobil der **Campingplatz Möwe** 17 und der Wohnmobilstellplatz **WoMo Hafen Boiensdorf** 16 der Gemeinde. Der etwas abseits vom Ort, aber ruhig und direkt am Strand gelegene Stellplatz zählt dabei zu den absoluten Empfehlungen an der Mecklenburgischen Ostseeküste. Er befindet sich am Zufahrtsweg zum Campingplatz Möwe ungefähr 2 km vor diesem.

Auf Boiensdorf folgt die Ortschaft **Klein Strömkendorf.**

Hier befindet sich der **Campingplatz Weymann** 18. Um zu ihm zu gelangen, biegt man an der Ausschilderung nach links ab und folgt anschließend dem Haffweg bis zum Campingplatz.

17 Campingplatz Möwe OHG Boiensdorfer Werder

GPS 54.02823, 11.52266

Sehr großer Campingplatz mit zahlreichen Dauercampern und Wohnmobilhafen auf einer Halbinsel, sehr gute Ausstattung, eigener Badestrand. Durch die zahlreichen Dauercamper wirkt der Campingplatz wie eine eigenständige Gemeinde. **Lage/Anfahrt:** Ab Boiensdorf Zufahrtsstraße ausgeschildert, Straße „Zum Strand" folgen; **Platzanzahl:** über 300; **Untergrund:** Schotter, Schotterrasen, Rasengitter, Wiese; fest; **Service:** Strom, Trinkwasser, Abwasser, Chemie-WC; **Sicherheit:** umzäunt, beleuchtet, bewacht; **Preise:** 10 €/Fahrz., 5 €/Pers.; **Geöffnet:** April–September; **Kontakt:** 23974 Boiensdorf-Werder, Tel. 038427 219, www.campingplatz-moewe.m-vp.de. Die Gemeinde Boiensdorf sucht einen neuen Betreiber. Details zum Betrieb ab 2021 können nicht angegeben werden.

018wo-lr

16 WoMo Hafen Boiensdorf

GPS 54.02437, 11.54661

Großer Wiesenstellplatz mit Baumbestand direkt am Ostseestrand. Spielplatz, WC, Picknickplätze und im Sommer Kioskverkauf. Viele Surfer, schöner Sandstrand. **Lage/Anfahrt:** 1,5 km nördlich Boiensdorf; In Ortsmitte Boiendsorf auf Straße „Zum Strand" abbiegen und dieser 1,5 km folgen; **Platzanzahl:** 36; **Untergrund:** Wiese; fest; **Service:** Strom, Trinkwasser; **Preise:** 12 €/Fahrz., Strom 2 €, Kassierung mit Kassenautomaten; **Max. Stand:** unbegrenzt; **Geöffnet:** ganzjährig.

223wo-lr

⑱ Campingplatz Weymann

GPS 54.03332, 11.57448
Campingplatz direkt am Wasser des Salzhaffs mit Dauercampern und Hüttenvermietung, gute Ausstattung. **Lage/Anfahrt:** Gegenüber vom alten Gutshaus von der Hauptstraße abbiegen und Haffweg folgen, Platz ausgeschildert; **Platzanzahl:** 5; **Untergrund:** Schotter, Wiese; fest; **Service:** Strom, Trinkwasser, Abwasser; **Sicherheit:** umzäunt, beleuchtet, bewacht; **Preise:** 8 €/Fahrz., 5 €/Pers.; **Geöffnet:** April–Sept.; **Kontakt:** Haffweg 1, 18233 Am Salzhaff, Tel. 038294 78825, 0172 3877574, www.camping-salzhaff.de

3 km nach Boiensdorf erreicht man **Pepelow.** Hier befindet sich der **Campingplatz Am Salzhaff Pepelow ⑲**.

⑲ Ostseecamping Am Salzhaff Pepelow

GPS 54.03817, 11.58509
Großer und gepflegter Campingplatz mit Kinderanimation, Gaststätte, Kinderspielplatz, gesondert Wohnmobilhafen vor dem Eingang zum Campingplatz, eigener Sandstrand an der Ostsee. **Lage/Anfahrt:** Östlich des Dorfes Pepelow; von Boiensdorf kommend am Ortseingang Pepelow nach links abbiegen, Campingplatz ausgeschildert; **Platzanzahl:** über 100; **Untergrund:** Wiese; fest; **Service:** Strom, Trinkwasser, Abwasser, Chemie-WC; **Sicherheit:** umzäunt, beleuchtet, bewacht; **Preise:** 14 €/Fahrz., 8 €/Pers., im Wohnmobilhafen außerhalb des Campingplatzes Pauschale 17 € inkl. 1 Person, Strom, Hund immer extra; **Geöffnet:** ganzjährig; **Kontakt:** Strandweg 1, 18233 Pepelow, Tel. 038294 78686, www.ostseecamping-am-salzhaff.de

Nach Pepelow führt die Route über ungefähr 10 km Fahrtstrecke über die Orte Rakow, Tessmannsdorf und Roggow nach Rerik. In Rakow muss man von der Hauptstraße in Richtung Rerik nach links abbiegen. Leider ist der hölzerne Wegweiser an dieser Stelle schon ziemlich verwittert und nur schlecht lesbar.

RERIK

(12 km – km 58)

Rerik nannte sich bis 1938 Alt Gaarz. Da es sich dabei um einen alten slawischen Namen handelte, beschlossen die Nationalsozialisten die Umbenennung des Ortes. Nicht tilgen konnten sie damit jedoch die slawischen Wurzeln der Stadt. Alt Gaarz wurde 1230 erstmalig urkundlich erwähnt und entwickel-

Das Heimatmuseum in Rerik war früher das Schulhaus der Stadt

014wo-lr

te sich durch Fischfang, Seefahrt und Handel schnell zu einer wohlhabenden Gemeinde. Besiedelt ist die Gegend wohl schon wesentlich länger, am schmalen und gut zu verteidigenden Zugang zur Halbinsel Wustrow stand vorher eine Slawenburg. Gaarz bedeutet im Slawischen Burg.

Die Nationalsozialisten wählten den Ortsnamen Rerik, da man damals vermutete, dass sich die sagenumwobene Wikinger-Handelsstadt Reric hier in der Gegend befunden hatte. Nach der deutschen Wiedervereinigung bewiesen jedoch Ausgrabungen durch Experten der Universität Kiel, dass der alte Wikingerort in der Nähe Groß Strömkendorfs und damit etwa 20 km südlich Reriks lag.

Seit etwa 1900 entwickelte sich der Badebetrieb im Ort rasant. Grund dafür waren die schönen Sandstrände und das flache Wasser. Zahlreiche Pensionen, Hotels und ein Kurhaus entstanden in schneller Folge. Rerik ist seit 1995 als Ostseebad anerkannt und hat trotz der vielen Gäste den Charme eines Fischerortes behalten.

Im Gegensatz zum friedfertigen und gewinnbringenden Bade- und Kurbetrieb stand früher die militärische Nutzung der **Halbinsel Wustrow,** die mit Rerik verbunden ist. Die Halbinsel war jahrhundertelang ausschließlich landwirtschaftlich genutzt worden, bevor die Reichswehr 1933 das Gelände kaufte. In kurzer Zeit entstanden hier die Flakartillerieschule 1, zahlreiche Kasernenanlagen, Schießplätze und Munitionslager. Auf dem Gelände waren wesentlich mehr Soldaten stationiert, als Rerik damals Einwohner zählte. Aufgrund der starken militärischen Aktivitäten auf der Halbinsel flogen Amerikaner und Engländer im Krieg mehrfach schwere Bombenangriffe auf dieses Ziel. Dabei wurde auch der Ort Rerik schwer getroffen und zahlreiche Opfer unter der Zivilbevölkerung waren zu beklagen. Seit 1933 ist die Halbinsel nicht mehr öffentlich zugänglich, denn nach der Reichswehr und der Wehrmacht kam die Rote Armee und besetzte Wustrow bis 1993. Heute ist der Zugang zur Halbinsel, dem auf ihr gelegenen Naturschutzgebiet und dem weiträumigen

Die Straße nach Meschendorf ist unter ständiger Beobachtung – interessante Graffitikunst an einem Transformatorenhäuschen neben der Zufahrt zum Ostseecamp Seeblick 21

ehemaligen Militärbereich nur im Rahmen von Führungen oder Kutschfahrten möglich. Die Preise dafür liegen je nach Streckenlänge und -dauer bei bis zu 25 € pro Person. Eine vorherige Anmeldung über die Kurverwaltung Rerik ist unbedingt erforderlich, da die Teilnehmerzahl immer begrenzt ist.

Auf dem nur 140 m breiten **Zugang zur Halbinsel Wustrow** befindet sich auf der **Haffseite** ein moderner Sporthafen mit Gaststätten und Einkaufsmöglichkeiten.

Im Hafen besteht die Möglichkeit, eine Haffrundfahrt oder eine Bootstour um die Halbinsel Wustrow zu buchen. Auf der **Ostseeseite** lädt feinster Sandstrand zum Baden ein. Der gesamte Strandbereich wurde nach der Wende gesiebt und neu aufgeschüttet, um unerwünschte militärische Hinterlassenschaften sicher auszuschließen. Im Ort befinden sich neben zahlreichen Gaststätten und Hotels eng nebeneinander die Kurverwaltung, die Kirche St. Johannes und das Heimatmuseum. Die alte, auf einem kleinen Hügel gelegene **Pfarrkirche St. Johannes** überragt Rerik und ihr Turm ist von Weitem sichtbar. Wie viele andere Kirchtürme an der Ostseeküste auch diente der Turm als Seezeichen. Aufgrund der wirtschaftlichen Bedeutung und des Wohlstandes der Stadt ist die Kirche überdurchschnittlich groß und prachtvoll ausgeführt. Teile der Kirche wurden schon um 1250 errichtet. Im Inneren findet sich eine üppige Ausstattung. Der eisenbeschlagene Opferstock als ältestes Inventar der Kirche entstand Mitte des 13. Jahrhunderts. Auch Triumphkreuz, Altar, Beichtgestühl und Kanzel sind viele Hundert Jahre alt. Die Kirche ist täglich geöffnet und Montag und Donnerstag finden von 10 bis 12 Uhr Führungen durch die Kirche statt. Vor dem Kircheneingang steht das alte **Mausoleum der Gutsbesitzerfamilie Stever.**

Die Kurverwaltung befindet sich gleich neben der Kirche. Neben umfangreichem Informationsmaterial werden auch zahlreiche Führungen und Vorträge angeboten und es bestehen begrenzte Parkmöglichkeiten (kostenlos für 1 Std.). Das **Heimatmuseum** und ehemalige Schulhaus ist nach der Kirche das zweitälteste heute noch erhaltene Gebäude der Stadt und steht gegenüber der Kirche. Im Heimatmuseum findet man wechselnde Ausstellungen verschiedener Künstler, aber auch Dauerausstellungen zur Geschichte Reriks und der Umgebung. Schiffsmodelle, Fischereiausrüstungen und fossile Fundstücke zeigen Reriks Verbundenheit mit der See, aber auch den Alltag seiner früheren Bewohner. In der Stadt ist eine Wanderung durch den Ort entlang einiger historischer Orte und Gebäude ausgeschildert. Das dazu notwendige Informationsmaterial erhält man kostenlos in der Kurverwaltung.

In der Nähe von Rerik laden verschiedene **Großsteingräber** zu kurzen Wanderungen und Besichtigungen ein. Eine der am leichtesten zu erreichenden Grabanlagen befindet sich direkt an der Zufahrtsstraße zum **Ostseecamp Seeblick** (21) (Meschendorfer Weg) 20 m rechts neben der Straße (GPS 54.12062, 11.64381). Zwei gut erhaltene und größere Anlagen findet man kurz nach Rerik etwa 150 m rechts neben der L122 in Richtung Kühlungsborn in der Nähe der Bushaltestelle „Friedhof" (GPS 54.10717, 11.63642). Am Friedhof bestehen gute Parkmöglichkeiten, allerdings muss man auf dem Weg zu den Großsteingräbern die L122 zu Fuß überqueren.

Wer gut zu Fuß oder mit Fahrrädern unterwegs ist, parkt das Wohnmobil für einen Besuch Reriks am besten auf dem großen kostenfreien Besucherparkplatz am Ortseingang, Neubukower Straße. Die Entfernung von hier bis zum Hafen oder dem Zentrum beträgt etwa 1,5 km. Die großen Parkflächen direkt am Hafen sind für Wohnmobile kaum nutzbar, weil sie schon mit den Pkw der zahlreichen Strand- und Hafenbesucher überlastet sind.

Für Personen über 18 Jahre erhebt das Ostseebad Rerik eine tägliche **Kurtaxe** von 2 €, die auch von Kurzzeit- und Strandbesuchern eingefordert wird und – wie zunehmend üblich – per Kassenautomat zu entrichten ist.

201wo-cr © Campingpark Rerik

⑳ Campingpark Rerik

GPS 54.11332, 11.63028

Großer und gepflegter Campingplatz mit Kinozelt, Spielplatz, Bistro und Beachvolleyball. **Lage/Anfahrt:** Über Schillerstraße anfahren und der Ausschilderung folgen; **Platzanzahl:** über 200; **Untergrund:** Schotter, Rasengitter, Wiese, Sand; fest; **Service:** Strom, Trinkwasser, Abwasser, Chemie-WC; **Sicherheit:** umzäunt, beleuchtet, bewacht; **Preise:** 19 €/Fahrz., 6 € Erwachsene, 4 € Kinder; **Geöffnet:** ganzjährig; **Kontakt:** Straße am Zeltplatz, 18230 Rerik, Tel. 038296 75720, www.campingpark-rerik.de.

Sehenswertes

› **Heimatmuseum Rerik,** Dünenstraße 4, 18230 Rerik, Tel. 0175 4363403, geöffnet: Mai–Sept. Di./Mi./Fr. 10–12 Uhr und 14–17 Uhr, Do. 14–18 Uhr, Sa./So. 14–17 Uhr, außerhalb der Saison verkürzte Öffnungszeiten, Eintritt: 2 € Erwachsene, 1 € Ermäßigte, 0,50 € Kinder. Neben Informationen zur Ortsgeschichte finden regelmäßig wechselne Ausstellungen hauptsächlich von Künstlern der Region statt, die jeder Künstler persönlich eröffnet.

Information

› **Kurverwaltung Rerik,** Dünenstraße 7, 18230 Rerik, Tel. 038296 78429, www.rerik.de, geöffnet: 15. Mai–15. September Mo.–Fr. 9–18 Uhr, Sa./So. 11–16 Uhr, 16. September–14. Mai Mo.–Fr. 9–16 Uhr

Parken

P 25 **Besucherparkplatz Rerik,** GPS 54.09990, 11.62536, Neubukower Straße, 18230 Rerik, vor dem Ortseingang Rerik, geöffnet: ganzjährig, kostenfrei. Großer Wiesenparkplatz mit Picknickhütte, Entfernung bis zum Ortszentrum/Strand etwa 1,5 km. Übernachtung möglich.

P 26 **Parkplatz Rerik Teufelsschlucht,** GPS 54.11436, 11.62446, Abzweig Schillerstraße, 18230 Rerik, geöffnet: ganzjährig, Preise: 2 €/Std., Tageskarte 12 € für Wohnmobile. Vom Ort etwas abgesetzter privater Parkplatz mit direktem Strandzugang über die etwa 10 m hohe Steilküste. Er bietet auch sehr schöne Übernachtungsmöglichkeiten und ist deshalb im Sommer besonders stark von Wohnmobilen frequentiert.

㉑ Ostseecamp Seeblick Meschendorf

GPS 54.12790, 11.64554

Sehr großer Campingplatz direkt an der Ostseeküste, sehr gute Ausstattung, Wellnessoase, Tauchschule, Fahrradverleih, Restaurant, SB-Markt, Kinderanimation. **Lage/Anfahrt:** Der Campingplatz liegt zwischen Rerik und dem Ortsteil Meschendorf; ab Rerik dem Meschendorfer Weg vorbei am Parkplatz Teufelsschlucht folgen; **Platzanzahl:** über 200; **Untergrund:** Schotter, Wiese, Sand; fest; **Service:** Strom, Trinkwasser, Abwasser, Chemie-WC; **Sicherheit:** umzäunt, beleuchtet, bewacht; **Preise:** 20,90 €/Fahrz., 9,90 €/Pers., Strom, Wasser inklusive. Zahlreiche Rabattmöglichkeiten und Sonderangebote beachten! **Geöffnet:** April–Oktober; **Kontakt:** Meschendorfer Weg 3b, 18230 Rerik OT Meschendorf, Tel. 038296 7110, www.ostseecamp.de.

› *Unbedingt probieren – leckere Torten im Café „Valentins"*

ABSTECHER NACH BASTORF

(hin und zurück etwa 14 km)

Bastorf liegt an der Verbindungsstraße zwischen Rerik und Kühlungsborn. Für Wohnmobilisten, die nach dem Besuch von Rerik anschließend direkt der Route 3 folgen wollen, entsteht also kein Umweg. Bereits weit vor Bastorf grüßt der etwa 20 m hohe Leuchtturm Bastorf alle Reisenden zu Lande oder zu Wasser. Es handelt sich bei ihm um das am höchsten gelegene Leuchtfeuer, welches an den deutschen Küstengewässern zu finden ist. Der Leuchtturm steht auf dem knapp 80 m über Meeresspiegel liegenden Bastorfer Signalberg und ist bis heute als unverzichtbares Seezeichen in Betrieb. Für Besucher mit Wohnmobil ist der Leuchtturm immer interessant. Denn zum Leuchtturm gehört der große, ruhige und kostenfreie **Wanderparkplatz Leuchtturm Bastorf.**

27 Wanderparkplatz Leuchtturm Bastorf, GPS 54.12958, 11.69273, 18230 Bastorf, in Bastorf Ausschilderung und Straße Zum Leuchtturm folgen. Großer kostenfreier Wiesenparkplatz.

In Bastorf ist der Weg zum Leuchtturm auf grünen Hinweisschildern ausgewiesen. Die direkte Zufahrt zum Leuchtturm ist nur Versorgungs- oder Behindertenfahrzeugen gestattet. Der Leuchtturm kann aber ab Parkplatz in einer kleinen 10-minütigen Wanderung auf einem ausgeschilderten Wanderweg erreicht werden.

Der **Leuchtturm** wurde bereits 1878 fertiggestellt. 1945 versuchten alliierte Kampfflugzeuge, den Turm zu zerstören, konnten ihn aber nur beschädigen. Nach 1990 wurde das Seezeichen in mehreren Bauabschnitten aufwendig saniert.

Am Fuße des Leuchtturms befindet sich das schöne **Café und Restaurant „Valentins“.** Großzügig verglast und einem großen Wintergarten ähnlich kann man hier bei ausgezeichneten Speisen den Blick und das Essen genießen. Im Sommer weht meist ein angenehmer Windzug über die Freiterrasse des Restaurants. Die selbstgebackenen Kuchen

016wo-lr

und Torten bei „Valentins" sind besonders empfehlenswert.

› **„Valentins" Café und Restaurant am Bastorfer Leuchtturm,** Zum Leuchtturm 8, 8230 Bastorf, Tel. 038293 410270, www.valentins-cafe.de, geöffnet: tägl. 10–18 Uhr.

› **Leuchtturm Bastorf,** www.leuchtturm-bastorf.de, geöffnet: tägl. 11–16 Uhr, im Sommer 11–17 Uhr, Eintritt: 2,50 €. Nach dem Erklimmen von 55 Stufen wahrhaft grandioser Rundumblick, bei gutem Wetter sogar bis zur Insel Fehmarn.

Parken

P 28 **Strandparkplatz Kägsdorf,** GPS 54.14286, 11.66523, Zum Strande, 18230 Kägsdorf, geöffnet: ganzjährig, Preise: 16 €. Strandparkplatz auf Wiesengelände, unmittelbar am Strand gelegen. Auf dem Weg zum Leuchtturm folgt man der Ortsverbindungsstraße 3 km nach Kägsdorf und durchfährt den Ort bis zum Strand.

Im Ort Bastorf befindet sich mit dem **Gutshof Bastorf** ein weiteres Ausflugsziel. In der schön sanierten Gutshofanlage bietet ein größerer Bio-Hofmarkt viele verschiedene einheimische Produkte an. Montags ist hier immer Markttag. Nicht nur für Kinder könnte ein Besuch der Bonbonmanufaktur von Interesse sein. Außerdem gibt es hier ein preisgekröntes Restaurant und einen Kräutergarten. Der Hofmarkt ist täglich von 10 bis 18 Uhr geöffnet, von Januar bis Ostern allerdings nur am Freitag und am Wochenende. Das Restaurant öffnet täglich ab 12 Uhr. Die Bonbonmanufaktur lädt von April bis September immer samstags ab 11.30 Uhr zum Zuschauen ein.

› **Gutshof Bastorf,** Kühlungsborner Str. 1, 18230 Bastorf. Der Gutshof liegt direkt an der Hauptstraße, Tel. 038293 6450, www.gutshof-bastorf.de.

Der Strandparkplatz Kägsdorf ist ganzjährig geöffnet

225wo-lr

ROUTE 3

SEEBÄDER, DIE WEISSE STADT, EIN MÜNSTER UND WÄLDER – ENTLANG DER KÜSTE BIS NACH ROSTOCK

024wo-lr

« *Kapitelstartseite: Die beiden Warnemünder Wahrzeichen sind Teepott und Leuchtturm (s. S. 82)*

235wo-lr

ROUTENÜBERSICHT

Strecke:
Kühlungsborn (s. S. 68) – **Heiligendamm** (10 km, s. S. 72) – **Bad Doberan** (7 km, s. S. 75) – **Nienhagen** (8 km, s. S. 78) – **Abstecher in das Naturschutzgebiet Stolteraa** (hin und zurück etwa 4 km, s. S. 80) – **Warnemünde** (10 km, s. S. 81) – **Rostock** (10 km, s. S. 86)

Streckenlänge:
ohne Abstecher ca. 45 km
mit Abstecher ca. 49 km

⊡ *Der alte Wachturm ist das letzte Überbleibsel der DDR am Strand zwischen Heiligendamm und Börgerende*

In Kühlungsborn, dem größten Seebad Mecklenburgs, beginnt die Tour und führt durch das bekannte Heiligendamm mit seinen weißen Häusern und weiter nach Bad Doberan. Die dortige Hauptattraktion ist das Doberaner Münster. Aber auch Bauten aus der Zeit, als der Ort noch herzogliche Residenzstadt war, sind sehenswert. Naturgenüsse versprechen eine Wanderung durch den Nienhagener Gespensterwald und ein Abstecher zum Naturschutzgebiet Stolteraa. Anschließend wartet Warnemünde mit seinem fünf Kilometer langen und superbreiten Sandstrand und der Hafenmole auf Besucher. In Rostock wird es dann geschichtsträchtig. Neben vielen historischen Fakten und Gebäuden bietet die größte Stadt Mecklenburg-Vorpommerns auch viele Freizeitmöglichkeiten wie einen Zoobesuch oder einen ausgedehnten Stadtbummel.

KÜHLUNGSBORN

Das größte Seebad Mecklenburgs entstand in der heutigen Form am 1. April 1938. Die Orte Brunshaupten (heute Ortsteil Ost), Arendsee (heute Ortsteil West) und Fulgen wurden von den Nationalsozialisten zusammengefasst und der Ort erhielt den Namen Kühlungsborn, der Bezug auf die Kühlung nimmt, einen südlich der Stadt gelegenen Höhenzug. Gleichzeitig verlieh man Kühlungsborn das Stadtrecht. Die Anfänge des Ortes als Badeort gehen zurück bis in die zweite Hälfte des 19. Jh., als der Erbpächter E. Wittholz von Fulgen den ersten Badeprospekt drucken ließ, der zum Besuch seines neu errichteten Logierhauses einlud. Nach Brunshaupten und Arendsee kamen seit den 1880er-Jahren Badegäste. Es folgte der Ausbau als Ferienort. So wurde der erste Promenadensteg von 120 Metern Länge in die Ostsee hinein gebaut, ein Warmbad eröffnet und ab 1900 damit begonnen, einen Promenadenweg parallel zum Strand zu bauen. Seit 1910 fährt die bekannte Bäderbahn Molli von Bad Doberan bis in die Ferienorte. Weitere Pensionen, Hotels sowie kulturelle Einrichtungen entstanden. Während des Zweiten Weltkrieges kam der Bäderbetrieb fast völlig zum Erliegen und 1945 dienten die Gebäude des Ortes als neues Zuhause für Kriegsflüchtlinge.

Nachdem wie überall in der DDR auch in Kühlungsborn Anfang der 1950er-Jahre umfassende Enteignungen und Verstaatlichungen vorgenommen worden waren, nutzte man die vorhandenen Einrichtungen für Ferien- und Kuraufenthalte der DDR-Bürger. Erst nach der Vereinigung beider deutscher Staaten 1990 erfolgte die gründliche Sanierung des historischen Ortskerns im Rahmen der Städtebauförderung. Allerdings wurden hierbei leider auch Gebäude der Bäderarchitektur abgerissen.

Heute finden sich neben vielen modernen Neubauten auch zahlreiche Rekonstruktionen alter Hotels und Pensionen, aber keine hohen Gebäude. Das liegt daran, dass kein Haus – auch nicht der Kirchturm! – nach bis heute bestehenden baulichen Vorgaben höher gebaut werden durfte als die höchsten Bäume gewachsen waren. 1929 wurde erstmalig eine Seebrücke errichtet, die jedoch im Winter 1941/1942 durch starken Eisgang zerstört wurde. Der Mangel an Baumaterial und finanziellen Mitteln verhinderte bis 1991 die Wiedererrichtung. Erst 1991 entstand die heutige

226wo-as©Fineart Panorama - stock.adobe.com

240 Meter lange Seebrücke in Kühlungsborn-Ost und seit 2007 ist die 3,2 Kilometer lange Strandpromenade vollständig befestigt.

Ganzjährig ist Kühlungsborn seit Mitte der 1990er-Jahre wieder ein äußerst beliebtes Reiseziel. 1996 erhielt die Stadt den Titel Seebad und seitdem wird dem Ostseebad jährlich die „Blaue Europa-Flagge" verliehen, eine Auszeichnung, die das gute Umweltmanagement des Ortes würdigt.

Der Ort lockt auch mit verschiedenen **Wassersportangeboten** rund ums Segeln, Kiten und Surfen. Der Strand gilt als Mekka für Beachvolleyballer, jährlich finden hier nationale sowie internationale Turniere statt.

◁ *Die Seebrücke in Kühlungsborn*

Daneben entstand in Kühlungsborn-Ost ein neues Highlight für Segler: der **Bootshafen** mit 400 Liegeplätzen. Wer der Ostsee einmal den Rücken kehren will, kann rings um Kühlungsborn auf ausgeschilderten Radwegen in die Pedalen treten oder auch im Ostsee Golf Club Wittenbeck, der 2,5 Kilometer entfernt ist, Golf spielen.

Am Golf Club befindet sich für Gäste des Golf Clubs bzw. Restaurants ein sehr großer **Parkplatz,** der sich für Wohnmobile aller Größen ausgezeichnet eignet.

Kulturinteressierten sei ein Besuch in der Kunsthalle, der ehemaligen Lesehalle, empfohlen, denn hier veranstaltet der Kunstverein der Stadt mehrere Ausstellungen im Jahr. Kurkonzerte, Kinderveranstaltungen, Theater- und Sportveranstaltungen finden über 100-mal jährlich auf zwei Bühnen, dem **Konzertgarten West** und dem **Konzertgar-**

ten Ost statt. Lohnenswert ist auf jeden Fall ein Besuch im **Molli-Museum** im Bahnhof Kühlungsborn-West, das auf dem Außengelände auch eine alte Dampflok zeigt. Wer den Ort möglichst im Ganzen überblicken möchte, kann von Ostern bis Oktober in eine der Gondeln des Riesenrades am Balticplatz in Kühlungsborn-West steigen und in 60 m Höhe die Panoramaaussicht genießen.

Für einen Einkaufsbummel ist Kühlungsborn-Ost besser geeignet, da sich hier die Mehrheit der Geschäfte befindet.

Kühlungsborn erhebt in der Hauptsaison für Personen über 18 Jahre eine **Kurtaxe** von 2 €.

Ein für Wohnmobile gut geeigneter Parkplatz befindet sich am östlichen Ortsausgang neben dem Friedhof. Die Entfernung von ihm bis zur Strandstraße beträgt etwa 2 km. Übernachtung ist hier jedoch verboten.

Sehenswertes

› **Molli-Museum und Museumscafé Kühlungsborn,** Bahnhof West, Fritz-Reuter-Straße 1, 18225 Kühlungsborn, Tel. 038293 431330, www.molli-bahn.de, geöffnet: im Sommerfahrplan 9–18 Uhr, im Winterfahrplan 11–16.30 Uhr, Eintritt: kostenfreier Eintritt in das Museum. Museum und Café sind nur durch eine Glaswand getrennt und befinden sich im Gebäude des historischen Bahnhofs Kühlungsborn-West. Café und Museum verbreiten Dampfloknostalgie und zeigen zahlreiche historische Exponate. Im Außenbereich befinden sich Lokomotiven, Waggons und andere größere Arbeitsgeräte. Großer gepflasterter Parkplatz angrenzend, Parkgebühr 1,50 €/Std., 7 €/Tag

› **Kunsthalle Kühlungsborn,** Ostseeallee 48, 18225 Kühlungborn, Tel. 038293 7540, www.kunsthalle-kuehlungsborn.de, geöffnet: Di.–So. 12–17 Uhr. Der Kunstverein Kühlungsborn stellt in der ehemaligen Lesehalle aus der Zeit um 1910 regelmäßig aus, auch Konzerte finden hier statt.

Information

› **Touristik-Service-Kühlungsborn,** Ostseeallee 19, 18225 Kühlungsborn, Tel. 038293 8490, www.kuehlungsborn.de, geöffnet: Mo.–Fr. 9–17 Uhr. Zentrale Touristinformation Kühlungsborn im Haus des Gastes „Laetitia".

202wo-tck © Campingpark Kühlungsborn GmbH

22 Campingpark Kühlungsborn

GPS 54.15116, 11.71948

Sehr großer, komfortabler und preisgekrönter Campingplatz mit Kinderanimation, Wellness, Kabelanschluss, Kino angrenzend, 50–100 m zum Strand. **Lage/Anfahrt:** Der CP zieht sich am westlichen Ortsrand von Kühlungsborn-West entlang der Ostseeküste; die Anfahrt zum Campingplatz ist ausgeschildert; **Platzanzahl:** über 300; **Untergrund:** Schotter, Wiese, Sand; fest; **Service:** Strom, Trinkwasser, Abwasser, Chemie-WC; **Preise:** Stellplatz je nach Größe bis 31 € + 11,50 €/Pers., 7,50 €/Kind, 6 €/Hund, 3 €/Strom; **Geöffnet:** Platz schließt ca. eine Woche nach Neujahr bis Anfang März; **Kontakt:** Waldstraße 1b, 18225 Kühlungsborn, Tel. 038293 7195, www.topcamping.de.

Die Bäderbahn Molli

Fast jede Schmalspurbahn hat im Volksmund ihren Spitznamen, wie eben auch die Molli, die älteste Schmalspurbahn an der Ostseeküste. Eine Anekdote erzählt von ihrer Namensgebung: Vor über 100 Jahren wollte eine ältere Dame mit ihrem Mops namens Molli von Bad Doberan mit der neu eröffneten Bäderbahn bis nach Heiligendamm fahren. Leider weigerte sich der Hund einzusteigen und riss plötzlich sogar aus. Zutiefst erschrocken rief die Dame auf Plattdeutsch: „Molli, bliev stahn!" Aber ihr Mops hörte nicht auf den Ruf. Gleichzeitig ging ein kräftiger Ruck durch den gerade angefahrenen Zug, es quietschte lautstark. Der Lokführer glaubte, er und seine Bahn seien gemeint gewesen und hatte deshalb eine Vollbremsung eingeleitet, sodass der Zug stand. Seit jenem Ereignis heißt die Bäderbahn im Volksmund Molli. Seit ihrer Einweihung 1886 dampft die kleine Bahn mit ihrer 900 Millimeter Spurbreite die 6,6 Kilometer lange Strecke zwischen Bad Doberan und Heiligendamm entlang. 1910 wurde die Strecke bis Arendsee, dem heutigen Kühlungsborn-West, verlängert. Täglich fährt hier die wahrscheinlich neueste Dampflok der Welt, denn 2008/09 wurde in Meiningen die Lok 99.2324–4 komplett neu gebaut. Sie ist ein Nachbau der Lok aus dem Jahre 1932 vom Typ 99.32. Neben dieser einzigartigen Nachbaulok versehen noch 3 weitere original erhaltene Loks aus dem Baujahr 1932 ihren Dienst. Sommers wie winters dampft die Bäderbahn im Stundentakt durch die Fußgängerzone in Bad Doberan, sie passiert die Galopprennbahn und stoppt in Heiligendamm, wo der Zugleiter noch per Hand die Weichen stellt. Dann rollt sie weiter bis nach Kühlungsborn-West, wo Wasser aufgefüllt wird, bevor die Molli die 15,4 Kilometer lange Rückreise antritt. Neben der Nostalgie, die sie versprüht, ist die Bäderbahn ein probates Nahverkehrsmittel, um stressfrei und preiswert Ziele der näheren Umgebung zu erreichen. Außerdem bietet die Molli für Eisenbahnliebhaber Sonderfahrten, z. B. mit dem 100-jährigen Zug, Lokmitfahrten und sogar Dampflokerlebniswochenenden.

Manche der sechs Bahnhöfe sind nicht mehr nur ausschließlich Bahnhöfe. So kann man in Heiligendamm im „Herzoglichen Wartesaal", in Kühlungsborn-Ost in „Mollis Lo(c)kschuppen" oder in Kühlungsborn-West ins Café einkehren und dort das Molli-Museum besuchen.

› *Mecklenburgische Bäderbahn „Molli" GmbH, Tel. 038293 431331, www.molli-bahn.de, Eintritt: Kurzstrecke 4,50 €, Einzelfahrkarte 8 €/ermäßigt 6,50 €, Hin-und Rückfahrkarte 12 €/ermäßigt 8 €, Familienkarte bis 38 €*

⊡ *Zu jeder Jahreszeit ein Erlebnis – eine Fahrt mit der Molli*

155wo-lr

Parken

P 29 Parkplatz Waldstraße Kühlungsborn-West, GPS 54.15137, 11.70742, Waldstraße, 18225 Kühlungsborn, geöffnet: ganzjährig, Preise: 10 €/ Tag. Großer Parkplatz, für Wohnmobile aller Größen geeignet, liegt sehr strandnah, aber weit vom Zentrum entfernt.

P 30 Parkplatz Friedhof Kühlungborn, GPS 54.14296, 11.77065

Das Ostseebad Kühlungsborn verlässt man auf der Landesstraße 12 in Richtung Bad Doberan. **Wittenbeck** folgt als nächster Ort. Anschließend durchfährt man die Gemeinde **Hinter Bollhagen.** Hier befindet sich das interessante Fayencenatelier von Birte und Thudes Zander.

› **Fayencemalerei – Keramikkunst Atelier und Verkauf Hinter Bollhagen,** Am Wasserwerk 3a, 18209 Hinter Bollhagen. Das Atelier liegt direkt rechts neben der den Ort durchquerenden L12, Tel. 038293 42323. Schauatelier für fein bemalte Fayencekeramik, Dekorationstechniken für Keramik, Verkauf und Herstellung, ausreichend Parkfläche vor dem Atelier vorhanden.

Parken

P 31 Parkplatz Golf Club Wittenbeck, GPS 54.12295, 11.78627. Sehr großer Parkplatz.

23 Wohnmobilstellplatz Sanddornstrand Wittenbeck

GPS 54.14376, 11.79281

Großer Strandparkplatz mit Wohnmobilstellplatz. **Lage/Anfahrt:** Von Wittenbeck in Richtung Klein Bollhagen abbiegen und dem Bäderweg folgen, am Ende als Sackgasse ausgewiesen und gepflastert; 2 Parkpflächen mit gleichen Preisen getrennt durch die Molli-Bäderbahn; **Platzanzahl:** über 150; **Untergrund:** Rasengitter, Pflaster, Wiese; fest; **Service:** Stromanschlüsse vorhanden; **Preise:** 18 €/Fahrz.; **Geöffnet:** ganzjährig; **Kontakt:** Bäderweg, 18209 Wittenbeck, www.sanddornstrand-wittenbeck.de; **Achtung:** Im Sommer stark von Wohnmobilen besucht. Auch ausgeschildert als „Strand".

Etwa 6 km nach Kühlungsborn-Ost zweigt die Straße nach links in Richtung Heiligendamm ab. Wer Heiligendamm nicht besuchen will, fährt geradeaus in Richtung Bad Doberan weiter.

HEILIGENDAMM

(10 km – km 10)

Die weiße Stadt am Meer – das ist Heiligendamm, das älteste Seebad Deutschlands, das schon im Jahr 1793 vom mecklenburgischen Herzog Friedrich Franz I. gegründet wurde. Ihm verordnete der Badearzt Prof. Dr. Samuel Gottlieb Vogel heilende Bäder in der Ostsee. Seinen Namen verdankt der Ort einem Naturereignis. Der heutige Conventer See war ursprünglich eine offene Meeresbucht, aber beim Ostseehochwasser mit Sturmflut 1872 wurde diese Bucht durch einen massiven Steinwall aus Flint (Feuerstein) verschlossen – der heilige Damm war entstanden. Im 19. und zu Beginn des 20. Jahrhunderts prägten Besucher aus dem europäischen und russischen Hochadel den Ort. Zwischen 1793 und 1870 wurde in Heiligendamm ein klassizistisches Ensemble aus Logier-, Bade- und Gesellschaftshäusern errichtet, was dem Ort zu seinem Beinamen der „weißen Stadt" verhalf. Dieses Gebäudeensemble wechselte mehrmals den Besitzer. Nachdem 1872 eine Aktiengesellschaft sie für 500.000 Taler erworben hatte, wurde Rittmeister Otto Baron von Kahlden 13 Jahre später Alleineigentümer. Sein Sohn verkaufte die Anlage um 1910, das Seebad ging jedoch anschließend unter seinem neuen Besitzer in Konkurs und wurde zwangsversteigert. Drei Hamburger Gläubiger und ein Leipziger Großhändler kauften alles für 1,5 Mio. Mark und gründeten die Ostseebad Heiligendamm GmbH, die während des Ersten Weltkrieges schrittweise in den Besitz des kreditgebenden Bankhauses Louis Wolff überging. Oskar Adolf Baron von Rosenberg übernahm 1924 alle Anteile der Ostseebad Heiligendamm GmbH vom Bankhaus und ret-

Auf der Suche nach dem Glücksbringer und den Überbleibseln der Kreidezeit

Während die Badegäste meist den Sandstrand bevorzugen und den Steinstrand meiden, suchen Glückssucher gezielt an Steinstränden nach den sogenannten Hühnergöttern. Hühnergötter sind Steine, die mindestens ein natürlich entstandenes durchgehendes Loch besitzen. So ein Lochstein wird als Talisman und Glücksbringer gehandelt. Die Bezeichnung Hühnergott ist nicht geklärt, vermutlich kann sie aber bis auf die vorchristliche Zeit der Germanen und Slawen zurückgeführt werden. Der Begriff Hühnergott ist deshalb auch im slawischen Ausland verbreitet. So erschien 1963 die Novelle „Der Hühnergott" des russischen Dichters und Schriftstellers Jewgeni Jewtuschenko: „Der Hühnergott – das ist ein Meeressteinchen mit einem kleinen Loch. Man sagt, die Krimtataren hätten geglaubt, dass ein solches Steinchen, mit einem Faden an die Hühnerstange gehängt, das Federvieh zu verbesserter Legetätigkeit ansporne. Daher auch der Name Hühnergott. Später kam der Glaube hinzu, ein Hühnergott bringe auch den Menschen Glück. Mir scheint, ein bißchen glaubt jeder an solche Glücksbringer: die einen mit kindlich-vertrauensseliger Offenheit, die anderen heimlich, mit mürrischer Verbissenheit."

Es besteht der Glaube, dass sich der Umfang des zuteil werdenden Glücks mit der zunehmenden Zahl an Löchern im Stein vervielfacht. Seit der 22. Auflage im Jahr 2000 ist der Hühnergott als Begriff auch im Duden enthalten. Hühnergötter sind heute ein beliebtes Sammler- und Erinnerungsstück eines Ostseeurlaubs. Je nach Größe kann man sie vielseitig und dekorativ verwenden. Zu den größten jemals gefundenen Stücken zählen die „Sassnitzer Blumentöpfe" (Paramoudras), die bei einem Gewicht von über 100 kg für die Bepflanzung mit Blumen genutzt werden. Früher nutzten die Fischer die Hühnergötter als Senksteine in ihren Netzen und Reusen. Kleine Hühnergötter dienten auch als Beschwerung für die Kettfäden der Handwebstühle an der Ostseeküste Mecklenburg-Vorpommerns.

Ebenfalls zu den beliebten Fundstücken zählen Fossilien, die sich besonders an den Kreideküsten der Ostsee finden lassen. Millionen Jahre eingeschlossen in der Kreide, spült sie die See an den Strand. Auffällig sind hier besonders die sogenannten Donnerkeile, versteinerte Teile von Kopffüßern, die vor über 70 Millionen Jahren in den Meeren heimisch waren. In ihrem Aussehen erinnern diese Kopffüßer an die heutigen Tintenfische (Kalmare). Der Name Donnerkeil wird auf den germanischen Gott Donar zurückgeführt. Als Pendant zum nordischen Thor schickte dieser Wettergott regelmäßig Blitze auf die Erde nieder. Bei ihrem Auftreffen auf dem Strand versteinerten die Blitze. Belemnit, ein alternativer Name, ist die griechische Übersetzung für Blitzgeschoss. Belemniten ist deshalb die wissenschaftliche Bezeichnung für diese Fossilien. Neben den Donnerkeilen werden auch besonders häufig versteinerte Muscheln und Seeigel an der Ostseeküste gefunden.

tete sie dadurch vor der Liquidierung. Die Nationalsozialisten beschlagnahmten das Bad 1939 für Heereszwecke und nutzten es als Reservelazarett. Im Zuge der nationalsozialistischen Arisierung übernahm die Dresdner Bank die Kontrolle über die Heiligendamm GmbH und erhielt 1941 für alle Immobilien 1,7 Mio. Reichsmark vom Deutschen Reich. Baron von Rosenberg und seiner Familie verblieb als private Sommerresidenz das Demmlersche Alexandrinen Cottage.

Ab 1949 war Heiligendamm im volkseigenem Besitz der DDR und an der hier ansässigen Fachschule für angewandte Kunst wurden Innenarchitekten, Produkt-, Möbel- und Schmuckdesigner ausgebildet. Im Sommer standen die Räume der Fachschule als Ferienlager des Ministeriums für Kultur zur Verfügung und so konnten sich hier Kinder aus der DDR und Tschechien jeweils für drei Wochen erholen – das letzte Mal 1990. Eine Entwicklungsgesellschaft der Fundus-Gruppe erwarb

1996 den historischen Ortskern. Es wurden einige historische Gebäude rekonstruiert und zur 5-Sterne-plus-Hotelanlage Kempinski Grand Hotel Heiligendamm ausgebaut. Im Juni 2007 fand in Heiligendamm der G8-Gipfel statt und die „Weiße Stadt" Heiligendamm erlangte mit ihm wieder internationale Bekanntheit. Für den G8-Gipfel wurden aus Sicherheitsgründen ca. 12 Kilometer Absperrungen rund um den Ort und bis in die Ostsee hinein errichtet und nach dem Gipfel wieder entfernt. 2009 zog sich die Kempinski-Gruppe aus dem Heiligendammer Hotelbetrieb zurück und ein Investor übernahm das Grand Hotel. 2012 musste er Insolvenz anmelden. Nach der Insolvenz machte der Investor die vielen Zaungäste für das Scheitern des Hotelkonzeptes verantwortlich. Anschließend wurde das Hotel an den Hannoveraner Kaufmann und Eigentümer der Halloren-Schokoladenfabrik Paul Morzynski verkauft, der es bis heute betreibt. Durch den neuen Eigentümer wurden größere Investitionen vor allem im Wellness-Bereich getätigt, auch eine Kopie des berühmte G8-Riesenstrandkorbs, in dem die Staats- und Regierungschefs saßen, wurde wieder aufgestellt.

Ein Ensemble von acht repräsentativen Strandvillen bildet die sogenannte **Heiligendammer Perlenkette.** Das Haus „Bischofsstab", nur 10 m vom Strand entfernt, befindet sich in Privatbesitz und wurde bereits 2004 saniert. 2010 begann die Entwicklungs-Compagnie Heiligendamm (ECH) mit dem Wiederaufbau der anderen sieben Villen, die sich in ihrem Besitz befinden. Mittlerweile sind davon mit den Häusern „Perle", „Seestern", „Großherzogin Marie", „Greif" und „Möwe" fünf saniert. Letztlich sollen bis 2022 für ca. 70 Mio. Euro alle wiederhergestellt werden. Dann werden in allen Villen Ferienwohnungen entstanden sein.

Die Ansicht der weißen Stadt genießt man am besten von der Seebrücke aus. Das Hotelresort kann nur umrundet werden, der Durchgang ist für Nichtgäste gesperrt. Ansonsten bietet Heiligendamm neben einer Kurklinik noch einige Cafés und ein schönes historisches Restaurant, den „Herzoglichen Wartesaal" im alten Mollibahnhof.

› **Herzoglicher Wartesaal,** Kühlungsborner Straße 4, 18209 Heiligendamm, direkt im Molli-Bahnhof an der Hauptstraße gelegen, Tel. 038203 773700, tägl. (außer Di.) ab 11 Uhr geöffnet. Interessantes Restaurant in historischem Ambiente, regionale Gerichte im Angebot, ein Parkplatz befindet sich etwa 150 m entfernt an der Straße.

In Heiligendamm stehen ausreichend Parkplätze für Wohnmobile aller Größen zur Verfügung. Allerdings sind alle Parkmöglichkeiten im Ortsbereich generell kostenpflichtig und neben der Parkgebühr wird auch die **Kurtaxe** von aktuell 2 € pro Person gleich per Kassenautomaten an den Parkplätzen kassiert.

P **32 Parkplatz Kinderstrand Heiligendamm,** GPS 54.14429, 11.82545, Kinderstrand, 18209 Heiligendamm, die Parkmöglichkeiten entlang der Straße liegen sehr strandnah ca. 1 km westlich Heiligendamms, geöffnet: ganzjährig, Preise: Tageskarte 5 € + Kurtaxe. WC und Strandrestaurant am Ende der Straße. Übernachtung ist möglich.

Verlässt man die Gemeindegrenze Heiligendamms in Richtung Börgerende auf der Deichstraße entlang des Strandes, erreicht man schnell zahlreiche weitere Parkmöglichkeiten entlang der Straße. Naturfreunde finden an der Jemnitzschleuse zwischen Heiligendamm und Börgerende einen kleinen **Wanderparkplatz,** von dem sie das Naturschutzgebiet Conventer See erkunden können. Diese schöne Strandstraße ist nur für Fahrzeuge bis max. 3,5 t erlaubt. Alle Parkplätze sind jetzt kostenpflichtig. Eine Übernachtung ist möglich, mit 25 € Gebühr aber nicht sehr preiswert. Bezahlt werden kann nur mit Münzen.

33 Wanderparkplatz Jemnitzschleuse Conventer See, GPS 54.14708, 11.86990, Deichstraße, 18209 Heiligendamm, Preise: 5 €/3 Std., 25 €/24 Std. Von Heiligendamm der Deichstraße in Richtung Börgerende folgen, Zugang zum Naturschutzgebiet Conventer See.

Sonstiger Stellplatz

S 34 Wohnmobilstell- und Parkplatz Zum Jagdhaus Heiligendamm, GPS 54.13948, 11.85360. Parkplatz mit ausgewiesenen Wohnmobilstellplätzen etwas abseits der Straße und umgeben von Wald. Lage/Anfahrt: Über L12 am westlichen Ortsrand Heiligendamm; Platzanzahl: 4; Untergrund: Rasengitter, Pflaster; Preise: 10 € Tageskarte Wohnmobil; Geöffnet: ganzjährig; Kontakt: Kühlungsborner Straße, 18209 Heiligendamm. Schießanlage Heiligendamm angrenzend, dort aber nur eingeschränkter Betrieb und nur tagsüber.

24 Ferien-Camp Börgerende

GPS 54.15262, 11.89965

Gepflegter und moderner Campingplatz mit vorgelagertem Wohnmobilhafen am Ortsrand Börgerende. Kinderanimation, Sauna, Gaststätte. **Lage/Anfahrt:** In Börgerende der Seestraße folgen und auf die Straße An der Waterkant abbiegen. Dieser bis zum Campingplatz folgen. Zufahrt auch über Strandstraße möglich; **Platzanzahl:** über 200; **Untergrund:** Schotterrasen, Rasengitter, Wiese; fest; **Service:** Strom, Trinkwasser, Abwasser, Chemie-WC; **Sicherheit:** umzäunt, beleuchtet, bewacht; **Preise:** 42 €/Fahrz., teuerste Pauschale inkl. Personen, Strom, Wasser, Kabelanschluss, auch deutlich preiswertere Stellplätze verfügbar; **Geöffnet:** April–Oktober; **Kontakt:** Deichstraße 16, 18211 Börgerende, Tel. 038203 81126, www.ostseeferiencamp.de.

In Börgerende befindet sich der Campingplatz **Ferien-Camp Börgerende 24**.

Die im Buch vorgeschlagene Route führt jedoch nicht über Börgerende, sondern nach Bad Doberan. In Richtung Bad Doberan durchfährt man Heiligendamm auf der durchlaufenden Kühlungsborner Straße und trifft nach ungefähr 1000 m wieder auf die Landesstraße 12 in Richtung Bad Doberan. Hier befindet sich Deutschlands älteste **Pferderennbahn,** die Traditionsrennbahn Bad Doberan – Heiligendamm. Seit 1822 werden an dieser Stelle Pferderennen veranstaltet und bis heute ziehen sie Zehntausende Besucher und Prominente an. Große, kostenlose Wiesenparkplätze befinden sich auf dem Gelände vor der Rennbahn, dort auch Übernachtung möglich.

P 35 Parkplatz Pferderennbahn Bad Doberan – Heiligendamm, GPS 54.12679, 11.87015

Die Fahrstrecke zwischen Heiligendamm und Bad Doberan beträgt nur 7 km.

BAD DOBERAN

(7 km – km 17)

Bekannt ist Bad Doberan vor allem wegen seines Münsters, der im 13. Jahrhundert erbauten Kirche des ehemaligen Zisterzienserklosters, die über eine europaweit einzigartige, prachtvolle hochgotische Ausstattung verfügt. Jährlich besuchen heutzutage über 170.000 Gäste das **Münster.** Nach jahrelanger Sanierung ist hier wieder ein wunderbarer Ort entstanden, den man unbedingt besuchen sollte! Das Kloster, das 1171 gegründet wurde, hatte bereits im Mittelalter eine sehr große politische Bedeutung. Es wurde zu einem Zentrum christlichen Glaubens und wichtig für die kulturelle sowie ökonomische Entwicklung des Landes. Außerdem diente das Kloster als Grablege der landesherrlichen Familie. Besonders bemerkenswert sind der um 1300 entstandene Hochaltar, der älteste Flügelaltar der Kunstgeschichte, und der Lettner-Kreuzaltar sowie die Grabplastik der dänischen Königin Margarete Sambiria, die 1282 in Rostock starb. Diese frühgotische Grabplastik gilt als älteste in Mecklenburg-Vorpommern und als die älteste Frauengrabplastik in ganz Europa.

Aber nicht nur das Innere und die Außenansicht des Münsters beeindrucken den Besucher, lohnenswert ist ohne Zweifel auch ein Rundgang durch die Klosterparkanlage. Durch vier Tore kann man in das Gelände gelangen, das von einer 1,4 Kilometer langen und durchschnittlich 2,50 Meter hohen Ringmauer begrenzt wird. Beim Rundgang kann man das Beinhaus an der Nord-Ost-Seite des

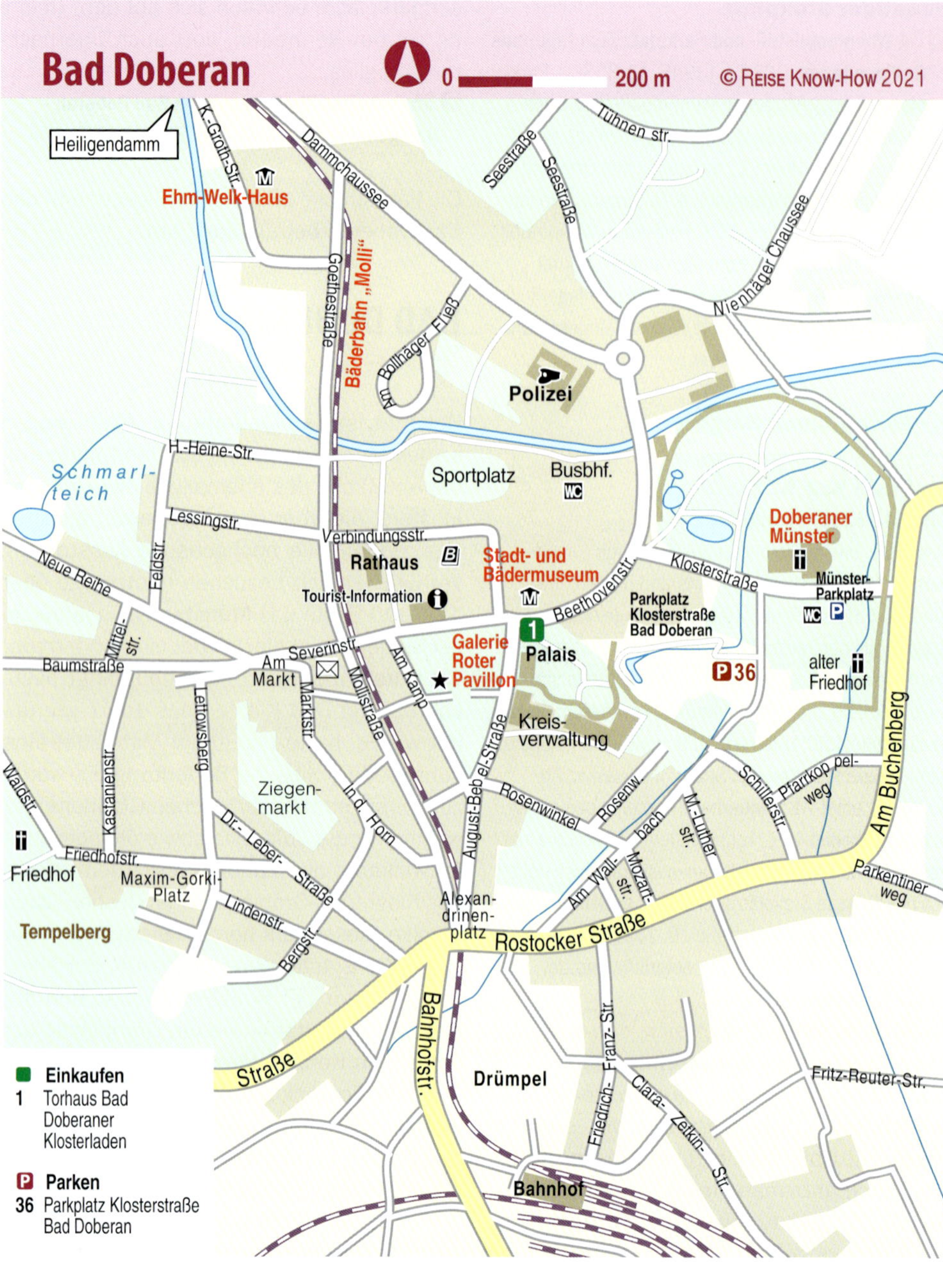

Münsters betrachten, welches das einzige Exemplar seiner Art im norddeutschen Raum darstellt. Hier wurden Gebeine verstorbener Brüder bei Neubelegung ihrer Gräber aufbewahrt, da der Platz auf dem Friedhof begrenzt war. Im südlichen Bereich der Anlage findet sich das dreischiffige Wirtschaftshaus, das aufgrund einer Brandstiftung im Jahre 1979 allerdings im nördlichen Bereich nur noch als Ruine existiert. Hervorhebenswert sind die kunstvoll gestalteten Nord- und Südgiebel des Hauses. Nahe dem Wirtschaftshaus

022wo-lr

befindet sich das Kornhaus, das ursprünglich Speicherzwecken diente und jetzt eine Jugend- und Freizeitstätte beherbergt. Amtshaus, Mönchsfriedhof und Wolfsscheune vervollkommnen die Klosteranlage.

Bad Doberan sollte allerdings nicht nur auf sein Münster und die es umgebende Anlage reduziert werden. Es gibt in der sehr schön sanierten alten Stadt noch mehr zu entdecken. Unweit des Münsters befindet sich das **Stadt- und Bädermuseum. Klassizistische Bauten** in der Innenstadt wie das großherzogliche Palais, das großherzogliche Salongebäude oder das Prinzenpalais zeugen von der Zeit, als Bad Doberan Sommerresidenz der mecklenburgischen Herzöge war. Der **Weiße und der Rote Pavillon** zieren den mit Linden begrenzten Kamp, die zentrale Grünanlage, welche um 1800 als Zentrum des gesellschaftlichen Lebens angelegt wurde.

Unbedingt erwähnenswert ist, dass hier in Bad Doberan die **Bäderbahn** direkt durch die Fußgängerzone schnauft. Auf dem Weg in die Stadt oder aus ihr heraus passiert die Molli das **Ehm-Welk-Haus.** Hier verbrachte der Autor des Romans „Die Heiden von Kummerow" ab 1950 seine letzten 16 Lebensjahre. 1979 wurde das Haus der Öffentlichkeit übergeben und so dem Wunsch Ehm Welks entsprochen. Beim Besuch erhält man Informationen zum Schriftsteller und seinem Werk und kann sich das original erhaltene Arbeitszimmer des Autors ansehen. Im Garten finden im Sommer Feste und Theateraufführungen statt. Über Öffnungszeiten und Veranstaltungen muss man sich vor Ort aktuell informieren.

Information

› **Tourist-Information Bad Doberan,** Klosterstraße 1c, 18209 Bad Doberan, Tel. 038203 62154, www.bad-doberan.de, geöffnet: Mo.–Fr. 9–18 Uhr, Sa. 10–15 Uhr

Romantisch liegen die Ruinen des alten Klosterhofes im Grünen etwas vom Münster (im Hintergrund) abgetrennt

Sehenswertes

- **Doberaner Münster,** Klosterstraße 2, 18209 Bad Doberan, ab Ortseingang ausgeschildert, Tel. 038203 62716, www.muenster-doberan.de, geöffnet: tägl. 10–18 Uhr, im Sommer Öffnungszeiten verlängert, So. ab 11 Uhr, Eintritt: 3 €/Erwachsene, 2 €/ermäßigt, 6 €/Familienkarte, Schüler bis 17 Jahre kostenlos, Münsterführung 4 €. Berühmtes Gebäude der Backsteingotik, Parkplatz GPS 54.10728, 11.91042 gebührenpflichtig 1 €/Std.
- **Stadt- und Bädermuseum Bad Doberan,** Beethovenstraße 8, 18209 Bad Doberan, unweit des Doberaner Münsters, direkt neben dem Westtor des ehemaligen Klosters gelegen, Tel. 038203 62026, geöffnet: Di.–Sa. 11–16 Uhr, Eintritt: 3 €/Erwachsener, 2 €/ermäßigt, Kombikarten mit Münsterbesuch möglich. Gemälde, Zier- und Gebrauchsgegenstände, medizinische Geräte, Bademoden u. a. interessante Gegenstände aus verschiedenen Epochen geben einen Einblick in das Leben im 19. und 20. Jh., Grafiksammlung, schöner Garten
- **Ehm-Welk-Haus Bad Doberan,** Dammchaussee 23, 18209 Bad Doberan, am Ortsrand gelegen, Tel. 038203 62325, geöffnet: Ende 2020 in Sanierungsarbeiten, aktuelle Infos über www.ehm-welk-haus.de. Wohnhaus des Schriftstellers Ehm Welk, Arbeitszimmer original erhalten, Bibliothek mit 5000 Büchern, Lesungen, kleine Konzerte und Theateraufführungen im ehemaligen Wohnzimmer, grüne Oase im Garten

Einkaufen

- **Torhaus Bad Doberaner Klosterladen,** Klosterstraße 1a, 18209 Bad Doberan, am Rand der Klosteranlage, www.bad-doberaner-klosterladen.de, Tel. 038203 854463, geöffnet: tägl. 10–18 Uhr. Hausgemachtes, Bioprodukte, Sanddornspezialitäten, Kunstgewerbliches; angeschlossen ist ein kleines Café, das liebevoll hergestellte Leckereien anbietet; Büchertauschbörse, kleine Ausstellungen.

Parken

P 36 **Parkplatz Klosterstraße Bad Doberan,** GPS 54.10653, 11.90812, Klosterhof, 18209 Bad Doberan, Zufahrt nur über die Klosterstraße ab Beethovenstraße und nicht über die B105 – Am Buchenberg – möglich. Im Bereich Klosterhof, Kornhaus und Stadt- und Bädermuseum befinden sich zahlreiche kostenfreie Parkmöglichkeiten, 2 Std. mit Parkuhr. Auf dem direkt vor dem Münster liegenden Parkplatz parkt man für 2 €/2 Std.

In Bad Doberan folgt man der Landesstraße 12 (Nienhäger Chaussee) in Richtung Nienhagen/Warnemünde. Nach 3 km erreicht man **Rethwisch.** Bis Nienhagen sind es anschließend nur noch 2 km.

NIENHAGEN

(8 km – km 25)

Das Ostseebad Nienhagen hat seinen ursprünglichen Charme über die Jahre bewahrt. Seit Beginn des 20. Jh. sorgen Gastwirtschaften für das leibliche Wohl der Badegäste. Ein Pferdeomnibus fuhr schon 1910 von Bad Doberan aus den Ort an, um die Doberaner Badegäste an die Ostsee zu transportieren. 1929 erhielt Nienhagen die Konzession zur Ausübung des Seebadbetriebes und sieben Jahre später wurde dem Ort die Bezeichnung Ostseebad verliehen.

Heute bietet der Ferienort dem Besucher v. a. sehr schöne Bademöglichkeiten am feinen Sandstrand mit behindertengerechtem Zugang, mehrere Einkehrmöglichkeiten und an der Steilküste einen **Gespensterwald.** Diesen kann man auf einer ca. 4 Kilometer langen Rundtour durchstreifen und dabei wunderschöne und bizarre Bäume entdecken, die dem Wald wohl ihren Namen gaben. Der Ausgangspunkt für diese kleine Wanderung ist an der Schutzhütte vor dem Hotel „Nienhäger Strand". Von dort aus läuft man den Waldweg direkt an der Steilküste entlang und passiert dabei zwei weitere Schutzhütten.

Beim Wandern sieht man rechter Hand die Ostsee, bis man am Ende des Waldes links abbiegt und am Waldrand bis zum breiteren

Im Abenteuerpark Maximus findet man auch einen Klettergarten

Hauptweg spaziert. Dort geht man ca. 50 Meter die angrenzende Asphaltstraße entlang, bis an der ersten Rechtskurve links ein Waldweg wieder nach Nienhagen führt. Auf diesem gelangt man zum Ausgangspunkt der Wanderung zurück.

Zwischen Nienhagen und der Warnow-Mündung in Warnemünde findet der Besucher des Ostseestrandes feinsten Sandstrand, den man auch gut entlangwandern kann. Der Ostseeküsten-Radweg verläuft immer oberhalb des Strandes am Hochufer der Steilküste, sodass man das Naturschutzgebiet Stolteraa (s. S. 80) und Warnemünde ab Nienhagen auch gut mit dem Fahrrad besuchen kann.

Nienhagen und der angrenzende Ort **Elmenhorst** gehen praktisch ineinander über, da das Gebiet zwischen den Orten entlang der Landesstraße 12 fast durchgehend mit Gewerbeansiedlungen und Wohnbebauung gefüllt wurde. In Elmenhorst befinden sich zwei neuere Wohnmobilstellplätze 25 26 und der Abenteuerspielplatz Maximus.

› **Maximus Abenteuerpark Elmenhorst**, Gewerbeallee 1, 18107 Elmenhorst/Lichtenhagen, Tel. 0381 7007430, www.maximus-abenteuer.de, geöffnet: tägl. ab 10 Uhr, im Winter nur eingeschränkt geöffnet, Preise je nach Aktivität. Sehr großes und modernes Abenteuerspielgelände und Veranstaltungszentrum für die ganze Familie. Riesiger Klettergarten mit Hoch- und Niederklettergelände, Quadfahren, GPS-, Kajak- und Fahrradtouren, Bogenschießen, Nordic Walking.

Nach Elmenhorst folgt der kleine Ort **Diedrichshagen.** In der Fläche wesentlich größer als Diedrichshagen ist der an den Ort angrenzende **Golfplatz des Ostseegolfclubs Warnemünde.** Für Besucher des Golfplatzes stehen große Parkflächen (auch für Womos) und ein ausgezeichnetes Restaurant zur Verfügung (www.golf-warnemuende.de).

Die ehemals unübersichtliche Hauptkreuzung Diedrichshagen wurde in einen großzügigen Kreisverkehr umgebaut. Hier hat man die Wahl, direkt nach Warnemünde durchzufahren oder sich einen Abstecher in das Naturschutzgebiet Stolteraa oder zum fantastisch oberhalb der Steilküste gelegenen Restaurant „Wilhelmshöhe" zu gönnen.

Information

› **Kurverwaltung/Touristinformation Nienhagen,** Strandstraße 30, 18211 Nienhagen, Ortsmitte, direkt an der zum Strand führenden Hauptstraße,

181wo-lr

Tel. 038203 81163, www.ostseebad-nienhagen.de, geöffnet: Sommer: Mo.-Fr. 9-12 Uhr und 13-17 Uhr, nur Juli u. August Sa./So. 10-12 Uhr; Winter: Di./Mi./Do. 9-12 Uhr und Di. 13-18 Uhr

Parken

P 37 **Parkplatz Nienhagen 1,** GPS 54.15499, 11.94571, Doberaner Straße, 18211 Nienhagen, direkt am Ortseingang, links der Hauptstraße. 1 €/Std., Tageskarte 5 €, asphaltiert, Müllentsorgung; auch von hier Wanderung durch den Gespensterwald möglich.

P 38 **Parkplatz Nienhagen 2,** GPS 54.16373, 11.94855, Kliffstraße, 18211 Nienhagen, innerorts, strandnah, Preise: 2 €/Std.; Tageskarte 10 €. Asphaltierter Platz, nur für kleinere Wohnmobile geeignet, WC am Strand.

25 Wohnmobilstellplatz Fa. Stuhr Elmenhorst

GPS 54.15880, 12.00469

Sehr familiärer und ruhiger Stellplatz. Sehr nette Betreiberfamilie und kleine Preise. **Lage/Anfahrt:** Hauptstraße durch Elmenhorst folgen und auf kleine Ausschilderung achten; **Platzanzahl:** 25; **Untergrund:** Wiese; **Service:** Strom, Wasser, Chemie-WC; **Sicherheit:** umzäunt, beleuchtet; **Preise:** 10 €/Fahrz. inkl. 2 Personen, Dusche 2 €/Pers., 2,50 € Strom, 2,50 € Entsorgung; **Geöffnet:** April-Oktober; **Kontakt:** Fa. Stuhr, Hauptstraße 47, 18107 Elmenhorst, Tel. 0381 7696725, Mobil 0172 1635127, www.stellplatzim gruenen.de.

26 Wohnmobilstellplatz Elmenhorst

GPS 54.15316, 12.01692

Stellplatz in einem Gewerbegebiet, Abenteuerspielplatz Maximus gleich angrenzend. **Lage/Anfahrt:** Hauptstraße durch Elmenhorst folgen und am Ortsausgang gegenüber einem Autohaus nach rechts auf die Gewerbeallee abbiegen, Platz ist ausgeschildert; **Platzanzahl:** 24; **Untergrund:** Pflaster, Wiese; **Service:** Strom, Wasser, Chemie-WC; **Sicherheit:** umzäunt, beleuchtet; **Preise:** 15 €/Fahrz., Wasser 1 €/100 l, Strom 0,50 €/kWh, WLAN kostenlos; **Kontakt:** Gewerbeallee 3a, 18107 Elmenhorst, Mobil 0171 9833443. Hunde verboten.

ABSTECHER INS NATURSCHUTZGEBIET STOLTERAA

(hin und zurück etwa 4 km)

Um Verwirrungen zu vermeiden: Den Namen Stolteraa findet man sowohl mit „a" als auch mit „aa". Besucher des Naturschutzgebietes nehmen in Diedrichshagen die linke Ausfahrt des großen Kreisverkehrs und biegen auf den Stolteraer Weg ab. Das Naturschutzgebiet Stolteraa ist ein ca. drei Kilometer langer bewaldeter Küstenabschnitt, der eine Fläche von ca. 70 ha umfasst. Es beginnt bei Nienhagen und erstreckt sich bis kurz vor Warnemünde. Vom großen **Parkplatz** mit Toilette sind es nur wenige Schritte bis zum bekannten **Restaurant Wilhelmshöhe,** von dem man einen herrlichen Blick über die Steilküste bis hin nach Warnemünde genießen kann. Es besteht hier die Möglichkeit, auf einem Waldweg zum Meer hinabzusteigen und in Richtung Warnemünde ein Stück am Fuße der 20 m hohen Steilküste entlangzuwandern, denn hier erlebt man einen unberührten, wilden Strandabschnitt. Von der Sonne beschienen wird bei schönem Wetter die nach Norden gerichtete Steilküste jedoch nur frühmorgens und spätnachmittags. Am Strand hat man ganztägig Sonne. An den Steilwänden bauen Uferschwalben ihre Nisthöhlen, Bachstelzen rasten auf den Steinen. Der Rückweg könnte dann oberhalb der Steilküste verlaufen. Hier führen verschiedene Pfade durch den Küstenwald und geben immer wieder den Blick auf die Ostsee frei. Zwei Lehrpfade informieren außerdem über naturkundliche und astronomische Themen.

› **Kliffrestaurant Wilhelmshöhe Diedrichshagen,** Wilhelmshöhe 1, 18119 Diedrichshagen, Tel. 0381 548280, www.ostseehotel-wilhelmshoehe.

de, geöffnet: tägl. 11–23 Uhr. Das Restaurant liegt inmitten des Küstenwaldes direkt am Hochufer der Steilküste. Von seiner großen Terrasse bietet sich ein weiter Blick über die See und den Strand. Seit über 100 Jahren gibt es hier eine Ausflugsgaststätte, 1996 wurde das heute bestehende Restaurant erbaut.

Parken

P 39 Parkplatz Naturschutzgebiet Stolteraa, GPS 54.17423, 12.02852, Naturschutzgebiet ausgeschildert, 8–20 Uhr gebührenpflichtig, 3 €/3 Std., Tageskarte 15 €. Großer und geschotterter Platz nahe der Steilküste und Gasthaus Wilhelmshöhe, WC, Übernachtung möglich, von hier führen Wanderwege und zwei Lehrpfade durch das Naturschutzgebiet, Trockentoilette.

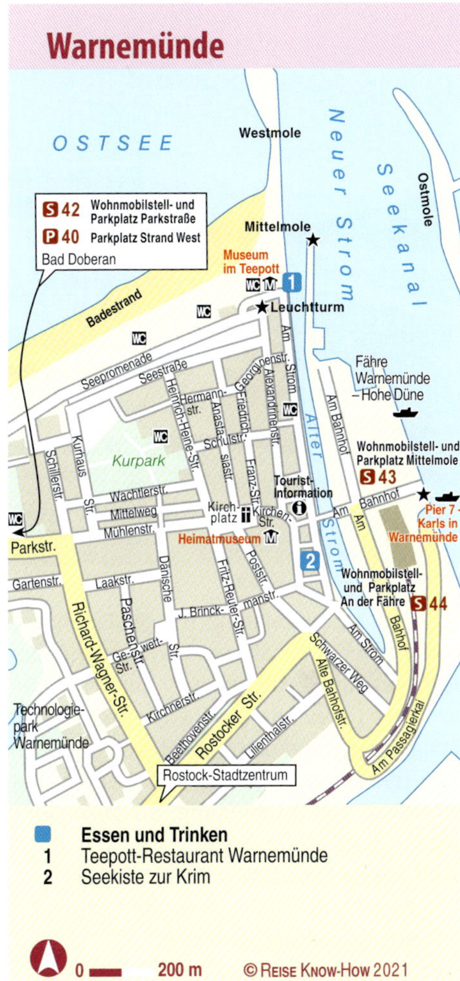

WARNEMÜNDE

(10 km – km 35)

Bereits 1323 erwarb die mächtige Hansestadt Rostock das kleine Fischerdorf an der Mündung des Warnow-Stromes, um sich über diese Exklave den Zugang zur Ostsee zu sichern. Viele Jahrhunderte lang konnte Warnemünde jedoch nicht vom Reichtum Rostocks profitieren und galt als verarmtes Anhängsel. Mit der Entwicklung zum Seebad ab 1821 änderte sich das und seitdem geht es für die Stadt nur noch bergauf. Heute kann man deshalb sagen, dass sich die Verhältnisse umgekehrt haben und Rostock durch den Ortsteil Warnemünde einen wesentlichen Teil seiner Einkünfte generiert. Vielleicht ist Warnemünde mit seinen berühmten Wahrzeichen Teepott und Leuchtturm sowie dem mit 150 m breitesten Sandstrand Deutschlands der bekannteste Badeort an der Ostseeküste Mecklenburg-Vorpommerns. Jedes Jahr stattfindende Veranstaltungen wie die „Warnemünder Woche“ oder die „Hanse Sail“ ziehen mehrere Millionen Touristen nach Warnemünde. Dazu kommen natürlich noch sonstige Urlauber und Tagesgäste ebenfalls in jährlicher Millionenhöhe. Entsprechend voll und teuer ist Warnemünde. Trotz der vielen Besucher, die den Ort per Pkw, Fähre oder Bahn erreichen, ist man hier Gästen mit Wohnmobil gegenüber sehr aufgeschlossen und ein Besuch lohnt sich unbedingt. Vermeiden sollte man nach Möglichkeit die Einfahrt mit sehr großen Wohnmobilen in das Zentrum des Ortes. Dort besteht ein System von engen Einbahnstraßen, in denen häufig noch rechts und links am Straßenrand geparkt wird. Hier Parkplätze für Wohnmobile zu finden, kann fast nur außerhalb der Hauptsaison gelingen. Mit den **Großparkplätzen** Parkstraße, An der Fähre oder Mittelmole (s. S. 84), die auch

025wo-lr

als Wohnmobilstellplatz ausgewiesen und im Sommer von zahlreichen Wohnmobilen bevölkert sind, bestehen sehr gute Parkmöglichkeiten für Wohnmobile. Ein weiterer unbefestigter Großparkplatz findet sich aus Richtung Bad Doberan (Doberaner Landstraße) kommend am Ortseingang, ausgeschildert als Parkplatz Strand West.

P 40 **Parkplatz Strand West,** GPS 54.17298, 12.04589. Sehr großer, unbefestigter Parkplatz für Strandbesucher, Tageskarte 15 €.

Achtung: Alle in Warnemünde für Wohnmobile ausgewiesenen Stell- und Parkflächen sind nur für kurzzeitigen Aufenthalt, aber nicht zum Dauercampen gedacht. Zusätzlich zu den Parkgebühren muss auch eine Kurtaxe entrichtet werden.

Warnemünde besitzt eine alte Tradition als **Fährstandort.** Die Postdampferverbindung nach Dänemark wurde schon 1886 eröffnet. Heute passieren verschiedene Fährlinien mit ihren Zielen in Finnland, Lettland, Schweden und Dänemark den Ort auf dem Warnow-Strom. 1897 wurde der bis heute als Seezeichen genutzte Leuchtturm mit einer Höhe von 31 Metern erbaut. In der Sommersaison kann er von Besuchern zum Eintrittspreis von 2 € besichtigt werden. Direkt neben dem Leuchtturm befindet sich der **Teepott Warnemünde.** Der 1968 errichtete Bau fällt durch sein muschelförmiges Aussehen besonders auf und beherbergt neben kleineren Läden auch ein Restaurant. Am Teepott beginnt die 2 km lange **Seepromenade.** Südlich der Seepromenade befindet sich der Kurpark Warnemündes. Hier finden im Sommer häufig Veranstaltungen statt.

Auch Ozeanriesen legen häufig in Warnemünde an

Der berühmte superbreite **Sandstrand** Warnemündes reicht in westlicher Richtung mehrere Kilometer bis zum Naturschutzgebiet Stolteraa (s. S. 80). Im Osten wird er durch die begehbare Westmole des Warnow-Stroms begrenzt. Dort beginnt auch der **Alte Strom,** ein früherer Mündungsarm der Warnow, mit seiner heutigen Einkaufs- und Flanierstraße Am Strom. Der Alte Strom dient heute als Fischerei- und Touristikhafen Warnemündes. Wer sich nicht für Hafenrundfahrt, Schiffsbesichtigungen oder Hochseeangeln interessiert, ist hier trotzdem an der richtigen Stelle. Dafür sorgen zahlreiche Einkaufsmöglichkeiten und

eine fast unüberschaubare Anzahl gastronomischer Einrichtungen. Von der Mittelmole mit ihren Wohnmobilparkplätzen besteht eine drehbare Brückenverbindung über den Alten Strom, die sogenannte Bahnhofsbrücke.

Unweit dieser Brücke liegt das **Heimatmuseum Warnemünde.** Ab Mittelmole, 100 m vom Parkplatz An der Fähre entfernt, verkehrt eine wohnmobiltaugliche Fähre über den Warnow-Strom. Der Fährpreis für Fahrzeuge zwischen 3 und 5 t beträgt etwa 6 €. Der auf der anderen Seite der Warnow liegende Ortsteil **Hohe Düne** fällt heute besonders durch seinen neu errichteten Hotel- und Hafenkomplex auf. Am schönen Sandstrand in Hohe Düne bestehen ausgezeichnete Bademöglichkeiten. Parkmöglichkeiten für Wohnmobile mit Strandzugang in der Nähe sind vorhanden.

P 41 Strandparkplatz Sonnenstrand Warnemünde Hohe Düne, GPS 54.19016, 12.13660, Hohe Düne, 18119 Warnemünde, Hohe Düne kann von Warnemünde nur per Fähre ab Mittelmole oder per Straße über Markgrafenheide (Route 4) erreicht werden. Preise: Wohnmobil Sommer 12 €/Tag, Winter 5 €/Tag. Mehrere kostenpflichtige Strandparkplätze entlang der Zufahrtsstraße Hohe Düne, Übernachtung möglich.

Allerdings empfiehlt sich bei Badewetter ein frühzeitiges Kommen, denn Tausende Badegäste bevölkern dann den fast 5 km langen Badestrand. Hat sich am Abend der Badetrubel gelegt, steht man hier sehr ruhig. Die Halbinsel Hohe Düne und ihre südliche Begrenzung, der Breitlingsee, wurden viele Jahre durch das Militär geprägt. Wohnbebauung gab es nur für die Berufssoldaten und Angestellte des Militärs. Bis heute unterhält die Deutsche Marine hier einen sehr großen Flottenstützpunkt und Hubschrauberlandeplatz. Wer Rostock umgehen möchte, kann über Hohe Düne nach Markgrafenheide fahren und dort der Route 4 folgen.

Das Seebad Warnemünde erhebt in der Hauptsaison eine **Kurtaxe** von 2,25 € für Personen älter als 16 Jahre und 1,50 € für Kinder.

Sehenswertes

› **Heimatmuseum Warnemünde,** Alexandrinenstraße 30/31, 18119 Warnemünde, Tel. 0381 52667, www.heimatmuseum-warnemuende.de, geöffnet:

Maritimes Flair und Einkaufsstraße am Alten Strom in Warnemünde

Di.-So. 10-17 Uhr, Winter Mi.-So. 10-17 Uhr, Eintritt: 4 € Erwachsene, 2 € Kinder. Exponate und Informationen über die Geschichte der Fischerei und Seefahrt, über das Lotsenwesen und die Seenotrettung sowie über die Entwicklung von Warnemünde zum weltbekannten Badeort.

› **Pier 7 – Karls in Warnemünde,** Passagierkai 1, 18119 Warnemünde, Tel. 0381 6661983, www.karls.de, geöffnet: tägl. 8-19 Uhr, Eintritt: kostenlos, Kosten für spezielle Aktivitäten. Bauernmarkt und Erlebnisort für Kinder, u. a. Schatzhöhle und Sandwelt mit Skulpturen aus Sand

Information

› **Tourist-Information Warnemünde,** Am Strom 59, 18119 Warnemünde, Tel. 0381 3812222, www.der-warnemuender.de/tourismuszentrale.html, geöffnet: Mo.-Fr. 10-18 Uhr, Sa./So. 10-15 Uhr, November-April So. geschlossen. In den Wintermonaten leicht verkürzte Öffnungszeiten. Ab hier werden auch interessante Führungen und Stadtrundfahrten durch den Ort angeboten.

Der noch aktive Messturm des Deutschen Wetterdienstes steht unmittelbar angrenzend an den Wohnmobilstell- und Parkplatz Parkstraße

Gastronomie

› **Seekiste zur Krim,** Am Strom 47, 18119 Warnemünde, Tel. 0381 52114, www.seekiste-zur-krim.eu, geöffnet: Di.-Fr. ab 17 Uhr, Wochenende/Feiertage ab 12 Uhr. Zweitälteste Gaststätte Warnemündes, eröffnet 1856, zu Fuß etwa 10 Min. vom Parkplatz Mittelmole.

› **Teepott-Restaurant Warnemünde,** Seepromenade 1, 18119 Warnemünde, Tel. 0381 5484588, www.teepott-restaurant.de, geöffnet: tägl. 11-24 Uhr. Restaurant im maritimen Stil, von der Terrasse Blick auf die Hafeneinfahrt, abwechslungsreiche Karte von Fisch über Fleisch bis zu Pasta und Salaten, auch Kaffeeangebote

Sonstige Stellplätze

S 42 **Wohnmobilstell- und Parkplatz Parkstraße Warnemünde,** GPS 54.17575, 12.05562. Großparkplatz mit Wohnmobilstellplätzen in Strandnähe, bis zum Zentrum Warnemünde sind es etwa 2 km. Am Abend ist es hier ziemlich ruhig. Lage/Anfahrt: Der Parkplatz liegt an der L12 (Parkstraße); Platzanzahl: über 50; Untergrund: Asphalt, Pflaster; Service: Trocken-Toilette am Parkplatz, kein Strom, kein Wasser; Preise: 20 € Tageskarte im Sommer, 10 € im Winter; Geöffnet: ganzjährig; Kontakt: Parkstraße, 18119 Warnemünde.

118wo-lr

S 43 Wohnmobilstell- und Parkplatz Mittelmole Warnemünde, GPS 54.17752, 12.09003. Großparkplatz mit ausgewiesenen Wohnmobilstellplätzen direkt am Wasser und Blick auf den Warnow-Strom mit ein- und auslaufendem Schiffsverkehr. Sehr zentrumsnah. Unter Wohnmobilisten wegen der Lage am Warnow-Strom sehr beliebt und stark frequentiert. Lage/Anfahrt: Der Parkplatz liegt nördlich des Bahnhofes Warnemünde auf der sogenannten Mittelmole; Ausschilderung zum Bahnhof folgen; Untergrund: Asphalt, Schotter, Wiese; fest; Service: WC am Parkplatz, kein Strom, kein Wasser; Preise: 12 €/12 Std., 0,50 € Toilette am Parkplatz; Geöffnet: ganzjährig; Kontakt: Am Bahnhof, 18119 Warnemünde.

S 44 Wohnmobilstell- und Parkplatz An der Fähre Warnemünde, GPS 54.17567, 12.09264. Großer Parkplatz zwischen Fähranleger und Bahnhof Warnemünde. Der Parkplatz liegt zentrumsnah, ist aber aufgrund seiner Lage in der Nähe der Bahnhofsanlagen relativ laut. Der Parkplatz bietet keinen Strom und kein Wasser. Am Passagierkai legen in unregelmäßigen Abständen die großen Kreuzfahrtschiffe mit ihren Tausenden Passagieren an. Lage/Anfahrt: Zufahrt über Karl-F.-Kerner-Straße, Ausschilderung „Fähre Graal-Müritz“, „Passagierkai“ oder „Kreuzfahrtkai“ folgen; Platzanzahl: über 20; Untergrund: Wiese; fest; Preise: 17,50 € Tageskarte Wohnmobil; Geöffnet: ganzjährig; Kontakt: Am Passagierkai, 18119 Warnemünde.

Die Fahrstrecke zwischen dem Stadtzentrum Rostock und Warnemünde beträgt etwa 12 km. Heute ist fast die gesamte Fahrstrecke von Gewerbegebieten und Wohnsiedlungen flankiert. Man kann Rostock westlich des Warnow-Stromes auf der gut ausgebauten Bundesstraße B103 und dann über die Landesstraße 22 erreichen oder man unterfährt im sehr modernen, aber kostenpflichtigen Warnowtunnel (B105) die Warnow und gelangt aus östlicher Richtung in die Stadt. Je nach Größe und Höhe des Wohnmobils kostet die Tunneldurchfahrt etwa 5,40 €. Fahrzeuge höher als 2,60 m bezahlen 11,60 €. Die Benutzung des Tunnels lohnt sich nur für Wohnmobilisten, die das Stadtzentrum Rostocks umfahren oder nur die östlichen Stadtteile besuchen wollen.

Von Warnemünde kann man bis zur Mündung des Warnowstromes in die Ostsee entlang der Hafenmauern oder des Strandes wandern

ROSTOCK

(10 km – km 45)

Rostock – das heißt Backsteingotik, Hansa Rostock, Häfen, Hanse, Kirchen, Universität ... Jedenfalls ist Rostock heute die größte Stadt in Mecklenburg-Vorpommern mit etwa 209.000 Einwohnern. Der Name der Stadt ist slawischen Ursprungs, denn die hier um 600 siedelnden Kyzziner nannten das Auseinanderfließen der Warnow *rastokŭ* (roz = auseinander, tok= Fluss). Im Laufe der Jahrhunderte veränderte sich dieser Name von Rozstoc über Rostoch, Rotstoc und Roztoc zu Rostok und seit 1366 nennt sich die Stadt Rostock.

GESCHICHTE

Im 12. Jahrhundert gab es rechts der Warnow eine slawische Fürstenburg mit einer dazugehörigen Marktsiedlung. Der dänische König Waldemar I. im Verbund mit dem Sachsenherzog Heinrich dem Löwen zerstörte diese zwar 1161, aber eine neu errichtete Burg und angesiedelte Handwerker sowie Kaufleute ließen die Bedeutung des Ortes rasch wachsen. Diese Siedlung auf dem Hügel um die spätere Petrikirche und den Alten Markt ist der Ausgangspunkt für Rostocks Entwicklung zur Stadt. 1218 erhielt sie Lübisches Stadtrecht, die Siedlung wurde nach Süden und um die Nikolaikirche erweitert. Westlich der Warnow wuchs eine weitere Siedlung, deren Marienkirche erstmals 1232 als Pfarrkirche erwähnt wird. Die vierte eigenständige Siedlung entstand um 1252 mit der Jakobikirche als zentralem Punkt. In den 1260er-Jahren vereinigten sich die vier Siedlungen, wobei der mittlere Siedlungskern zum Verwaltungszentrum wurde und ein Rathaus erhielt.

Ein schneller wirtschaftlicher Aufstieg war der Stadt vergönnt, was auch durch den Erwerb der Fischereirechte auf der Warnow und den Kauf des Stadtforstes forciert wurde. 1264 kam es zum Erwerb des Seehafens bei Warnemünde und somit hatte Rostock einen freien Zugang zur Ostsee. Eng verbunden ist Rostocks Aufstieg mit der Entfaltung der Deutschen Hanse (s. S. 47).

1419 wurde – als sichtbares Zeichen des Wohlstandes – die Universität, die älteste Nordeuropas, gegründet. In Rostock gingen von der Petrikirche reformatorische Bestrebungen aus und überraschend erklärte der Rat 1531 die lutherischen Lehren in allen vier Pfarrkirchen für verbindlich. Nur die Universität und die geschaffenen Klöster blieben der alten Lehre treu, bis Mitte des 16. Jahrhunderts Johann Albrecht I. auf dem Sternberger Landtag den lutherischen Glauben für alle Landesstände durchsetzte. Seit jener Zeit bestimmte neben dem Rat, der aus Patriziern bestand, auch ein Bürgerrat mit über die Geschicke der Stadt. Ende des 16. Jahrhunderts lebten rund 14.000 Einwohner in Rostock und es existierten an die 800 Giebelhäuser. 250 bis 300 Brauhäuser bestimmten neben dem Seehandel die Wirtschaft. Während des Dreißigjährigen Krieges baute Wallenstein Rostock zur Garnisonsstadt aus, ab 1631 begann auch in Rostock die Schwedenzeit. In dieser Zeit boten die Stadtmauern Rostocks Flüchtlingen aus dem Umland Schutz vor Gewalt und Plünderungen durch die Soldaten. Allerdings kam der Seehandel fast völlig zum Erliegen, unter anderem, weil den Schweden von den mecklenburgischen Herzögen ein Zoll vor Warnemünde zugestanden wurde. Einem verheerenden Stadtbrand fielen 1677 fast die gesamte Altstadt und ein großer Teil der nördlichen Mittelstadt zum Opfer. Ein Drittel aller städtischen Gebäude existierte nicht mehr und das Zentrum des Brauwesens war völlig zerstört. Nur noch ca. 100 Brauereien überlebten und die Einwohnerzahl der Stadt sank auf 5000.

Im Verlauf der Geschichte, v. a. durch den Nordischen und den Siebenjährigen Krieg, wurde Rostock wirtschaftlich weiter geschwächt, politisch versanken die Stadt und ihre Universität in der Bedeutungslosigkeit. Ein langsamer Wiederaufstieg Rostocks setzte erst Ende des 18. Jahrhunderts ein. Anfang des 19. Jahrhunderts geriet die Stadt unter französische Besetzung und die von Napoleon verhängte Seeblockade traf Rostock als Seehandelsstadt vorübergehend hart, aber der Seehandel blieb weiterhin Triebfeder für die wirtschaftliche Entwicklung. Mitte des 19. Jahrhunderts verfügte Rostock über die größte Handelsflotte im Ostseeraum. 1850 erfolgte der Anschluss an das Eisenbahnnetz, 1890 entstand der erste industrielle Großbetrieb Mecklenburgs, nämlich die Actien-Gesellschaft „Neptun" Schiffswerft und Maschinenfabrik. Daneben gab es chemische Fabriken, Landmaschinen wurden gebaut, das Bau- und Dienstleistungswesen entwickelte sich. Dadurch wuchs die Stadt über ihre alten Stadtgrenzen hinaus. Der Erste Weltkrieg hinterließ auch in Rostock seine Spuren. Während der Zeit der Weimarer Republik durchlebte Rostock auch einige wirtschaftliche Krisen, das wichtigste Industrieunternehmen blieb die Neptunwerft. Erst nachdem die Nationalsozialisten 1933 die Macht an sich gerissen hatten, erlebte die Stadt einen wirtschaftlichen Aufschwung als Standort deutscher Rüstungsindustrie und 1935 lebten hier 100.000 Menschen. Allerdings war auch der Aufschwung in Rostock begleitet von Pogromen gegen die jüdische Stadtbevölkerung, die letztlich nur 14 jüdische Menschen überlebten. Schon 1940 wurde Rostock als ein Zentrum der Rüstungsindustrie zum Ziel britischer Luftangriffe. Im April 1942 trafen schwere Flächenbombardements die Stadt, wovon besonders die historische Innenstadt betroffen war. Knapp die Hälfte aller Wohnungen und reichlich 40 % der wirtschaftlichen Einrichtungen gab es bei Kriegsende nicht mehr, als die Stadt Rostock praktisch kampflos durch die Rote Armee besetzt wurde.

Nach der Gründung der DDR im Jahre 1949 wurde Rostock 1952 Bezirksstadt. Die Stadt entwickelte sich zum größten Schiffbau- und Schifffahrtszentrum der DDR. Neben Werften entstanden das Motorenwerk, das Fischkombinat, die Deutsche Seereederei Rostock und zwischen 1957 und 1960 baute man den Überseehafen. Gleichzeitig begann der Wiederaufbau der zerstörten Stadt, wobei leider wenig Wert auf historische Genauigkeit gelegt wurde. Vielmehr standen sozialistische Prestigeobjekte und Wohnungsbau im Mittelpunkt der Bautätigkeit. Bis 1988 wuchs die Einwohnerzahl auf eine Viertel Million an, weshalb neue Stadtteile in Plattenbauweise errichtet wurden. Die Innenstadt verfiel dagegen.

1989 versammelten sich viele Rostocker in den Kirchen zu Mahngottesdiensten, wie z. B. in der Marienkirche, wo sie u. a. auch der ehemalige Bundespräsident Joachim Gauck als Pfarrer leitete. Enorme wirtschaftliche Probleme bestimmten das Leben in Rostock nach der Wiedervereinigung beider deutscher Staaten. Viele Menschen wanderten ab. Aber gleichzeitig entwickelte sich die Stadt weiter.

STADTERKUNDUNG

Trotz der kriegsbedingten Zerstörungen verfügt Rostock über einen relativ geschlossenen historischen Stadtkern und gute Altbausubstanz. Einige Kirchen prägen bis heute das Stadtbild, die größte im Stadtzentrum ist die wuchtige **St.-Marien-Kirche,** ein Hauptwerk der Backsteingotik, deren Bau Mitte des 15. Jahrhunderts abgeschlossen war. Im Inneren der Kirche befindet sich hinter dem Hauptaltar eine Besonderheit: Die schon im Jahr 1472 vom Nürnberger Uhrmacher Hans Düringer erschaffene astronomische Uhr funktioniert noch heute. Neben der Tageszeit gibt sie das Datum, die Tierkreiszeichen, Mondphasen, Wochentage und den Heiligenkalender an. Der Apostelumgang am oberen Ende der Uhr findet immer pünktlich 12 Uhr statt. Es empfiehlt sich die Teilnahme an einer Führung oder der Erwerb einer kleinen erläuternden Broschüre, um die Uhr richtig lesen zu können.

Die **Petrikirche** am Alten Markt mit dem 117 Meter hohen Turm und die frühgotische **Nikolaikirche** kann man in der östlichen

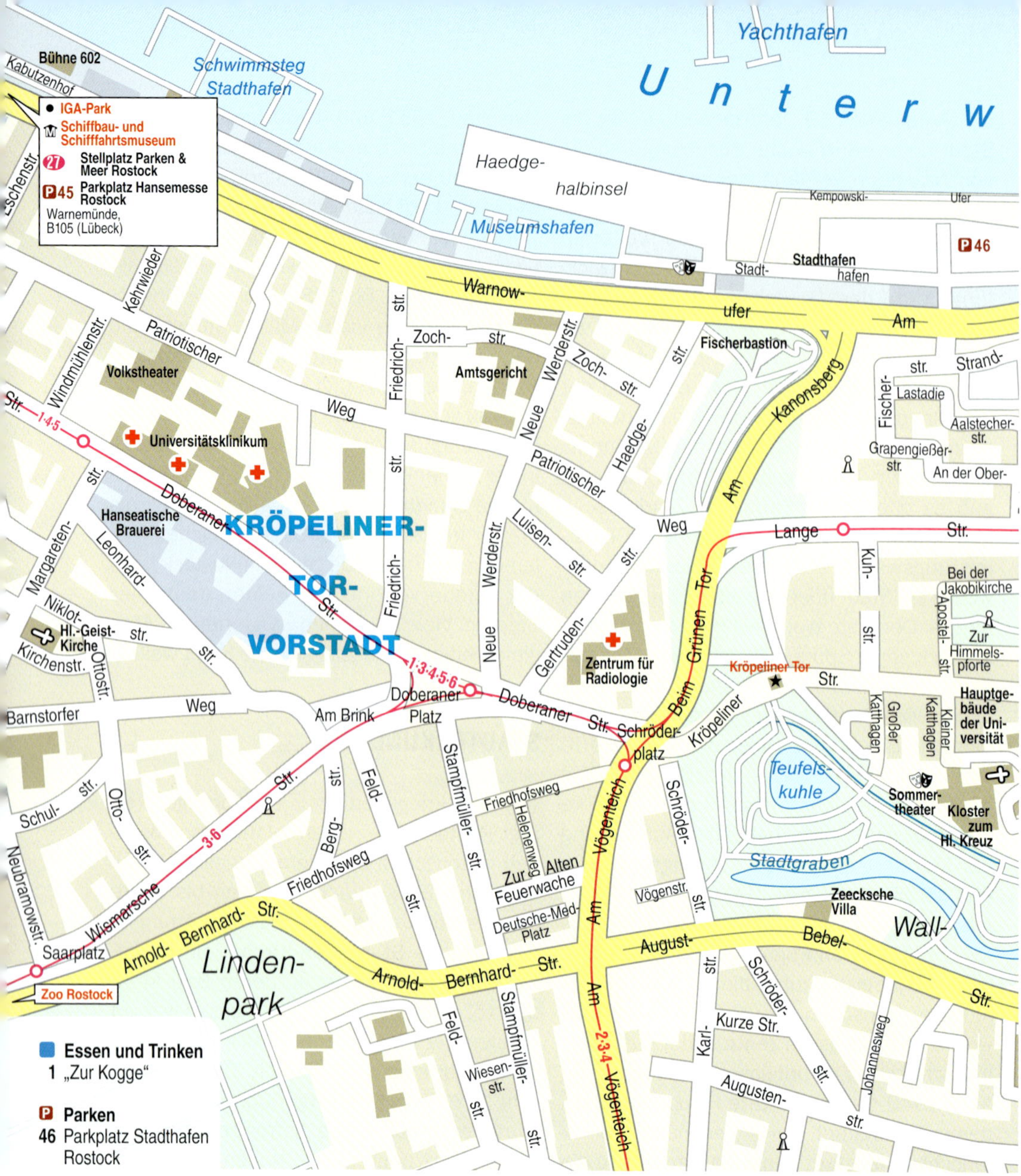

Altstadt besuchen. In Nachbarschaft zur St.-Marien-Kirche am Neuen Markt steht das **Rathaus,** welches eigentlich aus zwei Gebäuden besteht, die durch eine gotische Fassade miteinander verbunden sind.

Nach so viel Historischem lockt die Fußgängerzone, die sich vom Rathaus bis zum Kröpeliner Tor erstreckt, zu einem Bummel oder dem Verweilen in einem der vielen Cafés. Beim Flanieren trifft man auf dem Universitätsplatz auf den **Brunnen der Lebensfreude,** der 1980 eingeweiht wurde. Die Rostocker nennen den Brunnen aufgrund der Nacktheit seiner Figuren auch „Pornobrunnen". In der östlichen Altstadt pulsiert das Leben nicht so wie im westlichen Pendant. Lohnenswert ist allemal ein Blick auf die gotischen Giebelhäuser, wie beispielsweise das Kerkhoffhaus (Adresse: Hinter dem Rathaus Nr. 5), das heute Stadtarchiv und Standesamt beherbergt.

Am Rostocker Hafen befinden sich neben dem Theater im Stadthafen und der Bühne 602 eine Reihe von Restaurants und Läden. Zur **Hanse Sail,** die jährlich im August stattfindet, wird auch der Stadthafen zum Veranstaltungsort.

Mit Kindern lohnt ein Ausflug in den **Rostocker Zoo** mit dem Besuch des im September 2012 eröffneten **Darwineums.** Hier kann man die Entwicklung des Lebens als spannendes Abenteuer erleben. Man erhält Einblicke in die Lebenswelt von Gorillas sowie Orang-Utans und mehr als 40 anderen Tierarten. Im Forschungslabor gibt es Wissenschaft zum Ausprobieren, Themenboxen und Aquarien zeigen lebende Fossilien, Seepferdchen, Fische und eine Quallenzucht.

2003 war Rostock Ausrichter der Internationalen Gartenbauausstellung (IGA) und auf dem Gelände des **IGA-Parks** erwartet den

Gast heute noch unvergesslicher Naturgenuss, können Ausstellungen und Festivals besucht, die Miniaturwelt bestaunt und ein Barfußpfad erlebt werden. Mehr als 12.000 Ausstellungsstücke sowie gigantische maritime Technik bietet das **Schiffbau- und Schifffahrtsmuseum** auf dem Gelände des Parks.

Sehenswertes

› **IGA-Park/Schiffbau- und Schifffahrtsmuseum Rostock,** Schmarl Dorf 40, 18106 Rostock, in der Stadt am westlichen Ufer der Warnow gelegen, Tel. 0381 12831300, 12831364, www.iga-park-rostock.de, www.schifffahrtsmuseum-rostock.de, geöffnet: Sommer: tägl. 10–18 Uhr, Winter: Di.–So. 10–16 Uhr, geschl.: Schifffahrtsmuseum Mo. (außer Juli/August), Eintritt: Park und Museum: 4 € Erw., 2,50 € ermäßigt. Erlebnispark auf ehemaligem IGA-Gelände, Hundeverbot; Parkplatz GPS 54.13891, 12.08495, weitere Parkplätze für große Wohnmobile 200 m weiter am Warnowufer in der Nähe der ehemaligen Fähre, Parken extra 2 €/Tag

› **Zoo Rostock,** Rennbahnallee 21, 18059 Rostock, am südwestlichen Stadtrand, ausgeschildert (bei Nutzung eines Navis: Barnstorfer Ring 1 als Zieladresse angeben), Tel. 0381 20820, www.zoo-rostock.de, geöffnet: tägl. ab 9 Uhr, Eintritt: 17,50 € Erw., 13,50 € ermäßigt, 10 € Kinder, Familienkarte 52 €, Hunde 6 €. 56 ha große Parkanlage, größter Erlebniszoo an der Ostseeküste, tägl. öffentliche Fütterungen, Parkplatz GPS 54.08034, 12.13180, Parken 3 €.

› **Rathaus Rostock,** Neuer Markt 1, 18055 Rostock, zentral, Tel. 0381 3810. Seit 700 Jahren Sitz der Stadtverwaltung.

› **St.-Marien-Kirche Rostock,** Am Ziegenmarkt 4, 18055 Rostock, zentral in der Altstadt gelegen, Tel. 0381 453325, www.marienkirche-rostock.de, geöffnet: Sommer: Mo.–Sa. 10–18 Uhr, So./feiertags 11.15–17 Uhr, Winter: Mo.–Sa. 10–16 Uhr, So./feiertags 11.15–12.15 Uhr, Eintritt: Spende von 2 € erbeten. Führungen Di./Do./Fr./Sa. 14 Uhr, Preis: 5 € (inkl. Spende), auch Turmaufstieg ist nach Anmeldung möglich.

› **Petrikirche Rostock,** Am Ziegenmarkt 4, 18055 Rostock, Tel. 0381 21101, www.petrikirche-rostock.de, geöffnet: Mai–Sept. 10–18 Uhr, Okt.–Apr. 10–16 Uhr, Eintritt: kostenlos, Turmbesteigung:

⌃ *Typische Giebelhäuser in Rostocks Innenstadt*

4 € Erwachsene, 3 € Ermäßigte. 196 Stufen führen auf die Aussichtsplattform, man kann auch den Lift nutzen, um in 45 Meter Höhe einen guten Blick über die Stadt zu genießen.

› **Nikolaikirche Rostock,** Bei der Nikolaikirche 1, 18055 Rostock, Tel. 0381 4934115, www.nikolaikirche-rostock.de, geöffnet: tägl. und je nach Veranstaltung. Präsentation von Ausstellungen, außerdem finden Konzerte in den Kirchenräumen statt.

Information

› **Tourist-Information Stadtzentrum Rostock,** Universitätsplatz 6 (Barocksaal), 18055 Rostock, im Zentrum der Stadt, an der Fußgängerzone, www.rostock.de, Tel. 0381 3812222, geöffnet: Sommer: Mo.-Fr. 9-18 Uhr, Sa./So. 10-15 Uhr, Winter: Mo.-Fr. 10-17 Uhr, Sa. 10-15 Uhr, tägl. 11 Uhr Stadtführungen für 7 €, Dauer 1,5 Std.

Gastronomie

› **„Zur Kogge" Rostock,** Wokrenter Str. 27, 18055 Rostock, fußläufig von Stadthafen und Stadtzentrum erreichbar, Tel. 0381 4934493, www.zur-kogge.de, geöffnet: Di.-Do. 16-23, Fr./Sa. 12-23, So. 12-21 Uhr. Älteste maritime Gaststätte Rostocks, mehr als 150 Jahre alt, großes Angebot an Fischspezialitäten, urige Inneneinrichtung

Parken

P 45 **Parkplatz Hansemesse Rostock,** GPS 54.13703, 12.06666, Alte Warnemünder Chaussee, 18106 Rostock, Hansemesse/IGA Park ausgeschildert, geöffnet: ganzjährig, Preise: Tageskarte 2 €. Mehrere große Parkplätze rings um die Hansemesse (OT Lütten Klein), ab hier Anschluss an Regionalverkehr Bus und Bahn möglich.

P 46 **Parkplatz Stadthafen Rostock,** GPS 54.09234, 12.13180, Warnowufer, 18057 Rostock, im Hafengelände, Preise: 8-20 Uhr 2 €/Std., Tageskarte Wohnmobil 20 €. Großer Platz, teilweise gepflastert, für eine Übernachtung geeignet, aber straßennah und laut.

27 Parken & Meer Rostock

GPS 54.12279, 12.07814

Nüchterner Wohnmobilstellplatz auf Großparkplatz für Kreuzfahrtpassagiere im Gewerbegebiet Rostock-Schmarl, Automatenkassierung, Container-WC und -Dusche, Chemieentsorgung. **Lage/Anfahrt:** Stadtautobahn/B103 bis Ausfahrt Schmarler Damm folgen, Ausfahrt Richtung Schmarl nehmen, B105 (Warnowallee) bis Schmarler Damm und diesem bis Handelsstraße folgen; **Platzanzahl:** über 50; **Untergrund:** unbefestigt, Schotter; **Service:** Strom, Trinkwasser, Abwasser, Chemie-WC; **Sicherheit:** umzäunt, beleuchtet; **Preise:** 19 € alles inkl.; **Geöffnet:** ganzjährig; **Kontakt:** Handelsstraße 4, 18069 Rostock, Tel. 0381 25271200, www.parken-und-meer.de/wohnmobil-stellplatz-rostock.

030wo-lr

Alt und Neu nebeneinander – das 1270 erbaute Kröpeliner Tor und das 20.000 m² große Einkaufs- und Erlebniscenter KTC

Karls Erlebnishof

Den Grundstein für das Familienunternehmen, das nun in dritter Generation geführt wird, legte Karl Dahl in der Nähe Rostocks. Seit 1921 bewirtschaftete er seinen Hof in Harmsdorf bei Bentwisch und hatte allerlei Frisches und Selbstgemachtes im Angebot. Nach dem Zweiten Weltkrieg siedelten sich Karl und seine Familie in Schleswig-Holstein an, wo man sich später auf den Erdbeeranbau spezialisierte. Robert Dahl, den Enkel Karls, verschlug es nach der Wende nach Rövershagen bei Rostock und dort eröffnete er 1993 den Erdbeer-Hof. Im Laufe der Jahre entwickelte sich dieser zum riesigen Erlebnishof mit großem Bauernhof-Spielplatz inklusive Streichelgehege, verschiedenen Manufakturen, in denen vom Eis über Marmelade und Seife so einiges hergestellt und verkauft wird, und diversen Restaurants. Regelmäßig, der Jahreszeit angepasst, finden Veranstaltungen für die ganze Familie statt. Vor allem für Reisende mit Kindern empfiehlt sich ein Ausflug zum Erlebnishof in Rövershagen. Heute gibt es weitere Erlebnishöfe Karls Hof in Zirkow auf Rügen, Karls Erlebnisdorf in Koserow und Karls Pier 7 in Warnemünde. Bei letzterem steht Maritimes im Zentrum.

› ***Karls Erlebnishof Rostock,*** *Purkshof 2, 18182 Rövershagen, direkt an der B105, Tel. 038202 4050, www.karls.de. Erlebnishof für die ganze Familie, ausreichend kostenfreie Parkplätze für Wohnmobile aller Größen, einmaliges Übernachten im Wohnmobil ausdrücklich erlaubt, Parkplatz GPS 54.16017, 12.23285*

Nicht nur zur Kürbiszeit für die ganze Familie einen Besuch wert – Karls Erlebnishof

031wo-lr

ROUTE 4

DIE ROSTOCKER HEIDE, BERNSTEIN UND FISCHLAND-DARSS-ZINGST – NATUR IN VIELEN VARIANTEN

033wo-lr

ROUTENÜBERSICHT

Strecke:

Markgrafenheide (s. S. 96) – **Graal-Müritz** (13 km, s. S. 98) – **Klockenhagen** (9 km, s. S. 101) – **Abstecher nach Ribnitz-Damgarten** (hin und zurück etwa 10 km, s. S. 102) – **Dierhagen** (7 km, s. S. 106) – **Wustrow** (7 km, s. S. 108) – **Ahrenshoop** (4 km, s. S. 109) – **Born** (8 km, s. S. 112) – **Wieck a. Darß** (4 km, s. S. 114) – **Prerow** (4 km, s. S. 115) – **Zingst** (7 km, s. S. 118)

Streckenlänge:

ohne Abstecher ca. 63 km
mit Abstecher ca. 73 km

⊠ *Kapitelstartseite: Mit einem Mississippi-Flussdampfer (s. S. 97) sind Fahrten um den Darß möglich*

Die Tour führt anfangs durch das große Waldgebiet der Rostocker Heide. Unterwegs gibt es viele Möglichkeiten, Natur- und Lebensgeschichte kennenzulernen, z. B. im Informationszentrum Wald und Moor und dem Museum Klockenhagen. Ein Abstecher nach Ribnitz-Damgarten entführt in die Welt des Bernsteins. Auf der Halbinsel Fischland-Darß-Zingst findet dann jeder sein Stück Strand an der Ostsee oder Ruhe in den beschaulichen Orten der Boddenseite. Ahrenshoop lebt seinen Status als berühmter Künstlerort, der Bädertourismus dominiert Prerow und Zingst. Schließlich gibt es hier mit der Vorpommerschen Boddenlandschaft den größten Nationalpark Ostdeutschlands, der dem Urlauber Natur pur bietet.

⊡ *Plastik „Der Zirkus kommt" im Hafen Ribnitz*

Boddenlandschaft
Bock
Barhöft
Klausdorf
Hohendorf
Groß Mohrdorf
Günz
Prohn
Parow
Kramerhof
Altenpleen
Preetz
Groß Kordshagen
Lassentin
Niepars
Pantelitz
Knieper Nord
Knieper West
Altefähr
Kummerow
Martensdorf
Obermützkow
Hansestadt Stralsund
Negast
Wendorf
Zarrendorf
Lendershagen
Jakobsdorf
Weitenhagen
Steinhagen
Elmenhorst
Bookhagen
Richtenberg
Abtshagen
Behnkendorf
Wittenhagen
Franzburg
Sievertshagen
Papenhagen
Wolfsdorf
Buchholz
Pöglitz
Splietsdorf
Müggenwalde
Lehmhagen
Stoltenhagen
Willerswalde
Grimmen
Bremerhagen
Ahrendsee
Sund-
Miltzow
-hagen
Kirchdorf
Horst
Groß Petershagen
Wackerow
Ryck
Strelasund
Devin
Neuhof
Brandshagen
Stahlbrode
Reinberg
Riemserort
Gristow
Mesekenhagen
Insel Koos
Neuenkirchen
Wampen
Ladebow
Greifswalder Bodden
Lubmin
Vierow
Loissin
Ludwigs-
Brünzow
Waase
Wusse
Ummanz
Lieschow
Groß Kubitz
Kubitzer Bodden
Kluis
Rügen
Gingst
Parchtitz
Boldevitz
Bergen auf Rügen
Dreschvitz
Güttin
Rambin
Samtens
Sehlen
Gustow
Poseritz
Venzvitz
Garz /Rügen
Groß Schoritz
Zudar
Karnitz
Ketelshagen
Putbus
Kasnevitz
Krakvitz
Lauterbach
Vilm
Rügischer Bodden
Jasmunder Bodden
Prorer Wiek
Prora
Binz
Karow
Zirkow
Dolgemost
Serams
Vilmnitz
Lancken-Granitz
Biosphärenrese
Südost
E 22
E251
96
194
105
196

215wo-lr

Wer Markgrafenheide und Graal-Müritz nicht besuchen möchte, kann von Rostock kommend der B105 bis Altheide folgen und dort links in Richtung Klockenhagen und Fischland-Darß die vorgeschlagene Route wieder erreichen. Die B105 verläuft nahezu schnurgerade und ohne zeitraubende Ortsdurchfahrungen, allerdings ist sie in der Sommersaison sehr stark befahren.

Wer diesen Weg wählt, sollte sich unbedingt etwas Zeit für das etwas versteckte **Jagdschloss Gelbensande** nehmen. Der Ort Gelbensande liegt direkt an der B105 und erscheint mit seiner großen Plattenbausiedlung auf den ersten Blick nicht sonderlich attraktiv, das romantisch im Wald gelegene große und repräsentative Jagdschloss als ehemalige Sommerresidenz der großherzoglichen Familie ist jedoch jederzeit einen Besuch wert. Zahlreiche Prominente und Angehörige des Hochadels hielten sich hier auf. Nach langen Jahren der Nutzung als Lazarett und Krankenhaus wurde das Schloss heute wieder originalgetreu hergestellt und restauriert. Im Inneren findet man sehr gelungene Ausstellungen zur Schlossgeschichte, zur Nutzung durch die großherzogliche Familie und zum Schicksal seiner Nutzer sowie ein Restaurant.

Kostenlose Parkmöglichkeiten für Wohnmobile aller Größen, auch für eine Übernachtung geeignet, bestehen etwa 300 m entfernt.

› **Großherzogliches Jagdschloss Gelbensande,** Am Schloss 1, 18182 Gelbensande, nach Einfahrt in den Ort Gelbensande der Ausschilderung zum Jagdschloss folgen, Tel. 038201 475, www.jagdschloss-gelbensande.de, www.museum-jagdschloss-gelben sande.de, geöffnet: täglich 10–17 Uhr, Winter 11–16 Uhr, Eintritt: 5 € Erwachsene, 2 € Kinder. Repräsentatives Jagdschloss mit Museum und Restaurant. Veranstaltungsort für Kunst und Musik, Parken GPS 54.20660, 12.31149

Eine eigene Infrastruktur mit Vollkomfort bietet der stadtähnliche Campingplatz baltic-Freizeit (28) am Rande von Markgrafenheide

MARKGRAFENHEIDE

Markgrafenheide kann per Fähre über Warnemünde – Hohe Düne oder von Rostock kommend über die B105 und Rövershagen erreicht werden. Wie Warnemünde und Hohe Düne gehört Markgrafenheide als Ortsteil zur Stadt Rostock. Zusammen mit Warnemünde und Rostock gibt es ein zentrales Informationstelefon der Touristinformationen. Der Ort liegt sehr idyllisch zwischen dem Ostseestrand und dem großen Waldgebiet der **Rostocker Heide.**

Aufgrund des damals strategisch wichtigen Holzreichtums wurde das gesamte Gebiet der Rostocker Heide inklusive aller bestehenden Siedlungen bereits 1252 durch die reiche Stadt Rostock angekauft. So kam auch das Gebiet des heutigen Markgrafenheide zum Rostocker Stadtgebiet. Wirtschaftliche Bedeutung hatte die kleine Siedlung jahrhundertelang fast ausschließlich nur aufgrund des Torfabbaus in den angrenzenden Moorlandschaften. Im Gegensatz zu Warnemünde begann hier der Badebetrieb etwa 80 Jahre später erst um 1900 und somit relativ spät. 1910 wurde Markgrafenheide durch eine elektrische Schmalspurbahn mit dem Ostufer der Warnow (Warnemünde gegenüberliegend) verbunden, was den Aufschwung des Tourismus wesentlich beflügelte, denn Markgrafenheide konnte so von anreisenden Gästen nach einem Fährübergang über die Warnow relativ leicht erreicht werden. Leider wurde diese Bahn nach 1945 abgebaut und für den Aufbau des wichtigen Straßenbahnnetzes im schwer zerstörten Rostock verwendet. Noch heute sind im Rostocker Straßenbahnnetz Gleise dieser alten Bäderbahn enthalten. Im neu erstarkenden Tourismus nach 1945 fand Markgrafenheide schnell seinen Platz und heute lebt der Ort praktisch ausschließlich von seinen Gästen. Dabei gilt er als Ausgangspunkt für Wanderungen oder Radtouren durch die großen Waldgebiete der Rostocker Heide oder natürlich für einen Strandbesuch.

Der Strand von Markgrafenheide geht nahtlos in die Strände von Hohe Düne über. Zahlreiche Hotels, Pensionen, aber auch der große Campingplatz baltic-Freizeit Markgrafenheide (28) ziehen Zehntausende Gäste an. Dabei bleibt Markgrafenheide ein relativ ruhiger Ort. Auf dem Parkplatz Kletterwald/Stubbenwiese in Strandnähe bestehen keine Park-/Stellmöglichkeiten für Wohnmobile. Besucher mit Womo sind aber auf dem nur ca. 1 km entfernten Strandparkplatz Sonnenstrand Warnemünde Hohe Düne (s. Route 3, S. 83) willkommen und könnten dort auch übernachten.

Im kleinen Hafen besteht die Möglichkeit, mit einem nachgebauten **Mississippi-Flussdampfer** eine Rundfahrt über den Moorgraben durch die Naturschutzgebiete zu unternehmen. Der Dampfer fährt ab Markgrafenheide zwischen Mai und September dreimal täglich (10, 13, 16 Uhr, www.heiderundfahrt.de). In der Nebensaison gilt ein eingeschränkter Fahrplan. Die Stadt Rostock erhebt für Markgrafenheide eine **Kurtaxe** von bis zu 2,25 € für Erwachsene in der Hauptsaison.

Information

› **Tourist-Information Markgrafenheide,** Warnemünder Straße 3, 18146 Markgrafenheide, Tel. 0381 70064500, www.rostock-markgrafenheide.de, geöffnet: Mai–September Mo.–Fr. 10–12 Uhr und 12.30–16 Uhr sowie Sa./So. 10–15 Uhr

Aktivität

› **Kletterwald Markgrafenheide,** Warnemünder Straße 20, Markgrafenheide, neben Strandparkplatz Stubbenwiese, http://kletterwald.de/sport-und-freizeitanlagen/kletterwald-hohe-duene.html, Tel. 0162 4109349, geöffnet: April–Oktober 10–19 Uhr, Eintritt: 21 € Erwachsene, 15 € Kinder. Schön gestalteter Kletterwald mit verschiedenen Parcours, GPS 54.19365, 12.14179

Parken

47 **Wanderparkplatz Gasthaus Forsthaus Markgrafenheide,** GPS 54.19092, 12.15566, 18146 Markgrafenheide. Der Parkplatz befindet sich am östlichen Ortseingang von Markgrafenheide in der Nähe des kleinen Binnenhafens neben der Brücke über den Moorgraben. Gegenüber befinden sich die

(28) Campingplatz baltic-Freizeit Markgrafenheide

GPS 54.19326, 12.15564

Stadtähnlicher, riesiger Campingplatz mit viel Komfort und Ausstattung am Ostseestrand, Minigolf, Tennis, Squash, mehrere Restaurants, Supermarkt. **Lage/Anfahrt:** Die Anfahrt ist gut ausgeschildert und befindet sich am östlichen Ortseingang Markgrafenheide; **Platzanzahl:** über 500; **Untergrund:** Schotter, Schotterrasen, Wiese; fest; **Service:** Strom, Trinkwasser, Abwasser, Chemie-WC; **Sicherheit:** umzäunt, beleuchtet, bewacht; **Preise:** sehr komplexes Preissystem abhängig von Stellplatz und Anzahl der Personen mit zahlreichen Rabatten; **Geöffnet:** ganzjährig; **Kontakt:** Budentannenweg 2, 18146 Markgrafenheide, Tel. 0381 6610, www.baltic-freizeit.de. Gegenüber dem Eingang zum Campingplatz liegt ein sehr großer gebührenpflichtiger Strandparkplatz.

040wo-lr

Gasthäuser Forsthaus und Utspann mit gemütlichem Biergarten. Bootsverleih im Hafen, kostenfrei, unbefestigter Parkplatz, Übernachtung verboten.

48 Wanderparkplatz Rostocker Heide/Markgrafenheide, GPS 54.19115, 12.17844, 18146 Markgrafenheide. Der Parkplatz befindet sich ca. 2,5 km vor dem östlichen Ortseingang von Markgrafenheide, geöffnet: ganzjährig, kostenfrei. Schöner Wanderparkplatz mit Picknickhütte umgeben von Wald, liegt direkt am Radweg nach Markgrafenheide, Übernachtung verboten.

Von Markgrafenheide fährt man 4 km bis **Hinrichshagen** und trifft dort wieder auf die Landesstraße 22. Anschließend sind es etwa 7 km bis zum Ostseeheilbad Graal-Müritz. Die gesamte Strecke führt durch die Rostocker Heide. Sie ist der größte geschlossene Küstenwald Deutschlands. Ihre Größe beträgt etwa 6000 ha. In der Rostocker Heide existieren zahlreiche Wander- und Fahrradwege. Aufgrund der Größe des Gebietes ist es ratsam, sich eine spezielle Wanderkarte zu besorgen.

Entlang der Strecke bieten sich verschiedene Wanderparkplätze für einen kurzen Aufenthalt an. Das Stadtforstamt Rostock hat jedoch auf allen die Übernachtung untersagt.

49 Wanderparkplatz Müggenburg, GPS 54.22207, 12.22256, neben der L22. Kostenfreier Wanderparkplatz inmitten der Rostocker Heide, Übernachtung verboten.

In Torfbrücke, kurz vor Graal-Müritz, befindet sich der **Ostseecamp & Ferienpark Rostocker Heide (29)**.

(29) Ostseecamp & Ferienpark Rostocker Heide, Graal-Müritz

GPS 54.24445, 12.21230

Schöner und modern gestalteter Campingplatz mit Restaurant, Eiscafé und Einkaufsmöglichkeit. Der Campingplatz liegt zwischen Rostocker Heide und Ostseestrand. **Lage/Anfahrt:** Im Ortsteil Torfbrücke nach links in Richtung Campingplatz abbiegen. Der Platz befindet sich etwa 500 m neben der L22; **Platzanzahl:** über 100; **Untergrund:** Schotter, Rasengitter, Wiese; fest; **Service:** Strom, Trinkwasser, Abwasser, Chemie-WC; **Sicherheit:** umzäunt, beleuchtet, bewacht; **Preise:** 11,50 €/Fahrz., 7,50 € Erwachsene, 4,20 € Kinder, Duschen, Strom, Hund extra; **Geöffnet:** März–Oktober; **Kontakt:** Wiedortschneise 1, 18181 Graal-Müritz, Tel. 038206 77580, www.ostseecamp-ferienpark.de.

GRAAL-MÜRITZ

(13 km – km 13)

Graal und Müritz waren bis 1938 getrennte Orte und wurden dann vereinigt. Durch den Zusammenschluss der beiden Gemeinden erstreckt sich heute das Gemeindegebiet über 4 km entlang der Ostseeküste. Der Badebetrieb begann hier schon um 1820 und sorgte für überregionale Aufmerksamkeit, die sich ab 1877 noch erheblich verstärkte. Carl von Mettenheimer, Landesmedizinalrat und Leibarzt des mecklenburgischen Großherzogs Friedrich Franz II. empfahl damals diesen Abschnitt der Ostseeküste aufgrund des besonders bekömmlichen Klimas. Infolgedessen entwickelten sich Graal und Müritz zu bekannten Kur- und Badeorten und die Prominenz dieser Zeit hielt sich hier auf. 1905 wurden fast zeitgleich in beiden Orten Seebrücken errichtet und schon 1909 rückten Graal und Müritz durch eine gemeinsame Strandpromenade enger zusammen. Beide Seebrücken wurden durch schwere Stürme und Eisgang im Jahre 1941 zerstört und bis 1992 fehlte es an den notwendigen Finanzen, sie wieder aufzubauen. Mit 350 Metern ist die dann neu errichtete Seebrücke nun eine der längsten an der Ostseeküste. Staatlich anerkanntes Seebad ist der Ort seit 1960.

Im gleichen Zeitraum wurde der bekannte **Rhododendronpark Graal-Müritz** angelegt. Für Wohnmobile ist es schwierig, aber nicht unmöglich, im Ort zu parken, da innerorts meist nur Parkplätze entlang der kleinen Straßen zur Verfügung stehen. Dafür gibt es am Ortseingang aus Richtung Rostock kommend einen großen kostenfreien Parkplatz in Graal-Müritz West, Am Funkturm, auf dem mit Wohnmobilen auch übernachtet werden darf.

Von hier sind es bis zur Seebrücke allerdings etwa 2,5 km. Ein ausgewiesener Wohnmobilpark- und Stellplatz befindet sich am **Aquadrom Graal-Müritz** (s. S. 100). Dieses sehr große Erlebnisbad und Wellnesscenter ist zu jeder Jahreszeit einen Besuch wert. Der Ort erhebt eine Kurtaxe von 2 € für Erwachsene in der Hauptsaison und 1 € in der Nebensaison.

Sehenswertes

› **Rhododendronpark Graal-Müritz,** Kurstraße, 18181 Graal-Müritz, www.graal-mueritz.de/rhododendronpark.php, geöffnet: ganzjährig, Eintritt: kostenfrei. 4,5 ha große Parkanlage mit mehr als 3000 Rhododendron- und Azaleenstauden. Kurpark des Ortes. Konzertpavillon für Veranstaltungen im Sommer. Der Besuch ist besonders im Mai und Juni während der Blütezeit lohnend. Ein jährliches Rhododendronparkfest findet im Mai statt. Der Zugang ist auch vom Ostseecamp & Ferienpark Rostocker Heide (29) möglich.

Information

› **Kurverwaltung Graal-Müritz,** Rostocker Straße 3, 18181 Graal-Müritz, Tel. 038206 7030, www.graal-mueritz.de/haus-des-gastes-graal-mueritz/, geöffnet: Mai–September Mo.–Fr. 9–19 Uhr, Sa./So. 10–16 Uhr, Oktober–April Mo.–Fr. 10–17 Uhr, Sa. 9–12 Uhr

Aktivität

› **Aquadrom Graal-Müritz,** Buchenkampweg 9, 18181 Graal-Müritz, Tel. 038206 87900, www.aquadrom.net, Eintritt: Wasserwelt Erw. ab 7,50 €, Kinder ab 6 € mit Aufenthaltsdauer steigend, Sauna, Wellness, Fitness extra. Sehr großes Erlebnisschwimmbad mit Ostseewasser, verschiedene Becken, Strömungskanal, Sauna, Wellness, Fitness, Kegelbahn, Gastronomie. Parken nur auf eigenem, nebenan liegenden Park- und Stellplatz Aquadrom möglich.

Parken

P **50 Parkplatz West Graal-Müritz,** GPS 54.24416, 12.22751, Am Funkturm, 18181 Graal-Müritz, geöffnet: ganzjährig, kostenfrei. Großer asphaltierter Parkplatz am Ortsrand.

P **51 Parkplatz Strand Ost Graal-Müritz,** GPS 54.25904, 12.27453, Ribnitzer Straße, 18181 Graal-Müritz, nach dem östlichen Ortsausgang in Richtung Ribnitz-Damgarten auf der linken Straßenseite in einem Waldstück, geöffnet: ganzjährig, kostenfrei. Lang gezogener und unbefestigter Waldparkplatz, Entfernung bis zum Strand je nach Parkposition 500–1000 m.

Sonstiger Stellplatz

S **52 Wohnmobilstell- und Parkplatz Erlebnisbad Aquadrom Graal-Müritz,** GPS 54.25735, 12.25146. Der Stellplatz am Aquadrom ist von Bäumen umgeben und am Abend sehr ruhig. Das Aquadrom Graal-Müritz ist ein sehr großes Erlebnisbad mit Wasser-, Sauna-, Fitness- und Wellnessbereich. Die Entfernung bis zum Strand beträgt etwa 500 m. Lage/Anfahrt: der ausgeschilderten Zufahrt zum Aquadrom folgen, die Zufahrt zum Stellplatz befindet sich am neben dem Aquadrom liegenden Muschelweg, zwischen Aquadrom und Stellplatz verläuft ein Fußweg; Platzanzahl: über 20; Untergrund: Rasengitter, Pflaster; Service: WC, eine Chemieentsorgung für Wohnmobile befindet sich vor Ort; Preise: Mai–Sept. 15 € Tageskarte für Wohnmobile, Okt.-April 10 €; Geöffnet: ganzjährig; Kontakt: Buchenkampweg 9, 18181 Graal-Müritz, Tel. 038206 87900, www.aquadrom.net.

Nach Graal-Müritz folgt man der Landesstraße 22 (Ribnitzer Straße) in Richtung Ribnitz. Die Straße führt durch eine wunderschöne Waldlandschaft. Etwa 2,5 km nach Graal-Müritz erreicht man **Klein Müritz.** Hier besteht die Möglichkeit, zum **Informationszentrum Wald und Moor** und dem privat geführten **Museum Natur-Schatzkammer & Paradiesgarten in Neuheide** abzubiegen. Beide liegen nebeneinander und der etwa 1,5 km lange Weg zu ihnen führt über einen nicht asphaltierten, aber gut befestigten und wohnmobiltauglichen Weg. Der Weg ist nur bis zu den Museen befahrbar und anschließend für den Durchgangsverkehr gesperrt. Am Informationszentrum und am Pilzmuseum stehen eingeschränkte Parkmöglichkeiten für Tagesgäste zur Verfügung. Ganztägig nutzbare unbefestigte Wanderparkplätze befinden sich im Bereich des Abzweiges bei Klein Müritz.

› **Informationszentrum Wald und Moor Neuheide,** Ribnitzer Landweg 3, 18311 Ribnitz-Damgarten OT Neuheide, befestigten Weg ab Klein Müritz und Ausschilderung folgen, Tel. 038206 14444, www.moorinfo.ribnitz-damgarten.de, geöffnet: Mai–Oktober tägl. 10–17 Uhr, Naturlehrpfad ganzjährig offen, Eintritt: kostenfrei, Führungen und Veranstaltungen ebenfalls kostenfrei. Schön gestaltetes Informationszentrum mit Außenanlagen und ausgeschildertem Lehrpfad. Naturliebhaber können hier direkt gegenüber dem Forsthaus einem Naturlehrpfad mit 35 Schautafeln folgen oder in der Ausstellung Wissenswertes zum Moor erfahren. Außerdem gibt es Aquarien, Tierpräparate und eine Vogelnestersammlung zu bestaunen, Parkplatz vor Ort. GPS 54.25287, 12.32729

› **Natur-Schatzkammer & Paradiesgarten, Pilzmuseum Neuheide,** Ribnitzer Landweg 2, 18311 Ribnitz-Damgarten OT Neuheide, liegt neben dem Informationszentrum Wald und Moor, Tel. 038206 79921, www.naturschatzkammer.de, geöffnet: tägl. 9–18 Uhr, Eintritt: 6 € Erwachsene. Großzügig und interessant gestaltetes privates Museum mit Ausstellungen zu Natur, Jagd, Bernstein, Pilzen

Für naturinteressierte Besucher lohnenswert

Parken

53 **Wanderparkplatz Klein Müritz,** GPS 54.25410, 12.30733, Ribnitzer Landweg, 18311 Ribnitz-Damgarten, geöffnet: ganzjährig, kostenfrei. Unbefestigter Wanderparkplatz, Übernachtung verboten.

KLOCKENHAGEN

(9 km – km 22)

Im weiteren Verlauf der L22 erreicht man Klockenhagen, ein kleines Dorf und bereits ein Ortsteil von Ribnitz-Damgarten. Hier befinden sich das sehr liebevoll gestaltete **Museumsdorf „Genauso war es einmal"** und der **Eselhof Klockenhagen.**

Im Kreuzungsbereich Bäderstraße/L22 Mecklenburger Straße lohnt sich ein Besuch beim **„Honigdieb",** einem schön gestalteten Erlebnisrestaurant mit Streichelzoo, Schauimkerei, Hofladen sowie einem kleinen Freilichtmuseum.

Ausreichend Parkplätze für Wohnmobile aller Größen sind überall kostenfrei vorhanden.

› **Museumsdorf „Genauso war es einmal" Klockenhagen,** Mecklenburger Str. 57, 18311 Ribnitz-Damgarten OT Klockenhagen, Tel. 03821 2775, www.freilichtmuseum-klockenhagen.de, geöffnet: April–Oktober tägl. 10–17 Uhr, Eintritt: 8 € Erwachsene, 3 € Kinder. Das Museumsdorf entstand als Denkmalhof und wuchs bis auf die Größe einer nachgebauten historischen Dorfanlage. 20 historische und landwirtschaftliche Gebäude wurden in verschiedenen Orten Mecklenburgs abgebaut und hier originalgetreu wieder errichtet. Dargestellt werden die Landwirtschaft mit Feldbau sowie Tierhaltung, traditionelles Handwerk, die Lebensart, Sitten und Bräuche der Landbewohner. Am Museum befinden sich eine Museumsgaststätte und große, kostenfreie Parkflächen, die sich auch gut für eine Übernachtung eignen. Auch ausgeschildert als Freilichtmuseum Klockenhagen. Parkplatz GPS 54.23985, 12.35443

› **Eselhof Klockenhagen,** Am Tannenberg 7, 8311 Ribnitz-Damgarten OT Klockenhagen, Tel. 03821 390951, www.eselhof-klockenhagen.de, geöffnet: April–Oktober tägl. 10–18 Uhr, Eintritt: Hauptsaison 8 € Erwachsene, 5 € Kinder. Eselhof mit Eselreiten, Kutschfahrten, Streichelzoo und Gastronomie, etwas abgelegen vom Ortskern, GPS 54.23486, 12.36923.

› **Erlebnisrestaurant Zum Honigdieb**, Bäderstraße 6a, 18311 Ribnitz-Damgarten OT Klockenhagen, Tel. 03821 70673, www.zum-honigdieb.de, geöffnet: tägl., Eintritt und Parken kostenfrei. Erlebnisrestaurant für die ganze Familie mit Hofladen, Schauimkerei, Spielplatz, Streichelzoo, GPS 54.24096, 12.36223.

035wo-lr

ABSTECHER NACH RIBNITZ-DAMGARTEN

(hin und zurück etwa 10 km)

Ab Klockenhagen führt die Landesstraße 22 direkt nach etwa 5 km in das Stadtzentrum Ribnitz-Damgartens. Der Ort lockt mit dem Namenszusatz „Bernsteinstadt" viele Gäste in die Stadt. Und so ist es nicht verwunderlich, wenn man in der Altstadt zwischen Markt und Kloster auf die sogenannte „Bernsteinmeile" trifft. Die Mitarbeiter der Stadtinformation, die sich in unmittelbarer Nähe zur St.-Marien-Kirche im Bernsteinhaus befindet, sind gern behilflich, wenn man die Stadt erkunden möchte. Auf dem großzügigen Marktplatz steht der Brunnen „Der Bernsteinfischer und seine Familie" und nicht weit davon entfernt in der Langen Straße 48 gibt die **Bernstein-Drechslerei** Einblicke in die Bernsteinbearbeitung. Auf der Klosterstraße kann man zwei Ausstellungen besuchen, die erste ist die **Ausstellung Fischlandschmuck** und dann folgt die **Bernstein-Galerie E.** Höhepunkt der Wanderung auf den Spuren des Bernsteins ist zweifelsohne ein Besuch im **Deutschen Bernsteinmuseum** im Kloster Ribnitz. Auf 1000 m² Fläche präsentiert das Museum Kunstwerke aus Bernstein vom 16. Jahrhundert bis heute. Das wertvollste Inklusenexponat ist ein in Bernstein eingeschlossener Skorpion, der den wissenschaftlichen Namen „Palaeoananteris ribnitiodamgartensis" trägt. Eine Schauwerkstatt ist dem Museum angeschlossen. Wenn man im Anschluss an den Besuch eine Auszeit benötigt, bietet sich noch der Besuch des **Bernsteincafés** im Museum an.

Lohnenswert, besonders wenn man mit Kindern reist, ist ein Abstecher in die **Bernstein Schaumanufaktur** im Ortsteil Damgarten. Denn hier gibt es nicht nur eine gewaltige Verkaufsausstellung von Schmuck und sehr sehenswerten, aus Bernstein gefertigten Kunstwerken, sondern man kann auch die wichtigsten Stationen der Schmuckherstellung in der Manufaktur kennenlernen und den Handwerkern dabei direkt über die Schultern schauen. Wer will, darf hier auch selbst mitmachen und sich ein eigenes Schmuckstück aus Bernstein unter fachkundiger Anleitung anfertigen.

⌃ *Den Schmuckhandwerkern auf die Finger schauen kann man in der Bernstein Schaumanufaktur*

Fischland-Darß-Zingst

Die Halbinsel Fischland-Darß-Zingst zählt zu den schönsten und bekanntesten Gebieten an der deutschen Ostseeküste. Der Dreifach-Name leitet sich dabei von den drei historisch gewachsenen Regionen, dem westlichen schmalen Fischland, dem Darß mit seinen endlosen, teils urwaldähnlichen Wäldern und der markanten Spitze Darßer Ort sowie dem flachen Ostteil Zingst ab.

Durch die zwei ehemals den Bodden mit der Ostsee verbindenden Flutrinnen, den Perminstrom vor Wustrow und den Prerow-Strom in Prerow war die heutige Halbinsel in die Halbinsel Fischland und die angrenzenden Inseln Darß und Zingst geteilt. Der Perminstrom bei Wustrow wurde schon 1395 im Auftrag der Hansestädte zugeschüttet, um die Konkurrenz aus Ribnitz von der Ostsee abzuschneiden. Der Prerow-Strom versandete nach einer Sturmflut 1872 und wurde zwei Jahre später von Menschenhand endgültig verschlossen, um Prerow vor weiteren Hochwasserfluten zu schützen.

Bis in die 1960er-Jahre waren die Orte auf der Halbinsel teils noch durch unbefestigte Wege verbunden! Wie fast überall am Ostseestrand begann hier die stürmische Entwicklung des Tourismus mit dem aufkommenden Bäder- und Kurbetrieb. Vorher ernährten sich die Bewohner der Halbinsel von den Erträgen der kümmerlichen Landwirtschaft auf den meist salzigen Seewiesen, Fischfang und Schifffahrt. Dabei erlangten lediglich die alteingesessenen Kapitänsfamilien in einigen Orten einen bemerkenswerten Wohlstand. Große soziale Unterschiede innerhalb der Bevölkerung waren die Folge. Industrie gab es auf der Halbinsel bis 1945 nicht.

Später versuchte die DDR, hier einige kleinere Industriebetriebe aufzubauen, um zusätzliche Arbeitsplätze zu schaffen. Doch diese stark subventionierten Betriebe überlebten die Wendezeit nach 1990 nicht.

Industriebetriebe werden heute auch nicht mehr vermisst, der Tourismus beherrscht die Halbinsel voll und ganz und kann den Bedarf an Arbeitskräften in der Hauptsaison unter den Einheimischen schon lange nicht mehr decken. Zahlreiche Saisonarbeiter werden zusätzlich benötigt.

Fischland-Darß-Zingst schafft den schwierigen Spagat zwischen Massentourismus und Natur, wenn auch nur gerade so. Der größte Nationalpark Ostdeutschlands „Vorpommersche Boddenlandschaft" mit seinen riesigen geschützten Flächen trägt entscheidend dazu bei und verhindert vielerorts den weiteren Bau neuer touristischer Einrichtungen. An Gästen für weitere Anlagen wäre vermutlich kein Mangel. Hunderttausende Besucher bevölkern vor allem im Sommer die etwa 50 km lange Halbinsel. Ungezählte Badegäste aus dem Hinterland Mecklenburg-Vorpommerns fahren zusätzlich als Tagesausflügler zum Baden an die schier endlosen Sandstrände. Wer etwas Zeit mitbringt, vermeidet im Sommer die Fahrt mit dem Wohnmobil in den Morgen- und Abendstunden. Die an- und abreisenden Tagesgäste sorgen dann vielerorts für ein zusätzliches erhebliches Verkehrsaufkommen auf den wenigen Straßen der Halbinsel. Ausweichstrecken gibt es aufgrund der engen Insellage kaum.

Der Tourismus auf der Halbinsel wurde in den letzten Jahren nahezu flächendeckend professionalisiert und lückenlos gestaltet. Es gibt kaum noch Stellen, an denen man um erhebliche Park- oder Stellplatzgebühren oder Kurtaxen herumkommt. Mittlerweile ist die Übernachtung auf fast allen Parkplätzen der Halbinsel und bereits ab Dierhagen verboten. Wohnmobilisten werden auf einige wenige als Übernachtungsplätze ausgewiesene und immer kostenpflichtige Parkplätze oder die Campingplätze verwiesen. Im Nationalparkgebiet dürfen Fahrzeuge nur öffentliche Straßen benutzen und nur auf ausgewiesenen Flächen parken. Wer im Nationalpark beim wilden Parken oder verbotenen Übernachten erwischt wird, muss mit erheblichen Bußgeldern rechnen.

050wo-lr

Woher kommt die enge Bindung Ribnitz-Damgartens an den Bernstein? Zur Erklärung muss man ein Stück in der Geschichte zurückgehen. Im 13. Jahrhundert wurden beidseitig der Recknitz zwei Städte, das mecklenburgische Ribnitz und das vorpommersche Damgarten, gegründet, die sich 1950 zur Bernsteinstadt vereinigten. Das Bernsteinkunstwerk hat hier eine lange Tradition. Der Goldschmiedemeister Kramer fertigte seit 1932 Fischlandschmuck, in Silber gefassten Bernstein. Zu DDR-Zeiten war der VEB Bernsteinschmuck im Ort der größte Arbeitgeber. Die Bernsteintradition führt heute die Schaumanufaktur fort. In Ribnitz-Damgarten gibt es eine gekrönte Bernsteinkönigin und regelmäßig ist die Stadt Austragungsort internationaler Bernstein-Kunst-Wettbewerbe. So wurde 2002 die mit 120 Metern weltweit längste Bernsteinkette gefertigt. Viele Schmuckgeschäfte der Stadt bieten Bernstein in allen Facetten an.

Natürlich kann man in der Stadt und ihrer Umgebung auch Dinge entdecken, die nichts mit dem Bernstein zu tun haben. Sehenswert ist das **Ribnitzer Klarissenkloster,** das einzige dieses Ordens in Mecklenburg. Die Ausstellung „Dame von Welt, aber auch Nonne" zur Kloster- und Stiftsgeschichte führt durch die Klosterkirche und zeigt Schätze des Klosters. Die schön gestaltete **Bodden-Therme** lockt mit verschiedenen Wasserwelten und ihrem Sauna- und Wellnessbereich. Technikbegeisterte zieht es nach Pütnitz auf das riesige Gelände des alten Flughafens in das dortige **Technikmuseum,** Erholungssuchende schippern mit dem „Boddenkieker" ab dem Ribnitzer Hafen übers Wasser.

Sehenswertes

› **Bernstein Schaumanufaktur Ribnitz-Damgarten,** An der Mühle 30, 18311 Ribnitz-Damgarten, direkt an der B105 im Ortsteil Damgarten, Gewerbegebiet, Tel. 03821 88580, www.ostseeschmuck.de, geöffnet: Mo.-Fr. 9.30-18 Uhr, Sa. 9.30-16 Uhr, Eintritt: 3 € Erw., 2 € Kinder, teilweise Anrechnung des Eintrittspreises auf Einkäufe. Gläserne Manufaktur, Verkaufsausstellung auf drei Etagen, GPS 54.25538, 12.49631, kostenfreie Parkplätze im Gewerbegebiet.

› **Deutsches Bernsteinmuseum Ribnitz-Damgarten,** Im Kloster 1-2, 18311 Ribnitz-Damgarten, im Kloster Ribnitz, Tel. 03821 4622, www.deutsches-bernsteinmuseum.de, geöffnet: März-Okt. tägl. 9.30-18 Uhr, Nov.-Febr. Di.-So. 9.30-17 Uhr, Eintritt: 8,50 € Erwachsene, 7,50 € ermäßigt, 6 € Kinder, 18,50 € Familienkarte. Ca. 1600 Exponate, Einblicke in die Geologie des fossilen Harzes und Geschichte der Bernsteinbearbeitung.

› **Technikmuseum Pütnitz,** 18311 Ribnitz-Damgarten, Flugplatzallee, am Saaler Bodden, Damgarten durchfahren, in Flugplatzallee einbiegen und Ausschilderung folgen, Tel. 0170 2235850, https://technikmuseum-puetnitz.de, geöffnet: April-Juni/Oktober Mi.-So. 10-16 Uhr, Juli-September tägl. 10-18 Uhr Eintritt: 8 € Erwachsene, 4 € ermäßigt. Tipp für alle Technikbegeisterten, Sammlung von derzeit 750 Fahrzeugen ehemaliger Ostblockländer, Vorführungen; riesiger Parkplatz, GPS 54.26588, 12.41885.

Information

› **Touristinformation Ribnitz-Damgarten,** Am Markt 14, 18311 Ribnitz-Damgarten, Tel. 03821 2201, www.ribnitz-damgarten.de, geöffnet: Mai-Okt. Mo.-Fr. 10-18 Uhr, Sa./So. 10-14 Uhr, Nov.-Apr. Mo.-Fr. 10-12 und 13-16 Uhr

Aktivität

› **Bodden-Therme Ribnitz-Damgarten,** Körkwitzer Weg 15, 18311 Ribnitz-Damgarten, Tel. 03821 3909961, www.bodden-therme.de, geöffnet: Mo. nur Saunalandschaft ab 14 Uhr, Di./Mi. 14-22 Uhr, Do.-So. 10-22 Uhr, in den Ferien tägl. 10-22 Uhr, Eintritt: 3 Std. ab 11 € Erw., Kinder ab 2 €. 650 m² Wasserfläche mit 25-m-Sportbecken, Wellenbecken, Babybecken, Wasserrutsche, Sprunganlage und Strömungskanal, Saunalandschaft, Massage, Gastronomie. Übernachtung auf Parkplatz möglich.

Parken

P **54 Parkplatz Hafen Ribnitz-Damgarten,** GPS 54.24569, 12.42916, Hafengelände, Zufahrt über

Straße Am See, direkt am Ribnitzer See, zentrumsnah, Preise: Tageskarte 5 €, Übernachtung 13 €. Gepflasterter Parkplatz, Parken für Wohnmobile gesondert ausgewiesen, Übernachtung möglich, WC und Dusche vorhanden, hier auch Schiffsanlegestelle für Boddenrundfahrten, Fischverkauf und Fischrestaurant.

55 **Wanderparkplatz Pütnitz,** GPS 54.25478, 12.44995, im Ortsteil Damgarten an der Kirche in die Kirchstraße abbiegen und der teils gepflasterten, teils asphaltierten Straße etwa 1,4 km durch Pütnitz bis zum Flugplatzrand folgen. Liegt sehr einsam am Wasser mit schönem Blick auf Ribnitz-Damgarten, unbefestigt, Übernachtung möglich.

30 Wohnmobilstell- und Parkplatz Gänsewiese Ribnitz-Damgarten

GPS 54.24488, 12.42406

Schön gestalteter, gepflasterter großer Parkplatz mit angrenzendem Stellplatzbereich, 5 Minuten Fußweg ins Stadtzentrum. **Lage/Anfahrt:** zwischen Parkplatz Gänsewiese und Boddenufer, von Zufahrtstraße zum Hafen „Am See" nach links auf Parkplatz abbiegen und zu den Stellplätzen fahren; **Platzanzahl:** 40; **Untergrund:** Pflaster; **Service:** Strom, Trinkwasser, Abwasser, WC; **Preise:** Tageskarte 11 €, Strom extra; **Geöffnet:** ganzjährig; **Kontakt:** Am See, 18311 Ribnitz-Damgarten.

Wohnmobilisten, die den Darß komplett umfahren und der Route 4 nicht folgen wollen, können über Ribnitz-Damgarten fahren und anschließend der B105 in Richtung Barth/Stralsund folgen. Die Entfernung zwischen Ribnitz-Damgarten und Barth als Ausgangspunkt der Route 5 beträgt etwa 30 km. Wer gleich bis Stralsund/Rügen (Route 6) durchfahren möchte, muss ab Ribnitz-Damgarten bis Stralsund mit 45 km rechnen.

Über die Saaler Chausee erreicht man nach etwa 8 km ab Damgarten den Gemeindeverbund Saal. Im Hafen des Ortsteils Saal befindet sich der einfache **Stellplatz des Wassersportcenters Saal** 31. Nach kurzer Weiterfahrt in den folgenden Ortsteil Neuendorf ist der sehr schöne und ruhige **Stellplatz im Bootshafen Neuendorf/Saal** 32 sehr zu empfehlen.

31 Stellplatz Wassersportcenter Saal

GPS 54.31224, 12.48199

Einfacher Stellplatz auf Wiesengelände am Wasser, Surf- und Kiteschule. **Lage/Anfahrt:** In Saal über Gartenstraße und Boddenstraße bis zum Wasser fahren; **Platzanzahl:** 20; **Untergrund:** Wiese; **Service:** Strom, Trinkwasser, WC; **Preise:** 13 €/Fahrz. inkl. Strom, Wasser 1 €/100 l; **Geöffnet:** Mai–September; **Kontakt:** Boddenstraße, 18317 Saal, Mobil 0172 3484618, www.kitemafia.de.

32 Wohnmobilstellplatz Bootshafen Neuendorf/Saal

GPS 54.33460, 12.52861

Ruhiger und einfacher Wohnmobilstellplatz an einer kleinen Hafenanlage am Saaler Bodden im Saaler Ortsteil Neuendorf, Surf- und Kiteschule in Saal, Bodden-Fahrradweg direkt angrenzend. Tipp! **Lage/Anfahrt:** bis Neuendorf/Saal fahren, Zufahrt über Parkstraße und Hafenweg, Stellplatz ausgeschildert; **Platzanzahl:** 20; **Untergrund:** Wiese, Sand; fest; **Service:** Strom, Trinkwasser, Abwasser, WC und Dusche; **Preise:** 15 €/Fahrz. Übernachtungspauschale, Strom, Wasser, Toiletten extra; **Geöffnet:** ganzjährig, im Winter eingeschränkter Service; **Kontakt:** Hafenweg, 18317 Saal OT Neuendorf, Hafenmeister Mobil 0160 90291779.

Von Ribnitz-Damgarten zurück zur vorgeschlagenen Route gilt Klockenhagen als Tor zur Halbinsel Fischland-Darß-Zingst, die man über die Landesstraße 21 erreicht. Ab Klockenhagen sind es etwa 7 km bis zum Ostseebad Dierhagen. Wer zügig unterwegs sein will, bleibt bis Dierhagen auf der L21, wer etwas mehr Zeit aufwenden möchte, folgt ab Hof Körkwitz links der alten Straße über Neuhaus.

DIERHAGEN

(7 km – km 29)

Dierhagen besitzt sowohl auf der Ostsee- als auch auf der Boddenseite einen Zugang zum Wasser und ist auf der Halbinsel Fischland-Darß-Zingst der erste Ort, den man erreicht, wenn man vom Festland kommt. Trotz dieser strategisch günstigen Lage gelang es viele Jahrhunderte nicht, den Ort nachhaltig wirtschaftlich zu entwickeln. Lediglich im 19. Jahrhundert erlangte der Ort durch die Salztransporte vom Salzhafen Dändorf, einem Ortsteil Dierhagens, einen spürbaren, aber zeitlich sehr begrenzten Wohlstand. Hinzu kam, dass der Ort durch mehrere katastrophale Sturmfluten und Brände wiederholt schwer zerstört wurde. Durch Hilfe der Landesregierung konnte 1876 ein durchgehender Seedeich aufgeschüttet werden und erst dieser konnte den nächsten schweren Sturmfluten trotzen und den Ort zuverlässig schützen. Die ersten Badegäste kamen um 1880 nach Dierhagen und schon ab 1895 gehörte der Fremdenverkehr zu den wesentlichen Einnahmequellen der Bewohner. Schon jahrzehntelang lebt Dierhagen praktisch ausschließlich von seinen Gästen. Der DDR-Ministerrat unterhielt im Wald zwischen den Ortsteilen Neuhaus und Dierhagen-Strand ein für die Öffentlichkeit gesperrtes großzügiges Ferien- und Gästeobjekt nur etwa 100 m vom Strand entfernt. Der Zutritt zum dazugehörigen Strandabschnitt war für Normalbürger verboten. Heute befindet sich hier das Strandhotel Fischland und der Strand ist natürlich für jedermann zugänglich. 1998 erhielt der Ort die staatliche Anerkennung als Seebad. Anlässlich der Feierlichkeiten zum 700-jährigen Jubiläum 2011 legte der Dörpverein im Ort einen **Geschichtspfad** an. 37 historisch bedeutsame Plätze in den sechs recht weit verstreuten Ortsteilen Dierhagens sind durch diesen Pfad verbunden. Dazu gibt es für 1 € ein interessantes Begleitheft „Geschichtspfad Dierhagen“ in der Kurverwaltung im Haus des Gastes. Aufgrund der recht großen Entfernungen zwischen den zergliederten verschiedenen Ortsteilen ist es fast unmöglich, den gesamten Geschichtspfad zu erwandern. Man benötigt ein Fahrrad oder fährt mit dem Wohnmobil. Wie es sich für ein Ostseebad gehört, hat auch Dierhagen einen kleinen **Kurpark,** der aber erst 1998 angelegt wurde und im Sommer hübsch gestaltet ist. Er liegt gegenüber der Kurverwaltung. Viele der zahlreichen ausgeschilderten Parkplätze in Dierhagen sind leider für Wohnmobile gesperrt. Entlang der kleinen und recht engen Straßen in Strandnähe kann man zwar für 4 € pro Tag parken, aber es ist in der Hauptsaison fast aussichtslos, mit dem Wohnmobil einen Parkplatz zu finden. Die beiden Häfen in Dierhagen-Dorf und der alte Salzhafen Dändorf wurden in den letzten Jahren aufwendig saniert und locken zahlreiche Wasserwanderer an. Die **in den Häfen vorhandene Infrastruktur** mit WC/Dusche, Waschmaschine oder Toilettenentsorgung kann auch Besuchern mit dem Wohnmobil nützlich sein. Eine Übernachtung ist hier aber nicht mehr gestattet. Die zum Hafen Dändorf führende Kopfsteinpflasterstraße wurde nach historischem Vorbild mit großem Steinpflaster saniert. Die Zufahrt ist nicht besonders angenehm. Im Hafen Dändorf wurden zudem die Parkmöglichkeiten deutlich eingeschränkt.

Die tägliche **Kurtaxe** beträgt 2 € für Erwachsene.

Information

› **Kurverwaltung Dierhagen,** Ernst-Moritz-Arndt-Straße 2, 18347 Dierhagen, Tel. 038226 201, www.ostseebad-dierhagen.de, geöffnet: Mo.–Fr. 9–16 Uhr, Sa./So. 10–13 Uhr

Parken

56 Wanderparkplatz Dierhagen – Neuhaus, GPS 54.26994, 12.34091, 18347 Dierhagen, geöffnet: ganzjährig. Unbefestigter, versteckter und kostenfreier Wanderparkplatz etwa in der Mitte zwischen Bodden und Ostsee, deshalb für Strandbesuch nicht geeignet, Guter Ausgangspunkt für Wanderungen und Radtouren. Übernachtung nicht gestattet.

33 Campingplatz Dierhagen Neuhaus

GPS 54.28214, 12.31295

Sehr familiärer und gemütlicher Campingplatz mit kurzem Strandzugang, Kinderspielplatz, Imbissangebot. **Lage/Anfahrt:** über Neuhaus der Ausschilderung folgen; **Platzanzahl:** über 100; **Untergrund:** Rasengitter, Wiese; fest; **Service:** Strom, Trinkwasser, Abwasser, Chemie-WC; **Sicherheit:** umzäunt, beleuchtet, bewacht; **Preise:** ab 29 €/Fahrz. inkl. 2 Pers., Strom und Wasser; **Geöffnet:** 1. März–1. Januarwoche des Folgejahres; **Kontakt:** Birkenallee 10, 18347 Dierhagen OT Neuhaus, Tel. 038226 539930, www.camping-neuhaus.de. Der einzige öffentliche Parkplatz in Dierhagen-Neuhaus befindet sich in der Birkenallee 2, ca. 350 m vor dem Campingplatz. Wohnmobile, die nicht zum Campingplatz wollen, sollten am Parkplatz nicht weiterfahren, weil es nach diesem keine Wendemöglichkeit mehr gibt.

203wo-cdn © Camping in Neuhaus – Iris Zähringer e.K.

P 57 **Wohnmobilparkplatz Dierhagen-Dorf,** GPS 54.29401, 12.36198, Grüne Straße, 18347 Dierhagen, geöffnet: ganzjährig, Preise: Tageskarte 5 €. Großer, gepflasterter und schön gelegener Parkplatz umgeben von Bäumen am Boddenhafen Dierhagen-Dorf, keine Stromversorgung, ausgeschildert „Übernachtung nur im Notfall“, dann 15 € Gebühr.

34 Campingplatz Ostseecamp Dierhagen

GPS 54.29110, 12.34361

Campingplatz mittlerer Größe mit Einkaufsmarkt, Fahrradverleih, Kinderspielplatz, 500 m zum Ostseestrand. **Lage/Anfahrt:** bis Dierhagen und dann ab Ampelkreuzung der Ausschilderung folgen; **Platzanzahl:** über 140; **Untergrund:** Schotter, Rasengitter, Wiese, Sand; fest; **Service:** Strom, Trinkwasser, Abwasser, Chemie-WC; **Sicherheit:** umzäunt, beleuchtet, bewacht; **Preise:** ab 10 €/Fahrz., 7,50 € Erw., 3 € Kinder, Strom, Wasser, Hund extra, im abgetrennten Wohnmobilhafen etwas günstiger; **Geöffnet:** 15. März–31. Okt.; **Kontakt:** Ernst-Moritz-Arndt-Str. 1, 18347 Dierhagen, Tel. 038226 80778, www.ostseecamp-dierhagen.de.

35 Campingplatz An den Stranddünen Dierhagen

GPS 54.30557, 12.35013

Gemütlicher kleinerer Campingplatz am Strand, Sauna, Fahrradvermietung, Kinderspielplatz. **Lage/Anfahrt:** in Dierhagen-Ost abfahren und der Straße bis zur Kreuzung Pappelweg folgen, dann auf Waldweg abbiegen; **Platzanzahl:** 110; **Untergrund:** Wiese, Sand; fest; **Service:** Strom, Trinkwasser, Abwasser, Chemie-WC; **Sicherheit:** umzäunt, beleuchtet, bewacht; **Preise:** ab 30,50 € Komfortstellplatzpauschale inklusive 2 Personen, andere Stellplätze verfügbar; **Geöffnet:** April–Oktober; **Kontakt:** Waldweg 5, 18347 Dierhagen-Ost, Tel. 038226 80492, www.campingplatz-ennen.de.

Schnurgeradeaus zieht sich die Straße L21 immer in etwa 200 m Entfernung parallel zum 7 km langen Strand von Dierhagen bis nach Wustrow. Vor dem Ortseingang von Wustrow befindet sich auf der Strandseite der Straße der **Wohnmobilstellplatz des Surfcenters Wustrow 36**.

WUSTROW

(7 km – km 36)

Der Ortsname Wustrow leitet sich von „Swante Wustrow“ ab. Das bedeutet „heilige Insel“ und geht zurück auf ein slawisches Heiligtum, welches vor der Christianisierung auf dem heutigen Kirchenhügel stand. Wustrow wurde erstmalig 1235 erwähnt und war immer von Seefahrt und Fischfang geprägt, was sich auch in den vielen bis heute erhaltenen Schiffer- und Kapitänshäusern widerspiegelt. Eine nennenswerte Landwirtschaft war rund um den Ort nicht möglich.

Dem anreisenden Besucher fallen bei guter Sicht schon weit vor dem Ostseebad Wustrow zwei Gebäude im Ort auf. Die Fischlandkirche rechts der Straße mit ihrem markanten und hohen Kirchturm und das recht monumental gestaltete Gebäude der ehemaligen Seefahrtschule mit seinem hohen Beobachtungsturm auf der linken Seite. Die **Fischlandkirche** wurde 1873 errichtet und steht auf der höchsten Erhebung des Ortes. Im Inneren der Fischlandkirche befinden sich verschiedene Schiffsmodelle und Gemälde, die die Verbundenheit des Ortes, seiner Bewohner und der Kirchgemeinde mit der Seefahrt und dem Meer zum Ausdruck bringen. Besucher sollten nicht versäumen, den begehbaren Kirchturm zu besteigen und dann den wirklich einzigartigen Blick über das flache Fischland zu genießen.

Die Vermittlung von Kenntnissen über Seefahrt und Bootsbau hat in Wustrow eine lange Tradition. Fand die Ausbildung lange Zeit eher im privaten Bereich statt, änderte sich das, als am 10. November 1846 die „Großherzogliche Navigationsschule zu Wustrow“ eröffnet wurde. Nur unterbrochen von einer kurzen Pause nach dem Zweiten Weltkrieg wurden an diesem Ort bis 1992 nautische und technische Schiffsoffiziere, Kapitäne und Funker ausgebildet. Etwa 15.000 Männer und Frauen erhielten in dieser Zeit ihr Rüstzeug für den Seemannsberuf. Vom Ort Wustrow und seiner Bevölkerung sehr bedauert, wurde die maritime Ausbildungsstätte 1992 leider geschlossen. Das markante und den Ort dominierende Gebäude auf dem Wustrower Stegberg wurde nach langem Leerstand 2020 zu einer Ferienanlage mit zahlreichen Ferienwohnungen umgestaltet.

Wer Wustrow auf der L21 einfach nur durchfährt, erhält einen völlig falschen Eindruck vom Ort. Entlang der durchgehenden Hauptstraße ist der Ort relativ kurz. Quer zur Hauptstraße ist Wustrow jedoch deutlich ausgedehnter, da sich der Ort vom Bodden bis zur Ostseeküste erstreckt.

Die Haupteinkaufsstraße ist die lange Strandstraße, die rechtwinklig von der L21 gegenüber der Sparkasse nach links abzweigt. Die Strandstraße führt direkt bis zur Seebrücke und zur hübsch gestalteten Strandpromenade. Hier findet man zahlreiche Geschäfte, Restaurants und ein Sommerkino. Vom kilometerlangen feinen Sandstrand Wustrows erstreckt sich die neue Seebrücke 230 Meter weit in die Ostsee. 2008 legte die Kurverwaltung einen **Kulturpfad** im Ort an, der viele historische Stätten und Sehenswürdigkeiten verbindet. Dazu hält die Kurverwaltung ein informatives Begleitheft bereit. Im **Haus des Gastes** gibt es weitere Informationen und Ausstellungen zur Geschichte des Ortes, zu aktuellen Themen oder zu maritimen Künstlern.

Einen Besuch wert ist immer auch das unter Denkmalschutz stehende 200 Jahre alte **Fischlandhaus.** Hier finden Besucher interessante wechselnde Ausstellungen und eine kleine Bibliothek. Die große **Ostseekurklinik Fischland** mit ihrem Schwimmbad, dem großen Fitnessbereich, Sauna und Solarium steht nicht nur Patienten, sondern auch Tagesgästen offen.

Die Straßen und Wege im Ort sind oft unbefestigt und eng und sollten nicht mit dem Wohnmobil befahren werden. Besser ist es, man stellt das Wohnmobil ab und erkundet den Ort zu Fuß oder per Fahrrad. Im Hafen findet man ein Sanitärgebäude mit Dusche und WC. Der Parkplatz gegenüber ist leider nur für Pkw offen. Der **Wohnmobilstell- und Parkplatz Wustrow** liegt aber nur etwa 200 m entfernt. Er ist der ausgewiesene Übernachtungsplatz für Wohnmobile in der Gemeinde. Mehrfache Übernachtung ist jedoch ausdrücklich unerwünscht! Auf allen anderen Parkplätzen im Gemeindebereich ist eine Übernachtung verboten. Wustrow erhebt eine tägliche **Kurtaxe** von 2 € je Person über 18 Jahre.

Sehenswertes

› **Fischlandkirche Wustrow,** Hafenstraße 2, 18347 Wustrow, Tel. 038220 338, geöffnet: Di.-Sa. 9-17 Uhr, So. 11.30-12.30 Uhr. Rote Backsteinkirche auf einem Hügel im Ort, maritim gestaltete Schifferkirche.

› **Fischlandhaus Wustrow,** Neue Straße 38, 18347 Wustrow, Tel. 038220 804 65, geöffnet: je nach Veranstaltung, Ausstellung und Jahreszeit. Reetgedecktes Hochdielenhaus in Nachbarschaft zu den ältesten Häusern Wustrows. Bibliothek, Ausstellungen zu Kunst und Literatur.

Information

› **Kurverwaltung Wustrow und Haus des Gastes,** Ernst-Thälmann-Str. 11, 18347 Wustrow, Tel. 038220 251, www.ostseebad-wustrow.de, geöffnet: tägl. 10-17 Uhr

36 Wohnmobilstellplatz Surfcenter Wustrow

GPS 54.34082, 12.38052

Familiärer Wohnmobilstell- und Parkplatz mittlerer Größe direkt hinter der Stranddüne. **Lage/Anfahrt:** Die Zufahrt liegt direkt an der L21 kurz vor dem Ortseingang Wustrow; **Platzanzahl:** 70; **Untergrund:** Schotter, Wiese; fest; **Service:** Strom, Trinkwasser, Abwasser; **Sicherheit:** umzäunt, beleuchtet, bewacht; **Preise:** ab 5 m Fahrzeuglänge 25 € inkl. 1 Person (bis 5 m Fahrzeuglänge 19 €), 7 € Erwachsene, 4 € Kinder, 8 € Hund, Preisnachlass in Nebensaison; **Geöffnet:** April-Oktober; **Kontakt:** An der Nebelstation 2, 18347 Wustrow, Tel. 038220 80250, http://surfcenter-wustrow.de.

Parken

P 58 Wohnmobilstell- und Parkplatz Wustrow, GPS 54.34417, 12.40073. Einfacher, aber großer Wohnmobilstell- u. Parkplatz. Einziger erlaubter Übernachtungsplatz für Womos in Wustrow, schön gelegen in Wassernähe. Lage/Anfahrt: An der Kirche in Richtung Hafen abbiegen, am Hafenparkplatz vorbei und am Ende der Straße auf ausgeschilderten Stellplatz fahren; Untergrund: fest; Preise: 10 €/ Fahrz. Tagespauschale, Parken Womos 1 €/Std.; Geöffnet: ganzjährig; Kontakt: Hafenstraße, 18347 Wustrow.

Nur 4 km nach Wustrow wird Ahrenshoop schnell erreicht. Vorher durchfährt man die Ortsteile **Niehagen** und **Althagen.**

AHRENSHOOP

(4 km - km 40)

Badeplätze gibt es viele auf der Halbinsel Fischland-Darß-Zingst, aber Ahrenshoop pflegt seinen Ruf und seine Erscheinung als Künstlerort und ist so einzigartig an der Ostseeküste Mecklenburg-Vorpommerns. Bereits Ende des 19. Jahrhunderts gründeten berühmte Maler in Ahrenshoop eine **Künstlerkolonie.**

Dabei unterscheidet sich die historische Entwicklung des Ortes nicht wesentlich von anderen Orten im Fischland. Seefahrt und Fischfang waren jahrhundertelang wirtschaftliche Basis. Die heutige Siedlung besteht nach mehrmaliger Zerstörung des Ortes erst seit 1760. Der Wunsch der Menschen nach Ruhe, Natur und gesunder Umgebung im Zeitalter der beginnenden Industrialisierung führten zur Entdeckung von Ahrenshoop als Rückzugs- und Erholungsort. Die Landschaft zwischen Meer und Bodden, das Wasser und der Strand, die Weite des Himmels und die unberührte Natur zogen zunehmend Besucher und Urlaubsgäste an.

Besonders beeindruckt zeigten sich die Künstler und ließen sich gern inspirieren. Bis heute existieren in Ahrenshoop kleine **Gale-**

Nationalpark Vorpommersche Boddenlandschaft

Der Nationalpark Vorpommersche Boddenlandschaft ist mit ca. 800 km² der größte Nationalpark Mecklenburg-Vorpommerns und er umfasst neben Ostsee und Boddengewässern auch Landflächen, von denen mehr als die Hälfte bewaldet ist. Der Nationalpark erstreckt sich in West-Ost-Richtung von Born auf der Halbinsel Darß über große Teile der Insel Hiddensee bis hin zur Westküste der Insel Rügen. Die Flachwasserzonen der Ostsee begrenzen ihn im Norden, im Süden verläuft die Grenze etwa in der Hälfte des Barther Boddens. Berühmt ist der Nationalpark für seine breite Vielfalt an Lebensräumen, u. a. gibt es Röhrichte, Salzgrasland, Zwerggrasheiden sowie Windwatten, Dünen und Steilufer. In dieser abwechslungsreichen Landschaft wachsen bemerkenswerte Pflanzen wie der Brackwasser-Hahnenfuß oder verschiedene Laub- und Lebermoose. Man findet Wacholderbüsche, Körner-Steinbrech, Grasnelken und viele andere Gewächse. Aufgrund der Lebensraumvielfalt gibt es im Nationalpark die unterschiedlichsten Tiere. Wildschweine, Rehe, Rothirsche sowie Mufflons leben hier genauso wie Kröten und Frösche, Blindschleichen und Kreuzottern. Viele Vogelarten, wie Watt- und Schwimmvögel, aber auch Sing- und Greifvögel sind im Nationalpark beheimatet. Der Kranich ist wohl der berühmteste unter ihnen, denn jährlich machen Tausende dieser Vögel Halt auf ihrem Flug nach Spanien im Herbst bzw. im Frühjahr auf ihrer Reise nach Schweden. Daneben gibt es eine sehr große Artenvielfalt unter den Land bewohnenden Wirbellosen aus den Gruppen der Schmetterlinge, Bienen, Weg- und Grabwespen, Schwebfliegen und Laufkäfer. Quallen, Würmer und Muscheln vervollkommnen die lange Liste der Nationalparkbewohner. Schweinswale, Kegelrobben oder Fischotter kann der Besucher mit etwas Glück zu Gesicht bekommen. Jährlich sind es etwa 3 Millionen Menschen, die sich im Nationalpark Vorpommersche Boddenlandschaft erholen. Einige Bereiche sind für den Besucherverkehr gesperrt, aber auf ausgewiesenen Rad- und markierten Wanderwegen sowie angelegten Bohlenstegen kann man Natur erleben. Tafeln, Schaukästen und Wegweiser informieren fast überall über Besonderheiten. Außerdem bieten Mitarbeiter der Nationalparkwacht Führungen an und stehen als Ansprechpartner zur Verfügung. Informationsstellen zum Nationalpark und seiner Flora und Fauna finden sich im Natureum Darßer Ort, in Zingst/Sundische Wiesen, im Kranich-Informationszentrum Groß Mohrdorf, neben dem Aussichtsturm in Barhöft, in Vitte auf der Insel Hiddensee, auf dem Bug bei Dranske und in Waase auf der Insel Ummanz. Der Zugang zum Informationszentrum Bug ist wegen der Sperrung des Bugs für allgemeinen Besucherverkehr nur im Rahmen der Führungen möglich. In Wieck a. Darß unterhält der Nationalpark mit dem Nationalparkzentrum Darßer Arche eine besonders aufwendig gestaltete Einrichtung. Die Nationalparkverwaltung in Born ist touristisch eher uninteressant, da es sich hierbei um eine administrative Verwaltungseinrichtung handelt. Die Homepage des Nationalparks ist sehr informativ und aufwendig gestaltet.

› ***Nationalparkverwaltung Vorpommersche Boddenlandschaft,*** *Verwaltung: Nationalparkamt Vorpommern, Im Forst 5, 18375 Born, Tel. 038234 5020, www.nationalpark-vorpommersche-boddenlandschaft.de*

rien, Werkstätten und Ateliers, die auf einem Bummel durch den Ort erkundet werden können. Zahlreiche Ausstellungen, Konzerte, Lesungen oder Kunstaktionen bieten jedes Jahr ein **abwechslungsreiches kulturelles Programm.**

Sommerlicher Höhepunkt des Ortes ist das **Tonnenschlagen** mit Tausenden Besuchern jährlich am dritten Wochenende im Juli. Das Ahrenshooper **Kunstmuseum** befindet sich direkt auf der linken Seite der Hauptstraße an der Ortseinfahrt.

036wo-lr

Innerorts ist das Parken mit dem Wohnmobil fast überall verboten. Neben der Kurklinik am nördlichen Ortsausgang befindet sich ein großer **Parkplatz,** der für Ahrenshoop ausgewiesene Übernachtungsplatz für Wohnmobile. Ob das allgemeine Preisniveau des Ortes oder die hiesige „Beliebtheit“ von Wohnmobilen die Ursache der sagenhaften Übernachtungsgebühr von 25 € auf diesem kargen und staubigen Parkplatz ist, kann nicht sicher beurteilt werden. Dazu kommt noch in der Hauptsaison eine **Kurtaxe** von 2,50 € für alle Personen über 18 Jahre.

Sehenswertes

› **Kunstmuseum Ahrenshoop**, Weg zum Hohen Ufer 36, 18347 Ostseebad Ahrenshoop, Tel. 038220 66790, www.kunstmuseum-ahrenshoop.de, geöffnet: Di.–So. 10–17 Uhr, Eintritt: 10 € Erwachsene, 4 € Kinder. Kunstmuseum, ausgezeichnet mit verschiedenen Preisen, verschiedene Ausstellungen und Sammlungen zu Malerei, Architektur und Kunstgeschichte.

Der Kunstkaten im Zentrum Ahrenshoops

Information

› **Kurverwaltung Ahrenshoop,** Kirchnersgang 2, 18347 Ahrenshoop, Tel. 038220 666610, www.ahrenshoop.de, geöffnet: tägl. 9–17 Uhr

Parken

P **59 Park- und Übernachtungsplatz Ahrenshoop,** GPS 54.39153, 12.43929, Dorfstraße, 18347 Ahrenshoop. Der Parkplatz liegt am nördlichen Ortsausgang (Richtung Born), geöffnet: tägl., Preise: 1 €/Std., Tageskarte Parken 6 €, Übernachten 25 €. Geschotterter Großparkplatz mit WC.

Etwa 3 km nach Ahrenshoop befindet sich an der Straße in Richtung Born der schöne **Wanderparkplatz 3 Eichen.** Parken ist hier von 8 bis 20 Uhr gestattet, Übernachtungen sind verboten. Der Wanderparkplatz ist aber ein perfekter Ausgangspunkt zur Erkundung des legendären Weststrandes Darß und des 5800 ha großen Darßwaldes.

60 Wanderparkplatz 3 Eichen Darßer Wald, GPS 54.40407, 12.46810, der Parkplatz ist an der L21 etwa 3 km nach Ahrenshoop zu finden. Preise: Tageskarte Wohnmobil 6 €. Sehr großer und naturnaher Wanderparkplatz. Übernachtung verboten.

Der Darß mit Darßwald und dem Weststrand Darß

Der Darß bildet das Zentrum der Halbinsel Fischland-Darß-Zingst. Seine riesigen Waldflächen mit dem oft mannshohen Adlerfarn sind nicht selten undurchdringlich und gehören zum Nationalpark Vorpommersche Boddenlandschaft. Lange Zeit wurden sie zu den letzten Urwäldern Deutschlands gezählt und erregten das Interesse prominenter, aber nicht immer besonders weidmännischer Jäger, die für einen enormen und unnatürlichen ***Wildbestand*** *sorgten. Heute wird der Darßer Wald nicht mehr offiziell als Urwald bezeichnet, da nach den Definitionen der Vereinten Nationen die ehemalige forstliche Nutzung des Waldes zur Holzgewinnung im 20. Jahrhundert die Verwendung des Urwaldbegriffes ausschließt.*

Der durch starke Fütterung und wiederholte Aussetzung von Tieren erreichte hohe Wildbestand hatte lange Jahre große Schäden in Land- und Forstwirtschaft zur Folge. Bereits die mecklenburgischen Herzöge und später die Regierungsmitglieder der Weimarer Republik jagten hier. Der Reichsjägermeister und Kriegsverbrecher Hermann Göring ließ hier Wisente auswildern, deren letzte Exemplare 1945 in die Kochtöpfe der Soldaten der Roten Armee wanderten. In der Zeit des Nationalsozialismus unterstand das Gebiet dem Forstmeister und späteren SS-General Franz Mueller-Darß, dem der Zusatzname Darß 1944 aufgrund seiner Tätigkeit in diesem Gebiet verliehen wurde. Als Staatsjagdgebiet ausgewiesen wurde der Darß bereits 1941 und blieb es mit kurzen Unterbrechungen bis 1990, denn nach den Nationalsozialisten frönten auch die führenden Männer der DDR hier gern dem leichten Abschuss von angefüttertem Wild. Die alte Oberförsterei in Born war den Jägern aus Partei- und Staatsführung viel zu öffentlich und zu wenig repräsentativ, deshalb wurde ein Neubau versteckt im Wald errichtet. Das Gebäude der ehemaligen Inspektion Staatsjagd der DDR ist heute Sitz der Nationalparkverwaltung.

Besonders urwüchsig und ein einzigartiger Schauplatz der Kräfte der Natur ist der etwa 13 km lange ***Weststrand*** *Darß. Der Fernsehsender Arte wählte den Darßer Weststrand zu einem der 20 schönsten Strände der Welt. Spaziergänge dort lohnen sich immer. Von der Kraft des Windes und des Meeres entwurzelte Bäume liegen im nördlichen Teil des Strandes oft im Weg. Im Süden bevölkern bei Badewetter ganze Völkerscharen den hier besonders breiten Sandstrand. Die beständigen An- und Abtragungsprozesse am Strand sorgen für eine stete*

BORN

(8 km – km 48)

Als Bädertourismus und Urlaubsgäste noch keine große Rolle spielten, war Born das kleine wirtschaftliche Zentrum des Umlandes. Dafür sorgten der Hafen und die ansässige Land- und Forstwirtschaft. Hier befand sich der Sitz der Oberförsterei und damit des ehemals größten Arbeitgebers der Halbinsel. Heute noch ist im Ort der Sitz der Amtsverwaltung Darß-Fischland. Born besitzt aber keinen direkten Ostseestrand oder -zugang und geriet so in dem auf Ostseestrand fokussierten Tourismusboom der letzten 100 Jahre etwas ins Hintertreffen. Völlig zu Unrecht! Besucher profitieren heute von der Naturbelassenheit und der Ruhe dieses Ortes, herrschen doch in den Nachbarorten oft hektischer Badebetrieb und Besuchermassen. Gemütliche Ferienhäuser und Pensionen dominieren den Ort. Einen Besuch wert sind das **Darßer Sommertheater Born,** der gemütliche **Boddenhafen,** die kleine erst 1934 gebaute **Holzkirche** oder das **Forst- und Jagdmuseum.** Für Letzteres wird ein neuer Platz gesucht, um den reichen Museumsbestand besser darstellen zu können. Momentan ist es noch in

Veränderung dieser beeindruckenden Landschaft. Die starke Strömung trägt fortlaufend den Strandverlauf ab und nagte dem westlichen Darß im Laufe der Zeit bereits Hunderte Meter in östliche Richtung ab. Das 1935 in damals 200 m Abstand zum Strand errichtete Jagdhaus Hermann Görings fiel bereits der Kraft der Wellen zum Opfer.

Die Stärke der Winde an diesem Strand sorgt für eine besondere Ausbildung der Bäume in Strandnähe. Die sogenannten „Windflüchter" am Darßer Weststrand sind einzigartig. Während der Weststrand ein wildromantisches Flair verbreitet, findet man am geschützteren ***Nordstrand*** *in Richtung Prerow feinen und ruhigen Sandstrand.*

Bekannt ist auch ***Darßer Ort*** *mit seinem Leuchtturm. Darßer Ort ist die Nordspitze der Halbinsel Fischland-Darß-Zingst und trotz der abgeschiedenen Lage zählt man hier 100.000 Besucher jährlich. Der hier befindliche 35 m hohe Leuchtturm wurde 1847 erbaut und ist bis heute in Betrieb. Bei schönem Wetter kann sich dem Besucher ein Ausblick bis zur Insel Hiddensee bieten.*

Die Nationalparkverwaltung betreibt eine kleine Informationsstelle und das Meeresmuseum Stralsund informiert Besucher im interessanten NATUREUM. Alle Strände auf dem Darß sind beliebte Badestrände, dabei haben besonders die ***FKK-Anhänger*** *das Gebiet für sich entdeckt.*

Das Innere des Darßwaldes, der Weststrand und Darßer Ort können nicht mit Kfz erreicht werden. Alle Fahrzeuge ohne Sondergenehmigung müssen auf den ausgewiesenen Parkflächen an den Zugängen zum Wald oder den umliegenden Orten abgestellt werden.

Aufgrund der recht großen Entfernungen ist das Gebiet nur für geübte Wanderer zu Fuß zu durchqueren. Das Fahrrad ist hier das erste Mittel der Wahl. Fahrradverleihe sind ausreichend zu finden.

Wer nicht wandern oder radeln möchte, der kann sich auch mit einer Kutschfahrt im Kremser oder mit einem kleinen Straßenzug (www.darssbahn.de) dem Darßwald und seinen Sehenswürdigkeiten und Ausflugszielen nähern.

› ***NATUREUM Darßer Ort,*** *Darßer Ort 1–3, 18375 Born, Tel. 038233 304, www.natureum-darss.de, geöffnet: Mai, Sept., Okt tägl. 10–17 Uhr, Juni–August tägl. 10–18 Uhr, Nov.–April Mi.–So. 11–16 Uhr, Eintritt: 5 € Erwachsene, 3 € Kinder, Preise inkl. Leuchtturmbesichtigung. Sehr schöne Darstellung von Entwicklung, Flora und Fauna des Darß, Tierpräparate, Aquarien, Museumscafé*

einem Nebengebäude der alten Oberförsterei untergebracht.Angrenzend befindet sich die **Freilichtbühne Born.** Sie ist Veranstaltungsort wechselnder Vorstellungen und der Darß-Festspiele. Neu entstanden ist der **Erlebnishof Gut Darß** in Born mit Café, Hofladen, Minigolf und Kletterwald. Ausreichend Parkplätze für Wohnmobile aller Größen sind auf dem Hofgelände vorhanden.

Kostenfreie oder preiswerte **Parkmöglichkeiten** gibt es in Born ausreichend. Es gilt allerdings oft eine Beschränkung der Parkdauer. Im Hafen ist das Parken 2,5 Std. kostenfrei möglich. Born hat jedoch keinen als Übernachtungsplatz ausgewiesenen Parkplatz, sondern verweist auf die Ferienanlage Regenbogen Born 37 im Ort. Die **Kurtaxe** im Ort beträgt 2 € für Erwachsene.

Sehenswertes

› **Darßer Sommertheater Born,** Chausseestraße 90, 18375 Born, Tel. 038234 50421, www.darss.org/de/kunst-kultur/darsser-sommertheater. Mit nur 55 Plätzen in einer ehemaligen Schule eines der kleinsten Theater Deutschlands. Angeboten werden u. a. Theaterstücke, Kabarett, Musik, Lesungen und Kinderveranstaltungen. Vorstellungen nur in der Hauptsaison. Parkplatz GPS 54.38366, 12.53093.

37 Regenbogen Born

GPS 54.38413, 12.50432

Ruhig gelegene und gemütliche Ferienanlage auf der Boddenseite etwas abseits von Born, Surf- und Kiteschule, Fahrradverleih, Spielplatz. **Platzanzahl:** über 300; **Untergrund:** Schotter, Sand; fest; **Service:** Strom, Trinkwasser, Abwasser, Chemie-WC; **Sicherheit:** umzäunt, beleuchtet, bewacht; **Preise:** ab ca. 33 € Pauschale inkl. 2 Erwachsene, Kinder frei, Strom, Hund extra, Frühbucherrabatte je nach Saison bis 30 %; **Geöffnet:** April–Oktober; **Kontakt:** Nordstraße 86, 18375 Born, Tel. 038234 244, www.regenbogen.ag.

211wo-rb © Regenbogen AG

Information

› **Tourist-Information Born,** Chausseestraße 73b, 18375 Born, Tel. 038234 50421, www.darss.org, geöffnet: Mai–September Mo.–Fr. 9–18 Uhr, Sa. 10–14 Uhr, Juli–Sept. auch So. 10–16 Uhr, Oktober–April Mo.–Fr. 9–17.30 Uhr

Gastronomie

› **Walfischhaus Born,** Chausseestraße 74, 18375 Born, das Walfischhaus liegt direkt am Hafen, Tel. 038234 55786, www.walfischhaus.de, geöffnet: März–Oktober 12–22 Uhr, Mi. Ruhetag. Feine zertifizierte Bio-Küche in einem restaurierten alten und gemütlichen Kapitänshaus am Hafen.

Parken

P 61 **Parkplatz Boddenzugang Chausseestraße Born,** GPS 54.39030, 12.54892, Chausseestraße, 18375 Born, geöffnet: ganzjährig, kostenfrei. Schöner Parkplatz mit direktem Zugang zum Bodden, Picknickhütte, Übernachtung verboten.

WIECK A. DARSS

(4 km – km 52)

Wie Born liegt auch Wieck am Bodden, aber nicht an der Ostsee. Strandtourismus hat sich deshalb hier nicht entwickelt. Im Ort dominieren reetgedeckte alte Fischerhäuser, ergänzt durch einige neu errichtete Ferienhäuser. Am relativ kleinen Hafen des Ortes gibt es eine Badestelle und einen Grillplatz.

Zentrum des kleinen Ortes ist zweifellos das **Nationalparkzentrum Darßer Arche.** Hier befindet sich auch die Kurverwaltung des Ortes.

Zwischen Mai und Oktober findet mittwochs und samstags ein Biomarkt auf dem Gelände um das Nationalparkzentrum statt. Zusätzlich unterhält die Veranstaltungsreihe „Treffpunkt Arche“ in den Sommermonaten hier die Besucher mit verschiedenen Programmen.

› **Nationalparkzentrum Darßer Arche,** Bliesenrader Weg 2, 18375 Wieck a. Darß, Tel. 038233 201, www.darsser-arche.de, geöffnet: Mai–Okt. tägl. 10–17 Uhr, Nov.–April Do.–Sa. 10–16 Uhr, Eintritt: kostenpflichtig ist nur die Nationalparkausstellung, 6,50 € Erwachsene, 3,50 € Kinder. Nationalparkausstellung „Vorpommersche Boddenlandschaft" in einem schiffsähnlich geformten Holzgebäude, 500 m² Ausstellungsfläche mit Erlebnisräumen und multimedialen Ausstellungen, BIO-Café „Fernblau", Kunstausstellung in der Galerie Künstlerdeck, Parkplätze vor Ort, 3 Std. kostenfrei, GPS 54.40983, 12.58192.

Für Freunde leckerer Konfitüren, Gelees und Marmeladen lohnt sich der Besuch der **MANUFRUCTUR.**

› **MANUFRUCTUR Wieck a. Darß,** Kargweg 4, 18375 Wieck a. Darß, Tel. 038233 60609, www.darsser-manufructur-neu.de, geöffnet: Mo.–Fr. 9–16.30 Uhr. Auf traditionelle Art und Weise in kleiner Manufaktur hergestellte Konfitüren, Fruchtaufstriche, Muse, Gelees, Marmeladen und Alkoholika. Verkauf und Produktion, immer mittwochs Verkostung. Der kleine Parkplatz an der MANUFRUCTUR ist für große Wohnmobile ungeeignet. GPS 54.41163, 12.58456.

Im Ort befinden sich ausreichend kostenfreie Parkplätze. Die **Kurtaxe** beträgt 2 € für Erwachsene.

Information

› **Kurverwaltung Wieck a. Darß,** Bliesenrader Weg 2, 18375 Wieck a. Darß, im Nationalparkzentrum Darßer Arche, Tel. 038233 201, www.erholungsort-wieck-darss.de, geöffnet: Mai–Okt. tägl. 9–17 Uhr, Nov.–April tägl. 10–16 Uhr

Weiter auf der L21 erreicht man als nächstes den Ort Prerow.

PREROW

(4 km – km 56)

Sicherlich ist Prerow einer der bekanntesten Orte auf der Halbinsel Fischland-Darß-Zingst. Der Name Prerow wurde aus dem Slawischen abgeleitet und bedeutet Graben. Im Ort verlief der Prerow-Strom, der den Bodden über einen 10 km langen Durchbruch mit der Ostsee verband und Zingst von der Halbinsel Darß abtrennte. Über diese Verbindung verkürzte sich der Zugang vom Bodden zur Ostsee für den Schiffsverkehr wesentlich und neben Prerow konnte besonders die am Bodden gelegene Hafenstadt Barth in ihrer wirtschaftlichen Entwicklung von dieser Verbindung profitieren. 1872 kam es jedoch zu einer verheerenden Sturmflut, infolge derer

171wo-lr

⊡ *Dieser alte Leuchtturm ist Teil des Natureums Darßer Ort* der Ostseezugang des Prerow-Stromes versandete. Der Ort wurde durch die aus der Ostsee einbrechenden Wassermassen schwer heimgesucht und 10 Bewohner kamen ums Leben. Auf Wunsch der Bevölkerung und aus Angst vor weiteren Sturmfluten beschloss man 1874 die endgültige Zudeichung des Prerow-Stromes auf der Ostseeseite, der seither immer weiter verlandet.

Viele Jahre hatte die Seefahrt dem Ort und seinen Bewohner einen überdurchschnittlichen Wohlstand ermöglicht. Zahlreiche vermögende Kapitänsfamilien und Schiffseigner wohnten hier. Drei Werften sorgten für Arbeitsplätze, doch dem Niedergang der Segelschifffahrt und dem Bedarf an immer größeren Schiffen mit größerem Tiefgang hatte Prerow wenig entgegenzusetzen. Die hydrologischen und geografischen Verhältnisse ließen den Bau eines größeren Hafens nicht zu und die schlechte Anbindung an das Hinterland begrenzte die Transportmöglichkeiten für Waren. Zeitig setzte der Ort deshalb auf die Entwicklung des Gästebetriebes. Bereits 1878 ersuchte man die Landesregierung um die Genehmigung eines Ostseebades und schon zwei Jahre später gab es hier zwei Damenbäder und ein Herrenbad. Schnell wurden im Ort zahlreiche Hotels und Pensionen errichtet. Direkte Fährverbindungen von einer Seebrücke im Ort bis nach Dänemark und Schweden und der Anschluss an die Eisenbahnstrecke über Zingst ließen die Besucherzahlen nach dem Ersten Weltkrieg in die Höhe schnellen und ermöglichten dem Ort erneut großen Wohlstand und Arbeitsplätze. Nach dem Zweiten Weltkrieg wurde die Bahnverbindung demontiert, Gleise und Zugmaterial gingen als Reparationsleistung an die UdSSR. Die internationalen Schiffsverbindungen wurden ebenfalls eingestellt. Der Ort erlebte einen deutlichen Niedergang, bis die DDR-Führung den Inlandstourismus entwickelte.

Das berühmte Regenbogencamp Prerow, das Mallorca der Ostsee, wurde 1952 als Zeltplatz gegründet. Bis heute einzigartig ist hier die Möglichkeit, direkt in den Dünen des Ostseestrandes zu campen. Zu den Hochzeiten des Platzes bevölkerten jährlich Zehntausende Besucher den Zeltplatz. Nach 1990 wurde der Platz deutlich verkleinert, trotzdem erfreut er sich noch großer Beliebtheit, denn das Ostseeerlebnis ist nirgendwo so direkt wie in den Dünen von Prerow mit den bis zu 80 m breiten Sandstränden.

Das Ostseebad Prerow ist heute sehr modern und besucherfreundlich ausgerichtet. Anders wäre die Bewältigung des hohen Besucheraufkommens auch nicht möglich. Mittelpunkt des Strandbetriebes ist die 390 m lange Seebrücke, die heute wieder von verschiedenen Fahrgastschiffen angelaufen wird. Ab Prerow kann man mit Kutsch- und Kremserfahrten den Leuchtturm Darßer Ort erreichen. Tipps sind die **Wieland Nordische Buch-und Kunsthandlung,** der verwinkelte, enge und alte Buchladen Viktor von Stenglins mit den bis zur Decke aufgestapelten Büchern und der kleinen Galerie sowie das **Teehaus „Teeschale"** in Prerow. Das **Darß-Museum** befindet sich neben der „Teeschale". Gemütlich sitzt man auch im Café **„Café und Kultur",** dessen Wände zahlreiche Bilder schmücken, bei hausgemachten Suppen und Backwerk.

Parken ist in Prerow immer kostenpflichtig und die Gemeinde erhebt eine **Kurtaxe** von 2 € pro Erwachsenen. Das Übernachten mit dem Wohnmobil ist auf keinem Parkplatz in Prerow gestattet. Ausgewiesener Übernachtungsplatz des Ortes ist der Wohnmobilstell- und Parkplatz Strandübergang 22 Prerow-Zingst (s. S. 118).

Sehenswertes

› **Seemannskirche Prerow,** Kirchenort 2, 18375 Prerow, Tel. 038233 69133, geöffnet: tägl. 10–16 Uhr. Die älteste Kirche der Halbinsel Fischland-Darß-Zingst wurde 1726 erbaut. Im Innern kann man kunstvoll gestaltete Grabsteine der Kapitänsgräber, einen spätbarocken Kanzelaltar, ein Taufbecken, Modellschiffe und Gemälde sehen. Veranstaltungsort für Konzerte und Kunstausstellungen. Kleiner kostenfreier Parkplatz GPS 54.44694, 12.58321

38 Regenbogen Prerow

GPS 54.45191, 12.55465

Sehr große Ferienanlage mit umfassender Ausstattung, Kinderanimation, Veranstaltungen, Gastronomie. **Lage/Anfahrt:** Die Anfahrt zur Ferienanlage führt durch den Ort Prerow; **Platzanzahl:** über 500; **Untergrund:** Wiese, Sand; fest; **Service:** Strom, Trinkwasser, Abwasser, Chemie-WC; **Sicherheit:** umzäunt, beleuchtet, bewacht; **Preise:** ab 44 € Pauschale inklusive 2 Erwachsene und alle Kinder, Strom extra, Frühbucherrabatte je nach Saison bis 30 %; **Geöffnet:** ganzjährig; **Kontakt:** Bernsteinweg 4-8, 18375 Prerow, Tel. 038233 69351, www.regenbogen.ag.

212wo-rb © Regenbogen AG

- **Darß-Museum Prerow,** Waldstraße 48, 18375 Prerow, Tel. 038233 69750, www.foerderverein-darss-museum.de geöffnet: Mai-Okt. Di.-So. 10-18 Uhr, Nov.-März Fr.-So. 13-17 Uhr, April Mi.-So. 10-17 Uhr, Eintritt: 3,50 € Erwachsene, 1,50 € Kinder. 1953 gegründetes Landschafts- und Heimatmuseum. Ausstellungen zu Geschichte, Fischerei und heimischer Flora und Fauna.

Information

- **Kurverwaltung Prerow,** Gemeindeplatz 1, 18375 Prerow, Tel. 038233 6100, www.ostseebad-prerow.de, geöffnet: Mo.-Fr. 9-18 Uhr, Sa./So. 10-16 Uhr

Gastronomie

- **Teeschale Prerow,** Waldstraße 50, 18375 Prerow, www.teeschale.de, Tel. 038233 60845, geöffnet: Di.-So. 12-20 Uhr. Teestube und Laden in einem alten reetgedeckten Fischerhaus von 1850.
- **Café und Kultur „Kiek in" Prerow,** Waldstraße 42, 18375 Prerow, Tel. 0157 34488514, geöffnet: tägl. 11-20 Uhr. Liebevoll eingerichtetes Café, in dem hausgebackene Kuchen, Waffeln sowie Suppen und kleine Snacks inmitten ausgestellter Kunst angeboten werden.

Einkaufen

- **Wieland Nordische Buch-und Kunsthandlung Prerow,** Bernsteinweg 2, 18375 Prerow, Tel. 038233 282, geöffnet: Mo.-Fr. 9-18 Uhr. Sehr alter, kleiner und verwinkelter Buchladen „wie in guter alter Zeit" in einem alten Holzhaus.

Parken

P 62 Parkplatz Strand Prerow, GPS 54.45191, 12.55465, Bernsteinweg, 18375 Prerow, geöffnet: ganzjährig, Preise: 1 €/Std., Tageskarte 6 €. Großer kostenpflichtiger Strandparkplatz.

P 63 Parkplatz Hafen Prerow, GPS 54.44438, 12.58385, Krabbenort, 18375 Prerow, am Ortseingang. Großer, unbefestigter Parkplatz, 0,50 €/Std., Tageskarte 3,50 €, gegenüber der Schiffsanlegestelle für Boddenrundfahrten, WC und Dusche ca. 100 m, Übernachtung verboten.

Zwischen Prerow und Zingst folgt die Straße parallel zum Küstenverlauf. Hier befinden sich verschiedene Badeparkplätze, die außerhalb der Saison nicht bewirtschaftet werden. Alle Parkplätze entlang der Straße bis zum Strandübergang 22 kurz vor Zingst wurden jedoch für Wohnmobile gesperrt. Außerhalb der Saison wird das Verbot aber kaum durchgesetzt. Der **Wohnmobilstell-**

und Parkplatz Strandübergang 22 Prerow-Zingst wäre die einzige formelle Möglichkeit für Wohnmobile, um in Strandnähe zwischen Prerow und Zingst zu übernachten.

S 64 **Wohnmobilstell- und Parkplatz Strandübergang 22 Prerow-Zingst,** GPS 54.44810, 12.60548. Langgezogener Strandparkplatz mit ausgewiesener Übernachtungsmöglichkeit für Wohnmobile. Übernachtungsplatz für Wohnmobile der Seebäder Prerow und Zingst. Außerhalb der Saison kostenloses Parken möglich. Platzanzahl: über 20; Untergrund: Wiese; fest; Preise: Übernachtungspreis Wohnmobil Mai–Sept. 20 €, Okt.–April 10 €, Parken Tageskarte 6,50 €; Geöffnet: ganzjährig.

ZINGST

(7 km – km 63)

Der Zingst ist der etwa 20 km lange östliche Teil der Halbinsel Fischland-Darß-Zingst, der vor dem Verschluss des Prerow-Stromes eine Insel war. Er ist namensgebend für das Ostseebad Zingst. Heute ist der Zingst auf dem Landweg über Prerow oder aus südlicher Richtung über die Meiningenbrücke erreichbar. Der Oststeil des Zingst gehörte seit 1290 der Hansestadt Stralsund, die ihn überwiegend landwirtschaftlich nutzte. Wie in den anderen Gemeinden der Halbinsel Fischland-Darß-Zingst auch spielten über Jahrhunderte Seefahrt und Fischfang für den Ort Zingst und seine Bewohner die entscheidende Rolle. Der Umschlag und der Schiffstransport von Holz und Getreide bis nach Skandinavien sorgten für Wohlstand. Auf verschiedenen Werften im Ort wurden zahlreiche Segelschiffe gebaut. Die Landwirtschaft warf allerdings aufgrund der salzigen Wiesen und kargen Vegetation nur geringe Erträge ab.

Das Ende der Segelschifffahrt und der Getreidezoll, der 1879 von Reichskanzler Bismarck eingeführt wurde, läuteten auch das Ende dieses für Zingst und seine Bewohner goldenen Zeitalters ein. Die Bevölkerungszahl sank bis 1912 um 50 Prozent. Nur zögernd gelang es in jenen Jahren, neue Erwerbsmöglichkeiten im beginnenden Badebetrieb zu schaffen. Erst der Bau der Meiningenbrücke ab 1908 und die Eröffnung der Bahnverbindung nach Barth beflügelten den Anstieg der Gästezahlen nachhaltig. Der Zweite Weltkrieg unterbrach diese Entwicklung und großen wirtschaftlichen Schaden verursachte der Rückbau der Bahnlinie, die als Reparationsleistung an die UdSSR übergeben werden musste. Dadurch war Zingst anschließend nur noch im Busverkehr oder mit privaten Kfz erreichbar.

Außerdem waren Teile von Zingst militärisches Sperrgebiet, denn schon seit den 1940er-Jahren war Zingst ein bedeutender Militärstandort, dessen Einrichtungen nach dem Zweiten Weltkrieg von der Roten Armee und später der NVA der DDR übernommen wurden. Die NVA unterhielt hier bis 1990 den größten Flakschießplatz der DDR und Truppenteile aus dem ganzen Land reisten für Übungen nach Zingst. Die Gründe für die jahrzehntelange intensive militärische Nutzung lagen in der abgeschiedenen Lage und der dünnen Besiedlung dieses Teils der Halbinsel. Die Wehrmacht errichteten vor dem Zweiten Weltkrieg einen großen Bombenabwurfplatz, auf dem Schiffsmodelle in Originalgröße als Ziele errichtet wurden. Später kamen ein Flakschieß- und ein Flugplatz dazu, weiträumige Kasernenanlagen entstanden. Kriegsgefangene produzierten Flugzeugteile für die Heinkelwerke Rostock. Die in diesen Bereichen ansässige Bevölkerung wurde zwangsumgesiedelt. Öffentlich relativ unbekannt ist der wissenschaftliche Raketenstartplatz Zingst innerhalb der militärischen Sperrgebiete. Hier wurden ab 1970 zivile wissenschaftliche Höhenforschungsraketen gestartet, die Höhen von bis zu 80 km

Das Zingster Kurhaus direkt an der mit Skulpturen verzierten Seebrücke beherbergt auch die Informationsstelle der Kurverwaltung und ein schönes Restaurant

038wo-lr

erreichten. Militär und Wissenschaft schossen und starteten in Richtung See, weshalb Geschosse, Raketen und Bomben bzw. deren Reste in großer Anzahl im Wasser vor der Küste des Zingst liegen. Der Nationalpark Vorpommersche Boddenlandschaft hat 1992 den Großteil der ehemals militärisch genutzten Flächen übernommen. Die Kasernenanlagen wurden abgerissen, die ehemalige militärische Nutzung ist kaum noch erkennbar.

In den **Sundischen Wiesen,** etwa 100 m vom Hotel „Schlösschen" entfernt, unterhält der Nationalpark heute eine täglich ab 10 Uhr geöffnete Informationsstelle mit wechselnden Ausstellungen. Bis zum Hotel „Schlösschen" ist die Durchfahrt noch mit Kraftfahrzeugen möglich. Weiter geht es hier nur zu Fuß oder mit dem Fahrrad. Von Zingst zum Hotel/Parkplatz führt eine 8 km lange asphaltierte Straße über Müggenburg. Unterwegs passiert man einen unbefestigten kostenfreien Wanderparkplatz im Osterwald, einem 800 ha großen und sehr feuchten urwaldähnlichen Waldgebiet.

65 Wanderparkplatz Osterwald, GPS 54.41866, 12.77239

Das Hotel ist in Zingst ausgeschildert oder man folgt der Beschilderung in Richtung Nationalpark/Prahmort. Am Hotel „Schlösschen" befinden sich ein Parkplatz und ein Fahrradverleih. Im gesamten Nationalpark ist das Übernachten auf allen ausgewiesenen Parkmöglichkeiten verboten und wird bei Kontrollen mit Bußgeldern belegt.

P 66 Parkplatz Sundische Wiesen, GPS 54.43213, 12.80225, Landstraße 19, 18374 Zingst. Großer, aber in der Saison trotzdem immer sehr stark belegter unbefestigter Parkplatz neben dem Hotel „Schlösschen", beliebter Ausgangspunkt für Wanderungen und Fahrradtouren im Nationalpark, Nationalpark-Information 100 m entfernt, Fahrradverleih vor Ort, Restaurant und Biergarten im Hotel „Schlösschen", Übernachtung verboten, Tageskarte 5 €.

In den 1960er-Jahren setzte ein erneuter Aufschwung des Tourismus ein. Die DDR hatte den Ort als Ferienort wiederentdeckt. Nach 1990 begann ein großer Bauboom, zahlreiche Hotels, Pensionen und Ferienhäuser entstanden, die das Erscheinungsbild des Ortes stark verändert haben.

Zingst

Schöne **Wander- und Radwege** bis zum Prahmort im äußersten Osten der Halbinsel laden heute zum Erkunden des Zingst ein. Der Zingst ist aber sehr weitläufig und man sollte die Entfernungen nicht unterschätzen. Selbst vom Parkplatz Sundische Wiesen beträgt die Entfernung bis Prahmort noch 8 km. Für Besucher mit dem Wohnmobil stehen verschiedene **Park- und Übernachtungsmöglichkeiten** zur Verfügung. Der Ort organisiert ein umfangreiches Veranstaltungsangebot und zahlreiche Gaststätten, Freizeitmöglichkeiten, der Hafen oder das **Heimatmuseum** laden zum Besuch ein. Für Familien mit Kindern ist ein Aufenthalt im **Experimentarium** lohnenswert.

Das Ostseebad erhebt eine **Kurtaxe** von 2,80 € für Erwachsene, 1,40 € für 16–17-Jährige und für Hunde 1 € täglich.

Im schön gestalteten Hafen von Zingst auf der Boddenseite ist das Parken nur für Pkw gestattet. Somit ist die Nutzung der vorhandenen WC und Duschen am Hafenparkplatz für Wohnmobilisten leider schwierig.

Sehenswertes

› **Heimatmuseum und Kapitänshaus Haus Morgensonne Zingst,** Strandstraße 1, 18374 Zingst, Tel. 038232 15561, www.museum-zingst.de, geöffnet: April–Okt. tägl. 10–18 Uhr, Nov.–März Do.–Di. 10–16 Uhr, Eintritt: 5 € Erwachsene, Kinder frei. Liebevoll gestaltete Ausstellungen zur Geschichte

des Ortes, zum Leben und der Seefahrt in Zingst in einem alten Kapitänshaus von 1867. Diverse Veranstaltungen im Museumshof, Bio- und Erlebnismarkt, Jazz- und Bluestage, Erntedank- und Adventfest.

Information

› **Kurverwaltung Zingst,** Seestraße 57, Zingst, Tel. 038232 81580, www.zingst.de, geöffnet: tägl. 9–21 Uhr

Aktivität

› **Experimentarium Zingst,** Seestraße 76, 18374 Zingst, www.experimentarium-zingst.de, Tel. 038232 84678, geöffnet: Juli–August tägl. 10–18 Uhr, in den anderen Monaten nur 10–16 Uhr und Mo. geschlossen, Eintritt: 6 € Erwachsene, 4,50 € Kinder. Schön gestaltetes und interessantes Experimentier- und Bastelzentrum für die ganze Familie, wechselnde Ausstellungen.

39 Campingplatz Am Freesenbruch Zingst

GPS 54.44050, 12.66044

Großer Campingplatz mit Restaurant, Spielplatz, Animation, Fahrradverleih. **Lage/Anfahrt:** Zufahrt ist in Zingst ausgeschildert; **Platzanzahl:** über 300; **Untergrund:** Schotterrasen, Wiese; fest; **Service:** Strom, Trinkwasser, Abwasser, Chemie-WC; **Sicherheit:** umzäunt, beleuchtet, bewacht; **Preise:** komplexes Preissystem mit diversen Saisonzeiten; **Geöffnet:** ganzjährig; **Kontakt:** Am Bahndamm 1, 18374 Zingst, Tel. 038232 15786, www.camping-zingst.de.

40 Wohnmobilstellplatz Wassersportzentrum Zingst

GPS 54.44037, 12.70746

Großes Wiesengelände mit ausgewiesenem Wohnmobilstellplatz, Übernachtungsplatz für Wohnmobile des Ostseebades Zingst. **Platzanzahl:** über 30; **Untergrund:** Wiese; **Service:** Strom, Trinkwasser, WC/Duschen; **Preise:** 20 €/Fahrz. Übernachtung, Parken für Strandbesuch ab 6 €; **Geöffnet:** ganzjährig; **Kontakt:** Wassersportzentrum Zingst „Kitecamp“, Seestraße, 18374 Zingst, Tel. 038232 20869.

41 Campingplatz Wellnesscamp Zingst

GPS 54.43666, 12.70606

Sehr großer, hervorragend ausgestatteter Campingplatz mit Schwimmbad, Sauna, Animation, Gastronomie, TV-Anschluss. Die Nutzung von Sauna und Schwimmhalle ist im Preis enthalten. **Platzanzahl:** über 400; **Untergrund:** Asphalt, Schotterrasen, Wiese; fest; **Service:** Strom, Trinkwasser, Abwasser, Chemie-WC; **Preise:** ab ca. 40 € inkl. 2 Pers. u. Fahrz.; **Geöffnet:** ganzjährig; **Kontakt:** Inselweg 9, 18374 Zingst, Tel. 038232 17617, www.wellness-camp.de. Auch als „Düne 6“ ausgeschildert.

42 Campingplatz Naturdüne Zingst

GPS 54.44112, 12.72575

Neu gestalteter Campingplatz auf Wiesengelände in Strandnähe. **Lage/Anfahrt:** der Seestraße in Richtung Ostseeklinik Zingst folgen, Zufahrt „Müggenburg“, Campingplatz befindet sich etwa 500 m hinter der Ostseeklinik; **Platzanzahl:** über 100; **Untergrund:** Wiese; **Service:** Strom, Trinkwasser; **Sicherheit:** umzäunt, beleuchtet; **Preise:** ab ca. 30 €/Fahrz. inkl. 2 Personen; **Geöffnet:** März–Oktober und Silvester; **Kontakt:** Straminke 5, 18374 Zingst, Tel. 038232 175657, www.naturduene.de, Anmeldung außerhalb der Saison unter Tel. 0341 26827919.

Zingst kann in südlicher Richtung nur entlang der alten Meiningenbrücke verlassen werden. Der markante und drehbare Stahlträgerbau wurde 1908 begonnen und 1912 vollendet. Die Brücke hat eine Gesamtlänge von 470 m. Über die Brücke führten bis 1947 die Gleise der **Darßbahn** zwischen Barth, Zingst und Prerow. Nach dem Rückbau der Bahn als Kriegsreparationsleistung wurde sie als Autobrücke genutzt. Allerdings war auf der schmalen Brücke nur Platz für eine Autospur. Zur Entlastung der Brücke aufgrund des enorm wachsenden Urlauberverkehrs wurde durch Soldaten der NVA im Jahr 1980 eine 135 m lange Schwimmbrücke auf Pontons errichtet.

Seit Jahren wird darüber gestritten, die Darßbahn wieder in Betrieb zu nehmen. Während das Vorhaben von Politik und Tourismuswirtschaft unterstützt wird, regt sich starker Widerstand in Anwohnerkreisen. Im August 2020 hat die Landesregierung nun den Neubau der Darßbahn für ca. 115 Mio. € beschlossen. Verläuft das weitere Verfahren erfolgreich, könnte die Bahn 2027 wieder in Betrieb gehen. Im Bereich der Meiningenbrücke wurde bereits eine neue Klappbrücke für den Kfz-Verkehr errichtet. Damit wäre die alte Meiningenbrücke wieder frei für den Bahnbetrieb.

Die gegenwärtig existierenden Brückenverbindungen werden momentan im Sommer täglich 7.45, 9.45, 17.45 und 20.45 Uhr für etwa 15 Minuten geöffnet, um dem Schiffsverkehr die Durchfahrt zu ermöglichen. Im Winter gelten andere Öffnungszeiten. An verschiedenen Stellen auf der Halbinsel Fischland-Darß-Zingst und auf dem Festland befinden sich große Informationstafeln, auf denen die Brückenöffnungszeiten dargestellt sind. Da sich die Öffnungszeiten schnell ändern können, empfiehlt es sich, bei Vorbeifahrt einen Blick auf die angezeigten Öffnungszeiten der Brücken zu werfen.

ROUTE 5

VINETA, KRANICHE UND DAS TOR ZUR INSEL RÜGEN – VIELFALT AUF DEM FESTLAND

198wo-lr

⊠ *Kapitelstartseite: Wanderung in Barhöft (s. S. 133), das Teil des Nationalparks Vorpommersche Boddeenlandschaft ist*

216wo-lr

ROUTENÜBERSICHT

Strecke:
Barth (s. S. 126) – **Groß Kordshagen** (10 km, s. S. 129)– **Groß Mohrdorf** (11 km, s. S. 132) – **Klausdorf** (5 km, s. S. 133) – **Abstecher nach Barhöft** (hin und zurück etwa 8 km, s. S. 133) – **Prohn** (5 km, s. S. 135) – **Stralsund** (6 km, s. S. 136)

Streckenlänge:
ohne Abstecher ca. 37 km
mit Abstecher ca. 45 km

⌃ *Die Kranichbeobachtungshütte in Bisdorf (s. S. 132) ist nur zu Fuß oder per Fahrrad erreichbar*

Barth steht am Beginn der Tour und macht seinem Beinamen als Vinetastadt vor allem durch seine Theateraufführungen im Rahmen der Vineta-Festspiele alle Ehre. Anschließend steht „Kranichgucken" auf dem Programm, denn entlang der Route gibt es immer wieder Aussichtspunkte, um die Kraniche zu beobachten, und ein Informationszentrum zu diesen Vögeln in Groß Mohrdorf. Der Hafen von Barhöft war einst militärisches Sperrgebiet. Heute erwarten Fischer mit frischem Fang dort ihre Kundschaft. Die Hansestadt Stralsund stellt mit dem Ozeaneum und anderen Museen das Leben am und mit dem Meer in den Mittelpunkt. Überall atmet die Stadt Geschichte, z. B. in den großen Kirchen oder den Giebelhäusern am Markt.

Zwischen Zingst und Barth finden Wohnmobilisten das **Naturcamp in Pruchten** (43) und den **Campingplatz Bodstedt** (44). Pruchten wird von Zingst kommend direkt auf der Landesstraße 21 durchfahren. Der Campingplatz ist ausgeschildert. Um nach Bodstedt zu gelangen, muss man an der Kreuzung L21/L211 ca. 1,3 km nach Pruchten in Richtung Bodstedt/Fuhlendorf nach rechts abbiegen. Bodstedt wird dann nach 3,5 km erreicht. Dort ist der Campingplatz ausgeschildert.

(43) Campingplatz Naturcamp Pruchten

GPS 54.37949, 12.66179

Schöner Campingplatz mittlerer Größe auf Wiesengelände mit zusätzlichem externem Wohnmobilhafen. Minimarkt, Gaststätte, Kino, Fahrradverleih am Platz. **Lage/Anfahrt:** ab Pruchten der Ausschilderung folgen; **Platzanzahl:** über 100; **Untergrund:** Wiese; fest; **Service:** Strom, Trinkwasser, Abwasser, Chemie-WC; **Sicherheit:** umzäunt, beleuchtet, bewacht; **Preise:** 12,80 €/Fahrz., 7,50 €/Pers., 4,50 € Kind, 3,50 € Hund, 3 € Strom; **Geöffnet:** April–Oktober; **Kontakt:** Am Campingplatz 2, 18356 Pruchten, Tel. 038231 2045, www.naturcamp.de.

(44) Campingplatz Bodstedt

GPS 54.37026, 12.61683

Familiärer Campingplatz auf Wiesengelände mit Baumbestand. Imbiss und Miniladen am Platz. **Lage/Anfahrt:** in Ortslage Bodstedt auf Campingplatz abbiegen, ausgeschildert; **Platzanzahl:** über 50; **Untergrund:** Wiese; fest; **Service:** Strom, Trinkwasser, Abwasser, Chemie-WC; **Sicherheit:** umzäunt, beleuchtet, bewacht; **Preise:** 8 €/Fahrz., 6 €/Pers., 4 € Kinder, 3 € Strom, 1,50 € Hund; **Geöffnet:** April–September; **Kontakt:** Damm 43, 18356 Bodstedt, Tel. 038231 4226, Mobil 0170 9771517, www.campingplatz-in-bodstedt.de.

Interessante Holzskulptur im Hafen von Barth, im Hintergrund die Außenstelle der Barth Information

BARTH

Bis heute sind die Ursprünge der Stadt Barth nicht endgültig geklärt. Historisch belegt ist, dass im 13. Jahrhundert hier zwischen zwei slawischen Fischerdörfern eine Marktsiedlung bestand, die 1255 das Stadtrecht erhielt. Seit 1369 gehört Barth zu Pommern, 1582 wurde hier von Herzog Bogislaw XIII. eine „Fürstliche Hofdruckerei" gegründet. Aus dieser ging die berühmte Barther Niederdeutsche Bibel, die erste in Pommern gedruckte Bibel in der niederdeutschen Übertragung des Luthertextes, hervor. Ein Exemplar dieser Bibel kann noch heute in der Erlebnisausstellung des **Niederdeutschen Bibelzentrums St. Jürgen** in der Sundischen Straße betrachtet werden.

Im 16. und 17. Jahrhundert bestimmten Krieg, Epidemien, Sturmfluten und Brände das Leben in der Stadt. Neben dem Brauereiwesen gewann in Barth der Schiffbau zunehmend an Bedeutung, sodass 1872 schon fünf Werften und 18 Reedereien existierten. Von 1683 bis 1924 wurden in Barth an der Königlichen Navigationsschule Steuerleute und Kapitäne ausgebildet. Gegen Ende des 19. Jahrhunderts wurde aus der Stadt eine regionales Industriezentrum, denn u. a. wurden hier eine Eisengießerei, eine Maschinenfabrik, eine Zuckerfabrik und eine Dampfmühle errichtet. 1888 bekam die Stadt einen Bahnanschluss.

Das Bild der Stadt änderte sich 1936 mit dem Bau eines Flugplatzes und des Einzuges einer Flieger- und Flakgarnison. Während des Zweiten Weltkrieges produzierten hier viele Betriebe Kriegsgüter. Ab 1940 gab es das Kriegsgefangenenlager Stalag Luft I, in das bis Kriegsende 10.000 Angehörige der Royal Air Force und der US Air Force nach ihrer Gefangennahme überführt wurden. Außerdem befand sich ab November 1943 ein Außenlager des KZ Ravensbrück auf diesem Gelände. 7000 Frauen aus 21 Nationen waren gezwungen, im Heinkel-Flugzeugwerk zu arbeiten.

042wo-lr

Zu DDR-Zeiten entwickelte sich Barth wieder zu einer Industriestadt, war aber gleichzeitig ein gefragter Urlaubsort für die DDR-Bevölkerung. In Barth besann man sich auf seine mittelalterlichen Wurzeln und im Zuge dessen wurden das Adlige Fräuleinstift rekonstruiert und archäologische Untersuchungen auf dem Marktplatz und am Fischertor durchgeführt. Die Stadtbesichtigung sollte man am **Markt** beginnen. Hier ragt die **St.-Marien-Kirche** empor, die um 1300 gebaut wurde. Ihr Kirchturm ist das höchste Bauwerk in weitem Umkreis und diente jahrhundertelang als Seezeichen. Die Kirche kann heute mit einer Besonderheit aufwarten. Der Berliner Orgelbauer Buchholz schuf eine Orgel von besonderer Klangschönheit. Die Kirche ist täglich geöffnet, für eine Besteigung des Kirchturms muss man sich im Nachbarhaus melden. Ebenfalls am Markt steht das denkmalgeschützte Haus mit der Nr. 2, in dem 1800 der Schwedenkönig Gustav IV. von der Barther Bürgerschaft empfangen wurde. Außerdem kann man in der Stadt noch einen Blick auf den Dammturm und den Fangelturm werfen.

Seit 1998 darf sich Barth **Vinetastadt** nennen, da Wissenschaftler des Berliner Museums für Vor- und Frühgeschichte vermuten, dass sich Vineta, das „Atlantis des Nordens“, im Bodden vor Barth befand. In Anlehnung an diese Theorie gibt es in der Stadt ein **Vineta-Museum,** das sich in einem ehemaligen Kaufmannshaus aus dem 18. Jahrhundert befindet. Die Stadt Barth ließ sich den Begriff Vinetastadt beim deutschen Patentamt schützen. Barth hat sich in den letzten Jahren zu einem sehr ansprechenden Städtchen mit verschiedenen Einkaufs- und Unterhaltungsangeboten entwickelt, dessen Besuch sich lohnt.

Das Leben spielt sich in Barth hauptsächlich am Hafen ab, der ab 1990 neu gestaltet wurde. Hier finden im Sommer viele Veranstaltungen statt, die Menschen flanieren auf der Promenade und es finden sich dort mehrere Gaststätten. Unweit des Hafens befindet sich in der Hafenstraße 24 ein **Windjammermuseum,** in dem Kapitänsbilder, Schiffsdioramen, Schiffsporträts und Modelle gezeigt werden.

Im Jahre 1999 entstand im Kulturhaus der alten Zuckerfabrik die **Barther Boddenbühne,** eine der Spielstätten der Vorpommerschen Landesbühne Anklam GmbH.

Sehenswertes

- **Vineta-Museum Barth,** Lange Straße 16, 18356 Barth, Tel. 038231 81771, www.vineta-museum.de, geöffnet: Di.–Fr. 10–17 Uhr, So. 11–17 Uhr, Eintritt: 5 € Erwachsene, 4 € ermäßigt, 3 € Schüler, 12 € Familienkarte. Neben Informationen zur Stadtgeschichte befindet sich im dritten Geschoss eine umfangreiche Vineta-Ausstellung, das Kellergewölbe wurde zu einer Taucherglocke umgestaltet, wechselnde Ausstellungen werden angeboten.
- **Barther Boddenbühne,** Trebin 35A, 18356 Barth, Tel. 03971 2688800 (Kartenbestellung), www.vorpommersche-landesbuehne.de. Das kleine Theater im ehemaligen Kulturhaus der Zuckerfabrik wird durch die Vorpommersche Landesbühne in Anklam bespielt. Der Spielplan ist interessant und abwechslungsreich gestaltet. Spielzeiten und Eintrittspreise je nach Aufführung im aktuellen Spielplan ersichtlich.
- **Windjammermuseum Barth**, Hafenstraße 22, 18356 Barth, www.windjammer-museum.de, Tel. 038231 400140, geöffnet: Nov.–März Sa./So. 11–17 Uhr, April.–Okt. tägl. 10–18 Uhr, Eintritt: 6 € Erwachsene, 3 € Kinder. Das Museum zeigt eine Sammlung von Schiffsporträts, Kapitänsbildern, Schiffsdioramen.

Information

- **Barth Information,** Markt 3/4, 18356 Barth, Tel. 038231 2464, www.stadt-barth.de, geöffnet: Mo.–Fr. 10–13 Uhr und 14–18 Uhr, Sa. 10–14 Uhr. U. a. Verkauf von Karten für die Boddenbühne, eine zweite Informationsstelle befindet sich im Hafen.

Parken

P 67 Parkplatz Barthestraße Barth, GPS 54.36834, 12.71620, Barthestraße, 18356 Barth, ausgeschildert als Parkplatz Reserve, kostenfrei. Großer Parkplatz, von hier Hafen und Museum fußläufig in 800 m erreichbar.

Sonstiger Stellplatz

S 68 Wohnmobilstell- und Parkplatz Am Osthafen Barth, GPS 54.36928, 12.73250. Etwa 300 Meter vom Hafen entfernt, gut geeignet als Ausgangspunkt für Theater- und Museumsbesuch, Dusche und WC am Hafen. Lage/Anfahrt: zentrumsnah; ausgeschildertem Hinweis Zuckerfabrik oder Hafen Ost folgen; Platzanzahl: über 10; Untergrund: Pflaster; Service: Strom; Preise: 12 €/Fahrz., Strom 0,50 €/kWh; Geöffnet: ganzjährig; Kontakt: Osthafen 1, 18356 Barth.

45 Wohnmobilstellplatz „Am Westhafen“ Barther Segelverein e. V.

GPS 54.37185, 12.72428

Direkt am Wasser, sehr schön angelegt, mit guten Sanitäranlagen. **Lage/Anfahrt:** am Hafen Barth, ausgeschildert Hafen West; **Platzanzahl:** 25, davon 8 direkt am Wasser; **Untergrund:** Wiese; **Service:** Strom, Trinkwasser, Abwasser, Chemie-WC; **Sicherheit:** umzäunt; **Preise:** ab 12 € pro Stellplatz, alles andere kostet extra; **Geöffnet:** April–Oktober; **Kontakt:** Am Westhafen, 18356 Barth, Tel. 038231 82021.

233wo-as©LianeM – stock.adobe.com

46 Wohnmobilstellplatz Yacht Service Barth

GPS 54.37054, 12.72233
Wohnmobilstellplatz auf dem Geländes des Yacht Service im Hafen Barth direkt am Wasser. **Lage/Anfahrt:** Ausschilderung zum Hafen folgen; **Platzanzahl:** über 30; **Untergrund:** Wiese; **Service:** Strom, Trinkwasser, Abwasser, Chemie-WC; **Sicherheit:** umzäunt, beleuchtet; **Preise:** je nach Fahrzeuglänge ab 16 € inkl. Strom; **Geöffnet:** April–Oktober; **Kontakt:** Hafenstraße 28, 18356 Barth, Tel. 038231 27400, www.barther-yacht-service.de/ueber-uns/caravan-stellplaetze

Die Route folgt der Landesstraße 21 (Sundische Straße in Barth, ausgeschildert Richtung Stralsund) in Richtung Groß Kordshagen/Martensdorf.

Etwa 5 km nach Barth, zwischen den sehr kleinen Dörfern **Zipke** und Flemendorf, befindet sich auf der rechten Straßenseite der sehr schön gestaltete **Wanderparkplatz Uns Kranichutkiek** mit Picknick- und Grillecke sowie einer hölzernen Vogelbeobachtungsplattform, von der im Frühjahr und im Herbst die Kraniche beobachtet werden können.

69 Uns Kranichutkiek, GPS 54.33780, 12.79336. Wanderparkplatz mit Plattform zur Beobachtung der abendlichen Kranichüberflüge zu ihren Schlafplätzen, Picknickplatz, Übernachtung möglich.

Barth aus der Vogelperspektive mit der St.-Marien-Kirche im Vorder- und dem Hafen im Hintergrund

In **Flemendorf** steht die St.-Marien-Kirche aus dem 14. Jh. Auffallend an der alten roten Backsteinkirche ist der fehlende Kirchturm. Die Kirche besitzt nur einen kleinen angedeuteten Turmaufsatz an der Stirnseite, der jedoch den Kirchenchor nicht überragt. Der Innenausbau des Kirchenchores stammt aus diversen Epochen zwischen 1500 und 1853.

GROSS KORDSHAGEN

(10 km – km 10)

Groß Kordshagen ist ein sehr langgestrecktes Straßendorf. Einen Besuch lohnt das **Café Olsen** an der Hofallee 6 im Alten Gutshaus, das 1870 erbaut wurde. Seit 1997 wird es von der Familie Struß im Stil des vergangenen Jahrhunderts rekonstruiert und es wurde ein Café eröffnet. Spezialität des Hauses ist der selbstgebackene Kuchen und v. a.

der Baumkuchen. Angeschlossen ist auch ein Hofladen. Direkt vor dem Gutshof sind ausreichend Parkplätze vorhanden. (GPS 54.33301, 12.84314).

› **Cafe Olsen Groß Kordshagen,** Gutshaus, Hofallee 6, 18442 Groß Kordshagen, Tel. 038231 77782, www.cafe-olsen.de, geöffnet: April–Juni Sa., So. und Feiertage 14–18 Uhr, Juli–Oktober täglich außer Di. u. Mi. 14–18 Uhr, November–März geschlossen. Im Angebot sind hausgebackener Kuchen (Spezialität Baumkuchen), Kaffee- und Teespezialitäten.

Nach etwa 2 km Fahrt auf der asphaltierten Alleenstraße hinter Groß Kordshagen biegt die Route nach links in Richtung Günz/Altenpleen ab (Landesstraße 213).

Fährt man die Landesstraße an diesem Abzweig weiter geradeaus, erreicht man Duvendiek und den Campingplatz Naturcamp 2 Birken 47.

47 Naturcamp 2 Birken Duvendiek

GPS 54.33941, 12.94094

Sehr schön gestalteter, ruhiger Campingplatz mit zusätzlichen Womostellplätzen vor dem Eingang, Streichelzoo, Reiterhof, Café. **Lage/Anfahrt:** Etwas abseits des kleinen Ortes Duvendiek, gut ausgeschildert; **Platzanzahl:** über 30; **Untergrund:** Wiese, Pflaster, Schotter; **Service:** Strom, Trinkwasser, Abwasser, Chemie-WC; **Preise:** Pauschale 20,60 € Fahrz. inkl. 2 Personen, 4 € Erwachsene, 3 € Kind, 2,50 € Hund, 3 € Strom; **Geöffnet:** ganzjährig; **Kontakt:** Kranichblick 11, 18442 Duvendiek, Tel. 038321 60128, Mobil 0177 6841222, www.naturcampzudenzweibirken.de.

Auf die schön asphaltierte Landesstraße 213 folgt ab Buschenhagen leider eine Plattenstraße. Hier befindet man sich bereits mitten im Kranich- und Vogelschutzgebiet. Vor allem im Herbst kann man oft riesige Kranichschwärme rechts und links der Straße auf den Wiesen sehen. Zwischen **Buschenhagen** und **Günz** wurde zwischen der Straße und dem Günzer See eine Ablenkfütterung für Kraniche eingerichtet, damit die Vögel auf den umliegenden landwirtschaftlichen Flächen nicht so viel Schaden anrichten. Außerdem befindet sich hier das schön gestaltete **„Kranorama“**, eine Beobachtungs- und Informationsstelle.

› **Kranorama „Am Günzer See“,** Ablenkfütterung organisiert durch Landwirtschaftsbetriebe und Naturschutzorganisationen, befestigter Parkplatz, Beobachtungsplattform, Sitz- und Picknickmöglichkeiten, Informationstafeln, geöffnet tägl. 9.30–18 Uhr, kostenfreier Eintritt, Übernachtung möglich, GPS 54.36522, 12.90806

Nach der Durchfahrung von Günz folgt man der Straße am nächsten Abzweig in Richtung Groß Mohrdorf. Nach dem Abzweig fallen dem aufmerksamen Beobachter linker Hand Betonflächen und in einiger Entfernung Bunkeranlagen auf. Mitten im heutigen Vogelschutzgebiet befand sich zwischen 1967 und 1990 ein Flugplatz für Kampfflugzeuge der NVA. In den 1980er-Jahren begann man mit einer bedeutenden Erweiterung, dem Neubau der Flugplatzanlagen, sowie dem Bau einer 2300 m langen und 40 m breiten Start- und Landebahn aus Beton. Als 1990 der Baustopp verkündet wurde, waren die Um- und Neubauten zu 70 % fertiggestellt.

Die Bundeswehr als Rechtsnachfolger der NVA nutzte die bestehenden Betonflächen bis 1995 als Abstellplatz für Militärfahrzeuge und ausgesondertes Militärmaterial. Zu Spitzenzeiten waren hier 8000 Fahrzeuge abgestellt. Seit der Aufgabe des Geländes durch die Bundeswehr wird es als Viehweide durch einen Biobetrieb genutzt. Außerdem entstand ein großer Solarpark. An der Stelle, an der die Straße in Richtung Groß Mohrdorf die ehemalige Anflugrichtung des Flugplatzes kreuzt, fallen 100 m rechts und links neben der Straße noch funktechnische Anlagen auf.

Im Inneren des Kranorama (s. o.) finden Besucher eine Ausstellung und wettergeschützte Beobachtungsstellen

Kraniche

Eine besonders faszinierende und sagenumwobene Vogelart, der Kranich, bevölkert in großen Schwärmen im Frühjahr und im Herbst einige Abschnitte der Ostseeküste Mecklenburg-Vorpommerns. Der Kranich erscheint schon in der griechischen Mythologie als Göttersymbol für Wachsamkeit und Klugheit. Im alten Ägypten verehrte man ihn als Sonnenvogel. Den Asiaten gilt er als Glücksvogel und Garant für ein langes Leben. In Japan findet sich bis heute die Legende, dass die Götter für das Falten von 1000 Origami-Kranichen aus Papier einen Wunsch erfüllen. Der Kranich ist Motiv in zahllosen Wappen und Symbolen, er wird ausgiebig von Schriftstellern und Künstlern zum Inhalt ihrer Werke gemacht.

156wo-lr

Kraniche erreichen eine Flügelspannweite von bis zu 2,20 m und gehören zu den größten Vögeln der Erde. Besonders große Exemplare können eine Größe von bis zu 1,50 m erreichen. In Mitteleuropa sind die vielen verschiedenen Kranicharten nur durch den Graukranich, auch Eurasischer Kranich genannt, vertreten. Die Kraniche aus den Brutgebieten der nördlichen und östlichen Länder suchen im Winterhalbjahr wärmere Gebiete in Nordafrika, Spanien und Südfrankreich auf und versammeln sich im Frühjahr und im Herbst dann in großen Vogelzügen. Mecklenburg-Vorpommern wird deshalb zweimal jährlich von diesen riesigen Kranichschwärmen als Rastplatz besucht. Zwei Drittel der Population des westeuropäischen Vogelzuges aus ganz Skandinavien, dem Baltikum und Polen unterbrechen ihre Reise für einige Wochen hier. Bis zu 70.000 Exemplare sind dann in den Gebieten der Ostseeküste vor allem zwischen Barth und der Insel Rügen zu finden und bilden in unübersehbaren Ansammlungen ein graues Meer von Kranichen. Zahlreiche Vogelkundler und Touristen besuchen dann die eingerichteten Beobachtungspunkte. Die in Deutschland streng geschützten Vögel sind wahre Allesfresser. Zu ihrer Nahrung gehören Reptilien, Fische, Frösche, Schnecken, Würmer, Insekten, aber auch landwirtschaftliche Produkte wie Sonnenblumenkerne, Erbsen, Bohnen, Getreide, Kartoffeln und Pflanzenwurzeln. Während der Vogelzüge kommt es durch die riesige Zahl einfallender Kraniche deshalb zu erheblichen Schäden in der Landwirtschaft. Die Vogelschwärme können ganze Aussaaten auf den Feldern vernichten. Viele Jahrhunderte lang wurden Kraniche deshalb in Deutschland hart bejagt. Heute eine streng geschützte Vogelart, werden deshalb von Naturschutzverbänden und betroffenen Landwirten mit großem Aufwand sogenannte Ablenkfütterungen unterhalten, mit denen versucht wird, die Tiere von den Feldern fernzuhalten. Nach dem Bundesnaturschutzgesetz und der Bundesartenschutzverordnung sowie den entsprechenden Ländergesetzen ist heute sowohl das Betreten der Kranichbrutgebiete als auch das Aufsuchen der Nahrungs- und Sammelplätze von Kranichen streng verboten. NABU und WWF unterhalten eigene Kranichschutzprojekte, die sich neben dem Schutz auch mit der weiteren Erforschung dieser Vogelart befassen. Unterstützt werden sie dabei von den Bundesländern und verschiedenen Sponsoren aus der deutschen Wirtschaft. Zentrum des Kranichschutzes, aber auch der Information über diese besonderen Vögel in Mecklenburg-Vorpommern ist das Kranich-Informationszentrum in Groß Mohrdorf *(s. S. 132)**. Es besteht seit 1996.*

GROSS MOHRDORF

(11 km – km 21)

Klein und Groß Mohrdorf gehen ineinander über. Ursprünglich ein gemeinsamer Ort wurde Ende des 17. Jahrhunderts Mohrdorf in Klein und Groß Mohrdorf getrennt, da der damalige Besitzer Nikolaus von Braun den Besitz zwischen seinen Söhnen aufteilen musste. Beim Einfahren in den Ort fällt die große **Kirche** auf einem Hügel auf, die man auch besichtigen kann. Zwei Drittel des heutigen Kirchenbaus wurden bereits im 13. Jahrhundert errichtet. Es handelt sich um eine dreischiffige Backsteinkirche mit einem unvollendeten Mittelturm.

Im Inneren der Kirche ist die hochwertige Ausstattung aus dem 16. und 17. Jahrhundert ausgezeichnet erhalten. Lediglich die Orgel ist mit ihrem Baujahr 1870 relativ jung. Rings um die Kirche befinden sich drei kleinere Kapellen, die als **Mausoleen** verschiedener Grundbesitzerfamilien genutzt wurden. Darunter befindet sich das Mausoleum der Grafenfamilie von Klot-Trautvetter, denen zwischen 1737 und 1945 das Gut Groß Mohrdorf gehörte. Diese Kapelle ist besonders reichhaltig ausgestattet und erstaunt alle Besucher, die hier nur eine karge Dorfkirche erwarten. Als Hubertus Graf von Klot-Trautvetter 2015 im Alter von 86 Jahren starb, wurde er jedoch gegenüber dem Kircheneingang und nicht mehr im Mausoleum bestattet. Die Kirche kann fast immer besichtigt werden.

Gegenüber der kurzen Einfahrt zur Kirche (Kirchweg) befindet sich ein für Wohnmobile geeigneter kostenfreier Parkplatz.

P 70 **Parkplatz Groß Mohrdorf,** GPS 54.38770, 12.94735

Hauptattraktion Groß Mohrdorfs ist natürlich das bereits in weitem Umfeld ausgeschilderte und beworbene **Kranich-Informationszentrum,** ein jedoch eher unscheinbarer Bau rechts neben der Straße. Hier wird dem Besucher viel Wissenswertes rund um den Kranich vermittelt. Regelmäßig finden Filmvorführungen über Aufzucht und Flüge der Kraniche statt, Exponate und Schautafeln ergänzen die Ausstellung.

› **Kranich-Informationszentrum Groß Mohrdorf,** Lindenstr. 27, 18445 Groß Mohrdorf, Tel. 038323 80540, www.kraniche.de, geöffnet: März–Mai tägl. 10–16 Uhr, Juni, Juli Mo.–Fr. 10–16 Uhr, Aug. tägl. 10–16.30 Uhr, Sept., Okt. tägl. 9.30–17.30 Uhr, Nov. Mo.–Fr. 10–16 Uhr, Eintritt: kostenfrei; kleines, aber feines Infozentrum, Parkplatz GPS 54.38994, 12.94987

Auf der Route nach Klausdorf folgt auf Groß Mohrdorf der kleine Ort **Hohendorf.** Hier besteht die Möglichkeit, einen kurzen Ausflug zur Kranichbeobachtungshütte Bisdorf, die nur 2 km entfernt ist, zu unternehmen.

› **Kranich-Beobachtungshütte Bisdorf,** In Groß Mohrdorf oder Hohendorf in Richtung Bisdorf fahren. Bisdorf besteht nur aus wenigen Häusern, die Beobachtungshütte kann nur zur Fuß oder mit dem Fahrrad auf einem unbefestigten Weg „Kranichweg“ durch den Ort erreicht werden. In Bisdorf selbst gibt es keine Möglichkeit, das Wohnmobil zu parken. Besucher müssen ihr Fahrzeug am Ortseingang abstellen.

Am Ortseingang Hohendorf befindet sich das **Schloss der Grafen von Klot-Trautvetter.** Das sehr repräsentative helle Schloss wurde 1854 nach Plänen des berühmten preußischen Architekten Karl Friedrich Schinkel im englischen Tudorstil gebaut. Nach Plünderung und teilweiser Zerstörung am Ende des Zweiten Weltkrieges wurde es 1993 umfassend saniert. Aktuell wird das Schloss zum Wohnen genutzt bzw. können Urlaubsappartements gemietet werden. Auch finden jährlich einige Veranstaltungen im Schlosssaal statt. Weitere Informationen unter www.schloss-hohendorf.de. Am Schloss befindet sich eine 10 ha große Parkanlage, die immer besucht werden kann.

Der Klausdorfer Weg, der Hohendorf und Klausdorf direkt verbindet, ist außerhalb der beiden Orte relativ schmal. Möglich ist es auch, die nur geringfügig längere Strecke über die Landesstraße 213 und dann den Abzweig Klausdorf zu fahren.

KLAUSDORF

(5 km – km 26)

Der Ort Klausdorf ist mindestens 800 Jahre alt und war immer landwirtschaftlich geprägt. Einen kleinen wirtschaftlichen Aufschwung und eine Erhöhung der Einwohnerzahl hatte der Ort nach 1893 der Aktiengesellschaft Franzburger Kreisbahnen zu verdanken, die auf 1000 mm Spurweite ein Kleinbahnnetz zwischen Stralsund, Barth und Damgarten errichtete und betrieb und dabei die Orte südlich des Boddens miteinander verband. Die Beförderung von Passagieren war dabei anfänglich nebensächlich, es ging vorrangig um den Austausch von Waren zwischen den Häfen, Zuckerfabriken und landwirtschaftlichen Produktionstandorten der Region. In dieses Kleinbahnnetz wurden Klausdorf und Altenpleen mit einem Abzweig der Bahnstrecke eingebunden.

Die Kleinbahnen versahen bis in die 1970er-Jahre treu ihren Dienst, dann wurden sie endgültig unwirtschaftlich. Der Abzweig Klausdorf wurde 1968 stillgelegt. Die Gleise der Kleinbahnen wurden anschließend auf dem gesamten Streckennetz fast komplett zurückgebaut und die ehemaligen Gleistrassen sind nur noch gelegentlich für das geübte Auge erkennbar. Das ehemalige Eisenbahnerhaus, ein markanter Backsteinbau, befindet sich in der Prohner Straße 16 und bietet jetzt schön sanierte Ferienwohnungen.

Heute befindet sich in Klausdorf auch die Gemeindeverwaltung des Gemeindeverbundes mit Barhöft, Solkendorf und Zarrenzin. Besuchen kann man hier das **Kabarett Vorpommernhus,** in dem bekannte Künstler auftreten und Ausstellungen zu verschiedenen Themen stattfinden (www.kabarett-vorpommernhus.de).

Außerdem ist das **Vorpommernhus** Veranstaltungsort für den **jährlichen Klausdorfer Musiksommer.** Am Vorpommernhus stehen ausreichend Parkplätze für Wohnmobile aller Größen zur Verfügung. Übernachtung ist möglich.

› **Vorpommernhus Klausdorf,** Prohner Str. 20, 18445 Klausdorf, www.vorpommernhus.net, Tel. 038323 81442. Rustikal gestaltetes Veranstaltungszentrum und Kabarett in einem über 100 Jahre alten und großen Stallgebäude. Wechselnde namhafte Künstler und Ausstellungen werden angeboten.

ABSTECHER NACH BARHÖFT

(hin und zurück etwa 8 km)

Barhöft kann mit dem Wohnmobil nur über Klausdorf erreicht werden. Die Rückfahrt muss deshalb auf gleicher Strecke erfolgen.

Zwischen Klausdorf und Barhöft durchfährt man den Klausdorfer Ortsteil **Solkendorf.**

Vor der Küste Barhöfts öffnet sich der Bodden zur Ostsee. Seit dem Verschluss des Prerow-Stromes als Folge der Sturmflut 1872 müssen alle in den Bodden ein- und auslaufenden Schiffe zwangsweise die Gewässer nördlich vor Barhöft passieren. Hier steht jedoch bis heute nur eine schmale Fahrrinne für Schiffe mit größerem Tiefgang zur Verfügung, da der Bereich stark versandet und ohne großen Tiefgang ist. Seit 1894 befindet sich aus diesem Grund eine Lotsenstation in Barhöft, die heute von der Lotsenbrüderschaft Wismar-Rostock-Stralsund betrieben wird. Östlich Barhöfts verläuft der Gellenstrom mit der Fahrrinne nach Stralsund.

Der Ort besitzt deshalb eine besondere Bedeutung, da sich von hier die beiden Fahrrinnen nach Stralsund und in den Bodden Richtung Barth kontrollieren lassen. Aus militärischen Gründen waren Barhöft und sein Hafen zu DDR-Zeiten weiträumig vom zivilen Verkehr abgesperrt. 1980 wurden die letzten verbliebenen Einwohner zwangsausgesiedelt. Bei Barhöft war eine Raketenabteilung der NVA stationiert, der Hafen wurde von der NVA-Marine genutzt und im Ort sowie auf der vorgelagerten Insel Bock befanden sich Einrichtungen und Personal des Ministeriums für Staatssicherheit der DDR.

1990 war damit Schluss. Barhöft wurde Teil des Nationalparks Vorpommersche Boddenlandschaft und langsam kamen die ersten Touristen. Aufgrund der geringen Wassertiefe und der abgeschiedenen Lage hat Barhöft nur einen kleinen, beschaulichen Hafen. Fahrgastschiffe verschiedener Reedereien legen hier an und man kann einen Ausflug zur Insel Hiddensee unternehmen. **Geführte Angeltouren und Bootsausflüge** bietet Andreas Schütt an (Tel. 0178 7191233, www.boddenabenteuer.de). Angelerlaubnisse, Touristenfischereischeine sowie Leihfahrräder offeriert auch die Fa. Sprenger in Barhöft in der „Proviantkiste“ im Hafen (Tel. 038323 219, www.sprenger-barhoeft.de).

Daneben gibt es im Lädchen einen Imbiss und frischen Fisch. Fischkutter, die ganzjährig im Hafen liegen, und einige, die saisonabhängig den Hafen nutzen, laufen täglich zwischen 11 und 15 Uhr wieder ein und bieten dann ihren Fang frisch an. Des Weiteren sieht man im Hafen oft Versorgungsschiffe für die Offshore-Windparks Baltic I und II, die sich in der Ostsee vor Barth befinden, liegen.

Vom Hafen verläuft linker Hand ein kleiner Waldweg immer entlang der Küste. Wenn man den 17 Meter hohen, einst für militärische Zwecke errichteten **Aussichtsturm Barhöft** über 102 Stufen besteigen möchte, muss man den Wanderweg nach ca. 400 m verlassen und den Berg zum Fuße des Aussichtsturmes hinaufsteigen. Der Turm ist täglich von 6 bis 22 Uhr geöffnet, der Eintritt beträgt 1 € (nur in Münzen). Der Blick von hier oben reicht vom Darß über Hiddensee bis zur Westküste Rügens. Der Aussichtsturm ist heute die einzige erhaltene militärische Hinterlassenschaft in Barhöft, da alle anderen Objekte mittlerweile abgerissen wurden.

Direkt neben dem Turm befindet sich das Nationalparkhaus mit Ausstellung. Bleibt man unten auf dem Waldweg, erreicht man 50 Meter weiter rechts einen Abzweig zu einer hölzernen Beobachtungsplattform im Schilf.

› **Nationalpark Informationszentrum Barhöft,** Haus Norden, Am Barhöfter Kliff, 18445 Barhöft, geöffnet: tägl. 10–17 Uhr, kostenfrei

Barhöft ist ein Inbegriff für Ruhe und Natur und aufgrund der früheren militärischen Sperrung bis heute einer der einsamsten Orte, der sich an der deutschen Ostseeküste

044wo-lr

48 Wohnmobilstellplatz Hafen Barhöft

GPS 54.43196, 13.02708

Neu errichteter parzellierter Stellplatz unweit des Hafens zwischen Straße und Wald. **Lage/Anfahrt:** direkt links am Ortseingang, ca. 200 m bis zum Hafen. **Platzanzahl:** 24; **Untergrund:** Pflaster; Wiese; **Service:** Strom, Trinkwasser, Abwasser, Chemie-WC; **Preise:** 12 €/Fahrzeug, 2 €/Person, inklusive Strom, Dusche, WC; **Geöffnet:** ganzjährig; **Kontakt:** Tel. 038323 531, 0151 58502706, www.hafen-barhoeft.de, Anreise erst ab 15.30 Uhr, beim Hafenmeister melden.

227wo-lr

noch finden lässt. Deshalb ist der Ort für alle Naturliebhaber und Ruhesuchenden unter den Wohnmobilisten ideal. Vermutlich wird es jedoch auch hier nicht mehr lange dauern, bis der Ort zunehmend touristisch und wirtschaftlich erschlossen wird.

Für den Bau und den Betrieb der Offshore-Windkraftanlagen in diesem Teil der Ostsee besitzt Barhöft eine große Bedeutung. Die EnBW AG hat auf dem früheren Militärgelände am Ortseingang bereits eine Servicestation mit Bürogebäude und Lagerhalle für den Offshore-Windpark Baltic I erbaut. Der Windpark Baltic II mit 80 weiteren Anlagen wurde 2015 fertiggestellt.

Quer vor Barhöft liegt die **Insel Bock.** Sie ist fast 6 Kilometer lang. Ursprünglich eine Untiefe, auf der viele Schiffe „aufbockten", also strandeten, wurde sie später durch Sandaufspülung erhöht und befestigt. Heute gehört sie zur Kernzone des Nationalparks und darf deshalb nur im Rahmen von nur sehr selten stattfindenden Führungen betreten werden.

Fischer verkaufen ihren Fang im Hafen von Barhöft direkt vom Kutter

Parken

71 Wanderparkplatz Barhöft, GPS 54.42010, 13.02030, ca. 2 Kilometer vor Barhöft auf der linken Seite, kostenfrei. Gut für Übernachtung geeignet. Von hier Wanderweg nach Barhöft rechts der Straße, Picknickecke, geschottert.

P 72 Parkplatz Barhöft, GPS 54.43179, 13.02804, Klausdorfer Straße, 18445 Barhöft, am Ortseingang rechts, Preise: 4 €/Tag. Gut für Hafenbesuche (Möglichkeit zur Überfahrt nach Hiddensee) geeignet.

Zurück von Barhöft über Klausdorf sind es wieder auf der Landesstraße 213 angekommen nur noch 1,5 km bis nach Prohn.

PROHN
(5 km – km 31)

Prohn zählt bereits zum Speckgürtel der Hansestadt Stralsund und konnte nach 1990 durch den Bau von zahlreichen Einfamilienhäusern und den Zuzug von Stralsunder Familien seine Einwohnerzahl verdoppeln. Urkundlich erwähnt wurde Prohn erstmalig im Jahr 1240. Heute arbeiten die meisten Einwohner in Stralsund und nicht mehr in der hiesigen Landwirtschaft. Prohn ist aber eine eigenständige Gemeinde und gehört nicht zu Stralsund.

Besuchen kann man die recht großzügig angelegte **Kirche,** die sich auf einer kleinen Erhebung befindet und mit ihrem schlanken Turm den Ort weit überragt. Wie entlang der Ostseeküste meist üblich, wurde der Kirchenbau in rotem Backstein ausgeführt. Die Kirche wurde in den 1960er-Jahren restauriert und umgebaut. Leider stand dabei nicht immer der Erhalt der historischen Ausführung im Vordergrund. Vor dem Bau der Kirche stand auf diesem Hügel eine Burg des slawischen Rügenfürsten Wizlaw I. Das 1234 an Stralsund verliehene Stadtrecht geht auf diesen Fürsten zurück. Prohn ist gut an das Radwegenetz angeschlossen und man kann Stralsund von hier per Rad erreichen. Der Ostseeküstenradweg verläuft zwischen Ort und Ostseeküste. Um zu ihm zu gelangen, biegt man an der Kirche auf den Damitzer Weg ab und folgt diesem bis Klein Damitz. Dort trifft man auf den Ostseeküstenradweg. Stralsund ist nur noch 5 km entfernt.

STRALSUND

(6 km – km 37)

Stralsund liegt direkt am Strelasund und wird häufig wegen seiner Nähe zu Rügen als Tor zur Insel Rügen bezeichnet. Und das ist die Hansestadt zweifelsohne, denn der Rügendamm und die Rügenbrücke verbinden Stralsund mit der Insel. Stralsunds Altstadt ist seit 2002 gemeinsam mit der Altstadt Wismars **UNESCO-Welterbe** unter dem Namen „Historische Altstädte Stralsund und Wismar". Drei Stadtteiche (Knieperteich, Frankenteich, Moorteich) gehören genauso zum Stadtgebiet wie der Stadtwald.

Stadtrecht besitzt Stralsund schon seit 1234 und im 14. Jahrhundert war die Stadt nach Lübeck die bedeutendste Hansestadt des südlichen Ostseeraums. Ähnlich wie andere norddeutsche Städte verlor Stralsund mit dem Niedergang der Hanse an Bedeutung, konnte jedoch weiterhin vom Handel

182wo-lr

und dem Schiffbau gut leben. Die Stadt gilt in Norddeutschland als Schrittmacher für die Reformation, denn schon 1525 traten fast alle Bürger Stralsunds zum evangelischen Glauben über. Nach dem Dreißigjährigen Krieg, in dem die Stadt mit schwedischer und dänischer Hilfe der Belagerung durch Wallensteins Truppen Stand hielt, war Stralsund knapp 200 Jahre lang Teil des Königreiches Schweden. Die Schweden bauten damals den Ort zu einer Festung und einem wichtigen Verwaltungszentrum aus.

Die historische Altstadt Stralsunds ist UNESCO-Welterbe. Im Bild das Wulflamhaus aus dem 14. Jahrhundert.

Zeitzeugen der Historie begegnen dem Besucher überall in der Altstadt, die aufgrund ihrer Lage zwischen den Stadtteichen und dem Strelasund fast wie eine Insel wirkt. Herausragend sind die drei großen Backsteinkirchen, die das Panorama Stralsunds bestimmen. Die älteste ist die **St.-Nikolai-Kirche** am

Alten Markt, die schon im 13. Jahrhundert erstmals urkundlich erwähnt und ein Jahrhundert später zur Basilika mit einer imposanten Doppelturmanlage ausgebaut wurde. Geweiht ist sie dem Heiligen Nikolaus, dem Schutzpatron der Seefahrer. Im Kircheninneren befinden sich viele Kunstschätze. Neben der fast 2,5 m hohen Monumentalskulptur „Anna Selbdritt", einer Darstellung der Heiligen Anna, gibt es Altäre verschiedener Kunstepochen. Einige Altäre, beispielsweise die der Bergen- und der Nowgorodfahrer, belegen die wirtschaftliche Bedeutung der Hansestadt.

Am Neuen Markt steht die monumentale **Kirche St. Marien,** die jüngste gotische Backsteinbasilika im europäischen Norden, deren Innenraum durch seine Größe beeindruckt. Er ist 96 m lang und 41 m breit. Das Mittelschiff hat eine Höhe von knapp 33 m. Die Barockorgel ist der kostbarste Besitz der Kirche. Sie wurde 1659 vom Lübecker Orgelbaumeister Friedrich Stellwagen erschaffen. Lohnenswert ist eine Besteigung des über einhundert Meter hohen Turmes – nach 366 Stufen bietet sich ein schöner Blick über Stralsund und die Insel Rügen.

Als Stadt- und Kulturkirche für Konzerte und Ausstellungen fungiert heute die **St.-Jakobi-Kirche** in der Jacobiturmstraße 28. Diese Stralsunder Kirche erlebte eine wechselvolle Geschichte: Dreißig Geschosse trafen sie während der Wallensteinschen Belagerung, der Blitz schlug im Jahr 1662 ein und die gotische Turmpyramide brannte anschließend nieder, schließlich nutzten die französischen Besatzer sie sogar als Pfer-

Der Turm der alten St.-Nikolai-Kirche überragt mit 103 m Höhe die engen Straßen und aufwendigen Giebelhäuser der Stralsunder Altstadt

046wo-us

047wo-us

destall. Beim amerikanischen Luftangriff im Oktober 1944 wurde sie schwer getroffen. Nur durch Auslagerungen konnten die Kanzel sowie das besonders wertvolle Ölgemälde „Kreuzabnahme und Himmelfahrt" (1787) von Johann Heinrich Tischbein dem Älteren gerettet werden.

Sehenswert sind aber nicht nur die Kirchen Stralsunds, sondern auch die ehemaligen Klosteranlagen wie das **Heilgeistkloster** und das **Johanniskloster.** Letzteres befindet sich auf der Schillstraße und ist ein um zwei Höfe gruppierter Komplex aus dem 13. und 14. Jahrhundert. Von 1963 bis 1986 wurde das durch verschiedene Bombardements am Ende des Zweiten Weltkrieges zerstörte Kloster wieder restauriert und Kloster und Klosterhof entwickelten sich zu einem beliebten Treffpunkt und Veranstaltungsort für die Bewohner Stralsunds. Das Kloster beherbergt heute das Stadtarchiv sowie eine Barockbibliothek.

⌃ Walskelett in Originalgröße – beeindruckende Ausstellungsstücke im Ozeaneum Stralsund

Das **Heilgeistkloster** befindet sich seit dem 14. Jahrhundert am Außenrand der Stadt und war deshalb häufig Belagerungen und Zerstörung ausgesetzt. Diente die Heilgeistkirche vor 1945 als Garnisonskirche, ist sie heute Gotteshaus für die Heilgeist-Jakobigemeinde. Das sich anschließende Heilgeist-Spital gehört zu den am besten erhaltenen Spitalkomplexen an der Ostsee.

Giebelhäuser, wie z. B. das **Wulflamhaus** am Alten Markt 6, zeugen von der ehemaligen Macht der Kaufleute. Bertram Wulflam war ein sehr einflussreicher Bürgermeister der Stadt und die prachtvolle Ausstattung seines Hauses soll so manchen Fürsten-

hof in den Schatten gestellt haben. Heute ist das Haus Sitz des Stadtpräsidenten und beherbergt ein Restaurant. Außerdem ist hier eine Spielstätte des Theater Vorpommern. Das Wahrzeichen der Hansestadt Stralsund, das **Rathausensemble,** befindet sich an der Ostseite des Marktes, gegenüber dem Wulflamhaus. Es wurde 2001 bis 2011 umfassend saniert und zählt nun wieder zu den schönsten Profanbauten der Stadt. Das Rathaus, das zu den ältesten Gebäuden der Stadt gehört, war Sitz des Rates, Ort der Rechtsprechung und in den unteren Räumen Schau- und Kaufhaus. Um 1320 wurde der neu entstandene Saalvorbau am Alten Markt mit einer Prunkfassade versehen, die dem Gebäude sein repräsentatives Aussehen verleiht. Im 16. Jahrhundert errichtete man die Renaissancetreppe im Rathausdurchgang und die Galerie im Innenhof.

⌃ *Gorch Fock 1, das ehemalige Segelschulschiff der Reichsmarine und spätere russische Kriegsbeute, liegt heute im Stralsunder Hafen vor Anker und kann besichtigt werden*

Stralsund wird aber natürlich neben all der schönen Architektur vor allem auch durch seine Lage am Meer geprägt. Deshalb kommt man beim Besuch der Hansestadt nicht um einen Abstecher zur **Hafeninsel** herum. Seit 2003 liegt das ehemalige **Segelschulschiff Gorch Fock 1** wieder in seinem Heimathafen an der Fährbrücke und kann mit oder ohne Führung besichtigt werden. Gebaut wurde das Segelschulschiff schon 1933 in Hamburg und diente in Stralsund der Ausbildung des Offiziersnachwuchses. Am 30. April 1945 wurde es bei der Halbinsel Drigge im Strelasund von der Kriegsmarine versenkt, jedoch zwei Jahre später wieder gehoben. In Rostock und Wismar versetzte man es wieder in seetüchtigen Stand und 1951 stellte die sowjetische Marine den Segler als Schulschiff in Dienst. 2003 wurde das Schiff dann vom gemeinnützigen Verein Tall-Ship Friends e. V. gekauft und nach Stralsund verbracht.

Ebenfalls auf der Hafeninsel eröffnete 2008 das **Ozeaneum,** dessen spektakuläre Attraktion ein knapp zehn Meter langer Riesenhai ist – natürlich nur als Nachbildung im Eingangsbereich. Neben verschiedenen

Aquarien laden informative Ausstellungen zum Verweilen ein, in denen zahlreiche präparierte Tiere und Pflanzen gezeigt werden. Gemeinsam mit Greenpeace wurde die beeindruckende Ausstellung „1 : 1 – Riesen der Meere“ umgesetzt, das heißt Nachbildungen von Walen in Originalgröße schweben im Raum und werden durch Licht- und Toninstallationen zum Leben erweckt. Darüber hinaus bietet der Hafen natürlich eine breite Palette von Linienschifffahrt, Hafen- und Angelfahrten, Fischverkauf und Gastronomie.

Neben dem Ozeaneum befindet sich in Stralsund im ehemaligen Kloster am Katharinenberg in der Altstadt ein zweites sehr attraktives und interessantes maritimes Museum, das **Deutsche Meeresmuseum.** Dieses besonders großflächige Museum besteht seit dem Jahr 1951 und bietet eine fast unüberschaubare maritime Ausstellungsvielfalt auf drei Etagen und vom Fischkutter auf dem Innenhof bis zu dem mit Aquarien gefüllten Keller. Aufgrund bevorstehender Modernisierungsarbeiten bleibt das Museum bis 2023 geschlossen.

Sehenswertes

- **Deutsches Meeresmuseum Stralsund,** Katharinenberg 14–20, 18439 Stralsund, Besuchereingang Ecke Mönchstraße/Bielkenhagen, Tel. 03831 2650610, www.meeresmuseum.de, im ehemaligen Dominikanerkloster St. Katharinen, meereskundliche Ausstellungen, Aquarien der Tropen und des Mittelmeeres, diverse Führungen im Angebot
- **Ozeaneum Stralsund,** Hafenstraße 11, 18439 Stralsund, Tel. 03831 2650610, www.ozeaneum.de, geöffnet: Juni–Sept. tägl. 9.30–20 Uhr, Okt.–Mai tägl. 9.30–18 Uhr, Eintritt: 17 € Erwachsene, 12 € ermäßigt, 8 € Kinder, bietet Unterwasserreise durch Ostsee, Nordsee und Atlantik bis hin zum Polarmeer, riesiges Schwarmfischbecken, direkt auf der Hafeninsel
- **Segelschulschiff Gorch Fock 1 Stralsund,** An der Fährbrücke, 18439 Stralsund, direkt im Hafen, Tel. 03831 666520, www.gorchfock1.de, geöffnet: April–Oktober tägl. 10–18 Uhr, November–März tägl. 10–16 Uhr, Eintritt: 5 € Erwachsene, 2,50 € ermäßigt, 11,50 € Familienkarte. Ehemaliges Ausbildungsschiff der Deutschen Marine, erbaut 1933.

49 Wohnmobilstellplatz An der Rügenbrücke Stralsund

GPS 54.30223, 13.09881

Sehr schöner Wohnmobilstellplatz des Caravancenter Dahnke in einem Gewerbegebiet unweit des Rügendamms. Der Platz und das Caravancenter sind weiträumig ausgeschildert. Zusätzlich steht auch noch das alte Stellplatzgelände etwa 200 m entfernt zur Verfügung. **Platzanzahl:** 70; **Untergrund:** Schotter; fest; **Service:** Strom, Trinkwasser, Abwasser, Chemie-WC; **Sicherheit:** umzäunt, beleuchtet; **Preise:** 18 €/Fahrz., Strom, Wasser, Duschen extra, großes Servicegebäude; **Geöffnet:** ganzjährig; **Kontakt:** Werftstraße 9a, 18439 Stralsund, Tel. 03831 6679777, www.caravanstellplatz-ruegenbruecke.de.

185wo-lr

Ferdinand von Schill – ein Ende in Stralsund

In der Nacht vom 30. zum 31. Mai 1835 ließen Verehrer des Ferdinand von Schill auf der Fährstraße 21 eine Steinplatte in das Straßenpflaster ein. Diese trägt die Inschrift: „Ferdinand von Schill, gest. 31. Mai 1809". In einer anderen Nacht, der des 18. Oktober 1838, legten Bürger eine Eisenplatte auf die Grabstelle Schills. 1862 konnte nach einer Spendensammlung ein würdiger Grabstein errichtet werde. In Vorbereitung des 100. Todestages gab es erneut einen Spendenaufruf zur Errichtung eines Denkmals. Dafür wurden vier Entwürfe eingereicht, man entschied sich für den Entwurf des Berliner Hans Weddo von Glümer. Im Mai 1909 wurde das Schill-Denkmal in den Schill-Anlagen eingeweiht und steht am heutigen Olof-Palme-Platz in der Stralsunder Altstadt. Eine Schillstraße existiert in Stralsund auch. Was hat ein Preuße, nämlich Ferdinand von Schill, mit der Hansestadt zu tun? Der spätere preußische Offizier wurde 1776 bei Dresden geboren, entstammte einer Soldatenfamilie, zog 1806 in den Krieg. Bei Auerstedt wurde er in der gleichnamigen Schlacht durch einen Säbelhieb schwer am Kopf verletzt, konnte sich aber bis nach Kolberg retten und meldete sich dort gesund. Man gestattete ihm, Aufklärung zu betreiben sowie Geld als auch Rekruten in die Festung zu bringen. Allerdings begann Schill einen Kleinkrieg gegen die französischen Besatzer und er erhielt für einen gelungenen Überfall auf Gülzow von Friedrich Wilhelm III. sogar den Orden Pour le Mérite. Rasch wurde Schill berühmt und seine Truppe vergrößerte sich schnell. Ihm wurde ein Freikorps gestattet, mit dem er kleinere Aktionen erfolgreich durchführen konnte. Später, zum Major befördert, wurde Schill zum Inhaber des 2. Brandenburgischen Husarenregiments ernannt, an dessen Spitze er nach dem Abzug der Franzosen in Berlin einzog. Eigentlich sollte sich Schill an den 1809 geplanten Aktionen gegen die französischen Besatzer beteiligen, aber er wollte nicht warten. Eigenmächtig besetzte er mit seinem Regiment Dessau und ließ da seinen patriotischen Aufruf „An die Deutschen" drucken, kämpfte in der Schlacht bei Dodendorf. Der Bruder Napoleons, Jérôme Bonaparte, setzte ein Preisgeld von 10.000 Francs auf Schills Kopf, aber trotzdem erhielt Ferdinand von Schill in seinem Regiment weiterhin Zulauf. Von der unteren Elbe ging er Richtung Stralsund und traf am 25. Mai 1809 dort ein. Es gelang mithilfe schwedischer Truppen, die Franzosen aus der Stadt zu treiben. Allerdings verhielten sich die Stralsunder bei Weitem nicht so patriotisch wie erhofft und am 31. Mai griffen die Franzosen an. Die Truppen Schills wehrten sich verzweifelt, wenigen gelang die Flucht, die meisten fielen im Kampf. Beim Ritt durch die Fährstraße wurde Schill von einer Kugel tödlich getroffen. Sein Körper kam ins Haus des städtischen Chirurgen. Am 1. Juni 1809 wurde Schills Kopf im Anschluss an die französische Siegesparade vom Leib getrennt und als Trophäe an Jérôme Bonaparte geschickt. Auf dem St.-Jürgen-Friedhof in Stralsund wurden die Überreste Ferdinand von Schills verscharrt und seine Grabstätte eingeebnet. Erst 1837 wurde Schills Kopf in einer Urne nach Braunschweig gebracht, wo sie am Fuße eines Denkmals in der Schillstraße beigesetzt wurde. Mit seinem Einsatz für die Befreiung von der Fremdherrschaft stellt Ferdinand von Schill auch heute noch, und insbesondere in der Stadt, in der er starb, eine bedeutende Persönlichkeit dar. Die Stadt Stralsund errichtete 1909 nach einem Spendenaufruf unter der Bevölkerung ihm zu Ehren ein Denkmal auf dem heutigen Olof-Palme-Platz.

048wo-lr

051wo-us

Information

› **Tourismuszentrale der Hansestadt Stralsund,** Alter Markt 9, 18439 Stralsund, direkt neben dem Rathaus, www.stralsundtourismus.de, Tel. 03831 252340, geöffnet: Mo.–Fr. 10–17 Uhr, Sa./So./feiertags: 10–14 Uhr, geschl.: Nov.–Febr. sonntags

Parken

Parken mit einem Wohnmobil ist in der Stralsunder Innenstadt nicht ganz einfach. Leider wurden in den letzten Jahren immer mehr Parkmöglichkeiten für Wohnmobile gesperrt. Die Straßen in der Altstadt sind sehr eng. Das Parken mit Wohnmobilen entlang der Straßen ist fast überall nur eingeschränkt möglich. Auch die großen Parkflächen am Hafen sind leider mittlerweile fast ausnahmslos für Wohnmobile gesperrt. Lediglich entlang der Hafenstraße/An der Hafenbahn befindet sich die eine oder andere Parkmöglichkeit entlang der Straße (GPS 54.30927, 13.10293).

Nur für kleine Wohnmobile bietet der **Parkplatz am Neuen Markt** eine sehr zentrumsnahe Parkmöglichkeit. Die Einkaufsmeilen der Innenstadt beginnen unmittelbar am Parkplatz.

P 73 **Parkplatz Neuer Markt Stralsund,** GPS 54.31079, 13.08758, Neuer Markt, 18439 Stralsund, geöffnet: ganzjährig, Preise: 5 €/Tag. Großer Pkw-Parkplatz mit WC, nur für kleine Wohnmobile geeignet.

Die monumentale Backsteinbasilika der Kirche St. Marien mit 104 m Turmhöhe in Stralsund

Wer auf Nummer sicher gehen will, parkt am großen **Parkplatz an der Strelasundbrücke** in der Nähe des Caravan Centers. Die Entfernung bis zum Hafen oder bis zur Innenstadt beträgt von diesem Parkplatz ungefähr 1,5 Kilometer.

P 74 **Parkplatz Strelasundbrücke,** GPS 54.30392, 13.10293, Werftstraße, 18439 Stralsund, geöffnet: ganzjährig, Preise: 2 €. Großer Parkplatz an Rande der Altstadt in einem Gewerbegebiet, eignet sich für alle Wohnmobilgrößen, ausgeschildert auch als P+R „Schwarze Kuppe", Übernachtung verboten.

Wer Rügen (Routen 6 und 7) nicht befahren möchte, kann ab Stralsund der L222 und der B105 bis nach Greifswald folgen, um den Anschluss an die Route 8 zu erreichen. Die Entfernung zwischen Stralsund und Greifswald beträgt etwa 31 km.

Die neue, moderne Strelasundquerung entlastet den alten Rügendamm ganz wesentlich

ROUTE 6

HIDDENSEE, KAP ARKONA UND STÖRTEBEKER – ABWECHSLUNG IM WESTEN DER INSEL RÜGEN

053wo-lr

« Kapitelstartseite: Bereits der Blick von der Brücke zur Insel Ummanz (s. S. 161) strahlt die Ruhe und Beschaulichkeit aus, die Besucher auf der Insel finden

› In der alten Pfarrscheune der Insel Ummanz am Focker Strom befindet sich heute das Café Ummanz

217wo-lr

ROUTENÜBERSICHT

Strecke:
Dänholm (s. S. 148) – **Altefähr** (5 km, s. S. 150) – **Rambin** (6 km, s. S. 151) – **Samtens** (6 km, s. S. 152) – **Abstecher Bergen** (hin u. zurück etwa 20 km, s. S. 153) – **Gingst** (12 km, s. S. 158) – **Abstecher Insel Ummanz** (hin u. zurück etwa 18 km, s. S. 159) – **Trent** (10 km, s. S. 164) – **Abstecher Insel Hiddensee** (hin u. zurück etwa 13 km, s. S. 166) – **Wittower Fähre** (4 km, s. S. 170) – **Wiek** (9 km, s. S. 171) – **Abstecher Halbinsel Bug und Dranske** (hin u. zurück etwa 10 km, s. S. 172) – **Altenkirchen** (5 km, s. S. 176) – **Abstecher Kap Arkona** (hin u. zurück etwa 14 km, s. S. 177) – **Breege-Juliusruh** (3 km, s. S. 182) – **Glowe** (10 km, s. S. 185) – **Abstecher Ralswiek und Störtebeker Festspiele** (hin u. zurück etwa 32 km, s. S. 188)

Streckenlänge:
ohne Abstecher ca. 70 km, mit Abstecher ca. 177 km

Rügen, die größte Insel Deutschlands, bietet wirklich für jeden Besucher das Passende. Man passiert kleinere Orte, kommt nach Gingst, ins schönste Dorf der Insel, und kann sich kurz vor Ummanz auf Bauernhöfen umschauen und bewirten lassen. Die kleine Insel Ummanz wird bestimmt von der Haflingerzucht und von ruhigem Tourismus. Weiter geht es nach Schaprode, dem Hauptfährort zur autofreien Insel Hiddensee. Höhepunkt der Tour ist sicher der Abstecher nach Kap Arkona, nachdem der Svantevitstein in Altenkirchen bestaunt wurde. Eine Führung in den Bunkeranlagen Kap Arkonas verdeutlicht dessen militärische Vergangenheit. Beste Unterhaltung bieten die jährlichen Störtebeker Festspiele in Ralswiek. Hier kann man im Sommer ein Theaterabenteuer um die Figur des Seeräubers Klaus Störtebeker bestaunen.

DÄNHOLM

Zwischen Stralsund und Rügen liegt die kleine Insel Dänholm. Mit Stralsund ist sie über die Ziegelgrabenbrücke und mit Rügen über den Rügendamm verbunden. Achtung, der Dänholm ist nur über diese beiden alten Verbindungen erreichbar. Die Rügenbrücke führt direkt auf die Insel Rügen und besitzt keinen Abzweig zum Dänholm! Wer den interessanten Dänholm besuchen möchte, muss sich deshalb rechtzeitig für den alten Rügendamm entscheiden und der Ausschilderung „Ziegelgrabenbrücke“ oder „Dänholm“ folgen. Dabei sind die Öffnungszeiten der Brücke zu beachten. Aufgrund seiner der Hansestadt Stralsund vorgelagerten Position und der Kontrolle des Wasserweges zur Insel Rügen besaß der Dänholm immer eine besondere militärische Bedeutung. Der Inselname geht auf die Dänen zurück, die hier im 14. Jahrhundert eine erste militärisch befestigte Position einrichteten. Am 31.03.1991 räumte die Bundeswehr als letzter militärischer Nutzer den Dänholm und beendete damit eine jahrhundertelange ununterbrochene militärische Präsenz von

Die Querung des Strelasunds

Eine befahrbare feste Verbindung zwischen dem Festland und der Insel Rügen über den Strelasund war ab dem 19. Jh. ein viele Jahre lang gehegter Traum. Bautechnisch längst beherrschbar fehlte es jedoch lange Zeit an den notwendigen finanziellen Mitteln und dem unbedingten politischen Willen. War es im Jahre 1813 noch eine rein militärische Option zur schnellen Beförderung von schwedischen Truppen und Ausrüstung, wuchsen mit dem Anschluss der Insel Rügen an Preußen im Jahre 1815 die wirtschaftlichen Gründe zur Errichtung einer solchen zeitsparenden Verbindung.

Mehrfach wurde ein Bau in Angriff genommen, um jedoch jedes Mal schnell wieder zu scheitern. Besonderer Druck kam von der Deutschen Reichsbahn, die ab 1878 Stralsund und Berlin mit einer Eisenbahnlinie verband und ab 1909 eine Eisenbahnfährverbindung zwischen Sassnitz und Trelleborg mit Fährschiffen über den Strelasund unterhielt. Aufgrund zunehmender Versandung wurde der Betrieb der Fährverbindung zwischen Dänholm (einer kleinen, Stralsund vorgelagerten Insel, s. oben) und Altefähr auf Rügen Ende des 19. Jh. immer schwieriger und setzte der Beförderung von Eisenbahnzügen technische Grenzen. Der Ausbruch des Ersten Weltkrieges 1914 stoppte ein bereits weit gediehenes Bauprojekt, welches die Errichtung einer 1200 m langen stählernen Hochbrücke zwischen Dänholm und der Insel Rügen vorsah.

Am 5.2.1930 begann die Errichtung eines aufgeschütteten Rügendammes mit verschiedenen längeren Brückenabschnitten. Hier war es jedoch die Wirtschaftskrise, die den Bau 1932 zum Erliegen brachte. 1933 griffen die Nationalsozialisten das Projekt wieder auf und beschäftigten Tausende Arbeitslose, um den Damm per Handschachtung zu errichten. Das sorgte für einen starken Rückgang der Arbeitslosigkeit im weiten Umkreis und erhöhte die Popularität der braunen Machthaber enorm. Erst ab 1934 wurden Bagger eingesetzt, mit deren Hilfe das gigantische Projekt 1936 beendet werden konnte. Die Eisenbahnverbindung wurde am 5.10.1936 eröffnet, die Straßenverbindung am 13.5.1937 übergeben. Im Zweiten Weltkrieg wurde der strategisch wichtige Rügendamm durch Bombentreffer 1944 schwer beschädigt und durch deutsche Soldaten am Ende des Krieges durch Sprengungen unpassierbar gemacht und in Teilen zerstört. Nach der Besetzung Stralsunds und der Insel Rügen durch Truppen der Roten Armee wurde dem Wiederaufbau mit zwangsverpflichteten Arbeitern und Kriegsgefangenen sofort große Priorität eingeräumt. Es ergaben sich aber besondere Schwierigkeiten beim Wiederaufbau der stählernen Brückenkonstruktionen. Pioniere der Roten Armee errichteten zwischenzeitlich eine Pontonbrücke, um die Verbindung zwischen

den Dänen und Schweden über Wallensteins Truppen, preußische und französische Soldaten bis hin zu NVA und Bundeswehr. Heute befinden sich hier zwei gepflegte Hafenanlagen. Verschiedene Firmen und maritime Ausrüster sind ebenfalls ansässig. Das **Marinemuseum** und das **Nautineum** Dänholm sind für Besucher besonders interessant. Parken ist auf dem Dänholm gut möglich. Die beiden Museen besitzen eigene **Parkplätze,** darüber hinaus stehen an den Hafenflächen Parkplätze zur Verfügung. Der Wiesenparkplatz am Marinemuseum eignet sich auch gut für eine kostenfreie Übernachtung. Der Parkplatz auf dem Gelände des Nautineums eignet sich auch für Wohnmobile, wird aber am Abend geschlossen und kann deshalb nicht für eine Übernachtung benutzt werden.

Sehenswertes

› **Marinemuseum Dänholm,** Zur Sternschanze 7, 18439 Stralsund, Tel. 03831 297327 , http://marinemuseum-daenholm.de, geöffnet: Mai–Oktober Di.–So. 10 –17 Uhr, Eintritt: 6 € Erwachsene, 3 € Kinder. Museumsgebäude mit verschiedenen Ausstellungen zur militärischen Entwicklung Stral-

Stralsund und der Insel Rügen zu sichern. Trotz massiver Hilfe sowjetischer Eisenbahningenieure und Pioniertruppen konnte der Wiederaufbau des Rügendammes erst 1949 abgeschlossen werden.

In den 1970er- und 1980er-Jahren modernisierte die DDR den unter enormem Fahrzeug- und Eisenbahnverkehr stark verschlissenen Rügendamm mehrfach. Endgültig an seine Grenzen kam der Damm nach der deutschen Wiedervereinigung.

Eine zweite Entlastungsstrecke musste dringend her, deren Bau nach umfangreichen Vorarbeiten und langen Diskussionen 2004 begann. Um den maritimen Charakter Stralsunds und der Insel Rügen zu unterstreichen und den UNESCO-Welterbe-Titel der Stralsunder Altstadt nicht zu gefährden, investierte man in eine sehr teure Schrägseilbrücke, statt einen zweiten Damm aufzuschütten. Am 21.10.2007 wurde die neue Brückenverbindung eröffnet. Schon weit vor Stralsund bemerkt man die 128 m hohen Pylone der neuen Rügenbrücke. Selbst in der Nacht sind sie durch die angebrachten Blitzlampen als Hindernisbefeuerung unübersehbar.

Zwar wurde mit der zweiten Strelasundquerung das verkehrstechnische Nadelöhr Rügendamm beseitigt, problematisch ist jedoch nach wie vor die Straßeninfrastruktur auf der Insel Rügen. Aufgrund eingeschränkter Straßenkapazität auf der Rügenseite hinter der Strelasundquerung und des hohen Besucheraufkommens ist besonders in der Sommerzeit immer noch mit erheblichen Verkehrsbehinderungen zu rechnen. Deutlich verbessert hat sich die Situation für Besucher, die direkt in das Innere der Insel fahren wollen. Die als autobahnähnliche Schnellstraße ausgelegte neue B96 führt ab Rügenbrücke über 21 km bis nach Bergen – und auch Sassnitz und der Hafen Mukran können so schnell erreicht werden.

Durch den Straßenbau gibt es jedoch erhebliche Veränderungen in der Straßenführung. Von der Schnellstraße (neue B96) sind die Orte Altefähr und Rambin sowie die landschaftlich schöne Abkürzung über Rothenkirchen nach Dreschvitz nicht mehr direkt erreichbar, da die neue Schnellstraße auf diesem Abschnitt nicht mehr verlassen werden kann. Die nächste Abfahrtsmöglichkeit besteht erst wieder in Samtens.

Wer die Nebenorte besuchen will, darf deshalb nicht auf diese Schnellstraße auffahren. Die Nutzung von Navigationsgeräten verlangt durch die veränderte Straßenführung unbedingte Aufmerksamkeit. Da heißt es Augen auf und aktuelle Ausschilderungen beachten.

Wer sich als Wohnmobilist seine Reisetageszeit selbst aussuchen kann, sollte in der Hauptsaison nach Möglichkeit außerhalb der Hauptverkehrszeiten den Strelasund überqueren. Erhebliche Staus in beiden Richtungen sind immer noch keine Seltenheit und sorgen schon mal für längere Wartezeiten.

sunds und der Seestreitkräfte. Große Uniformenausstellung. Weiträumiges Außengelände mit Großexponaten, Schiffen und Hubschraubern auf der alten Sternschanze mit ihren Kasematten und Wällen. Parkplatz GPS 54.30823, 13.11813.

› **Nautineum Dänholm,** Zum Kleinen Dänholm, 18439 Stralsund, www.nautineum.de, Tel. 03831 288010, geöffnet: Mai–Okt. tägl. 10–16 Uhr, Nov.–April geschlossen, Eintritt: kostenfrei. Großexponate der Fischerei und Meeresforschung, begehbarer Fischerschuppen, Kutter, Strandboote, Unterwasserlabor HELGOLAND.

ALTEFÄHR

(5 km – km 5)

Altefähr ist ein beschaulicher Ort auf der Insel Rügen, der gegenüber der Hansestadt Stralsund auf der anderen Seite des Strelasundes liegt und heute v. a. touristisch erschlossen ist und dem Besucher neben einer Strandpromenade einige Gaststätten und Übernachtungsmöglichkeiten, eine Fischräucherei sowie einen Fahrradverleih und eine Surf- und Segelschule bietet. Außerdem befindet sich hier das **Sund Camp** 51, ein attraktiver Campingplatz. Sehr schön ist der Blick von Altefähr nach Stralsund, besonders abends, wenn die untergehende Sonne die Hansestadt in ein unvergessliches Licht taucht. Dazu kann man im Hafen im Café „Haus Putbus“ Platz nehmen und die Aussicht genießen.

Der Name des Ortes sagt eigentlich schon alles aus über seine Hauptfunktion in der Vergangenheit. Seit etwa 1200 war Altefähr ein wichtiger Fährhafen und verband durch eine Fährverbindung Rügen mit dem Festland. Erstmals wurde der Ort urkundlich 1240 als „bei der ollen Fähre“ benannt. Bis 1854 waren die Fährrechte im Besitz der Stadt Stralsund, danach konnte die Kommune Altefähr diese erwerben. Erst 1936, nach Fertigstellung des Rügendamms, wurde der Fährbetrieb eingestellt. Aber seit 1957 existiert wieder eine Personenfähre zwischen Altefähr und Stralsund, die von Mai bis September verkehrt. Der Ort konnte wegen dieser Fährverbindung zum Festland einen raschen wirtschaftlichen Aufschwung verzeichnen. Mit dem ging eine rasante Entwicklung als Bade- und Naherho-

159wo-lr

lungsort einher. Die **Kirche St. Nikolai,** ein Bauwerk aus dem 15. Jh., lädt jeden Sonntag zum evangelischen Gottesdienst ein. Direkt neben dem Campingplatz Sund Camp (51) befindet sich der **Kletterwald Waldseilpark Rügen.** Altefähr erhebt eine Kurtaxe von 1,20 €.

› **Waldseilpark Rügen Altefähr,** Waldseilpark Rügen, Klingenberg 25, 18573 Altefähr, Tel. 038306 239758, 0163 1726810, http://waldseilpark-ruegen.de, geöffnet: April, Mai, Juni, Sept. Mi.–Fr. 12–18 Uhr, Sa., So. 10–18 Uhr, Juli, August tägl. 10–18 Uhr, Okt. Sa., So. 11–17 Uhr, Eintritt: für 2,5 Std. 20 € Erwachsene, 16 € Kinder, Familienticket ab 42 €. Längste Seilbahn Rügens, verschiedene Schwierigkeitsstufen, Baumlehrpfad, Mindestkörpergröße 1,10 m für Kinderparcour und 1,30 m für Erwachsenenparcour erforderlich

Parken

P 75 **Parkplatz Im Hafen Altefähr,** GPS 54.32956, 13.12306, Preise: 0,50 €/Std. Von hier Super-Blick auf Stralsund und den Rügendamm, aber nur für kleinere Wohnmobile geeignet.

(51) Campingplatz Sund Camp Altefähr

GPS 54.33223, 13.12306

Sehr schöner, gemütlicher Campingplatz mittlerer Größe. Waschmaschine, Kinderspielplatz, Fischräucherei. **Lage/Anfahrt:** Der Campingplatz liegt am westlichen Ortsrand der Gemeinde Altefähr. Hafen und Ortszentrum sind zu Fuß schnell erreichbar; der Campingplatz ist in Altefähr ausgeschildert und nur über den Ort erreichbar; **Platzanzahl:** über 50; **Untergrund:** Schotterrasen, Wiese, Sand; fest; **Service:** Strom, Trinkwasser, Abwasser, Chemie-WC; **Sicherheit:** umzäunt, beleuchtet, bewacht; **Preise:** 27 € Pauschale Fahrz., 2 Pers., Strom und Wasser, weitere Personen 6 €, Hund 2 €; **Geöffnet:** März–Okt.; **Kontakt:** Am Kurpark 1, 18573 Altefähr, Tel. 38306 75483, www.sund-camp.de.

Neben dem Nautineum auf dem Dänholm befindet sich der alte Marinehafen, der heute als Jachthafen genutzt wird

RAMBIN

(6 km – km 11)

Direkt an der alten B96 liegt der kleine Ort Rambin, der meist nur als Durchfahrtsort zu den touristischen Zielen der Insel Rügen dient. Heute verläuft die neue B96 als Schnellstraße neben dem Ort ohne Abfahrtsmöglichkeit. Rambin ist nur noch über die jetzt als Nebenstraße ausgeschilderte alte Straßenführung zu erreichen. Allerdings lohnt sich ein kurzer Stopp, um wenigstens einen Blick in die Dorfkirche zu werfen, eine der schönsten auf der Insel. Die **St.-Johannis-Kirche** ist eine gotische, aus Backsteinen bestehende Kirche, die einen mit Holz verkleideten Turm aufweist. Schon 1300 wurde sie erstmals urkundlich erwähnt. Der Taufstein ist das älteste Ausstellungsstück in der Kirche, Triumphkreuz und die geschnitzte Maria mit dem Kind stammen aus dem 15. Jh. Um 1700 gestaltete man den Innenraum im Barockstil um. Aus jener Zeit stammen auch die lebensgroßen Figurenmalereien an der Nord- und Südwand des Gebäudes. 1972 wurde die Orgel vom Frankfurter Orgelbau Sauer gebaut. Noch heute kann der Besucher im Ort neben der Kirche das ehemalige Küsterhaus aus dem Jahre 1823, das Pfarrhaus und das Kloster „St. Jürgen vor Rambin“ finden.

1334 stiftete der Ratsherr Godeke von Wickede seinen Hof Drammendorf, den Stelzelberg und Wiesenland für die Errichtung eines Hospitals für Leprakranke. Der Bischof von Roskilde (heute Dänemark) bestätigte 1339 diese Stiftung und im 19. Jh. erhielt das Hospital die Bezeichnung Kloster. Seit jener Zeit diente es städtischen Zwecken. 1839 wurde die Kapelle rekonstruiert, ein Jahr später baute man nach Entwürfen des Stralsunder Stadtbaumeisters J. M. Lübke das zweigeschossige Prövenerhaus. Nach dem Zweiten Weltkrieg wurden die vom Kloster landwirtschaftlich genutzten Flächen im Zuge der Bodenreform in der sowjetischen Besatzungszone enteignet und die Stiftung wurde aufgelöst.

160wo-lr

Mittlerweile überregional bekannt – die Inselbrauerei Rambin

Große Parkplätze und viele Besucher finden sich im sehr großen **Bauernmarkt „Alte Pommernkate“** und der daneben liegenden Inselbrauerei.

› **„Alte Pommernkate“ – Bauernmarkt und Café Rambin,** Hauptstr. 2a, 18573 Rambin, Tel. 038306 62630, www.altepommernkate.de, geöffnet: tägl. 8–19 Uhr. Sehr großer Markt mit typischen regionalen Produkten, einer Schlemmermeile, Hofcafé, Räucherei und vielen kostenlosen Parkplätzen, direkt an der alten B96 gelegen. Direkt angrenzend liegt die „Insel-Brauerei“.

SAMTENS

(6 km – km 17)

Samtens ist der Schlüssel, andere sagen auch das Schlüsselloch, zur Insel Rügen. Besonders letzterer Begriff ist eher negativ behaftet, tauchte doch der Ortsname in der Hauptsaison beständig in den Staumeldungen auf. Grund dafür ist seine besondere Lage. Hier treffen sich die **Verkehrsströme** aus Richtung Strelasundquerung, aber auch die der Ausweichstrecke über die Fährverbindung zur Insel Rügen ab Stahlbrode auf dem Festland.

Hier zweigt sowohl der Verkehr in Richtung Hiddensee als auch in Richtung Bergen/Sassnitz ab. Kurz gesagt, etwa 70 Prozent des Verkehrsaufkommens der Insel Rügen laufen über Samtens und erhebliche Verkehrsbehinderungen waren oft die Folge. Mit dem Neubau der Schnellstraße hat sich die Situation jedoch deutlich entspannt. Der Handel hat diese zentrale Lage erkannt und im Ort haben sich verschiedene **Discounter** angesiedelt. Eine gute Gelegenheit für Wohnmobilisten, noch einmal die Vorräte ohne Umwege aufzufüllen, bietet doch nicht jede später folgende Gemeinde Rügens solche Einkaufsmöglichkeiten und auf den Camping- und Stellplätzen werden Lebensmittel immer mit erheblichem Aufpreis verkauft.

Samtens ist heute der Verwaltungssitz des Amtes West-Rügen. Viel zu besichtigen oder zu besuchen gibt es hier nicht. Lediglich der kleinen Kirche aus dem 15. Jh. oder dem großen Fitnessbereich von SOIBELMANNS Hotel könnte man einen Besuch abstatten. Natürlich sind Wohnmobilisten an Hotels eher weniger interessiert, aber die Anlagen für Tennis, Tischtennis, Squash, Badminton, Billard, Dart, Kegeln, Bowling, Golfen oder die Kletterwand stehen im **SOIBELMANNS Sporthotel** auch Tagesgästen offen. Ein Hallenschwimmbad, Sauna und verschiedene Wellnessangebote runden das Angebot ab. Am Hotel stehen ausreichend kostenlose Parkplätze für Wohnmobile zur Verfügung.

› **SOIBELMANNS Hotel Rügen,** Bergener Straße 1, 18573 Samtens, Tel. 038306 2220, www.soibelmanns.de/hotels/soibelmanns-hotel-ruegen, geöffnet: täglich

Wenn man nicht unbedingt nach Samtens möchte, kann es ratsam sein, dieses Nadelöhr zu umfahren. Das ist jedoch nur noch von der alten B96 und heutigen Nebenstraße möglich. Dazu biegt man von ihr zwischen Rambin und Samtens am Abzweig Rothenkirchen nach links ab. Die schmale, aber gute Straße führt bei Dußvitz nah am Ostseewasser vorbei und wird meist nur von Einheimischen benutzt. Sie ist nicht als Ortsumgehung ausgeschildert. Fahrer von größeren Wohnmobilen sollten hier etwas vorausschauend fahren und ggf. bei Gegenverkehr rechtzeitig anhalten, da auch landwirtschaftliche Fahrzeuge die gut asphaltierte, aber schmale Straße benutzen. Nach etwa 7 km gelangt man so nach Dreschvitz und damit unter Umgehung Samtens wieder auf die vorgeschlagene Route.

Dreschvitz kann schnell durchfahren werden Der kleine Ort bietet wenig, allerdings lohnt sich in Dreschvitz ein kleiner Abstecher von etwa 1,5 km nach Landow, um die dortige Kirche zu besuchen. Dazu biegt man im Ort nach links auf die Landower Straße ab. Die Kirche Landow wurde bereits 1313 errichtet und ist heute der älteste **Fachwerkkirchenbau** in Norddeutschland und im gesamten südöstlichen Ostseeraum. Genutzt wird die Kirche auch als Veranstaltungsort der Festspiele Mecklenburg-Vorpommern und des Landower Musiksommers. Will man die Kirche besuchen, sollte man sich vorher über den Veranstaltungsplan informieren.

› **Kultur- und Wegekirche Landow,** Landow, 18573 Dreschvitz, Tel. 038306 238 80, www.kirchelandow.de

ABSTECHER NACH BERGEN

(hin und zurück etwa 20 km)

Wer Samtens ohne abzubiegen auf der B96 einfach durchfährt, ist nach nur etwa 10 Min. in Bergen angelangt.

Bergen ist sowohl das geografische als auch das wirtschaftliche Zentrum der Insel Rügen. Deshalb kann die Inselhauptstadt auch von verschiedenen anderen Ausgangsorten entlang der vorgeschlagenen Routen leicht erreicht werden. Die Stadt wird ihrem Namen sehr gerecht, denn die Straßen steigen zum Markt hin deutlich an. Das kommt daher, dass sich der Ort auf einer Anhöhe aus der letzten Eiszeit befindet. Der höchste Punkt Bergens ist mit 91 Metern der **Rugard** am nordöstlichen Stadtrand. Von dem dort stehenden Ernst-Moritz-Arndt-Turm, der Ende des 19. Jh. zu Ehren des Sohns der Insel Rügen gebaut wurde, hat man eine gute Aussicht über die ganze Insel.

Bergen blickt auf eine über tausendjährige Geschichte zurück. Bald nach dem Fall der Jaromarsburg, die sich an der Nordostspitze bei Kap Arkona befand, begann Jaromar I., der nun auf dem Rugard residierte, mit dem Bau der **Marienkirche.** Diese ist der älteste Backsteinbau auf Rügen und wurde 1193 zusammen mit dem neben ihr angesiedelten Kloster als Pfalz- und Klosterkirche geweiht. Erst 1613 wurde Bergen durch Herzog Philipp Julius von Pommern-Wolgast das Stadtrecht verliehen. Ab 1628 brachte der Dreißigjährige Krieg für die Stadt eine leidvolle Zeit. Während der Schwedenzeit entwickelte sich Bergen nach und nach zum Verwaltungszentrum Rügens. Im 19. Jh. erlebte die Stadt im Zuge der Industrialisierung einen wirtschaft-

Bergen

Nonnensee,
Sagard
Graskammer
Ernst-Moritz-
Arndt-Stadion
B 96
Sassnitzer Chaussee
Gingster
Chaussee
Ringstraße
Waldstraße
Raddasstr.
Bahnhof
Bahnhofstraße
Sana-Krankenhaus Rügen
Friedensstraße
Marktstr.
ZOB,
Bus nach
Schaprode,
Hiddensee
Schützenstr.
Parkstraße
Rathaus
Grüner Berg
Calandstr.
Arkonastr.
Markt
Tourist-
information
Benedix-
Haus
Breitscheid-
straße
St.-Marien-
Kirche
Kirchstr.
Breitsprecherstr.
1
Teichstr.
Tourismus-
zentrale
Rügen
Stadt-
museum
Dammstr.
Joachimsberg
Schulstr.
Sportplatz
Feldstraße
Billrothstr.
Sundstraße
Stralsunder Str.
Gartenstraße
Billroth-
Geburtshaus
Karlstraße
Störtebekerstraße
Südstraße
Am Friedhof
Stralsunder Chaussee
Störtebekerstraße
Neuer Weg
Wohnmobilstellplatz
Caravanplatz
Rügen Bergen 52
B196
Kurt-Barthel-Straße
Tilzower Weg
Wilhelm
Stralsund

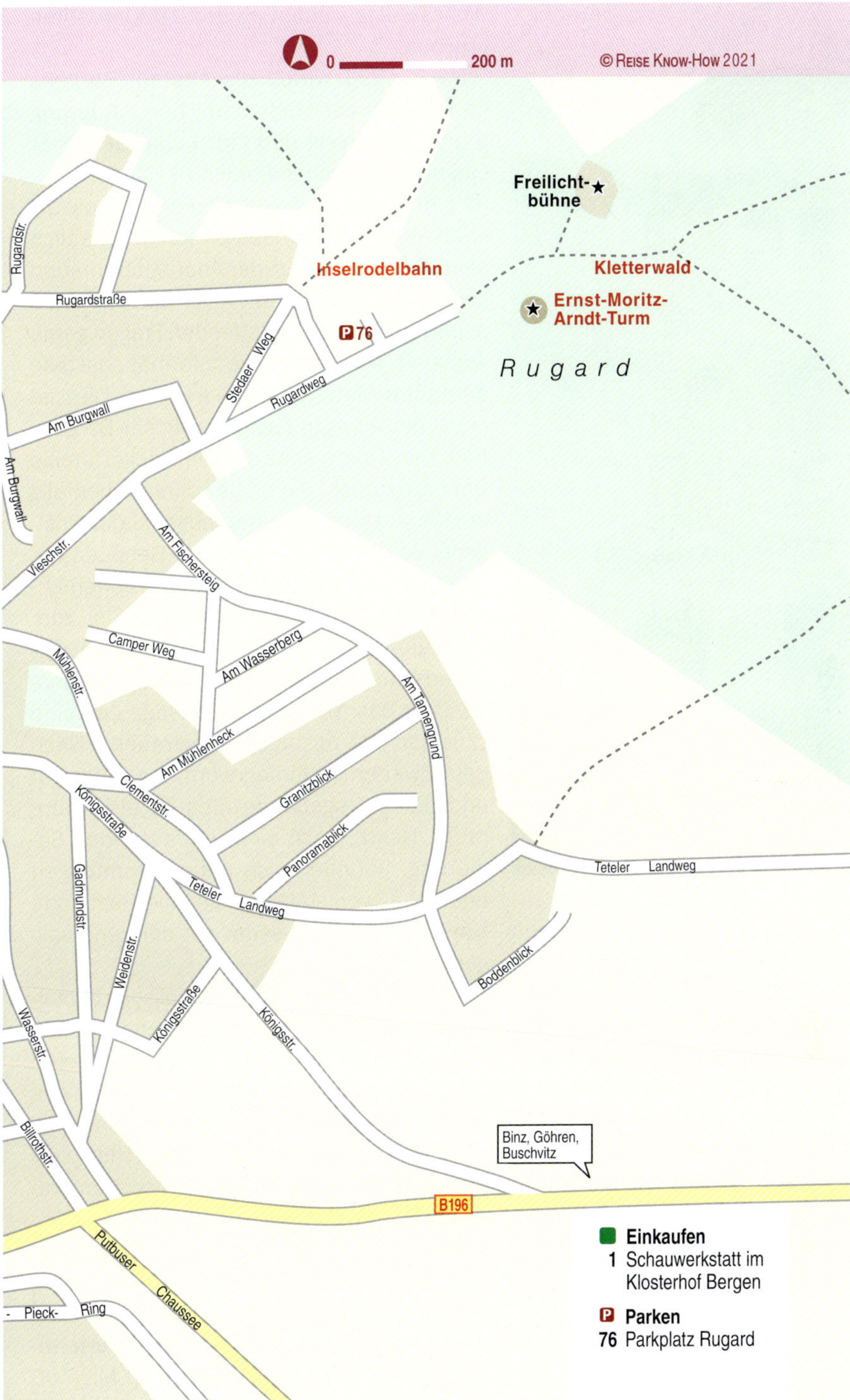
0 200 m
© Reise Know-How 2021
Freilicht-bühne
Inselrodelbahn
Kletterwald
Ernst-Moritz-Arndt-Turm
Rugard
76
Rugardstr.
Rugardstraße
Stedaer Weg
Rugardweg
Am Burgwall
Am Burgwall
Vieschstr.
Am Fischersteig
Camper Weg
Am Wasserberg
Mühlenstr.
Am Mühlenheck
Am Tannengrund
Clementstr.
Königsstraße
Granitzblick
Panoramablick
Teteler Landweg
Teteler Landweg
Gadmundstr.
Weidenstr.
Boddenblick
Königsstraße
Königsstr.
Wasserstr.
Billrothstr.
Binz, Göhren, Buschvitz
B196
Putbuser Chaussee
Pieck- Ring
Einkaufen
1 Schauwerkstatt im Klosterhof Bergen
Parken
76 Parkplatz Rugard

lichen Aufschwung. Lederfabriken nahmen ihre Arbeit auf, eine Molkerei entstand. Ab 1883 fuhren erste Züge aus Altefähr kommend in den Bergener Bahnhof ein. Es folgte der Ausbau der Infrastruktur: Ein Postgebäude wurde errichtet, Landratsamt, Amtsgericht sowie Zoll- und Steueramt folgten. Die Industrialisierung der Stadt und ihrer Umgebung wurde zu DDR-Zeiten forciert, sodass hier eine leistungsfähige Nahrungsmittelindustrie entstand, welche nicht nur die Insel, sondern auch Teile des Festlandes versorgte. Große Wohngebiete wurden ab den 1960er-Jahren errichtet.

Für den Aufstieg auf den Ernst-Moritz-Arndt-Turm wird man mit einer tollen Aussicht über ganz Rügen belohnt

Nach 1991 wurde die Altstadt Bergens im Rahmen der städtebaulichen Förderung gründlich saniert und lädt heute Besucher ein, auf historischen Pfaden zu wandeln. Dafür gibt es ausgearbeitete Rundgänge, die als Faltblatt in der Touristinformation erhältlich sind. Die Mitarbeiter der Touristinformation geben darüber und natürlich auch zu allen anderen, die Insel betreffenden Fragen gerne Auskunft. Man findet die Informationsstelle direkt am Markt im Benedix-Haus. Dies ist eines der ältesten Fachwerkhäuser Bergens und sein Name geht auf die Bäckerfamilie Benedix zurück, die es bewohnte. Ebenfalls am Markt stehen das Rathaus und das Postgebäude. Die noch erhaltenen Gebäude der Klosteranlage, ursprünglich als Benediktinerkloster gegründet und im 13. Jh. zum Zisterzienserorden konvertiert, bilden das historische Stadtzentrum. Nach der Reformation war das Nonnenkloster lange Zeit eine „Zuchtschule für adlige Jungfrauen". Nach dem Zweiten Weltkrieg wurde es aufgelöst und die Stiftsgebäude dienten als Wohnraum. Heute, nach einer umfassenden Sanierung, befinden sich neben Wohnungen und Schauwerkstätten auch eine Gaststätte sowie das **Stadtmuseum** auf dem ehemaligen Klosterareal.

Da am Ende des 19. Jh. katholische Schnitter (heute würde man sie Erntehelfer nennen) auf die Insel Rügen kamen und deren Gemeinde schnell wuchs, wurde Anfang des 20. Jh. die katholische Kirche St. Bonifatius errichtet. Diese Backsteinkirche befindet sich unweit des Stadtzentrums in der Clementstraße.

Neben viel Historie bietet Bergen dem Besucher aber auch eine Menge Abwechslung und Unterhaltung. Zum Beispiel kann man hier die nördlichste **Sommer- und Winterrodelbahn** Deutschlands besuchen. Mit 700 Metern Länge, einem Höhenunterschied von 27 Metern und 7 Steilkurven bietet die Bahn am Rugard jede Menge Fahrspaß. Neu entstanden ist ein einzigartiger, 23 m hoher hoher Rutschenturm.

Direkt am Rugard wartet der **Kletterwald** mit fünf verschiedenen Parcours auf seine Gäste. Auf der angrenzenden Freilichtbühne finden in den Sommermonaten Konzerte statt. Am Rugard befindet sich ein kostenloser, zentraler, gepflasterter Parkplatz. Bergen eignet sich natürlich auch für einen Einkaufsbummel. Zum Beispiel lädt die „Passage am Brinken" auf dem Platz Goldener Brinken zum Verweilen ein. Hier befand sich früher das sogenannte Gildehaus, in dem die Handwerker Zusammenkünfte abhielten und Gildefeste feierten.

Sehenswertes

› **St.-Marien-Kirche Bergen,** Kirchplatz, 18528 Bergen auf Rügen, Tel. 03838 253524, www.kirche-bergen.de, geöffnet: Apr.-Okt. Mo.-Sa. 10-16 Uhr, Gottesdienste sonntags 10.30 Uhr. Die Kirche hat eine Besonderheit: Das Ziffernblatt der Kirchturmuhr zählt 61 Minuten, weil Handwerker bei der Restaurierung der durch einen schweren Herbststurm 1983 beschädigten Uhr einen Minutenpunkt zuviel bohrten.

› **Stadtmuseum Bergen,** Billrothstraße 20a, 18528 Bergen, Tel. 03838 252226, www.stadtmuseum-bergen-auf-ruegen.de, geöffnet: Mai-Okt. Di.-Sa. 10-16.30 Uhr, Nov.-Apr. Di.-Fr. 11-15 Uhr und Sa. 10-13 Uhr, Eintritt: 2 € Erwachsene, 1 € Ermäßigte. Die historische Entwicklung Rügens von der Frühgeschichte bis zum 19. Jahrhundert wird hier dem Besucher nahegebracht.

› **Ernst-Moritz-Arndt-Turm Bergen,** Rugardweg 10, 18528 Bergen auf Rügen, geöffnet: Mai-Okt. tägl. 10-18 Uhr, Eintritt: 1,50 € Erw., 1 € Ermäßigte. Den Schlüssel für den nach dem bedeutenden Lyriker benannten Turm erhält man im Restaurant direkt am Turm. Viele Stufen führen bis nach oben in die 2002 gebaute Glaskuppel und von da hat man einen atemberaubenden Blick über Rügen.

Information

› **Touristinformation Bergen,** Markt 23, 18528 Bergen auf Rügen, www.stadtinfo-bergen-ruegen.de, Tel. 03838 3152838, geöffnet: Mo.-Fr. 10-18 Uhr

Aktivitäten

› **Inselrodelbahn Bergen,** Rugardweg 7, 18528 Bergen auf Rügen, www.inselrodelbahn-bergen.de, Tel. 03838 828282, geöffnet: Juli/Aug. 10-19 Uhr, Apr.-Juni/Sept./Okt. 10-18 Uhr, Nov.-März 13 Uhr bis Eintritt der Dunkelheit, geschl.: Totensonntag, 24.-26. Dez., Eintritt: je Fahrt 2,50 € Erw., 2 € Kinder

› **Kletterwald Bergen,** Rugardweg 9, 18528 Bergen, Tel. 0152 04903263, www.kletterwald-ruegen.eu, geöffnet: April, Mai, Juni tägl. 11-17 Uhr, Juli, August 10-18 Uhr, Sept., Okt. 11-17 Uhr, letzter Einlass jeweils 2 Std. vor Schließung, Eintritt: 2 Stunden: 20 € Erwachsene, 14 € Kinder, Familienkarte ab 43 €

Einkaufen

› **Schauwerkstatt im Klosterhof Bergen,** Billrothstraße 20a, 18528 Bergen auf Rügen, Tel. 03838 828356, geöffnet: Mo.-Fr. 10-18 Uhr, Sa. 10-16 Uhr, außerhalb der Saison: Mo.-Fr. 10-16 Uhr, Sa. 10-13 Uhr

162wo-lr

› *Der Marktplatz in Bergen*

Parken

P 76 Parkplatz Rugard, GPS 54.42143, 13.44093. Kostenlos, geplastert, Zufahrt über Rugardstraße.

52 Wohnmobilstellplatz Caravanplatz Rügen Bergen

GPS 54.40297, 13.42786

Komfortabler Stellplatz in einem Gewerbegebiet südlich der Innenstadt. **Lage/Anfahrt:** Von Ortsumgehung Stralsunder Chaussee (B196) auf Tilzower Weg abbiegen und diesem folgen. Der SP befindet sich auf der linken Straßenseite. **Platzanzahl:** über 20; **Untergrund:** Pflaster, Schotterrasen, Wiese, fest; **Service:** Strom, Trinkwasser, Abwasser, Chemie-WC; **Sicherheit:** umzäunt, beleuchtet; **Preise:** ab 17 €/Fahrzeug inklusive 2 Personen, je weitere Person 4 €, Dusche und Strom je 2 €; **geöffnet:** ganzjährig; **Kontakt:** Tilzower Weg 32, 18528 Bergen auf Rügen, Tel. 03838 404237, Mobil 0171 5322664, www.wohnmobil-stellplatz-ruegen.de.

170wo-fo©etfoto – stock.adobe.com

GINGST

(12 km – km 29)

Fährt man weiter entlang der L30, trifft man etwa 700 m vor Gingst auf den kleinen Flecken Haidhof. Hier befindet sich der sehr familiäre **Camping- und Wohnmobilstellplatz Haidhof der Familie Wolf** 53.

In den letzten Jahren wurde Gingst mehrfach zum schönsten Dorf Rügens gekürt, und das hat seine Gründe. Der Ort, 1232 erstmals urkundlich erwähnt, entwickelte sich zum handwerklichen Zentrum der Insel Rügen, wovon der Besucher in den **Historischen Handwerkerstuben** einen Eindruck erhält. Das Museum ist in einem Haus aus dem 17. Jahrhundert untergebracht und gibt Auskunft über ca. 50 Handwerkerberufe, die früher hier in der Gegend eine große Rolle spielten, wie das Schuhmacherhandwerk und das des Schneiders sowie die Damastweberei. Eine historische Schmiedeanlage kann seit 1996 in einem Fachwerkhaus am Museumshof besichtigt werden. Daneben gibt es auf dem Gelände ein Museumscafé und einen Hofladen. Im Sommer finden im Hof regelmäßig Konzerte sowie Lesungen und Theateraufführungen statt.

› **Historische Handwerkerstuben – Museum Gingst,** 18569 Gingst auf Rügen, Tel. 038305 304, www.historische-handwerkerstuben-gingst.de, geöffnet: Mai–Sept. tägl. 10–17 Uhr, Okt. 10–16 Uhr, Nov.–April Mo.–Fr. 10–16 Uhr, Eintritt: 2 € Erwachsene, 1,50 € ermäßigt, 5 € Familien. Museumshof direkt gegenüber dem Abzweig nach Ummanz, unbefestigter Parkplatz GPS 54.45477, 13.25825

Immer wieder kam es in Gingst zu großen Bränden, wobei der letzte 1950 fast den ganzen Ort vernichtete. An den Brand und v. a. die Wiederaufbauaktion der FDJ erinnert

Das Eingangsportal der St.-Jacob-Kirche in Gingst

seit 1975 ein Gedenkstein auf dem Markt. Gegenüber dem Gedenkstein kann man 2 Stunden **kostenlos parken** und der spätgotischen **St.-Jacob-Kirche** einen Besuch abstatten. Sie wurde um 1300 errichtet und im 18. Jahrhundert im Barockstil umgebaut. Hinter der Kirche steht der Sühnestein, der an die Ermordung des Pfarrers Laurentius Krintze im Jahr 1554 erinnert. Der Edelmann Sambur Preetz aus Silenz soll den Pfarrer im Streit um rückständige Kirchenzahlungen mit einer Zinnkanne erschlagen haben. Am Markt vor der Kirche sind verschiedene kleine und sehr gemütliche Läden entstanden, die man unbedingt besuchen sollte.

Der Ort Gingst hat noch einiges zu bieten, denn neben verschieden Läden und Gaststätten befindet sich in Gingst der **Rügenpark,** Rügens einziger Ferienpark. Auf 40.000 m² stehen hier fast 100 Miniaturen der weltweit bekanntesten Bauwerke, wie der Berliner Reichstag, das Kolosseum Roms oder Notre Dame, im Maßstab 1 : 25. Außerdem wird die Insel Rügen im Kleinformat dargestellt. Ein Streichelzoo, Rutschen und Trampoline sind v. a. für die Jüngsten eine Attraktion.

› **Rügenpark Gingst,** Mühlenstraße 22b, 18569 Gingst, www.ruegenpark.de, Tel. 038305 55055, geöffnet: April–Juni Di.–So. 10–18 Uhr, Juli, August tägl. 10–19 Uhr, Sept., Okt. Di.–So. 10–17 Uhr, Eintritt: 9,90 € Erwachsene und Jugendliche ab 12 Jahre, Kinder nach Größe 3–7,90 €, 7,90 € Senioren, Studenten, Behinderte (ebenso Begleitperson), Familienkarte ab 5 Pers. 1 Person kostenfrei, über 250 kostenlose Parkplätze

53 Campingplatz Haidhof Gingst

GPS 54.44806, 13.26145

Kleiner, ruhiger, gemütlicher und familiärer Ferienhof, Camping- und Wohnmobilstellplatz auf Privatgrundstück der Fam. Wolf. Obst und Gemüse aus eigener Ernte, Ponyreiten, Räucherofen am Platz. **Lage/Anfahrt:** Von der L30 in Haidhof nach links auf den Ferienhof abbiegen, ausgeschildert; **Platzanzahl:** über 20; **Untergrund:** Wiese, Sand; fest; **Service:** Strom, Trinkwasser, Abwasser, Chemie-WC; **Sicherheit:** umzäunt, beleuchtet, bewacht; **Preise:** 11 €/Fahrz., 4 €/Pers., 3 € Strom, 1 € Hund; **Geöffnet:** ganzjährig; **Kontakt:** Haidhof 2, 18569 Gingst, Tel. 038305 344, www.rwolf.de.

ABSTECHER ZUR INSEL UMMANZ

(hin und zurück etwa 18 km)

Von Gingst führt die Kreisstraße 9 nach Ummanz. Im gemütlichen kleinen Hafen von **Klein Kubitz** besteht die Möglichkeit, mit dem Wohnmobil zu parken und den Ausblick auf die Ostsee zu genießen. Dazu nimmt man den Abzweig, der etwa 2,5 km nach Gingst links in Richtung Groß und Klein Kubitz führt. Um den Hafen zu erreichen, muss Klein Kubitz ganz durchfahren werden. Die alte Kopfsteinpflasterstraße fährt sich jedoch nicht besonders angenehm. Im Hafen befindet sich neben einer Picknickhütte ein Gedenkstein für Kapitän Pagels (1878–1966), einen bekannten deutschen Seemann und Südamerikafahrer. Pagels wurde in Klein Kubitz geboren.

77 **Hafen Klein Kubitz,** GPS 54.42970, 13.20628, Klein Kubitz, 18569 Ummanz, geöffnet: ganzjährig, kostenfrei. Kleiner Sportboot- und Fischerhafen mit Parkmöglichkeit, Müllentsorgung und Picknickecke.

Auf dem Weg nach Ummanz wieder auf der Kreisstraße 9 kann man zwei **Erlebnisbauernhöfe** besuchen, die ganzjährig für Besucher geöffnet haben. Beide Höfe bieten eine breite Palette von Unterhaltung, Streichelzoo und gastronomischen Angeboten.

In **Lieschow** befindet sich **Bauer Lange.** Der nur 1,5 km lange Abzweig nach Lieschow ist kurz vor Mursewiek ausgeschildert.

› **Erlebnisbauernhof Lange Lieschow,** Hof Nr. 37, 18569 Lieschow, Tel. 038305 55150, www.bauer-lange.de, geöffnet: ganzjährig, tägl. ab 9 Uhr. Großer Erlebnisbauernhof mit zahlreichen Attraktionen, Informationen, Tieren, Dumperfahrschule, Gastronomie, Parkplatz, Übernachtung möglich, GPS 54.43688, 13.18032

163wo-lr

Nur wenige Hundert Meter von Bauer Lange entfernt befindet sich ebenfalls in Lieschow die erste **Edeldestillerie** auf Rügen, wo edle Obstbrände in zertifizierter Bio-Qualität hergestellt und angeboten werden. Nach vorheriger Anmeldung ist auch eine Besichtigung der Destillerie möglich.

› **Erste Edeldestillerie auf Rügen GmbH Lieschow,** Lieschow 17, 18569 Ummanz, Tel. 038305 55300, www.1ste-edeldestillerie.de/, geöffnet: Mo.–Fr. 10–16 Uhr, So. nach Anmeldung. Die Edeldestillerie erzeugt Obstbrände und Liköre in Bio-Qualität aus einheimischer Obsternte.

In **Mursewiek,** kurz vor der Brücke auf die Insel Ummanz, wartet **Bauer Kliewe** direkt neben der Kreisstraße 9 auf seinem Erlebnisbauernhof auf Gäste. Bei Bauer Kliewe gibt es auch einen einfachen Wohnmobilstellplatz.

› **Erlebnisbauernhof Kliewe Mursewiek,** Mursewiek 1, 18569 Ummanz, Tel. 038305 8130, www.bauernhof-kliewe.de, geöffnet: ganzjährig. Großer Erlebnisbauernhof mit Veranstaltungen, Attraktionen und Tieren, Traktor fahren und Gastronomie, 3 Wohnmobilstellplätze mit Strom und WC, Übernachtung 20 €

S 78 **Wohnmobilstellplatz bei Bauer Kliewe,** GPS 54.44908, 13.18979. Platz für drei Wohnmobile.

Kaum hat man die 250 m lange und bereits 1901 erbaute Brücke zur Insel Ummanz überquert, erreicht man **Waase,** den größten Ortsteil der Gemeinde Ummanz. Etwa zwei Drittel der Einwohner der Insel leben hier. Ein kostenfreier **Parkplatz,** der sich auch für eine Übernachtung eignet, befindet sich gegenüber der kleinen Ummanz-Touristinformation in Verlängerung der Brücke. Hier wäre eine gute Gelegenheit, das Wohnmobil stehenzulassen und auf das Fahrrad umzusteigen. Wer auf der Insel zuerst diesen Parkplatz oder die Touristinfo besuchen will, muss

Rügens einzige Destillerie in Lieschow

Klassische Küstenfischerei ist vor der Küste der Insel Ummanz häufig zu sehen

nach der Brückenüberquerung noch 100 m geradeaus fahren. Ansonsten folgt man der Ringstraße über die Insel am besten im Uhrzeigersinn und biegt deshalb gleich hinter der Brücke nach links ab.

Information

› **Tourist-Information Ummanz,** Neue Straße 63 A, 18569 Ummanz OT Waase, Tel. 038305 53481. Sehr kleine Touristinformation mit Fahrradverleih. Die Öffnungszeiten variieren.

Parken

P **79 Parkplatz Waase,** GPS 54.45753, 13.18063, Neue Straße, 18569 Ummanz OT Waase, geöffnet: ganzjährig, kostenfrei. Wiesenparkplatz.

Auf Waase folgt nur einen Kilometer später der kleine Ortsteil **Wusse.** Nach dem Ortsausgang Waase ist an der Straße ein schöner Picknickplatz direkt am Wasser entstanden.

80 Picknickplatz bei Waase, GPS 54.45718, 13.17576

Insel Ummanz

Seit dem Aufschwung des Badetourismus steht Ummanz immer im Schatten der Nachbarinsel Hiddensee. Ein großer Nachteil ist das für Besucher der Insel Ummanz nicht. Massentourismus ist hier fremd, hektische Betriebsamkeit gibt es nicht, die Betriebszeiten einer Fähre muss hier auch niemand beachten, denn Ummanz ist über eine 250 m lange Brücke mit der Insel Rügen verbunden. Nicht einmal 300 Einwohner hat die Insel, nur ein knappes Fünftel der Einwohnerzahl der Nachbarinsel Hiddensee. Dabei unterscheidet sich das Flächenmaß der Inseln kaum. Ummanz ist sogar geringfügig größer als Hiddensee, aber die Insel gehört zu den am dünnsten besiedelten Gebieten Deutschlands. Seit 1341 und bis 1945 befand sich die Insel im Besitz des Klosters zum Heiligen Geist in Stralsund. Nach 1945 wurde der Grundbesitz enteignet. Immer spielte auf der Insel die Landwirtschaft eine dominierende Rolle, Industrie gibt es hier nicht. Die kleinen Orte der Insel, die zusammen die Gemeinde Ummanz bilden, verbindet eine ungefähr 10 km lange Ringstraße.

In welcher Richtung man sie befährt, spielt eigentlich keine Rolle. Ohne einen Stopp hat man die Insel in etwa 20 Minuten mit dem Wohnmobil umfahren. Anhalten sollte man jedoch unbedingt, sonst entgehen einem die interessanten Sehenswürdigkeiten dieser Insel. Nirgendwo ragt ein Hügel über das Land, die maximale Erhebung über dem Meeresspiegel beträgt nur 4 Meter. Das sind ideale Bedingungen, um die Insel per Fahrrad zu erkunden.

055wo-lr

Die wenigen Häuser von Wusse sind schnell passiert und kurz darauf führt ein Abzweig von der Straße nach links zum **Freesenort.** Die Durchfahrt auf einem Plattenweg ist fest, aber recht schmal; am Eingang zum Freesenort befinden sich nur eingeschränkte Parkmöglichkeiten. Freesenort ist ein kleines, noch ursprüngliches Fischerdorf mit nur vier reetgedeckten Häusern. Alle stehen heute unter Denkmalschutz. Hier befindet sich auch die **Hasenburg,** ein niederdeutsches Hallenhaus aus dem 17. Jahrhundert. Es diente einer Fischerfamilie als Unterkunft. Von der Küste Freesenorts erblickt man bei gutem Wetter die Hansestadt Stralsund und die vor Freesenort liegende und besonders geschützte Vogelinsel Heuwiese. Sie ist unbewohnt und steht bereits seit 1939 als Brutkolonie zahlreicher Vögel unter besonderem Schutz. In Freesenort kann man entlang des Deiches ausgezeichnet und ungestört in jede Richtung wandern, das Wasser und die Natur genießen.

Als nächster Ortsteil folgt auf der Ringstraße **Suhrendorf.** Es gibt hier nur wenige Häuser, aber einen wunderschön gelegenen, sehr modernen Campingplatz, das **Ostseecamp Suhrendorf** 54.

54 Ostseecamp Suhrendorf/Ummanz

GPS 54.46096, 13.13568

Sehr empfehlenswerter, moderner und großer Campingplatz. Surfstrand und Surfschule, Kinderspielplatz, Gaststätte, Sauna, Minimarkt, Breitwandleinwand für TV-Übertragungen, Bootsliegeplätze, Rettungsschwimmer, Badestrand, Großstellplätze für Womos 150 m² mit Sat-Anschluss. **Lage/Anfahrt:** Der Campingplatz ist gut ausgeschildert. Auf der Ringstraße in Richtung Suhrendorf fahren. **Platzanzahl:** über 200; **Untergrund:** Wiese, Sand; fest; **Service:** Strom, Trinkwasser, Abwasser, Chemie-WC; **Sicherheit:** umzäunt, beleuchtet, bewacht; **Preise:** 20 €/Fahrz., 7,50 € Erw., 4,50 € Kinder, 4 € Hund, Preise nach Stellplatzgröße unterschiedlich; **Geöffnet:** April-Okt.; **Kontakt:** Suhrendorf 4, 18569 Ummanz, Tel. 038305 82234, www.ostseecamp-suhrendorf.de.

Suhrendorf liegt an der Westküste von Ummanz in der Hauptwindrichtung. Entsprechend stark kann hier der Seegang sein, was den Ort zu einem Surferparadies macht. Die gesamte Küste kann auf Wanderwegen oder entlang des Strandes abgewandert werden.

Etwas nördlich der Einfahrt zum Ostseecamp befindet sich an einem kleinen Waldstück neben der Straße ein **Wanderparkplatz.** Die Entfernung von hier bis zum Strand beträgt etwa 300 m.

81 Wanderparkplatz Suhrendorf/Ummanz, GPS 54.46822, 13.14249. kleiner, unbefestigter, kostenfreier Wanderparkplatz neben der Ringstraße.

Der nächste Ortsteil der Gemeinde Ummanz, der in dieser Fahrtrichtung durchfahren wird, ist **Haide.** Haide teilt sich in zwei Teile: das alte kleine Dorf mit wenigen Häusern und die jüngere Haide-Siedlung. Dorthin führt nur ein schmaler Plattenweg. Hier entstand in den 1940er-Jahren ein großes Lager des Reichsarbeitsdienstes. Über Jahre befestigten Tausende Jugendliche im Rahmen des nationalsozialistischen sechsmonatigen Pflichtdienstes die Küsten der Insel Ummanz, bauten Hochwasserschutzdeiche, errichteten Gebäude, Straßen und Wege. Von diesem Reichsarbeitsdienstlager existieren heute kaum noch Gebäude. Die Masse der überwiegend in Fertigteilbauweise errichteten Häuser wurde nach 1945 abgebaut und an anderen Orten wieder errichtet. Heute sind in Haide fast ausschließlich Ferienhäuser und Pensionen zu finden. Der Strand ist etwa 300 m entfernt. Der Verbindungsweg zum Strand kann nur mit Fahrrädern befahren oder zu Fuß begangen werden, daher müssen Fahrzeuge im Ort geparkt werden.

P 82 Strandparkplatz Haide/Ummanz „Hiddenseesicht“, GPS 54.47544, 13.14891. Unbefestigter, kostenfreier Wanderparkplatz, Entfernung zum Strand etwa 300 m.

Nur 3 km nach Haide ist man bereits wieder zurück in **Waase** und rollt jetzt wieder direkt auf die Inselbrücke zu.

Am Ortseingang von Waase ist der Abzweig nach **Tankow** ausgeschildert. Dort steht eine recht einsame größere Kranich-Beobachtungshütte. Der etwa 3 km lange Weg von Waase bis zur Hütte ist gut asphaltiert und vor Ort befindet sich ein ruhiger Parkplatz.

P 83 **Parkplatz Kranich-Beobachtungshütte,** GPS 54.48020, 13.20796

Auf der Neuen Straße, der Ortsdurchfahrt von Waase, findet man linker Hand eine Haflingerzucht, rechter Hand befindet sich die Touristinformation und ihr gegenüberliegend der bereits erwähnte Parkplatz Waase.

In Waase steht die alte **St. Marienkirche.** Sie wurde bereits 1322 erstmalig urkundlich erwähnt. Die Kirche ist gut erhalten und reich ausgestattet. In ihr steht ein Antwerpener Retabel, ein wertvoller dreiflügeliger Schnitzaltar, der später Gegenstand eines historischen Gerichtsprozesses wurde. Vermutlich wurde der kostbare Eichenholzaltar 1520 mit bildlichen Darstellungen des Thomas Beckett, einem heiliggesprochenen Erzbischof von Canterbury, in Antwerpen angefertigt und von der Hansestadt Stralsund erworben. 1708 gelangte er in die St.-Marien-Kirche, die damals noch zu Stralsund gehörte. Später übergab Stralsund den Altar der neuen Gemeinde Ummanz, verlangte aber einige Jahre später die Rückgabe des besonders teuren Geschenks. Den folgenden Gerichtsprozess verlor jedoch Stralsund und der Antwerpener Retabel verblieb so in Waase. Die Kanzel und Kronleuchter der Kirche fanden auf heute unbekannten Wegen ebenfalls ihren Weg aus alten Stralsunder Kirchen nach Waase.

› **St. Marienkirche Waase,** Am Focker Strom, 18569 Ummanz OT Waase, Tel. 038305 328, geöffnet: April–Oktober 12–14 Uhr, Sa., So. 14–15 Uhr

Der Nationalpark Vorpommersche Boddenlandschaft unterhält in Waase eine Informationsstelle mit wechselnden Ausstellungen und bietet Führungen an. Die Informationsstelle befindet sich im Gebäude der alten Küsterei zwischen Kirche und Brücke.

056wo-lr

› **Informationsstelle Nationalpark Vorpommersche Boddenlandschaft Waase,** Neue Straße 63a, 18569 Waase. Die Informationsstelle befindet sich gleich hinter der Brücke auf die Insel Ummanz, www.nationalpark-vorpommersche-boddenlandschaft.de, geöffnet: Mai–Oktober tägl. ab 10 Uhr, schließt je nach Bedarf zwischen 16 und 17 Uhr, Eintritt: kostenfrei. Informationsstelle des Nationalparks Vorpommersche Boddenlandschaft mit Ausstellung, Führungen durch den Nationalpark können unter Tel. 038300 68041 oder 0173 2472717 gebucht werden.

Beschaulichkeit auf Ummanz

164wo-lr

Hinter der Kirche befindet sich ein kleiner **Keramikladen der Künstlerin Susan Schmorell,** die auf Ummanz Gebrauchskeramik und handgemalte Fayencen herstellt und verkauft. Verkauft wird hier im Hofladen in Waase (Neue Straße 63b), die Keramikwerkstatt ist jedoch in Wusse.

Nachdem man über die Brücke die Insel Ummanz verlassen hat, geht es über die Kreisstraße 9 wieder zurück nach Gingst. In Gingst folgt man der Route weiter über die Landesstraße 30 in Richtung Trent/Wittower Fähre. Trent wird nach ungefähr 10 km erreicht.

Die Hasenburg – ein mehr als 300 Jahre altes, niederdeutsches Hallenhaus in Freesenort

TRENT

(10 km – km 39)

Der kleine Ort Trent ist vor allem Hiddenseebesuchern und Piloten bekannt. Die große Mehrheit der Besucher Hiddensees reist über Schaprode an, denn der Ort bietet die kürzeste Überfahrt zur Insel und die höchste Fährfrequenz. Um nach Schaprode zu gelangen, muss man immer Trent durchfahren.

Piloten kennen den Ort nur dem Namen nach wegen des hier befindlichen Drehfunkfeuers, einer Navigationsanlage, die den Weg auf der Luftstraße über die Ostsee nach Schweden weist. Die Piloten erkennen den kleinen Ort aus 10.000 m Höhe vermutlich nicht einmal und Hiddenseebesucher nehmen sich nur selten Zeit, hier anzuhalten. Dabei sollten Reisende unbedingt den Ort einmal durchstreifen. Aus Richtung Gingst kommend fällt zuerst die auf einem kleinen Hügel stehende **Kirche St. Katharinen** auf.

057wo-lr

Sie ist eine der ältesten Kirchen Rügens und wurde 1318 erstmals erwähnt. Freunde reichhaltig ausgestatteter historischer Kirchen sollten sie auf jeden Fall besuchen. Ihre Innenausstattung ist über die Jahrhunderte gut erhalten geblieben. Heute noch sind die Schießscharten in dieser alten Wehrkirche erkennbar. In der Kirche werden auch wechselnde Ausstellungen zur Insel Rügen gezeigt. Die Kirche ist als offene Kirche täglich bis 17 Uhr geöffnet.

Wer in Trent kurz abbiegen will, für den sind es nicht einmal 2 km Fahrt bis **Libnitz,** wo sich eine schöne alte Gutsanlage mit gepflegtem Park befindet, deren schlossähnliches Herrenhaus in einem besonders aufwendigen Stil erst um 1912 erbaut wurde. Das Rittergut Libnitz besteht aber schon seit dem 13. Jh. und war früher im Besitz der Rügenfürsten. Leider kann man Schloss Libnitz heute nicht mehr von innen besichtigen. Es wurde zu Wohnungen umgebaut. Im Schlosspark befindet sich das neoklassizistisch gebaute Mausoleum der ehemaligen Besitzerfamilie Meyer-Sarnow. Der ehemalige Besitzer und Erbauer des heute bestehenden Schlossensembles, Fritz Alfred Meyer, war aufgrund seines gewaltigen Reichtums als „Millionenmeyer" bekannt. Nach 1945 enteignet und in den Westteil Deutschlands geflüchtet, starb der Millionenmeyer 1955.

In Trent am Abzweig nach Hiddensee befindet sich ein großer kostenloser Parkplatz, der sich für Wohnmobile aller Größen eignet.

P 84 Parkplatz Trent, GPS 54.52202, 13.25545, 18569 Trent, geöffnet: tägl., kostenfrei. Im Kreuzungsbereich Abzweig Schaprode/Hiddensee liegender gepflasterter Parkplatz.

Die gedrungene alte Wehrkirche St. Katharinen in Trent ist schon von Weitem zu sehen

ABSTECHER ZUR INSEL HIDDENSEE

(hin und zurück etwa 13 km)

SCHAPRODE

Von Trent sind es 6,5 km bis nach **Schaprode,** dem Einfallstor zur Insel Hiddensee. Bereits aus größerer Entfernung wird dem Besucher klar, dass der Ort Schaprode quasi ein riesiger Parkplatz ist und seine Einwohner verdienen offenbar gut daran. Da die Insel Hiddensee autofrei ist, müssen die Bewohner und die Besucher Hiddensees hier zwangsläufig ihre Fahrzeuge parken. Zwischen 4 und 5,50 € sind dafür pro Tag fällig. Die Preise sind für die entsprechenden Fahrzeuge auf den großen Parkplätzen im Ort nahezu gleich. Kleine private Parkplätze verlangen eigene Preise. Deren Stellflächen sind aber meistens für Wohnmobile zu eng. Kostenfreie Parkmöglichkeiten gibt es in Schaprode eigentlich nicht, bestenfalls kann man einmal kurz kostenfrei für wenige Minuten halten. Offenbar will man die Einnahmequelle der Parkplatzbetreiber nicht gefährden. Der kleine Ort könnte es aber auch unmöglich verkraften, wenn die Tausenden Besucher wildes Parken betreiben dürften. Deshalb bleibt auch dem Wohnmobilreisenden nichts weiter übrig, als diese Parkgebühren als kleine Zwangsabgabe zu sehen, will er Hiddensee oder Schaprode besuchen.

Im Hafen von Schaprode legen die **Fährschiffe zur Insel Hiddensee** an. Wer nicht auf die Fähren warten will, kann auch ein **Wassertaxi** benutzen. Kommen ausreichend Fahrgäste zusammen, kann das Wassertaxi sogar preisgünstiger sein als das Fährschiff. Schneller als die Fähre ist man damit auf jeden Fall.

Beachten muss man, dass die **Kurtaxe** der Insel Hiddensee in Höhe von 2 € pro Person und 0,50 € für Hunde bei den Fährkosten noch zusätzlich in Rechnung gestellt wird. Ein Tagesticket für Hin- und Rückfahrt mit der Fähre ab Schaprode nach Hiddensee kostet pro Erwachsenen etwa 19 €. Kinder, Hunde und Fahrräder werden für jeweils ca. 10 € transportiert. Zusammen mit den Parkgebühren in Schaprode kommt so schnell eine hübsche Summe für einen Kurzbesuch der Insel Hiddensee zusammen. Ob man sein eigenes Fahrrad nach Hiddensee mitnimmt oder sich auf der Insel in einem der zahlreichen Fahrradverleihe ein Fahrrad leiht, ist aus Kosten-

058wo-lr

sicht relativ egal. Für die Beförderung des eigenen Rades mit der Fähre zahlt man in etwa dasselbe wie für die Ausleihe eines Rades auf der Insel.

Auskünfte zur **Fähre** erhält man direkt im großen Ticketcenter des Hafens, im Internet unter www.reederei-hiddensee.de oder telefonisch unter der Servicehotline 03831 26810. Die Reederei Hiddensee bedient auch die Fährlinien nach Hiddensee von Stralsund, Wiek a. Rügen, Dranske, Breege und Zingst. Von diesen Orten ist die Fährfrequenz nach Hiddensee mit wenigen und saisonal stark unterschiedlichen Fahrten jedoch deutlich geringer.

Die meisten Besucher Schaprodes bummeln nur kurz durch den Ort, während sie auf ihre Fähre warten. Schaprode hat sich aber in den letzten Jahren durchaus schön herausgeputzt und es lohnt sich, durch den Ort zu schlendern. Besonders die neu gestalteten Hafenanlagen können Besuchern gefallen und auch an Gaststätten ist kein Mangel. Die St.-Johannes-Kirche in Schaprode ist die drittälteste Kirche Rügens und wurde bereits Ende des 12. Jahrhunderts erstmalig erwähnt. Schaprode war ein Zentrum der Christianisierung Rügens und galt im Mittelalter als Wallfahrtsort. Mit der Blüte der Segelschifffahrt im 18. Jahrhundert erlangten die Einwohner ein gewisses Vermögen und größere Spenden wurden vor allem für die Kirche getätigt.

Unbedingt besuchen sollte man „Schillings Gasthof" im Hafenweg 45. Das Restaurant, das Bio-Qualität serviert, ist sehr beliebt. Außerdem gibt es einen Hofladen.

Zwischen dem Ortsrand Schaprodes und der Küste zum Schaproder Bodden befindet sich der **Campingplatz Am Schaproder Bodden** (55) mit eigenem Strandzugang.

◁ *Nur mit der Fähre oder dem Wassertaxi geht es nach Hiddensee*

(55) Campingplatz Am Schaproder Bodden Schaprode

GPS 54.51598, 13.16541

Landschaftlich schön gelegener und familienfreundlicher Campingplatz. Schöner Badestrand, Minilädchen, Kinderspielplatz, Restaurant, Streichelzoo. **Lage/Anfahrt:** über Schaprode anfahren, Campingplatz ausgeschildert; **Platzanzahl:** über 150; **Untergrund:** Wiese, Sand; fest; **Service:** Strom, Trinkwasser, Abwasser, Chemie-WC; **Sicherheit:** umzäunt, beleuchtet, bewacht; **Preise:** 7 €/Fahrz., 9 €/Pers., 4,50 € Kind, 2 € Hund, 3 € Strom; **Geöffnet:** April–Oktober; **Kontakt:** Lange Straße 24, 18569 Schaprode, Tel. 038309 1234, www.campingplatz-schaprode.de.

INSELERKUNDUNG HIDDENSEE

Für die Erkundung des südlichen Inselteils mit seinem Hauptort Neuendorf bietet es sich an, ein Fahrrad (neuerdings auch als Elektrorad) in einer der vielen Ausleihstationen zu mieten und im Laufe der Tour an den dortigen Stränden auszuruhen. Diese sind nicht so frequentiert wie jene, die in der Mitte der Insel liegen. Die besonders schönen und ruhigen Plätze und Badestellen am Gellen im Süden der Insel sind aufgrund der Entfernungen ohne Fahrrad kaum zu erreichen. Insgesamt verfügt Hiddensee über ca. 16 km Sandstrand.

Will man Flora und Fauna genauer entdecken, muss man zu Fuß unterwegs sein und nutzt dazu die vielen Pfade, die sich durch die unterschiedlichen Landschaften der Insel schlängeln. Zwei Naturschutzgebiete, „Dünenheide" im Süden sowie „Dornbusch und Schwedenhagener Ufer" erwarten ihre Gäste.

Wer nicht so viel laufen möchte, kann in **Vitte** das **Nationalparkhaus** besuchen und erhält so einen Einblick in die Pflanzen- und Tierwelt Hiddensees. Am Nordende des Ortes steht das **Asta-Nielsen-Haus,** wo im 2015 neu eröffneten Museum sommers verschiedene Ausstellungen stattfinden. Das Haus selbst kann im Rahmen einer Führung

Insel Hiddensee

1880 findet man in deutschen Karten für die Insel die Bezeichnung Hiddensjö und bis 1929 wird sie in deutschen Reiseführern noch Hiddensöe genannt. Diese Bezeichnungen rühren aus der Zeit, als die Dänen Hiddensee beherrschten. Sie nannten die Insel offiziell Hedins Oe, was so viel wie Insel des Hedin bedeutet. Der legendäre Norwegerkönig Hedin soll der Sage nach hier um eine Frau oder um Gold gekämpft haben. Ein Abstecher hierher lohnt sich, denn für Naturliebhaber und Kunstinteressierte bietet die Insel einiges.

Nur knapp 17 Kilometer lang ist Hiddensee und an der schmalsten Stelle etwa 250 Meter und an der breitesten etwa 3,7 Kilometer breit. Der höchste Punkt, der Bakenberg, liegt 72 Meter über dem Meeresspiegel und ist damit echter Höhepunkt des hügeligen Nordteils der Insel, dem Dornbusch. Seit über 100 Jahren ist der 28 Meter hohe Hiddenseer Leuchtturm das Wahrzeichen der Insel, den man übrigens häufig im Fernsehen (ARD, NDR) zu sehen bekommt. Denn von Hiddensee sendet täglich das Wetterstudio, das 1998 von Jörg Kachelmann gegründet wurde. Der Gellen, der südliche Teil Hiddensees, liegt dagegen sehr flach über dem Meeresspiegel. Dort befindet sich in einer Dünen- und Heidelandschaft der zweite Leuchtturm der Insel, der aber nur 10 Meter Höhe misst. Hiddensee ist die größte Insel innerhalb des Nationalparks Vorpommersche Boddenlandschaft. Zwei Bodden – der Schaproder und der Vitter – begrenzen sie im Osten, der Gellenstrom im Süden und die offene Ostsee nach Westen und Norden. Im Nordosten befinden sich die beiden Sandhaken Alter Bessin und Neuer Bessin. Die Insel verändert ständig ihr Gesicht, denn der Neue Bessin wächst jährlich durch angetragene Landmassen von der Nordspitze der Insel um 30 bis 60 Meter. Ein dritter Bessin ist im Entstehen. Dagegen verringert sich die Kliffkante des nördlichen Dornbuschs durch den Einfluss des Meeres um etwa 30 Zentimeter im Jahr. In den 1940er-Jahren war die Nordspitze Hiddensees stark militärisch geprägt. U. a. befanden sich hier Flakstellungen und Küstenartillerie zum Schutz des gegenüberliegenden Flugplatzes Bug. Nach 1990 wurden die alten, meist in Beton ausgeführten Stellungen und Bunker abgerissen. Dem Militär trauert auf Hiddensee niemand nach, aber der Abriss der Betonanlagen wird gelegentlich bedauert, stabilisierten sie doch die sehr fragile Küste. Im Jahr 2000 brachen dort ca. 60.000 m³ Geschiebemergel ab und rutschten ins Meer, im März 2004 waren es nochmals 10.000 m³.

Private Kraftfahrzeuge sind auf der Insel Hiddensee nicht zugelassen, Ausnahmen sind z. B. der Linienbus, der einzelne Orte miteinander verbindet, oder wenige Fahrzeuge der öffentlichen Hand. Die Fähren legen in den Orten Vitte, Neuendorf und Kloster an. Auf der Insel kann man sich dann zu Fuß, per Fahrrad, im Inselbus oder per Kremser bewegen.

besichtigt werden. **Vitte** ist Hauptort der Insel, hier hat die Gemeindeverwaltung ihren Sitz und von hier aus werden Gebrauchsgüter in alle Ecken Hiddensees gebracht. Das geschieht häufig mit Pferdefuhrwerken. In der Hauptsaison sind diese allerdings hauptsächlich damit beschäftigt, Touristen zu kutschieren, z. B. nach Kloster, dem kulturellen Mittelpunkt der Insel.

Kloster verdankt seinen Namen dem ehemaligen Zisterzienserkloster, das bis 1536 hier existierte. Einen Besuch lohnt die Inselkirche mit dem angrenzenden Friedhof. So bekannte Persönlichkeiten wie der Dichter Gerhart Hauptmann, die Tänzerin Gret Palucca und der Regisseur Walter Felsenstein liegen hier begraben. Das heutige **Gerhart-Hauptmann-Haus** ist das im Originalzustand erhaltene Sommerhaus des Nobelpreisträgers und man erfährt viel über dessen künstlerisches Schaffen. Lesungen und Konzerte finden hier regelmäßig statt. Das kleine **Heimatmuseum** in einem der ältesten Häuser Klosters, der 1888 erbauten Seenotrettungs-

165wo-lr

station, gibt mit seiner Dauerausstellung Einblicke in die Historie Hiddensees. Im August öffnet es seine Pforten für ein Museumsfest.

Ein weiterer Veranstaltungshöhepunkt ist das im Sommer stattfindende **Inselschwimmen.** Von Neuendorf nach Schaprode schwimmen die Teilnehmer eine Strecke von 4,5 Kilometern. Der **Hiddenseelauf** ist der andere sportliche Höhepunkt im Veranstaltungskalender der Insel. Er wird jährlich am letzten Aprilwochenende veranstaltet. Eingeladen sind alle Laufinteressierten, sich auf verschiedenen Streckenlängen vom Bambinilauf (800 m) bis zum Halbmarathon (21,1 km) zu testen.

Für Literatur- und Naturfreunde ganz besonders empfehlenswert sind die **Literarisch-historischen Führungen und Strandlesungen von Ute Fritsch,** die von Juni–September über die Insel Hiddensee führt.

In allen Orten auf der Insel gibt es Imbiss-Stände, Restaurants und Kneipen, die den Gast zum Verweilen einladen, bis die abendliche Fähre ihn wieder auf die Insel Rügen und zum dort abgestellten Fahrzeug bringt.

Das Asta-Nielsen-Haus (s. S. 167) – mehr als ein Museum

Sehenswertes

› **Heimatmuseum Hiddensee,** Kirchweg 1, 18565 Kloster, www.heimatmuseum-hiddensee.de, Tel. 038300 363, geöffnet: Jan.–März/Nov./Dez. Do.–Sa. 11–15 Uhr, Apr.–Okt. tägl. 10–16 Uhr, Eintritt: 5 € Erwachsene, Kinder frei

› **Gerhart-Hauptmann-Haus Hiddensee,** Kirchweg 13, 18565 Kloster, Tel. 038300 397, www.hauptmannhaus.de, geöffnet: Mai–Okt. Mo.–Sa. 10–17, So. 13–17 Uhr, März/April Di.–Sa. 11–16 Uhr, im Winter verkürzte Öffnungszeiten, Eintritt: 6 € Erw., 4 € Kinder

› **Literarisch-historische Führungen/Strandlesungen Hiddensee,** nähere Informationen in der Insel-Information, per Internet oder Telefon, Tel. 0170 4125277, http://kuenstlerinsel-hiddensee.de, Eintritt: je nach Veranstaltung. Kurzweilige und amüsante Führungen für Alt und Jung entlang historischer Orte auf der Insel Hiddensee, unterhaltsame Strandlesungen, Kinderprogramm

› **Nationalparkhaus Vitte Hiddensee,** Norderende 2, 18565 Vitte, am nördlichen Ortsrand von Vitte, vom Hafen Vitte aus auf der Straße entlang in Richtung Kloster, auf der linken Seite, geöffnet: April–Okt. tägl. 10–16 Uhr, Nov. tägl. 10–15 Uhr, Eintritt: frei

› **Asta-Nielsen-Haus,** Zum Seglerhafen 7, 18565 Vitte/Hiddensee, www.asta-nielsen-haus.de, geöffnet: Mo./Di./Do./Fr./Sa. 12–15 Uhr, Eintritt: 2,50 €, mit Führung 7 €, mehr als 20 Personen werden nicht gleichzeitig eingelassen

Information

› **Insel-Information Hiddensee GmbH,** Achtern Diek 18a, 18565 Vitte, Tel. 038300 608685, geöffnet: Mo.-Fr. 9-17.30 Uhr, Juni-Sept. zusätzlich Sa./ So. 9.30-13.30 Uhr. Auch im Hafencenter Kloster befindet sich eine Informationsstelle mit ähnlichen Öffnungszeiten, Mittagspause von 12.30-13.30 Uhr, www.seebad-hiddensee.de.

WITTOWER FÄHRE

(4 km - km 43)

Zurück von Hiddensee und Schaprode und wieder in Trent folgt man der Ausschilderung zur **Wittower Fähre.** Kurz vor der Fähre über den Rassower Strom liegt auf der linken Seite der kleine Flecken **Vaschvitz** mit seinen wenigen verstreuten Häusern. Hier könnte man sein Wohnmobil an verschiedenen Stellen kostenlos parken und die Boddenlandschaft und -küste per Fahrrad oder zu Fuß auf den Wanderwegen des Nationalparks erkunden. In Vaschvitz befindet sich eine alte **Gutsanlage mit Kunstscheune,** die auch als Veranstaltungsort der Festspiele Mecklenburg-Vorpommern dient. Das ständig wechselnde Veranstaltungsprogramm kann auf der Homepage der Festspiele www.festspiele-mv.de abgerufen oder in den Touristinformationen erfragt werden. Ganz am Ende des langezogenen Ortes befindet sich eine große Hotelanlage der Lindner-Hotelkette. Außerdem sind zahlreiche Ferienhäuser entstanden.

› **Kunstscheune Vaschvitz,** Vaschvitz 16, 18569 Trent auf Rügen, Tel. Tickethotline Kulturstiftung Rügen 0172 6810606, www.vaschvitz.de. Nach Einfahrt in Vaschvitz der Straße entlang der verstreuten Häuser folgen, die Kunstscheune befindet sich dann unübersehbar auf der rechten Straßenseite. Sanierter alter Gutshof mit Ferienwohnungen und zum Veranstaltungsort ausgebauter Scheune, GPS 54.55102, 13.22599.

Die Wittower Fähre in ihrer heutigen Form gibt es seit Ende des 19. Jahrhunderts, aber eine Fährverbindung zur **Halbinsel Wittow** bestand hier schon viele Jahrhunderte. Die geringe Entfernung zur Halbinsel von nur etwa 300 m und die hiesige starke Strömung, die eine Eisbildung weitestgehend verhindert und die Fahrrinne offenhält, waren gute Argumente für die Einrichtung der Verbindung an dieser Stelle. Mit der Eröffnung der Eisenbahnverbindung zwischen Bergen und Altenkirchen durch die Rügensche Kleinbahn-

059wo-lr

Aktiengesellschaft 1896 wurde hier eine Eisenbahnfährverbindung eingerichtet und auf beiden Seiten wurden die Ufer besonders befestigt. Zwei extra erbaute Fährschiffe setzten die Bahnwaggons über und blieben, als 1968 die unrentabel gewordene Bahnverbindung eingestellt wurde, für den Kfz- und Personentransport im Dienst. Erst nach etwa 100 Jahren zuverlässigem Betrieb wurden die Schiffe 1996 durch ein neues Fährschiff ersetzt. Die fast 100 m hohen Strommasten der Hochspannungsleitung, die hier auf extra hohen Masten die Fährlinie kreuzt, sind schon aus größerer Entfernung zu sehen. Achtung: Die Wittower Fähre verkehrt zwischen Mai und August nur bis 21 Uhr und stellt außerhalb dieser Monate ihren Betrieb am Abend sogar schon ab 19 Uhr ein. Am Morgen beginnt der Fährverkehr ganzjährig um 5.50 Uhr. Die Fährpreise betragen für Fahrzeuge zwischen 3–5 t 5,80 € inkl. des Fahrers. Jede weitere Person kostet 1,20 €. Die Fährüberfahrt dauert etwa 10 Minuten und während der Überfahrt bietet sich dem Reisenden ein wunderschöner Blick auf die Boddenlandschaft, die Halbinsel Bug (s. S. 172) und die Insel Hiddensee.

Nach der Überfahrt fährt man an den wenigen Häusern von **Fährhof, Bischofsdorf** und **Zürkvitz** vorbei, bevor man auf der L30 nach etwa 8 km Wiek erreicht.

WIEK

(9 km – km 52)

Wiek wurde bereits 1165 als Handelsort erwähnt und war Anfang des 19. Jahrhunderts das größte Dorf Rügens. Hafenwirtschaft, Fischerei und Landwirtschaft waren die Erwerbsquellen der Einwohner. Mit dem Gesetz sollen es die Bewohner viele Jahrhunderte lang nicht so genau genommen haben, Seeräuberei und Wegelagerei sind überliefert. Die Kleinbahnverbindung zwischen Bergen und Altenkirchen über Trent und Wiek sorgte Ende des 19. Jahrhunderts für eine zügige Verkehrsverbindung und wirtschaftlichen Aufschwung. Immer bildete der Hafen einen zentralen Punkt im Ort und immer wieder wurde der Hafen den Bedürfnissen angepasst. Nach der Inbetriebnahme der Bahnverbindung sah man in Wiek eine gute Gelegenheit, den Hafen als wichtigen Umschlagplatz landwirtschaftlicher Güter, vor allem Zuckerrüben, und der damals bei Kap Arkona nicht besonders umweltverträglich abgebauten Kreide, auszubauen. 1915 wurden die großen Hafenanlagen zur Verladung von Kreide kriegsbedingt stillgelegt und später nie wieder in Betrieb genommen. Noch heute zeugen im Hafen die großen Fundamente der alten Verladebrücke von dieser Zeit. Die alte Brücke wurde 2014 als Promenadenbrücke für Fußgänger neu ausgebaut und erlaubt einen schönen Blick über das Umland und den Hafen.

Der gesamte Ort hat sich dem Tourismus verschrieben. Zahlreiche Hotels, Pensionen und Gaststätten stehen für Gäste zur Verfügung. Nur im Sommer kann man mit dem Fahrgastschiff von Wiek nach Hiddensee übersetzen. Die Strecke wird dann zweimal täglich bedient. Für Besucher, die den Trubel rund um Schaprode und den dortigen Fährbetrieb umgehen wollen, könnte das eine gute Alternative sein. Da die Strecke ebenfalls von der Reederei Hiddensee mit Einheitspreisen betrieben wird, ergibt sich allerdings kein Preisvorteil gegenüber der Fahrt ab Schaprode. Die etwa einstündige Fahrstrecke ab Wiek zur Insel Hiddensee ist aber touristisch wesentlich attraktiver und kann gleich als Boddenrundfahrt gelten. Im Hafen von Wiek stehen Parkflächen zur Verfügung.

P 85 Parkplatz Hafen Wiek, GPS 54.6220, 13.28606, Am Hafen, 18556 Wiek, Preise: Tagesgebühr 4 €. Neu gestalteter Parkplatz direkt am Hafen, ausgeschildert als „Parkplatz Hafen“, Übernachtung verboten.

Per Autofähre geht es in Wittow über den Bodden

060wo-lr

Wiek gehört zum „Windland“ und ist als Surfer- und Wassersportlerparadies bekannt. Als Übernachtungstipp können die kostenpflichtigen Parkplätze der Surfer in der Straße der Jugend direkt am Wasser gelten.

P 86 **Parkplatz Wiek,** GPS 54.62868, 13.28878, Straße der Jugend, 18556 Wiek, Tagespauschale 10 €, Übernachtung möglich

Das kleine **Surf und Kite Camp** 56 begrüßt auch gern unkomplizierte Wohnmobilisten.

Wiek erhebt eine **Kurtaxe** von 1 € pro Erwachsenen in der Hauptsaison.

Information

› **Tourismusinformation Wiek,** Am Markt 5, 18556 Wiek, www.wiek-ruegen.de, Tel. 038391 76870

56 Surf und Kite Camp Wiek

GPS 54.62838, 13.29002

Kleiner, bei Wassersportfreunden angesagter, sehr preiswerter Camping- und Wohnmobilstellplatz ohne Luxus, aber mit Bar und Bistro, Surfschule. **Lage/Anfahrt:** von der Hauptstraße an der Ortsausfahrt Wiek auf Boddenstraße abbiegen; **Platzanzahl:** über 20; **Untergrund:** Sand; fest; **Service:** Strom, Trinkwasser, Abwasser; **Sicherheit:** umzäunt, beleuchtet; **Preise:** 10 € Fahrz., 5 € Erwachsene, 3 € Kinder; **Geöffnet:** April–Oktober; **Kontakt:** Boddenstraße 1, 18556 Wiek, Mobil 0174 3971471, www.surf-kite-camp.de.

ABSTECHER ZUR HALBINSEL BUG UND NACH DRANSKE

(hin und zurück etwa 10 km)

Hat man Wiek verlassen und folgt der Route auf der L30 in Richtung Altenkirchen, besteht nach etwa 1,5 km die Möglichkeit, nach Dranske und zur Halbinsel Bug abzubiegen. Folgt man diesem Abzweig, erreicht man schnell den alten Hafen von **Kuhle,** einem kleinen Ortsteil von Dranske.

Hier befindet sich der „Schifferkrug“, die älteste Kneipe Rügens. Die Restauration wurde im Jahr 1455 erstmals urkundlich erwähnt. Nach vorübergehender Schließung ist sie nun wieder für ihre Gäste geöffnet und bietet leckere Speisen, kühle Getränke und eine schöne Freiterrasse.

› **Schifferkrug Kuhle,** Hauptstraße 2, 18556 Dranske OT Kuhle, Tel. 038391 938845, www.schifferkrug-kuhle.de, geöffnet: Di.–So. ab 12 Uhr

Ausreichend Parkfläche für Wohnmobile aller Größen steht im heute stillgelegten Hafen von Kuhle zur Verfügung. Zum Wohlergehen der zahlreichen Campingplätze der Region hat man natürlich auch hier jegliche Übernachtungen mit dem Wohnmobil verboten. Am Hafen findet man „Schreibers Fisch", einen Fischimbiss.

Bestimmten viele Jahrhunderte die Fischerei und die internationale Seefahrt die Geschicke dieser Gegend, wurden Dranske und die Halbinsel Bug im letzten Jahrhundert durch militärische Präsenz geprägt und umfassend verändert. Bereits im Ersten Weltkrieg gab es hier eine Seefliegerstation und anschließend waren Rüstungsprojekte bis 1990 für die Entwicklung des Ortes bestimmend. 1935 wurde das alte Fischerdorf Dranske größtenteils abgerissen und eine Militärsiedlung für den riesigen Fliegerhorst Bug errichtet. Ähnlich der Halbinsel Wustrow gaben die Lage, die Abgeschiedenheit und die begrenzten Zugangsmöglichkeiten für Zivilpersonen den Ausschlag für diese traurige Entwicklung. Hatte der Bug vorher über Jahrhunderte der internationalen Verbindung zwischen den Staaten gedient – schon seit 1663 verkehrten hier Fähr- und Postschiffe auf festen Linien nach Skandinavien – stand nun das Kriegshandwerk an erster Stelle. 1945 war damit vorerst Schluss, die Rote Armee besetzte den Bug. Entsprechend der Beschlüsse der Potsdamer Konferenz demilitarisierte sie 1946/47 den Fliegerhorst mehr als gründlich. Nahezu alle Gebäude und Hallen wurden gesprengt, abgetragen und zerstört.

Im Hafen von Wiek – im Hintergrund die alte Verladebrücke für den Kreideumschlag

Besondere Aufmerksamkeit verwendete man auf die betonierten und asphaltierten Flugbetriebsflächen und Landebahnen. Sprenglöcher wurden im Abstand von nur 3 m gebohrt und nach den Sprengungen wurden 30.000 Bäume eingepflanzt. Anschließend versanken der Bug und Dranske in einen Dornröschenschlaf, bis die NVA-Volksmarine 1963 die Gegend erneut für die Zivilbevölkerung sperrte und einen der größten Flottenstützpunkte der DDR auf dem Bug errichtete.

Erst 1991 übergab die Bundeswehr den Bug wieder zivilen Behörden. Diese beschlossen, die wunderschöne Halbinsel mit ihren kilometerlangen Stränden zu schnellem Geld zu machen und verkauften sie an eine Investorengruppe. Zum dritten Mal wurde der Bug nach dem Versailler Vertrag und der Potsdamer Konferenz nun geschleift und die bestehenden militärischen Hinterlassenschaften größtenteils abgetragen. Dann ging den neuen Besitzern das Geld aus und seit Jahren passiert leider nichts mehr. Die Eigentümer riegeln die 8 km lange Halbinsel, dieses ganz besondere Kleinod, auch für Besucher ab.

Der Bug mit seiner Natur, seinen kilometerlangen Stränden, seiner Geschichte und seinen touristischen Möglichkeiten darf aktuell nur noch im Rahmen von Führungen, die jedoch nur den zum Nationalpark Vorpommersche Boddenlandschaft gehörenden Südbug umfassen, betreten werden. Führungen können im Fremdenverkehrsamt Dranske oder über den Nationalpark Vorpommersche Boddenlandschaft unter den Telefonnummern 038391 89007 oder 0173 2472717 erfragt werden. Die Führungen kosten etwa 4 € pro Person. Über Tag und Uhrzeit sollte man sich unbedingt im Voraus erkundigen und sich einen Platz reservieren, da die Teilnehmerzahl immer begrenzt ist.

Dem heutigen Ort **Dranske** ist die militärische Vergangenheit immer noch etwas anzusehen, obwohl man sich in den letzten 20 Jahren stark bemüht hat, den Ort für Touristen attraktiv zu machen. Bereits am Ortseingang grüßen große Plattenbauten, ehemals

121wo-lr

Der sanierte „Schifferkrug“ in Kuhle (s. S. 173) ist die älteste Kneipe Rügens und besteht nachweislich seit mindestens 1455

als Wohnzone der NVA-Berufssoldaten errichtet, den Reisenden. Direkt an der Wittower Straße befindet sich auch ein sehr großer kostenfreier Parkplatz, auf dem es sich auch übernachten lässt.

P 87 Parkplatz Wittower Straße, GPS 54.63280, 13.23784. Kostenfrei, Übernachtung möglich.

Für Wohnmobilisten interessant ist das **Caravancamp Ostseeblick Dranske** 57, ein Caravanstellplatz unmittelbar am Strand. Dranske hat einen sehr langen Strand zur offenen Ostsee. Wind und Wellen sind hier aber besonders stark ausgeprägt und leider ist auch kaum Sandstrand zu finden, der Steinstrand überwiegt. Strandbesucher finden einen unbefestigten kostenfreien **Parkplatz** an der Schmalstelle zur abgesperrten Halbinsel Bug. Übernachten ist hier jedoch verboten.

P 88 Parkplatz Halbinsel Bug Dranske, GPS 54.62307, 13.22424, Karl-Liebknecht-Straße, 18556 Dranske, den Ort Dranske ganz durchfahren, der Parkplatz ist hinter dem Ortsausgang am Zugang zur Halbinsel Bug, geöffnet: ganzjährig, kostenfrei. Unbefestigt, sehr strandnah, Übernachtung verboten.

57 Caravancamp Ostseeblick Dranske

GPS 54.62900, 13.22294

Gepflegtes Caravancamp mit parzellierten Wiesenstellplätzen, Minilädchen. **Lage/Anfahrt:** Das Caravancamp ist in Dranske ausgeschildert; **Platzanzahl:** 70; **Untergrund:** Wiese; **Service:** Strom, Trinkwasser, Abwasser, Chemie-WC; **Sicherheit:** beleuchtet, bewacht; **Preise:** 10,40 €/Fahrz., 8,20 €/Pers., 2,40 €/Kind, 2,50 € Strom, 2,50 € Hund; **Geöffnet:** April–Oktober; **Kontakt:** Seestraße 39 A, 18556 Dranske, Tel. 038391 8196, www.caravancamp-ostseeblick.de.

Ab Dranske kann der gesamte Nordteil der Insel Rügen sehr gut mit dem Fahrrad erkundet werden. Zahlreiche Radwege führen bis nach Kap Arkona. Für den Besuch der Nordspitze Kap Arkona ab Dranske sollte man aber etwas Kondition mitbringen, etwa 20 km beträgt die Radstrecke von Dranske bis Arkona und im Gegenwind kann die Rückkehr zum Wohnmobil leicht schweißtreibend werden (s. Abstecher nach Kap Arkona S. 177).

Die Gemeinde Dranske erhebt eine **Kurtaxe** in Höhe von 1 € pro Erwachsenen in der Hauptsaison.

Für die Weiterfahrt nach Altenkirchen fährt man am besten wieder über Kuhle zurück zum Abzweig der L30 zwischen Wiek und Altenkirchen. Egal welchen Weg man nimmt, Altenkirchen ist immer ausgeschildert.

Entlang der nördlichen Küste der Insel Rügen zwischen Dranske, Kap Arkona und Juliusruh liegen fast ohne Unterbrechung Camping- und Stellplätze, Feriendörfer und Ferienhaussiedlungen. Die Fahrentfernungen sind hier gering und deshalb spielt es kaum eine Rolle, auf welchen Straßen man die Campingplätze anfährt. Es existiert nördlich der Hauptstraßen zwischen Dranske und Altenkirchen ein Netz von kleinen, gut befestigten, aber teils schmalen Zufahrtsstraßen, die vermutlich ursprünglich als Landwirtschaftswege angelegt wurden und heute einzelne Bauernhöfe verbinden sowie als Fahrradwege und Zufahrten der Campingplätze dienen. Es kann landschaftlich reizvoll sein, sich auf diesen Wegen zu bewegen, sie sind aber oft stark verwinkelt und man verfährt sich schnell.

Alle Campingplätze sind jedoch immer weiträumig ausgeschildert. Größere auffällige Hinweisschilder stehen jedoch nur an den großen Straßen, an den kleinen Zufahrtswegen hat man nur recht kleine Hinweisschilder angebracht.

Information

› **Fremdenverkehrsamt Dranske,** Schulstraße 19, 18556 Dranske, www.gemeinde-dranske.de, Tel. 038391 89007, geöffnet: Mo.–Fr. 9–12 und 13–17 Uhr, Juni–September auch So. 10–13.30 Uhr

58 Campingplatz Ostseewind Kreptitz

GPS 54.65960, 13.25892

Sehr kleiner und gemütlicher Campingplatz in der Nähe der Steilküste. **Lage/Anfahrt:** Anfahrt über die Ortsteile Kuhle und Lancken; **Platzanzahl:** 30; **Untergrund:** Wiese, Sand; fest; **Service:** Strom, Trinkwasser, Abwasser; **Sicherheit:** umzäunt, beleuchtet; **Preise:** 10,20 €/Fahrzeug, 7 €/Person, 3,50 € Kinder, Strom extra; **Geöffnet:** April–Oktober; **Kontakt:** Kreptitz 2, 18556 Dranske, Tel. 038391 89595, www.ostseewind.info/campingplatz.html.

59 Küstencamp Dranske

GPS 54.66276, 13.26906

Hübscher Campingplatz mit Vollausstattung, Komfortplätze mit Frisch- und Abwasseranschluss. **Lage/Anfahrt:** in Kuhle der ausgeschilderten Richtung Bakenberg folgen, dann Campingplatz ausgeschildert; **Platzanzahl:** über 100; **Untergrund:** Pflaster, Wiese, Sand; fest; **Service:** Strom, Trinkwasser, Abwasser, Chemie-WC; **Sicherheit:** umzäunt, beleuchtet, bewacht; **Preise:** 27 € Fahrz., 5,50 € Pers., 3,50 € Kind, 2 € Hund, 3,50 € Strom; **Geöffnet:** ganzjährig; **Kontakt:** Nonnevitz 23, 18556 Dranske, Tel. 038391 939070, www.kuestencamp.de.

60 Regenbogen Nonnevitz

GPS 54.66697, 13.29663

Sehr große Ferienanlage mit Vollausstattung, zwei Restaurants, Imbiss, Kiosk, Einkaufsmöglichkeit, Kinderanimation. **Lage/Anfahrt:** über Kuhle in Richtung Bakenberg fahren, dann der Ausschilderung zur Ferienanlage folgen; **Platzanzahl:** über 200; **Untergrund:** Wiese, Sand; fest; **Service:** Strom, Trinkwasser, Abwasser, Chemie-WC; **Sicherheit:** umzäunt, beleuchtet, bewacht; **Preise:** 39,80 €/Fahrzeug, Pauschale inklusive 2 Erwachsene und alle Kinder, Strom und Hund extra, Frühbucherrabatte bis 30 % je nach Saison; **Geöffnet:** April–Oktober; **Kontakt:** Nonnevitz 13, 18556 Dranske, Tel. 038391 89032, Zentrale Reservierung über Regenbogen AG Tel. 0431 2372370, www.regenbogen.ag/ferienanlagen/nonnevitz.

206wo-rb © Regenbogen AG

61 Caravanplatz Luigi's Caravan Nonnevitz

GPS 54.66820, 13.30416

Kleiner Caravanplatz mit eigener Pizzeria. **Lage/ Anfahrt:** über Kuhle Ausschilderung zum Bakenberg und dann zum Caravanplatz folgen; **Platzanzahl:** 30; **Untergrund:** Wiese; fest; **Service:** Strom, Trinkwasser, Abwasser, Chemie-WC; **Sicherheit:** umzäunt, beleuchtet, bewacht; **Preise:** 34,90 €/Fahrz., Pauschale inkl. 2 Personen und Strom; **Geöffnet:** April-Oktober; **Kontakt:** Nonnevitz 9, 18556 Dranske, Tel. 038391 89488.

ALTENKIRCHEN

(5 km - km 57)

Altenkirchen war von jeher der wichtigste Knotenpunkt der Verbindungswege im Nordteil Rügens. Als Handelsplatz besaß Altenkirchen Tradition und früher bezeichnete man den Ort auch als „Marktplatz der Halbinsel Wittow". Altenkirchen ist seit dem 12. Jahrhundert bekannt und erlangte nach der erfolgreichen Belagerung der Jaromarsburg auf Kap Arkona durch die Dänen im Jahre 1168 entscheidende Bedeutung für die Christianisierung des Gebietes.

Nach diesem Sieg der christlichen Dänen über die heidnischen Slawen wurde hier sofort eine Holzkirche errichtet und 1185 von dänischen Mönchen der Bau einer Steinkirche auf einem alten Begräbnishügel der Slawen begonnen. Damit ist die heutige **Pfarrkirche Altenkirchens** das älteste nachgewiesene Kirchenbauwerk auf der Insel Rügen. Vermutlich wirkte der Kirchenstandort auch namensgebend für den Ort. In der südlichen Vorhalle der Kirche ist der berühmte Svantevitstein, das älteste erhaltene Zeugnis der Slawenzeit auf Rügen, eingemauert. Der Svantevitstein ist vermutlich die Grabplatte eines slawischen Priesters aus dem großen Svantevittempel in der Jaromarsburg. Der Stein besaß für das hier ansässige Slawenvolk der Ranen große mythische und religiöse Bedeutung.

Nach dem militärischen Sieg der Christen, der anschließenden nicht ganz gewaltlosen Christianisierung und der völligen Unterwerfung der slawischen Stämme unter dänische Oberhoheit benutzte man den Svantevitstein zur Verhöhnung des heidnischen Glaubens, seiner Priester und als Zeichen des christlichen Sieges. Der ursprünglich senkrecht stehende Stein wurde bewusst liegend als Zeichen der gestürzten Gottheit in der Vorhalle der Kirche vermauert und sollte jedem Passanten das Ende dieses Glaubens verdeutlichen. Jeder Kirchenbesucher musste zwingend an ihm vorbeigehen. Ebenfalls interessant sind die in der Vorhalle noch erkennbaren Hausmarken der ansässigen Familien. Lange Zeit ging man in den früheren Jahrhunderten auf Rügen nur bewaffnet aus dem Haus und beim Kirchenbesuch wurden die Waffen den Hausmarken zugeordnet abgelegt. Die Vorhalle wird deshalb auch oft als Waffenkammer bezeichnet. In der Kirche sind darüber hinaus auch sehr früh datierte Wandmalereien und das kelchförmige Taufbecken von 1250 erhalten. Auf dem Taufbecken symbolisieren vier Köpfe die vier Paradiesflüsse Pischon, Gihon, Tigris und Euphrat aus der Bibel. Glockenturm und Altar der Kirche wurden erst in späteren Jahrhunderten erbaut.

› **Pfarrkirche Altenkirchen,** An der Kirche, 18556 Altenkirchen, Tel. 038391 366, geöffnet: offene Kirche, täglich geöffnet. Ältester Kirchenstandort Rügens, seit 1168 nachgewiesen, Svantevitstein, Waffenkammer.

Mit der Entwicklung des Massentourismus im Nordteil der Insel Rügen wuchs die Bedeutung Altenkirchens als Verkehrszentrum des nördlichen Rügens. Hier treffen sich heute die großen Verkehrsströme der Rügenbesucher über die südwestlichen Straßen von der Wittower Fähre und der über Land führenden östlichen Verbindungswege aus Richtung Bergen/Sassnitz über Glowe.

Aufgrund der zentralen Lage des Ortes haben verschiedene **Discounter** hier ihre Einkaufsmärkte angesiedelt. Die Landesstraße 30 wurde bei ihrem Aus- und Neubau vor einigen Jahren als Umgehungsstraße angelegt, um den Ort vom starken Fahrzeugverkehr besonders in den Sommermonaten zu entlasten. Wer sich nur mit Lebensmitteln versorgen will, muss nicht in den Ort einfahren. Direkt an der L30 wurde eine kleines Gewerbegebiet mit diversen Einkaufsmöglichkeiten angelegt.

62 KNAUS Camping- und Ferienhauspark Rügen Altenkirchen

GPS 54.63846, 13.37646

Caravanstellplatz an der Steilküste mit schönem Blick. **Lage/Anfahrt:** von Altenkirchen in Richtung Juliusruh, vor Juliusruh links abbiegen; **Platzanzahl:** 20 vor Schranke und über 100 auf dem Gelände; **Untergrund:** Pflaster, Wiese; fest; **Service:** Strom, Trinkwasser, Abwasser, Chemie-WC; **Preise:** 19,90 €/Fahrz., 10,50 €/Pers., Preissystem je nach Stellplatzgröße, Stellplätze vor der Schranke ca. 22 € Pauschale; **Geöffnet:** ganzjährig; **Kontakt:** Zittkower Weg 30, 18556 Altenkirchen, Tel. 038391 434648, www.knauscamp.de

63 Campingplatz Drewoldke Altenkirchen

GPS 54.63449, 13.37332

Großer Campingplatz an der Tromper Wiek, Gaststätte, Einkaufsmöglichkeit. **Lage/Anfahrt:** von Altenkirchen in Richtung Juliusruh und vor dem Ort nach links abbiegen; **Platzanzahl:** über 200; **Untergrund:** Wiese, Sand; fest; **Service:** Strom, Trinkwasser, Abwasser, Chemie-WC; **Sicherheit:** umzäunt, beleuchtet, bewacht; **Preise:** 12,50 €/Fahrz., 7,50 €/Pers., 3,50 € Kinder, 4,50 € Hund, 2,90 € Strom; **Geöffnet:** April-Okt.; **Kontakt:** Zittkower Weg 27, 18556 Altenkirchen, Tel. 038391 12965, www.camping-auf-ruegen.de.

Der Wohnmobilparkplatz Putgarten in der Hauptsaison

ABSTECHER NACH KAP ARKONA

(hin und zurück etwa 14 km)

In Altenkirchen folgt man dem Abzweig nach Putgarten/Kap Arkona. Die Straße ist relativ eng, in der Hauptsaison sehr stark befahren und verlangt vom Fahrer erhöhte Aufmerksamkeit, besonders bei Gegenverkehr. Bereits lange vor Putgarten ist bei gutem Wetter Kap Arkona zu sehen.

Der Gemeindename **Putgarten** ist aus dem Slawischen abgeleitet und bedeutet „Am Fuße der Burg". Hier befand sich früher die geschichtsträchtige Jaromarsburg. Der Ort Putgarten selbst und Kap Arkona können heute von den Besuchern nicht mehr mit Kfz befahren werden, da der kleine Ort unmöglich die riesigen Besuchermassen verkraften könnte. Vor Putgarten muss das Wohnmobil abgestellt werden. Die Gemeinde hat einen Großparkplatz mit Imbiss- und Einkaufsmöglichkeiten am Ortsrand eingerichtet und einen separaten Wohnmobilparkplatz dabei auch nicht vergessen. Man kann die Parkflächen nicht verfehlen, denn die Straße endet hier für Besucher.

P 89 **Wohnmobilparkplatz Putgarten,** GPS 54.67033, 13.40897, 18556 Putgarten, geöffnet: ganzjährig, Preise: Wohnmobile unter 3,10 m Höhe

066wo-lr

5 €, Wohnmobile über 3,10 m Höhe 15 €. Wohnmobilparkplatz, auf dem auch übernachtet werden kann. Kleinere Wohnmobile können auch auf dem gegenüberliegenden Pkw-Parkplatz für 4 € Tagesgebühr parken. Der Parkplatz ist Ausgangspunkt für jeden Besuch Kap Arkonas.

Die einfache Entfernung von hier bis zum Kap Arkona beträgt etwa 2 km, will man allerdings das ganze Kap mit dem umlaufenden Hochuferweg inklusive des kleinen romantischen Fischerdorfes Vitt besichtigen, sind schnell mehr als 10 km zu bewältigen. Der Fußmarsch steht natürlich jedem frei und kann bei schönem Wetter auch sehr angenehm sein, am Großparkplatz werden jedoch auch verschiedene kostenpflichtige **Transportmöglichkeiten** angeboten. Besonders empfehlenswert ist die gemütliche Fahrt mit dem Kremser, möglich sind aber auch Fahrten mit Zubringerbussen oder einer kleinen Bahn. Wer im Wohnmobil ein Fahrrad mitführt, kann auch mit diesem leicht und kostenfrei alle Ziele auf Kap Arkona erreichen. Putgarten und Kap Arkona sind nicht ganz billig, neben Kosten für eventuelle Transportmittel und der Kurtaxe von 1 € in der Hauptsaison, können viele Sehenswürdigkeiten auf dem Kap nur gegen Gebühr betreten und besichtigt werden.

Die Steilküste Kap Arkonas mit dem alten Marinepeilturm

Wenige Orte Deutschlands sind so bekannt, so von Geschichte und Geschichten umrahmt und so stark besucht wie Kap Arkona. Kap Arkona wird auch als Nordkap Deutschlands bezeichnet. Es ist aber nicht wirklich der nördlichste Punkt der Insel Rügen, dieser befindet sich an der Küste etwa 1 km weiter westlich. Schon vor Tausenden von Jahren war das Kap von Menschen bewohnt. In Nobbin, einem kleinen Ortsteil der Gemeinde Putgarten, befindet sich der sogenannte **Riesenberg,** eines der größten Großsteingräber Deutschlands (GPS 54.65320, 13.39333).

Auf der Spitze Kap Arkonas stand bis 1168 die letzte Slawenfestung der Insel Rügen.

061wo-lr

Eine Besiedlung ist bis ins Jahr 600 nachgewiesen. Hier lebte der slawische Stamm der Ranen in der **Jaromarsburg,** die auch als Kultstätte diente. Der innerhalb der Burg gelegene große und reiche Tempel des viergesichtigen Gottes Svantevit galt als religiöses Zentrum der Slawen Mecklenburgs. Geschützt auf drei Seiten durch die etwa 45 m hohe Steilküste und einen doppelten Burgwall von etwa 13 m Höhe galt sie lange Zeit als uneinnehmbar. Durch die beständigen Abbrüche der Steilküste in den letzten Jahrhunderten ist heute weniger als ein Drittel der ursprünglichen Burganlage noch vorhanden. Auch der ehemalige Standort des Tempels verschwand in der Ostsee. 1168 eroberten die christlichen Dänen nach vierwöchiger Belagerung die Burg und zerstörten den Tempel. Der Fürst der Ranen, Jaromar I., wechselte die Seiten und den Glauben und unterwarf sich den Eroberern. Zum Dank dafür und für die folgende Beteiligung seines Stammes an den Eroberungszügen der Dänen in Pommern durfte er die Herrschaft über Rügen behalten.

1741 wurde auf dem Kap durch die Schweden eine Feuerbake eingerichtet, um Seefahrern und Reisenden die Lage des Kaps anzuzeigen. Später baute man zeitlich versetzt zwei Leuchttürme. Der älteste der beiden, der zweitälteste Leuchtturm Deutschlands, entstand 1826 nach einem Entwurf des berühmten preußischen Baumeisters Karl Friedrich Schinkel. Seine Feuerhöhe beträgt knapp 60 m über dem Meeresspiegel. Da seine Höhe nicht ausreichte, wurde 1901 mit dem Bau des zweiten Leuchtturmes begonnen. Bei einer Bauhöhe von 35 m erreicht er eine Feuerhöhe von 75 m. Er ist bis heute in Betrieb. Unweit der beiden Leuchttürme unterhält die DGzRS im alten Maschinenhaus der Signalstation ein kleines kostenfreies Museum zur Geschichte der Seenotrettung am Kap. Zwischen den Leuchttürmen und dem DGzRS-Museum ist das 1971 gebaute 7 m lange Rettungsschiff „Südperd" als Museumsschiff ausgestellt. Östlich der beiden Leuchttürme steht ein weiterer Turm mit einer markanten Glaskuppel, der **Marinepeilturm.** Von der Reichsmarine 1927 errichtet, befand

Der Riesenberg

Das Großsteingrab Riesenberg ist eine aus Findlingen errichtete Megalithanlage. Es wurde in der Jungsteinzeit angelegt und liegt an der Steilküste der Tromper Wiek unweit des umlaufenden Hochuferweges. Das Alter der Grabanlage wird auf etwa 4000 Jahre geschätzt. Die Grabkammer des Riesenberges entdeckte man erst bei Ausgrabungen nach 1964.

In dem alten Buch „Zöllner's ... Reise durch Pommern nach der Insel Rügen und einem Theile des Herzogtums Mecklenburg, im Jahre 1795" von Johann F. Zöllner wird folgende Sage zur Grabanlage erzählt: „Südöstlich von dem Dorfe Nobbin auf der Rügenschen Halbinsel Wittow findet man auf dem hohen Ufer des Meeres ein längliches Viereck von großen, hoch aufgerichteten Steinen. Dasselbe ist von Norden nach Süden vier und vierzig Schritte lang, und am nördlichen Ende zehn Schritte, am südlichen aber noch etwas mehr breit. Auf der Ostseite ist es von achtzehn, auf der Westseite von zwei und zwanzig großen Steinen eingefasst. Auf der Südseite stehen zwar nur zwei Steine, diese sind aber jeder sechs Fuß hoch, und stehen mit ihren flachen Seiten einander zugekehrt. In der Mitte des Vierecks liegen noch eine Menge anderer Steine. Die Leute in der Gegend nennen diesen Steinhaufen das Hühnengrab. Sie sagen, dass darunter ein vornehmer Heide mit vielen Schätzen begraben liege. Der Teufel aber, der diese Schätze jetzt bewacht, leidet es nicht, dass man an sie herankommt. Man darf nicht einmal den Acker in der Nähe pflügen. Vor vielen Jahren waren einmal ein Paar Leute zu Nobbin, die sahen in einer Nacht ein helles Feuer in der Mitte der Steine brennen. Sie glaubten, dass sie den Schatz nur so heben könnten, und fingen alsbald an zu graben: aber sie starben plötzlich noch in derselben Nacht."

sich im Inneren des Turmes eine Funksendeanlage, die von Schiffen zur Positionsbestimmung angepeilt werden konnte. Die Höhe des Turmes sollte die Reichweite des Funksignals verstärken. Die technische Ausrüstung wurde beim Rückzug der deutschen Truppen von der Insel Rügen zerstört. Der Turm dient heute als **Schmuckatelier** und hier sind gegen Eintrittsgebühr auch wertvolle Fundstücke aus Ausgrabungen in der Jaromarsburg zu besichtigen. Die ehemalige militärische Bedeutung Kap Arkonas unterstreichen zwei erhaltene **Bunkeranlagen,** die bis zum 3.10.1990 mit Soldaten besetzt waren. Die Wehrmacht hatte hier ursprünglich eine kleinere Bunkeranlage errichtet, welche heute als Kunstgalerie dient. Die NVA Volksmarine baute zwischen 1979 und 1986 eine große Anlage als Gefechtsstand der Vereinigten Ostseeflotte des Warschauer Vertrages und sperrte das gesamte Kap Arkona für Besucher. Die hohe Geheimhaltung der Anlage wurde 1985 noch vor Bauabschluss durch ein peinliches Versehen der NVA-Militärs zur Lachnummer. 1985 erschien ein von der NVA selbst herausgegebener Bildband im freien Buchverkauf, in dem ein Luftbild von Kap Arkona aller Welt die noch ungetarnten Bunkerbauten zeigte. Die 2000 m² unterirdischer Bunkerfläche mit durch Gänge verbundenen Bunkerräumen sind heute im Rahmen von Führungen (Dauer ca. 45 Min.) zu besichtigen.

Alle **Sehenswürdigkeiten** auf Kap Arkona sind täglich und ganztägig geöffnet. Voranmeldungen sind nicht erforderlich.

Am Fuße des Kaps Arkona wurde 1865 das erste Telegraphenkabel von Deutschland nach Schweden verlegt und auch ein Schiffsanleger errichtet. Der Anleger wurde bei einer Sturmflut 1953 zerstört, seine Reste sind jedoch bis heute zu sehen. Zum Fuß des nördlichen Kaps führte einst die sogenannte **Königstreppe.** Die Treppe wurde erstmalig 1741 erwähnt und später mehrfach umgebaut und saniert. 1995 musste ein kompletter Neubau die alte Treppe ersetzen. Nach wiederholten Erdrutschen und Unfällen wurde die Königstreppe gesperrt und für den

166wo-lr

Rückbau vorgesehen. Der Strandabschnitt unterhalb des Kaps darf nicht mehr betreten werden. Eine weitere, deutlich kleinere Treppe, die sogenannte **Veilchentreppe,** führt in der Nähe des Fischerdorfes Vitt vom Hochuferweg zum Strand der Tromper Wiek östlich des Kaps.

Zum Pflichtprogramm auf Kap Arkona gehört ein Besuch im kleinen Fischerdorf **Vitt,** das schon im 10. Jahrhundert als Hafen und Handelsort der Jaromarsburg erwähnt wurde. In Vitt gibt es nur 13 Häuser, die bis heute keine Hausnummern tragen. Stattdessen sind die Häuser mit alten slawischen Symbolen gekennzeichnet. Wenn täglich Tausende Touristen in der Hauptsaison durch das Dorf bummeln, kann man kaum glauben, dass der gesamte Ort unter Denkmalschutz steht. In mindestens der Hälfte der Häuser werden Souvenirs, Fischbrötchen oder Getränke angeboten, im sehr kleinen Hafen warten Bootsverleih und Fischräucherei auf Kunden. Sicherlich leben die wenigen Bewohner nicht schlecht vom Tourismus, allerdings müssen sie auch ganztägig den Besucheransturm ertragen. Vom Hafen in Vitt und seiner Brandungsmauer aus hat man einen der wunderbarsten Ausblicke auf die Kreidefelsen der Steilküste Kap Arkonas und eine Wanderung entlang des Strandes am Fuß der Steilküste ist bei schönem Wetter äußerst reizvoll. Oberhalb von Vitt liegt eine schöne kleine, 1806 nach Entwürfen Karl Friedrich Schinkels errichtete **Kapelle.** In dem achteckigen Bau finden sich einige Gemälde, darunter eine 1893 angefertigte Kopie des bekannten Bildes „Petrus auf dem Meer“ von Philipp Otto Runge aus dem Jahr 1806. Das Original hängt in der Hamburger Kunsthalle.

Das gesamte Kap Arkona ist heute ein **Flächendenkmal** und erlangte in den letzten Jahren leider auch traurige Berühmtheit

⊡ *Der kleine Hafen von Vitt mit fantastischem Steilküstenblick*

237wo-lr

durch die zahlreichen Abbrüche der Steilküste. Dabei waren auch Todesopfer zu beklagen. Aus Sicherheitsgründen ist deshalb das Betreten der Abbruchkante verboten und Besucher sind aufgefordert, sich nur auf den markierten Wegen zu halten. Da sich der Zustand der Steilküste beständig ändert, kommt es immer wieder zu Wegesperrungen. Hat man nach umfassender Besichtigung Kap Arkonas am Großparkplatz Putgarten wieder sein Fahrzeug erreicht, kehrt man auf direktem Wege nach Altenkirchen zurück. Wieder zurück auf der L30 ist Juliusruh/Glowe bereits ausgeschildert.

BREEGE-JULIUSRUH

(3 km – km 60)

Nur 3 km ist Breege-Juliusruh von Altenkirchen entfernt und muss auf der L30 angefahren werden. Östlich Kap Arkonas erstreckt sich die **Tromper Wiek,** eine lang gezogene Ostseebucht in südöstlicher Richtung bis zu den Kreidefelsen der Halbinsel Jasmund. Ihre Küste bildet die sogenannte **Schaabe,** eine 12 km lange Nehrung, die natürliche und einzige Landverbindung von der Mitte Rügens zum Kap Arkona. Der Strand entlang der Schaabe zur Tromper Wiek ist einer der längsten Sandstrände Deutschlands. Die Verbindung zwischen dem flachen Wasser der Tromper Wiek und der vor Wind schützenden Schaabe sorgt für ausgezeichnete Bademöglichkeiten und zieht regelmäßig Tausende Besucher an.

Juliusruh bildet den nördlichen Abschluss der Schaabe und war schon immer ein reiner Erholungsort. Julius von der Lancken erbaute hier 1795 ein Herrenhaus und legte eine 10 ha große Parkanlage nach französischem und englischem Vorbild an. Bedingt durch den Sandboden gestaltete sich die Anlage des Parks schwierig und aufwendig. Geeignete Bäume mussten zum Teil aus Schweden importiert werden. Die Parkanlage besteht bis heute als **Kurpark** der Gemeinde, das Herrenhaus wurde abgerissen. In der Mitte des Parks gedenkt ein Erinnerungsstein

⌃ *An schönen Tagen besuchen zahlreiche Menschen die Sehenswürdigkeiten am Kap Arkona*

des Gründers. Der Park dient im Sommer auch als Veranstaltungsort für Konzerte. Größtes Kapital der Gemeinde ist jedoch der **wunderbare Sandstrand** und der sorgte seit dem Ende des 19. Jahrhunderts für einen schnell wachsenden Tourismus. Das erste Hotel entstand bereits 1893, zahlreiche heute noch existierende Strandhäuser in typischer Bäderarchitektur wurden gebaut. 1928 schlossen sich Juliusruh und der nur 2 Kilometer entfernte Nachbarort **Breege** zum Seebad zusammen. Beide Orte profitierten davon.

Breege besitzt eine lange Tradition als Hafen- und Fischerdorf, eignet sich durch seine Lage jedoch nicht als Badeort. Das Flachwasser der Tromper Wiek hingegen gestattete keinen Hafen in Juliusruh. Der Hafen in Breege ist heute schön gestaltet und lädt mit Gastronomie und Schiffsverbindungen bis Hiddensee zum Besuch ein.

Ansprechpartner für Kranichfahrten, Angeltouren und Fahrten nach Hiddensee oder zu den Störtebeker-Festspielen in Ralswiek ist die **Reederei Kipp** in Breege, Tel. 038391 12306, www.reederei-kipp.de.

Die Parkmöglichkeiten in Breege für Wohnmobile sind sehr begrenzt. Der Parkplatz am Hafen ist für Womos gesperrt. Die Tourismusinfo der Doppelgemeinde befindet sich am Ortsausgang von Juliusruh nahe des Campingplatzes **Freizeitcamp Am Wasser** (64). Es wird eine **Kurtaxe** von 1,50 € in der Hauptsaison für Erwachsene erhoben.

(64) Freizeitcamp Am Wasser Juliusruh

GPS 54.61022, 13.37902

Gut ausgestatteter Campingplatz mittlerer Größe, Entfernung zum Strand 100 m, Kinderspielplatz, Fahrradverleih, Einkaufsmöglichkeit. **Lage/Anfahrt:** der Hauptstraße durch Juliusruh folgen, Campingplatz liegt am südöstlichen Ortsausgang auf der rechten Seite; **Platzanzahl:** über 100; **Untergrund:** Wiese, Sand; fest; **Service:** Strom, Trinkwasser, Abwasser, Chemie-WC; **Sicherheit:** umzäunt, beleuchtet, bewacht; **Preise:** 15 €/Fahrzeug, 7 € Erwachsener, 4 € Kind, 4 € Hund, 3 € Strom; **Geöffnet:** April–Oktober; **Kontakt:** Wittower Straße 1–2, 18556 Breege-Juliusruh, Tel. 038391 43928, www.freizeitcampamwasser.m-vp.de. In der Hauptsaison ist eine Vorbuchung empfehlenswert.

Nach Juliusruh folgt die L30 8 km lang dem Verlauf der Schaabe. Die schmale Nehrung ist teilweise nur 600 m breit. Bis auf die Straße ist die bewaldete Schaabe unbebaut. Der lange Sandstrand liegt in Fahrtrichtung auf der linken Straßenseite. Aufgrund der vielen Besucher und Badegäste in der Hauptsaison ist das Parken dann schwierig. Zwischen Juliusruh und dem nächsten Ort Glowe befinden sich sechs größere Badeparkplätze eingeschoben in den Küstenwald. Auf allen ist das Parken für Wohnmobile in der Hauptba-

Feinster Sandstrand in Juliusruh, flaches Wasser und viele Gäste

065wo-lr

desaison untersagt und es wird überall eine Parkgebühr erhoben. Hintergrund dafür ist der erhöhte Platzbedarf der Wohnmobile und die stark angespannte Parksituation durch sehr viele Pkw bei Badewetter. Außerhalb der Badesaison sind die Parkplätze jedoch völlig leer, parkende Wohnmobile stehen häufig auf den Plätzen – auch über Nacht. Reisende mit Wohnmobil müssen deshalb auf die tagesaktuelle Beschilderung achten. Bei einer Übernachtung entstehen immer doppelte Parkgebühren, da die Tageskarten nur bis Mitternacht gültig sind und anschließend eine neue Tageskarte gelöst werden muss.

Da bei Badewetter die Parkplätze spätestens gegen 10 Uhr restlos überfüllt sind, aber auch um die Parkgebühren zu sparen, parken viele Besucher ihre Fahrzeuge auf dem 2–3 m breiten Randstreifen neben der Straße. Das kann dann auch für kleinere Wohnmobile eine Alternative sein. Entlang der Schaabe zwischen Juliusruh und Glowe führt ein gut ausgebauter Radweg. Wer keine Parkmöglichkeit findet, kann deshalb auch das Wohnmobil in einem der beiden Orte stehenlassen und die Schaabe und den Strand mit dem Fahrrad erreichen.

Information

› **Touristinformation Breege-Juliusruh,** Wittower Str. 5, 18556 Breege-Juliusruh, Tel. 038391 311, www.breege.de, geöffnet: tägl., Öffnungszeiten variieren je nach Monat. Neu erbaute Tourismusinformation am südöstlichen Ortsausgang.

Aktivität

› **Aquamaris Strandresidenz Juliusruh,** Wittower Straße 4, 18556 Juliusruh, Tel. 038391 440, www.aquamaris.de, geöffnet: ganzjährig. Strandresidenz und Hotel, Schwimmbad, Sauna und großes Wellnessangebot stehen auch Besuchern offen.

Parken

P 90 Parkplatz Juliusruh, GPS 54.62400, 13.37399, Wittower Straße, 18556 Breege-Juliusruh. Der Parkplatz ist an der nördlichen Ortseinfahrt auf der rechten Seite der Hauptstraße, geöffnet: ganzjährig, Tageskarte 3,50 €. Großer, unbefestiger Parkplatz, Entfernung zum Strand ca. 500 m, Übernachtung verboten.

Die schönen strandnahen Badeparkplätze entlang der Schaabe zwischen Juliusruh und Glowe können in der Hauptbadesaison für Wohnmobile gesperrt sein

GLOWE

(10 km – km 70)

Ähnlich Juliusruh ist Glowe heute ein reiner Urlauberort und in der Hauptsaison entsprechend gut besucht. Mit Beginn des Bädertourismus wuchs der schon seit 1314 nachgewiesene kleine Ort immer mehr. Internationale Bedeutung und Bekanntheit erlangte Glowe durch die ehemals sehr bekannte **Küstenfunkstelle Rügen-Radio,** über die früher nahezu der gesamte Funkverkehr mit der Hochseeflotte der DDR, aber auch der Funkverkehr mit ausländischen Schiffen bis in die entlegensten Gebiete der Weltmeere geführt wurde. Aufgrund von wissenschaftlichen Messungen und Auswertungen entschied man sich bereits 1930 für diesen Standort und errichtete eine große Funkzentrale. Im Zweiten Weltkrieg wurde Rügen-Radio durch die Kriegsmarine betrieben, die hier auch eine Abhörstelle für den Funkverkehr der Alliierten im Nordatlantik unterhielt. Am Ende des Krieges wurden alle Gebäude und Anlagen gesprengt. Erst 1949 erfolgte die erneute Inbetriebnahme durch die Deutsche Post der DDR und der nachfolgende umfangreiche Neubau. 1998 wurde der Betrieb von der Deutschen Post eingestellt, da durch moderne Nachrichtenverbindungen und Satelliten weltweit immer weniger Bedarf an Küstenfunkstellen bestand und die Überkapazitäten abgebaut werden mussten. Die Anlage ist heute nicht mehr zugänglich, wird abgerissen und auf dem Gelände werden Ferienimmobilien gebaut. Die letzten markanten Gebäude sind aber noch sichtbar.

Auch wenn die Pläne für den Kriegshafen in Glowe nie umgesetzt wurden, besitzt der Ort aber heute trotzdem einen Hafen. Im Jahr 2000 wurde eine schöne gepflegte **Hafenanlage für Sport- und Fischerboote** errichtet. Hier ist ein Seenotrettungskreuzer der DGzRS stationiert. Über dem Hafenimbiss „Kleine Brise" befindet sich in 7 m Höhe eine Aussichtsplattform, von der aus sich die gesamte Tromper Wiek bis Kap Arkona überblicken lässt.

Glowe bietet verschiedene **Park- und Stellmöglichkeiten** für Wohnmobile, der wunderbare Strand und der gesamte Ort mit vielen Restaurants und kleinen Geschäften laden

Kriegshafen Glowe

Der Bestand Glowes als Urlauber- und Badeort in der heutigen Form war nach dem Zweiten Weltkrieg stark gefährdet, ja eigentlich schon bereits beendet, als die DDR versuchte, hier einen großen Kriegshafen zu erbauen. Dazu griff man alte Pläne der Reichsmarine aus den 1920er-Jahren auf. Auch im Zweiten Weltkrieg hatte man schon begonnen, Marineanlagen und eine stählerne Anlegebrücke für U-Boote in Glowe zu errichten, welche aber von der Roten Armee nach Kriegsende gesprengt und abgerissen wurden. Mit den zunehmenden Spannungen zwischen Ost und West in den 1950er-Jahren wurde der Plan wieder aktuell. Geplant war eine riesige Anlage mit U-Boot-Bunkern, Kasernen, Werften und Wohngebäuden, die die ganze Ostsee kontrollieren sollte. Um das direkte Einlaufen von Kriegsschiffen aus der Ostsee in den Bodden zu ermöglichen, sollte die dazwischen liegende Nehrung mit einem breiten Kanal durchstochen werden. Die Straße nach Glowe wurde gesperrt und Tausende Bauarbeiter und Strafgefangene begannen mit umfangreichen Erdarbeiten. Anwohner wurden zwangsumgesiedelt. Nach dem Volksaufstand am 17.6.1953 wurde der Bau gestoppt. Die DDR-Führung musste dem wirtschaftlichen Aufbau den Vorrang vor gigantischen Militärprojekten einräumen. Zwar wurde später noch einmal daran gedacht, das Projekt umzusetzen, doch die wirtschaftlichen Möglichkeiten waren glücklicherweise nicht gegeben. Heute findet man nur noch auf der Boddenseite fertiggestellte Kanalreste und Hinweise auf diese zweifelhaften Aktivitäten.

zum Besuch ein. Zu beachten ist jedoch, dass die Parkplätze in direkter Strandnähe für Wohnmobile gesperrt sind und man deshalb einen etwas weiter entfernten Parkplatz wählen muss. Auch ergeben sich in der Parksituation zwischen der Hauptsaison und dem Rest des Jahres große Unterschiede. Wie alle Badeorte Rügens platzt auch Glowe in der Hauptsaison aus allen Nähten. Die besten Park- und ggf. Übernachtungsmöglichkeiten bieten der weiträumige Wohnmobilstell- und Parkplatz in der Waldsiedlung (s. r.) und das neu errichtete Hafengelände mit einem weiteren Stellplatz 66.

Kurtaxe von 1 €/Erw. wird in Glowe in der Hauptsaison erhoben.

Information

› **Touristinformation Glowe,** Boddenmarkt 1, 18551 Glowe, Tel. 38302 5221, www.glowe.de

Parken

P **91 Parkplatz Glowe,** GPS 54.56924, 13.46589, An den Boddenwiesen, 18551 Glowe. Parkplatz in Ortsmitte hinter Restaurant Fischerhus, geöffnet: tägl., Preise: 1 €/Std. Kleiner ausgebauter Parkplatz zentral im Ort, für große Wohnmobile ungeeignet, Entfernung zum Strand etwa 200 m.

Sonstiger Stellplatz

S **92 Wohnmobilstell- und Parkplatz Glowe Waldsiedlung,** GPS 54.56812, 13.45862. Parkplatz mit Stellflächen für Wohnmobile. Lage/Anfahrt: Am Ortseingang Glowe aus Richtung Juliusruh kommend gegenüber Kurplatz nach rechts abbiegen. Platz ist ausgeschildert; Platzanzahl: 12; Untergrund: fest; Service: Strom; Sicherheit: umzäunt, beleuchtet; Preise: Parken 3 €/Tag, Übernachten 15 € inklusive Strom; Geöffnet: ganzjährig, kein längerer Campingaufenthalt erwünscht; Kontakt: Waldsiedlung, 18551 Glowe, Mobil 0171 2093207, Platzwart täglich zwischen 18.30 und 19.30 Uhr vor Ort.

Schöner Sandstrand in Glowe – im Hintergrund die Hafenanlagen

65 Campingoase Polchow Glowe

GPS 54.54358, 13.52106

Sehr kleiner, naturbelassener Campingplatz. **Lage/Anfahrt:** Der Campingplatz liegt innerhalb der Ortslage Polchow, um ihn zu erreichen, muss man von der L30 hinter der Abfahrt Spyker nach Polchow abbiegen; **Platzanzahl:** 25; **Untergrund:** Wiese, Sand; fest; **Service:** Strom, Trinkwasser, Abwasser; **Sicherheit:** beleuchtet; **Preise:** 35 € Tagespauschale Wohnmobil inkl. 3 Personen, Strom, Wasser, Abwasser, Chemie-WC; **Geöffnet:** Mai–Oktober; **Kontakt:** Dorfstraße 48, 18551 Glowe, Tel. 038302 53220, www.ruegen-naturcamping.de.

67 Wohnmobilstellplatz De Klomp Sagard

GPS 54.51519, 13.53868

Wohnmobilstellplatz am alten Vorwerk Sagard. **Lage/Anfahrt:** ca. 600 m nach Ortsausgang Sagard in Richtung Ralswiek, Platz ist ausgeschildert; **Platzanzahl:** 59; **Untergrund:** Schotter, fest; **Service:** Strom, Wasser, Abwasser, Chemie-WC; **Sicherheit:** umzäunt, beleuchtet; **Preise:** Pauschale 18 € Fahrz. inkl. 2 Personen; **Geöffnet:** ganzjährig; **Kontakt:** Vorwerk 13, 18551 Sagard, Tel. 038302 564009, Mobil 0177 2585201.

Etwa 2 km nachdem man Glowe auf der L30 in südöstlicher Richtung verlassen hat, gelangt man an eine Kreuzung. Der rechte Abzweig führt über Sagard auf die B96 und dann weiter in Richtung Bergen. Über die B96 kann Rügen auch direkt in Richtung Rügendamm verlassen werden. Wer das **Dinosaurierland Rügen,** Rügens großen Natur- und Freizeitpark, oder die Störtebeker Festspiele in Ralswiek (s. S. 188) besuchen möchte, muss ebenfalls in diese Richtung abbiegen. Das Dinosaurierland ist ausgeschildert, Verwaltung und Außengelände liegen räumlich getrennt.

Um den Ausgangspunkt der nächsten Route (Route 7) zu erreichen, biegt man an der Kreuzung nach links in Richtung Nationalpark Jasmund ab.

› **Dinosaurierland Rügen Glowe,** Am Spycker See 2a, 18551 Glowe, nach Glowe an der Kreuzung in Richtung Sagard abbiegen und der Straße 500 m folgen, ausgeschildert, Tel. 038302 719874, www.dinosaurierland-ruegen.de, geöffnet: März–November ab 10 Uhr, März und November Freitag Ruhetag, Eintritt: 9,50 € Erwachsene, 7 € Kinder. Auf einem etwa 1 km langen Rundweg werden die Entwicklung der Dinosaurier und ihr Lebensraum dargestellt. Mehr als 120 Saurier-Modelle und Figuren in Originalgröße, lebensgroßes Dinoskelett, Fossiliensuchplatz, Abenteuerspielplätze, Bogenschießen, Messerwerfen, Gastronomie und Souvenirverkauf. GPS 54.56367, 13.52500.

66 Wohnmobilstell- und Parkplatz Glowe Hafen

GPS 54.57383, 13.46962

Im Hafen neu errichtete Stellflächen für Wohnmobile, Nutzung der Infrastruktur des Hafens. **Lage/Anfahrt:** In Glowe der Ausschilderung zum Hafen folgen; **Platzanzahl:** 10; **Untergrund:** Pflaster; **Service:** Strom, Trinkwasser, Abwasser, Chemie-WC; **Sicherheit:** beleuchtet; **Preise:** Übernachten 20 € inkl. Strom; **Geöffnet:** ganzjährig; **Kontakt:** Hafen Glowe, 18551 Glowe.

236wo-lr

ABSTECHER NACH RALSWIEK UND ZU DEN STÖRTEBEKER FESTSPIELEN

(hin und zurück etwa 32 km)

Eine der größten Attraktionen der Insel Rügen, ja der gesamten Ostseeküste Mecklenburg-Vorpommerns, sind die Störtebeker Festspiele in Ralswiek im Herzen der Insel Rügen. Über 400.000 Besucher sehen jährlich zwischen Ende Juni und Anfang September die Aufführungen der Störtebeker-Saga und werden dabei von etwa 150 Schauspielern – Amateure und bekannte Berufsschauspieler – vorzüglich unterhalten. Eine einzigartige Show mit Pferden, Greifvögeln, Schiffen, Kanonendonner, Stunts und Feuerwerk zieht die Besucher wie ein Magnet an und man sollte sich das Spektakel nicht entgehen lassen. Wohnmobilisten haben zusätzlich zum Showgenuss noch einen großen Vorteil, denn während andere Besucher nach der Vorstellung zu später Stunde noch bis in ihre Unterkünfte fahren müssen, läuft der Wohnmobilist entspannt und gut unterhalten zu seinem in der Nähe geparkten Fahrzeug und verbringt die Nacht vor Ort. Rund um das Festspielgelände stehen verschiedene Parkplätze zur Verfügung, die ganzjährig von Wohnmobilen kostenfrei zum Parken und Übernachten genutzt werden können. Direkt im Ort Ralswiek kann während der Spielsaison generell nicht geparkt werden.

Die Freilichtbühne ist eine der größten Europas und fasst pro Vorstellung fast 9000 Gäste, aber der kleine Ort hat nur 250 Einwohner. Da ist es leicht vorstellbar, dass Ralswiek und seine Einwohner die Besuchermassen nicht verkraften könnten. Deshalb wird an Vorstellungstagen spätestens ab 17 Uhr die Ortsdurchfahrt Ralswiek für Kfz gesperrt. Besonders Wohnmobilisten sollten deshalb schon frühzeitig anreisen oder müssen sich auf Umwege und Wartezeiten einrichten.

Die **Vorstellung** beginnt immer um 18 Uhr mit einer einstündigen Greifvogelshow, der um 20 Uhr ein etwa 2,5 Stunden langes Stück der Störtebeker-Saga folgt. Jährlich wird ein neues Stück einstudiert und aufgeführt. Die Preise unterteilen sich in verschiedene Preisgruppen.

In der Hauptsaison ist eine Anreise ohne Kartenvorbestellung fast aussichtslos, die besseren Plätze sind oft schon im April ausverkauft. Veranstaltungsagenturen, Sponsoren und Hotels kaufen im Vorfeld Zehntausende **Karten** auf. Karten können aber auch telefonisch bestellt werden und spätestens bei der Anfahrt zur Insel Rügen sollten Interessenten sich Karten telefonisch sichern, um ein langes Gesicht an der Abendkasse in Ralswiek zu vermeiden. Außerhalb der Ferienzeit, im Juni oder September, ist es deutlich leichter möglich, an Eintrittskarten zu kommen.

Rund um die Bühne findet der Besucher alles, was zu einem solchen Abend gehört. Souvenirstände und Imbisse in großer Zahl warten auf Kunden. Nicht vergessen sollte man aber warme und regenfeste Bekleidung oder einen Regenumhang und eine Sitzunterlage. Nach Sonnenuntergang wird es schnell kühl und ein Regenguss ist auch nie ausgeschlossen. Regenschirme sind nicht erlaubt!

› **Störtebeker Festspiele Ralswiek,** Störtebeker Festspiele GmbH & Co. KG, Am Bodden 100, 18528 Ralswiek, Tel. 03838 31100 Info- und Kartenhotline, https://stoertebeker.de, geöffnet: jährliche Spielzeit Störtebeker Festspiele Ende Juni–Anfang September, Konzerte und andere Veranstaltungen auch außerhalb dieser Zeit, Eintritt: je nach Platzgruppe und Veranstaltung

Zwischen Breege und Ralswiek besteht im Sommer eine Schiffsverbindung. Besucher der Störtebeker Festspiele können dann mit dem Schiff von Breege-Juliusruh an- und wieder abreisen. Außerhalb der Spielsaison ist Ralswiek ein ruhiger, verträumter Ort mit ei-

nem kleinen gemütlichen Hafen. Dann kann auch im Ort geparkt werden. Bestenfalls die großen Parkflächen an den Ortseingängen zeugen von den Hunderttausenden von Besuchern. Die Bühne ist geschlossen und kann auch nicht besichtigt werden. Oberhalb der Bühne befindet sich **Schloss Ralswiek.** Das prächtige Schloss wurde Ende des 19. Jahrhunderts durch den reichen Fabrikanten und Schriftsteller Hugo Sholto Graf Douglas erbaut und ist heute ein Hotel. Rund um das Schloss erstreckt sich ein alter **Schlosspark** mit kleinen Wanderwegen. Bemerkenswert ist die kleine hölzerne **Schwedenkirche** am östlichen Ortseingang. Graf Douglas ließ die Kirche 1907 in Stockholm abbauen und in Ralswiek neu errichten.

Große **Parkflächen** stehen östlich von Ralswiek im Bereich der B96 und westlich des Ortes zur Verfügung. Eine Übernachtung ist überall möglich, jedoch eignen sich die westlichen naturbelassenen und deutlich ruhigeren Flächen abseits des Straßenverkehrs für Wohnmobile besser. Diese sind jedoch nur während der Spielzeit der Festspiele benutzbar. Außerhalb der Spielsaison kann auch in Ralswiek direkt am Hafen kostenpflichtig geparkt werden.

Parken

P 93 Parkplätze östlich Ralswiek an der B96, GPS 54.46369, 13.45384, 18528 Ralswiek, verschiedene Parkflächen an der B96 am Abzweig nach Ralswiek, geöffnet: ganzjährig, kostenfrei. Ausgedehnte Parkflächen zwischen Wald und B96, Übernachtung möglich.

P 94 Parkplätze westlich Ralswiek, GPS 54.47440, 13.43808, 18528 Ralswiek, bei Anfahrt über B96 nach Ralswiek abbiegen, Ort durchfahren, geöffnet: nur während der Spielsaison, kostenfrei. Große, naturbelassene Parkflächen umgeben von Wald und Wiesen, Übernachtung gut möglich.

Action mit vielen Pferden und Darstellern bei den Aufführungen der Störtebeker Festspiele

68 Störtebeker-Camp Lietzow

GPS 54.48376, 13.51047

Kleiner und gut ausgestatteter Platz auf einer Anhöhe mit Restaurant. **Lage/Anfahrt:** In Ortslage Lietzow auf Waldstraße abbiegen und bergauf folgen, der Platz ist ausgeschildert; **Platzanzahl:** über 50; **Untergrund:** Wiese; **Service:** Strom; **Sicherheit:** umzäunt, beleuchtet; **Preise:** 37 € Pauschale inklusive 2 Erwachsene und ein Kind, 6 € weitere Personen, 3,50 € Hund, 3 € Strom; **Geöffnet:** April–Oktober; **Kontakt:** Waldstraße 59a, 18528 Lietzow, Tel. 038302 2166, www.lietzow.net.

69 Campingplatz Banzelvitzer Berge

GPS 54.51697, 13.41081

Etwas abgelegener, aber sehr ruhiger und schöner Platz mit Einkaufsmöglichkeit, Strand, Bootsverleih, Spielplatz. **Lage/Anfahrt:** 10 km von Ralswiek oder 13 km von Gingst in Richtung Rappin fahren und weiter nach Groß Banzelvitz. Straße endet am Campingplatz; **Platzanzahl:** über 150; **Untergrund:** Wiese; **Service:** Strom, Wasser, Abwasser, Chemie-WC; **Sicherheit:** umzäunt, beleuchtet; **Preise:** 38 € Pauschale inkl. 2 Erwachsene und ein Kind, 6 € weitere Personen, 3,50 € Hund, 3 € Strom; **Geöffnet:** April–Oktober; **Kontakt:** Campingbetrieb, Banzelvitzer Berge GmbH, OT Groß Banzelvitz, 18528 Rappin, Tel. 03838 31248, www.banzelvitz.de.

Eine beeindruckende Greifvogelshow leitet das Spektakel der Störtebeker Festspiele ein

ROUTE 7

KREIDEFELSEN, EIN KOLOSS, EIN JAGDSCHLOSS UND EIN CIRCUS – IM OSTEN RÜGENS

067wo-lr

« *Kapitelstartseite: An den Stränden der Insel Rügen wird es im Sommer häufig eng*

218wo-lr

ROUTENÜBERSICHT

Strecke:
Lohme (s. S. 194) – **Sassnitz** (10 km, s. S. 198) – **Prora** (12 km, s. S. 203) – **Binz** (4 km, s. S. 206) – **Abstecher über die Halbinsel Mönchgut** (hin und zurück etwa 40 km, s. S. 209) – **Putbus** (15 km, s. S. 218) – **Garz** (9 km, s. S. 222) – **Stahlbrode** (10 km, s. S. 226)

Streckenlänge:
ohne Abstecher ca. 60 km
mit Abstecher ca. 100 km

Der Sassnitzer Hafen bietet auch Fischerbooten einen Liegeplatz

Die Route startet direkt oberhalb der berühmten Kreidefelsen, die Teil des Nationalparks Jasmund sind. Beeindruckend sind der Kaiserstuhl und die Wissower Klinken, die man unbedingt besuchen sollte, bevor man nach Sassnitz fährt. Anschließend wartet die nächste Besonderheit Rügens auf die Besucher: der Koloss von Prora, ein über vier Kilometer langes Gebäude aus nationalsozialistischer Zeit, gebaut, um Massen von Urlaubern unterzubringen. Nach einem Strandbesuch lohnt ein Ausflug zum Jagdschloss Granitz und das Erklimmen der gusseisernen, offenen Treppe im Schlossturm. In Putbus ließ Fürst Malte ein einzigartiges klassizistisches Rondell, den Circus, erbauen. Verlässt man die Hauptstrecke und besucht die Halbinsel Mönchgut, kann man sogar ein einsames Plätzchen am Strand finden.

Hat man sich für die Fortsetzung der vorgeschlagenen Routen entschieden und ist nach Glowe auf den Weg zum Nationalpark Jasmund abgebogen, durchfährt man anfänglich einige sehr kleine Wohnplätze. Unangenehmes, sehr altes Kopfsteinpflaster ist hier leider noch auf manchen Straßenabschnitten zu finden. In **Bisdamitz** kann man vom Parkplatz des ehemaligen Hofgutes Rügenbio auf der gegenüberliegenden Straßenseite zu einer Wanderung an die Steilküste aufbrechen. Die Entfernung vom Hofgut bis zur Steilküste beträgt ungefähr 600 m. Entlang der Steilküste ist ein Hochweg (Küstenwanderweg) markiert.

P **95 Parkplatz Bisdamitz,** GPS 54.57507, 13.55724

2,5 km nach dem Hofgut kann man die L303 in Richtung Lohme verlassen. Wer Lohme nicht besuchen will, fährt einfach geradeaus weiter. Die Straße trifft dann bei Nipmerow wieder mit der Zufahrt von Lohme zusammen.

LOHME

Lohme ist ein kleiner Ort unmittelbar an der hier etwa 50 m hohen Steilküste der **Halbinsel Jasmund.** Beständige Abbrüche der Steilküste machten dem Ort schwer zu schaffen. 2005 brachen große Stücke direkt am Hafen aus der Steilküste und mehrere Häuser waren akut absturzgefährdet. Seitdem wurde der Hang mit großem finanziellen und technischen Aufwand stabilisiert, um weitere Abbrüche zu verhindern.

Alle umliegenden Wohnplätze und Siedlungen gehören als Ortsteile zu Lohme. Obwohl Lohme keinen breiten Sandstrand und auch nicht die Bademöglichkeiten von Juliusruh oder Glowe besitzt, konnte der Ort schon frühzeitig einen erheblichen Besucherstrom verzeichnen. Bereits im Jahr 1884 wurde Lohme zu den Kurorten der Insel Rügen gezählt. Heute finden sich im Ort zahlreiche Gaststätten und Pensionen. Von der Steilküste bietet sich den Gästen ein ausgezeichneter Blick auf Kap Arkona. Auf einer neu errichteten Treppe können Besucher die Steilküste vom Ort bis zum 1997 schön sanierten **Hafen** hinabsteigen. Hier befindet sich das gemütliche Café Niedlich. Wie in Route 6 (s. S. 185) erwähnt, befand sich in Glowe die Küstenfunkstelle Rügen-Radio. Aus technischen Gründen mussten Zentrale und Sendeanlagen getrennt werden und so verlagerte man die Sendeanlagen hierher. Kabelverbindungen stellten die Verbindung von Glowe nach Lohme her.

Die Straßen in Lohme sind sehr eng und Besucher mit Wohnmobil sollten nach Möglichkeit nicht von der durchgehenden Hauptstraße (Arkonastraße) abweichen. Im Ort befinden sich ein schön ausgebauter **Parkplatz,** der sich aber nur für kleine Wohnmobile eignet, und gleich nebenan der **Wohnmobilstellplatz Lohme** 70. Lohme erhebt eine Kurtaxe von 1 € in der Hauptsaison und 0,75 € in der Nebensaison. Wie überall ist diese auch auf allen Stellplätzen im Gemeindegebiet zu entrichten.

Information

› **Touristinformation Lohme,** Arkonastraße 31, 18551 Lohme, Tel. 038302 88855, www.lohme.de, geöffnet: April–Oktober Mo.–Sa. 10–12 Uhr, 15–17 Uhr, November–März nur vormittags

Parken

P **96 Parkplatz Lohme,** GPS 54.58321, 13.61283, Arkonastraße, 18551 Lohme. Der Parkplatz liegt direkt an der durch den Ort führenden Hauptstraße, geöffnet: ganzjährig, Preise: 1 €/Std., 4 € Tagespauschale, gepflasterter Parkplatz, der für Pkw angelegt wurde und sich deshalb nur für kleine Wohnmobile eignet.

70 Wohnmobilstellplatz Lohme

GPS 54.58303, 13.61398

Kleiner, gemütlicher Wohnmobilstellplatz in der Ortsmitte, kurze Wege bis zur Steilküste, Dorfladen angrenzend. Dorfladen und Stellplatz gehören den gleichen Betreibern. **Lage/Anfahrt:** der Hauptstraße durch den Ort folgen, Stellplatz ist ausgeschildert; **Platzanzahl:** über 20; **Untergrund:** Wiese, Sand; fest; **Service:** Strom, Trinkwasser, Abwasser, Chemie-WC; **Sicherheit:** beleuchtet; **Preise:** Pauschale 17 € Fahrz. inkl. 2 Pers., 1 € Hund, je 2 € Strom, Wasser, Entsorgung; **Geöffnet:** ganzjährig; **Kontakt:** Arkonastraße 4, 18551 Lohme, Tel. 038302 886585, Mobil 0176 55606570.

Hat man die Ortschaft Lohme durchfahren, gelangt man nach 1,5 km in den kleinen Ortsteil Nipmerow. Hier trifft die Straße wieder auf die L303.

Zwischen Lohme und Nipmerow gibt es auf der linken Seite, etwa 300 m von der Straße entfernt, ein **Steingrab aus der Jungsteinzeit,** welches auch von den sich hier später ansiedelnden Slawen als Begräbnisplatz genutzt wurde. Entdeckt wurde das Grab erst 1967. Der ursprünglich mit Erde verfüllte Grabhügel wurde 1986 geöffnet, da die Grabanlage der ehemaligen angrenzenden Kiesgrube zum Opfer fallen sollte. Dabei legte man die Decksteine der Grabanlage frei. Bei den Ausgrabungen wurden verschiedene menschliche Überreste und Grabbeigaben gefunden. Heute gibt es hier nur noch die Steinpackungen und eine Informationstafel. Die Kiesgrube ist stillgelegt und das Parken kein Problem (GPS 54.57315, 13.61624).

In **Nipmerow** befindet sich der **Campingplatz Krüger Naturcamping** 71. Sowohl ab Lohme als auch ab Nipmerow führen sehr reizvolle Wanderwege durch den Nationalpark Jasmund entlang der Steilküste über den Königsstuhl bis nach Sassnitz. Im Gegensatz zu anderen Wanderwegen im Nationalpark dürfen die Wege zwischen Lohme und dem Königsstuhl jedoch nicht mit dem Fahrrad befahren werden, sie wären aber auch stellenweise nur für sehr versierte Mountainbiker beherrschbar.

An der Einmündung zur L303 am Ortsausgang befindet sich ein sehr großer, geschotterter Parkplatz, der sich gut für eine Übernachtung eignet.

Parken

P **97 Parkplatz Nipmerow**, GPS 54.56866, 13.60788, Jasmunder Straße, 18551 Lohme OT Nipmerow. Preise: 3 € Tagespauschale, 10 € Übernachtung, geschottert und sehr groß.

71 Campingplatz Krüger Naturcamping Nipmerow

GPS 54.56951, 13.60975

Kleiner, naturnaher Campingplatz am Rande des Nationalpark Jasmund. **Lage/Anfahrt:** Der Campingplatz liegt am östlichen Rand Nipmerows und ist von der Verbindungsstraße Lohme-Nipmerow aus zu erreichen; **Platzanzahl:** über 40; **Untergrund:** Wiese, Sand; fest; **Service:** Strom, Trinkwasser, Abwasser; **Sicherheit:** beleuchtet; **Preise:** 38 € Tagespauschale Wohnmobil inkl. 5 Personen, Strom und Wasser; **Geöffnet:** Ostern–Oktober; **Kontakt:** Jasmunder Straße 5, 18551 Lohme OT Nipmerow, Tel. 038302 9244, www.ruegen-naturcamping.de.

In Nipmerow wieder auf der L303 angekommen, wird nach ungefähr 1 km Fahrtstrecke die kleine Siedlung **Hagen** erreicht. Wie Nipmerow gehört sie als Ortsteil zu Lohme. Zahlreiche Gaststätten zeigen schon die Nähe des Nationalparks Jasmund und ein damit einhergehendes, entsprechend hohes Tourismusaufkommen an.

Hat man den großen **Wohnmobilpark- und Stellplatz Hagen** (s. S. 196) erreicht, wird das Besucherausmaß offenbar. Hunderte Pkw-Parkplätze, aber auch ein Wohnmobilpark- und Stellplatz mit WC und Dusche sowie verschiedene gastronomische Einrichtungen und eine Buslinie zum Nationalparkzentrum werden hier in der Saison ausgiebig genutzt. Der Stellplatz ist ganzjährig geöffnet, die Busverbindungen zum Nationalpark werden aber im Winter nur eingeschränkt befahren. Als Wohnmobilstellplatz ist der Platz in Hagen sehr zu empfehlen. Die Fläche ist groß und spätestens ab 18 Uhr wird es mit der Abreise der Pkw-Tagesgäste sehr ruhig auf dem Platz. Strom wird nur auf den vorderen Stellflächen

Weltnaturerbe Nationalpark Jasmund

Von Lohme bis nach Sassnitz erstreckt sich die Stubnitz, das größte zusammenhängende Buchenwaldgebiet an der Ostseeküste. Dieses und natürlich die bekannten ***Kreidefelsen*** *(die Stubbenkammer), die an der Steilküste ins Meer reichen, machen den Nationalpark Jasmund aus. 2011 wurde der Nationalpark von der UNESCO zum Weltnaturerbe erklärt. Mit seinen 300 ha Fläche umfasst er aber auch Moore, Feuchtwiesen, den Strand sowie einen Teil der Ostsee. An den Steilhängen und Uferschluchten der Küste wachsen Ahorn und Buche, aber auch seltene Wildobstgehölze und Eiben. Wollgräser, Fieberklee, Sonnentau, Riesenschachtelhalm sowie seltene Moose findet man in den Mooren des Nationalparks. Eine Besonderheit ist die Salzvegetation der nördlichen Blockstrände, wo man auf Salzbinse, Salzmiere und Strand-Tausendgüldenkraut trifft. Natürlich ist das Gebiet auch Lebensraum verschiedener Tierarten. Dam- und Rothirsche haben hier genauso ihr Revier wie Reh- und Schwarzwild. Mehlschwalben brüten an den Kreidefelsen, Seeadler haben ihre Horste im Buchenwald. In den feuchten Teilen des Parks leben Kreuzotter, Ringelnatter und sogar die seltene Glasnatter. Die Vielfalt der Tierwelt wird ergänzt durch Molche, Unken, Kröten und Frösche in unterschiedlichsten Varianten.*

Die Uferlinie im Nationalpark Jasmund unterliegt ständigen Veränderungen, wozu Steilküstenabbrüche beitragen, wie beispielsweise der Abbruch der Wissower Klinken im Frühjahr 2005. Eigentlich selbstverständlich, dass ein solches Gebiet besonders geschützt werden muss. Der Naturschutz an dieser Stelle reicht bis ins 16. Jahrhundert zurück, als es v. a. der Rohstoff Wald war, der durch Holzordnungen geschützt wurde. 1929 wies man per Polizeiverordnung das „Naturschutzgebiet Jasmund" aus, denn eine weitere Zerstörung des Steilufers durch den kommerziellen Kreideabbau sollte verhindert werden.

Das „Naturschutzgebiet Quoltitz" folgte 1986 und vier Jahre später konnte der Nationalpark Jasmund eingerichtet und so der völligen touristischen Vermarktung entgegengetreten werden. Trotzdem ist es dem Besucher heute möglich, den Schönheiten der Natur auf ausgeschilderten Wander- und Radwegen und unter Beachtung einiger Verhaltensregeln ganz nahe zu kommen. Selbstverständlich sollte sein, dass man keine Pflanzen pflückt, seinen Müll wieder mitnimmt, Hunde an der Leine führt und das Wohnmobil nur auf gekennzeichneten Parkplätzen abstellt. Radfahren ist nicht auf allen Wanderwegen gestattet. Die Wanderwege direkt oberhalb der Steilküste (Hochuferweg) sind für Radfahrer immer verboten, auf den vielfältigen Wegen innerhalb der Waldgebiete ist Radfahren auf ausgewiesenen Radwegen gestattet. Zahlreiche Hinweistafeln mit Erläuterungen und Wegekarten sind im Nationalpark vorhanden. Ein sehr schöner Wanderweg ist der Hochuferweg direkt an der Steilküste, von dem aus sich immer wieder atemberaubende Ausblicke eröffnen. Ein Muss für alle Gäste Rügens ist der Besuch des Königsstuhls.

Der Name ***Königsstuhl*** *wird nach Überlieferungen auf den schwedischen König Karl XIII. zurückgeführt, der von hier aus im Jahre 1715 eine Seeschlacht gegen die Dänen geführt haben soll. Auf die 200 m² große Plattform des Königsstuhls gelangt man heute nur noch mit einem Ticket des Nationalpark-Zentrums. Die Königsstuhltreppe mit ihren 412 Stufen bis zum*

in der Nähe des Pkw-Parkplatzes angeboten. Weiter hinten steht man zwar ohne Stromanschluss, aber dafür besonders ruhig. Gegenüber dem Parkplatz gibt es eine Wildgaststätte namens „Kleine Försterei" mit eigenem Wildgatter.

Sonstiger Stellplatz

S 98 Wohnmobilpark- und Stellplatz Hagen Lohme, GPS 54.56130, 13.62404. Sehr gut ausgebauter Großparkplatz mit angrenzendem preiswerten Wohnmobilstellplatz, Fahrradverleih vor Ort, Haltestelle Nationalparkbus. Um den Stellplatz zu erreichen,

Strand überwindet 110 m Höhenunterschied. Zur Zeit ist sie gesperrt. Ähnlich der Königstreppe am Kap Arkona bereiten Erdrutsche den Verantwortlichen große Sorgen. Ein kompletter Rückbau der Treppe ist bereits beschlossen, allerdings laufen dagegen noch massive Proteste insbesondere aus der Tourismusindustrie.

Von Mai bis Oktober werden u. a. verschiedene Wanderungen mit den Parkrangern ab dem Parkplatz Hagen (s. S. 196) angeboten, auf denen man viel Wissenswertes über den Nationalpark und die Geschichte der Region erfährt. Ein empfehlenswerter Ansprechpartner für informative und kurzweilige Wanderungen und Radtouren rund um Jasmund ist die Firma Archäo Tour Rügen, Tel. 0157 72731751, www.archaeo-tour-ruegen.de. Weitere Informationen hält das ***Nationalparkzentrum*** *bereit, das sich direkt am Königsstuhl befindet. Auf 2000 m² werden dem Besucher Geheimnisse der Natur nähergebracht, es gibt viele Exponate zum Anfassen und Ausprobieren, einen echten Eisberg und Aquarien. Man kann sich Audioguides mit Kopfhörern ausleihen und so ganz intensiv in die einzelnen Lebensbereiche des Nationalparks eintauchen. Im Multivisionskino kann man sich für 15 Minuten zu einem Flug über den Nationalpark mitnehmen lassen. Einer Besonderheit der Rügener Steilküste widmet sich das* ***Kreidemuseum*** *in Gummanz, wo z. B. ein Kreidelehrpfad zum Entdecken einlädt.*

2013 wurde das ***Naturerbe Zentrum Rügen*** *in Prora mit Baumwipfelpfad und Erlebnisausstellung eröffnet. Am Ende eines 1,3 km langen Baumwipfelpfad überragt ein 40 m hoher Aussichtsturm in Form eines Adlernestes auf dem höchsten Punkt des Geländes das gesamte Umland. Über den Baumwipfelpfad hinaus bietet das schön gestaltete Zentrum auch Ausstellungen und Führungen an. Für eine gastronomische Bewirtung der Gäste sorgt die Boomhus Gastronomie.*

Im gesamten Bereich des Nationalparks ist das Parken nur auf dafür speziell ausgewiesenen Flächen gestattet und das Übernachten auch auf den Parkplätzen verboten. Eine Ausnahme bildet nur der Großparkplatz Hagen mit seinem Wohnmobilstellplatz.

- ***Nationalparkzentrum Königsstuhl,*** *Stubbenkammer 2, 18546 Sassnitz, Tel. 038392 661766, www.koenigsstuhl.com, geöffnet: Ostern–31. Oktober tägl. 9–19 Uhr, November–Ostern tägl. 10–17 Uhr, Eintritt: 9,50 € Erwachsene, 4,50 € Kinder, 20 € Familienkarte. Letzter Einlass zur Erlebnisausstellung 1 Std. vor Schließung, zum Multivisionskino 20 Min. vor Schließung*
- ***Kreidemuseum Gummanz,*** *Gummanz 3a, 18551 Sagard, www.kreidemuseum.de, Tel. 038302 56229, geöffnet: Ostern–31. Okt. tägl. 10–17 Uhr, Nov.–Ostern Di.–So. 10–16 Uhr, Eintritt: 4,80 € Erwachsene, 2,50 € Kinder, 10 € Familienkarte. Die Rügener Kreide als landschaftsprägendes Element, als Ergebnis geologischer Prozesse, als Fundstätte interessanter Fossilien und als natürlicher Rohstoff wird hier vorgestellt.*
- ***Naturerbe Zentrum Rügen,*** *Forsthaus Prora 1, 18609 Ostseebad Binz OT Prora, Tel. 038393 662200, www.nezr.de, geöffnet: Mai–Sept. 9.30–19.30 Uhr, April, Okt. 9.30–17.30 Uhr, Nov.–März 9.30–16.30 Uhr, Eintritt: 12 € Erwachsene, 9 € Kinder, 25 € Familienkarte, ausreichend kostenpflichtige Parkplätze, Hundeverbot im kostenpflichtigen Bereich, GPS 54.43418, 13.55832*

muss man die allgemeine Parkplatzeinfahrt (Schranke) benutzen. Dusche, WC, Entsorgung, Strom. Nur Tagesparkflächen gepflastert, Stellplatz sehr gut benutzbar – auch außerhalb der Saison. Sanitäre Einrichtungen im Winter nur von 10–16 Uhr geöffnet. Lage/Anfahrt: Die Parkplatzzufahrt liegt am Ortsrand Hagen direkt an der L303; Platzanzahl: über 50; Untergrund: Pflaster, Wiese, Sand; fest; Preise: 12,50 €/Fahrz. inkl. Entsorgung, 2,50 € Strom, 1 € Wasser, Abrechnung über Kassenautomaten; Geöffnet: ganzjährig; Kontakt: Stubbenkammerstraße, 18551 Lohme OT Hagen, Tel. 038302 9412.

Vom Parkplatz sind der Königsstuhl und das Nationalparkzentrum auf gepflegten Wanderwegen durch wunderschöne Natur innerhalb von 25 Minuten zu Fuß zu erreichen. Dabei führt der Weg am Herthasee, der Herthaburg und am Opferstein vorbei. Die **Herthaburg** war eine alte slawische Befestigungsanlage, deren aufgeschüttete Burgwälle heute noch klar zu erkennen sind. Dieser Weg ist auch mit dem Fahrrad gut zu befahren und unterwegs informieren verschiedene Schautafeln des Nationalparks über Wissenswertes.

Nach umfangreichen Veränderungen in der **Konzeption des Nationalparks und des Nationalparkzentrums** können Kfz heute nicht mehr bis in die Nähe des Königsstuhls fahren. Die Straße und der ehemalige Parkplatz Königsstuhl sind für Besucher gesperrt. Wer nicht zu Fuß oder per Fahrrad im Nationalpark unterwegs sein will, kann diverse Busverbindungen von den verschiedenen Abfahrtstellen nutzen. Auskünfte dazu erteilt der Rügener Personennahverkehr. Fahrpläne sind auch an den Bushaltestellen angebracht.

› **Verkehrsgesellschaft Vorpommern-Rügen,** Infothek am Busbahnhof Bergen, Friedensstraße 24, 18528 Bergen, Tel. 038326 600800, www.vvr-bus.de, geöffnet: Mo.–Fr. 8.45–12 u. 12.30–16.45 Uhr. Fahrkarten, Auskünfte zu Abfahrtszeiten u. Tarifen, Tourenvorschläge

Nach dem Parkplatz Hagen durchquert die Straße die beeindruckenden Wälder des Nationalparks Jasmund bis nach Sassnitz. Der Straßenabzweig zum Königsstuhl und auch alle anderen ehemaligen öffentlichen Straßen und Wege im Nationalpark sind heute für Besucherfahrzeuge gesperrt. Am Standort des historischen und ehemals sehr beliebten Gasthauses „Waldhalle" an den Wissower Klinken ist nun ein sogenanntes **Welterbeforum** entstanden, was auf den Besucher eher bescheiden wirkt. Eine kostenfreie kleine Ausstellung und ein beschränktes Imbissangebot erwarten die Besucher. Erreicht werden kann der Platz zu Fuß oder per Rad. Ab der letzten Bushaltestelle vom Eingang „Waldhallenstraße" beträgt die Wanderzeit etwa 30 Min. Wanderwege führen auch vom Königsstuhl und der Stadt Sassnitz zu diesem Ort.

Leider ist es heute nicht mehr möglich, die Wissower Klinken auf einer Treppe zum Strand hinabzusteigen. Nach wiederholten Abbrüchen und Erdrutschen wurde auch diese zum Strand führende Treppe gesperrt.

Direkt neben dem Zufahrts- und Wanderweg, etwa 900 m vor dem Welterbeforum, ist ein **Großsteingrab** zu finden (GPS 54.53244, 13.66903). Weitere alte Grabanlagen befinden sich verstreut in den weiträumigen Waldflächen. Am Welterbeforum führt der **Hochuferweg** zwischen Lohme und Sassnitz an der Kante der Steilküste entlang. Die Entfernung zum Königsstuhl entlang des Hochuferweges beträgt 6,5 km, bis Sassnitz sind es etwa 3 km.

Vor dem Ortseingang Sassnitz befindet sich auf der linken Straßenseite der große und gut ausgebaute **Wanderparkplatz Kreidefelsen.**

99 Wanderparkplatz Kreidefelsen, GPS 54.52143, 13.65148, L303 „Stubbenkammerstraße" kurz vor dem Ortseingang Sassnitz. Übernachtung verboten, 0–24 Uhr gebührenpflichtig: 1 €/Std., Tageskarte 6 €, WC ca. 350 m stadtwärts, von hier sind der Tierpark und der Hochuferweg gut erreichbar, auch ausgeschildert als Parkplatz Tierpark.

SASSNITZ

(10 km – km 10)

Sassnitz – das heißt für viele Fisch und Fährhafen. Und das stimmt auch, denn Sassnitz ist eine Stadt mit zwei Häfen: dem modernen Fähr- und dem alten Stadthafen. Der erste Postdampfer fuhr 1897 zwischen Sassnitz-Stadthafen und dem schwedischen Trelleborg, wodurch der Fährverkehr zwischen beiden Städten aufgenommen wurde. Zwölf Jahre später wurde die erste Eisenbahnfährverbindung zwischen diesen Häfen eröffnet. Heute hat der **Fährhafen Sassnitz-Mukran,** südlich der Stadt Sassnitz im ehemaligen

068wo-lr

Fischerdorf Mukran gelegen, Anschluss an das finnische und russische Breitspursystem der Eisenbahn, was sehr bedeutsam für die Verschiffung von Waren nach Russland ist. 40 Kilometer Breitspur- und 70 Kilometer Normalspurgleise, fünf Hallen und vier Krananlagen bestimmen das Gesicht der Anlage. Die kurzen Seeverbindungen nach Schweden und zur dänischen Insel Bornholm locken jährlich viele Reisende, v. a. Wohnmobilisten, an. Aber auch Kreuzfahrtschiffe gehen hier vor Anker.

Im **alten Stadthafen,** der heute kulturelles Zentrum der Stadt ist, finden sich eine Menge Gaststätten, die frischen Fisch anbieten. Sassnitz war zu DDR-Zeiten neben Rostock das Zentrum des Fischfangs und große Teile der Fischfang- und Verarbeitungsflotte hatten hier ihren Heimathafen. Das Fischkombinat Sassnitz gibt es nicht mehr, aber bis heute werden Dorsch, Flunder, Hering und Hecht in großen Mengen hier umgeschlagen, verarbeitet und verkauft. Besucher finden im Hafen auch einen großen Werksverkauf der Firma Rügenfisch, die besonders für ihre verschiedenen Fischkonserven bekannt ist. Natürlich laden auch kleine Geschäfte im Hafen zum Besuch ein und in der dortigen Töpferei kann man zusehen, wie maritime Stücke entstehen, oder diese kaufen. Segel- und Motorjachten liegen am Kai. Motorschiffe verschiedener Reedereien starten von hier aus ihre Touren zu den Kreidefelsen und dem Königsstuhl bis zum Kap Arkona.

Über eine moderne Hängeseilbrücke gelangen Fußgänger vom Zentrum zum Stadthafen Sassnitz

Ganzjährig besteht außerdem ein Bäderverkehr, der Sassnitz per Schiff mit verschiedenen Seebädern Rügens verbindet. Die Fahrten beginnen an der 1912 fertiggestellten Mole, die insgesamt 1450 Meter lang und damit die längste Außenmole Europas ist. An deren Spitze befindet sich ein Leuchtturm.

Das **Fischerei- und Hafenmuseum** lädt seit 1996 ein, alles über die Historie des Sassnitzer Hafens zu erfahren. Gezeigt werden Hafenmodelle, Ausstellungsstücke zur Schiffs-

und Fangtechnik sowie einige Schiffsmodelle. Ein originaler Kutter, das Museumsschiff „Havel“, kann ebenfalls besichtigt werden. Wer noch mehr über die Seefahrt wissen will, dem sei ein Besuch des **Her Majesty's Submarine Otus,** eines alten, zum Museum umgebauten englischen U-Bootes, ans Herz gelegt.

Auf ausgewiesenen **Parkflächen** im Stadthafen Sassnitz dürfen Wohnmobile gegen eine Gebühr von 24 € über Nacht stehen. Der sommerliche Trubel im Hafen sorgt aber nicht für einen besonders ruhigen Stand.

Beim Bummel entlang der Seestraße vom Hafen in Richtung Altstadt fällt dem Besucher das **Grundtvighaus** ins Auge. Dieses war als „Hotel der Geschwister Koch“ ehemals eines der besten Häuser im Ort, verfiel aber im Laufe der Zeit. Nach der Wende wurde es auf Betreiben der Bremer Pastorin Thurid Pörksen wieder hergerichtet. Theateraufführungen, Konzerte, Ausstellungen und Vorträge kann man im Haus besuchen, das sich zur soziokulturellen Begegnungsstätte entwickelte. Der Name des Hauses geht zurück auf den dänischen Theologen, Pädagogen und Dichter Nikolai Frederik Severin Grundtvig.

Im Zentrum der Stadt steht das heutige **Rathaus,** das 1910 als Warmbad und Gemeindehaus für die Bürger vom Berliner Ar-

Fährhafen Sassnitz-Mukran

Gilt er heute als Tor zur Welt, als Verbindung für alle Bürger nach Skandinavien und in das Baltikum, wurde der Fährhafen jedoch ursprünglich als letztes riesiges Verkehrsprojekt zur Abschottung der DDR begonnen. Nach den Veränderungen in Polen in den 1980er-Jahren drängte die Sowjetunion die DDR zu einer strategischen Fährverbindung, die unabhängig von Polen den Warenaustausch zwischen DDR und UdSSR und den militärischen Nachschub der sowjetischen Streitkräfte in die DDR sichern sollte. Gigantische 2,3 Milliarden DDR-Mark wurden für den Hafenbau ausgegeben. Um die Geheimhaltung zu sichern, wurde die Küstenstraße zwischen Sassnitz und Binz gesperrt. Am 2.10.1986 wurde der Hafen „planmäßig" eingeweiht, er war jedoch trotz des Einsatzes Tausender Soldaten und Bauarbeiter nur zu 60 % fertiggestellt. Komplett vollendet im Sinne des ursprünglichen Großprojektes wurde der Hafen durch die Einstellung der Arbeiten 1990 nie. Die extra für diese Fährverbindung in Wismar gebauten fünf riesigen Fähren, weltweit die ersten Doppelstock-Eisenbahnfähren, begannen sofort, die Route Sassnitz – Klaipeda (heute Litauen) zu bedienen. Der Bahnhof Mukran mit seinen großen Gleisanlagen in breiter russischer Spurweite, um die Verladung der sowjetischen Waggons zu ermöglichen, benötigte damals 2000 Arbeitskräfte. Die sowjetischen Waggons mussten auf deutsche Spurweite umgebaut oder die Ladung umgeschlagen werden. Nach 1990 brach der gigantische Güterumschlag zwischen der DDR und der UdSSR sofort zusammen. Der Hafen kämpfte damals um seine wirtschaftliche Existenz. Das letzte Fährschiff mit russischen Soldaten verließ 1994 den Hafen. Der Fährhafen wird heute von den ursprünglich im Sassnitzer Stadthafen ansässigen, meist skandinavischen Fährlinien genutzt und hat weitere Reedereien als Kunden gewonnen. Heute ist der Fährhafen Sassnitz-Mukran der einzige Hafenstandort in ganz Westeuropa mit Gleis- und Umschlagsanlagen für Eisenbahnwaggons der russischen

069wo-lr

Breitspur und wird daher häufig als westlichster Bahnhof der Transsibirischen Eisenbahn bezeichnet. Das sorgt für eine gute Auslastung der Hafenanlagen und einen hohen Güterumschlag. Große Teile der riesigen Bahnhofsanlagen werden trotzdem nicht mehr benötigt und verfallen zusehends. Sassnitz-Mukran ist der östlichste Tiefwasserhafen Deutschlands. Bei einer Wassertiefe von über 10 m können alle Schiffsklassen der Ostsee diesen Hafen anlaufen und deshalb werden hier auch häufig sehr große Frachter be- und entladen.

P **134** ***Parkplätze Fährhafen Sassnitz-Mukran,*** *GPS 54.48690, 13.58983, Im Fährhafen, 18546 Sassnitz. Der Fährhafen ist weitlaufig ausgeschildert und liegt direkt an der L29 zwischen Sassnitz und Mukran, die Parkflächen sind auf dem Fährgelände markiert, geöffnet: täglich, Preise: 1 €/Std., 6 €/Tag. Große, unbewachte Parkflächen am Passagierterminal, WC, Langzeitparken auf ausgewiesenen Flächen möglich, Zufahrt über eine Schrankenanlage*

chitekten Gustav Bähr entworfen wurde. Ein Blick lohnt sich auch auf und in die **St.-Johannis-Kirche,** die 1883 eingeweiht wurde.

Wenn man mit Kindern reist, aber nicht nur dann, sollte der Besuch des **Tierparks** am Stadtrand auf dem Programm stehen. Er ist der einzige auf der Insel Rügen und liegt inmitten alter Buchenwälder des Nationalparks. Viele einheimische Wildtiere und einige Exoten werden hier präsentiert, ein Streichelgehege lockt vor allem die Kleinsten. Ende 2020 war der 1963 erbaute Tierpark wegen umfangreicher Umbauten und Neukonzeption noch geschlossen. Die Wiedereröffnung ist für 2021 geplant.

Sassnitz hat eine **Kurtaxe** in Höhe von 1,50 € pro Person über 18 Jahre in der Hauptsaison sowie an den Hauptfeiertagen Ostern, Pfingsten, Weihnachten und Silvester festgelegt.

Sehenswertes

› **Fischerei- und Hafenmuseum Sassnitz,** Im Stadthafen Sassnitz, 18546 Sassnitz, Tel. 038392 57846, www.hafenmuseum.de, geöffnet: Apr.–Okt. Di.–So. 10.30–17.30 Uhr, 21.12.–3.1. Di.–So. 10.30–16 Uhr, Nov.–März meist geschlossen, Eintritt: 4 € Erw., 2 € Kinder, 10 € Familienkarte. Dauerausstellung zum Sassnitzer Hafen, wechselnde Sonderausstellungen und Veranstaltungen. Umgestaltung ab 2021 geplant.

› **HMS Otus Sassnitz,** Erlebniswelt U-Boot GmbH, Hafenstraße 12 Haus J, 18546 Sassnitz, direkt im Stadthafen, Tel. 038392 677888, www.hms-otus.com, geöffnet: Mai–Okt. tägl. 10–18 Uhr, Nov.–April tägl. 10–16 Uhr, Eintritt: 8 € Erw., 4,50 € Kinder, 18 € Familienkarte, Fotoerlaubnis 1 €

› **Tierpark Sassnitz,** Steinbachweg 3, 18546 Sassnitz, Tel. 0151 58381474, www.tierpark-sassnitz.de, geöffnet: April.–Sept. tägl. 10–18 Uhr, Okt. tägl. 10–17 Uhr, Nov.–März tägl. 10–16 Uhr, **Wiedereröffnung 2021 nach Neugestaltung geplant.**

› **Töpferei am Hafen Sassnitz,** Am Hafen 12i, 18546 Sassnitz, www.toepferei-am-hafen.de, Tel. 038392 50309, geöffnet: Mo.–Sa. 10–18 Uhr, So. 12–18 Uhr, geschl.: Dez.–Febr. Vorwiegend maritim geprägte Keramik, kleines Café.

› **Grundtvighaus Sassnitz,** Seestr. 3, 18546 Sassnitz, Tel. 038392 57727, www.grundtvighaus-sassnitz.de, geöffnet: je nach Veranstaltung

Information

› **Touristservice der Stadt Sassnitz,** Strandpromenade 12, 18546 Sassnitz, im Stadthafen, Tel. 038392 6490, www.insassnitz.de, geöffnet: Hauptsaison tägl. 9–18 Uhr

Parken

P 100 **Parkplatz Sassnitz Stadthafen,** GPS 54.51432, 13.64576, Hafenstraße, 18546 Sassnitz, geöffnet: täglich, Preise: Parken von 10 bis 20 Uhr 2 €/Std., Übernachtungsgebühr 24 €. Gesonderte Parkflächen für Wohnmobile im ausgedehnten Stadthafen, Nutzung der sanitären Einrichtungen des Hafens möglich, Kassierung über Kassenautomat.

Von Sassnitz folgt man der Ausschilderung über die Landesstraße 29 in Richtung **Fährhafen Mukran** und Binz.

Das Gebiet des Fährhafens Sassnitz-Mukran ist auf der L29 schnell passiert. Seine Bahnanlagen und der Bahnhof liegen rechts und der Hafen links neben der Straße. Den besten Ausblick auf den Fährhafen hat man vom **Café Peters.** Besonders attraktiv sind hier die Außenterrassen mit Blick auf Strand und Fährhafen. Das Café wurde mit viel Glas und Stahl erbaut und auch im Inneren sitzt man gut. Kinder finden hier einen kleinen Kinderspielplatz. Zum Café gehört ein großer befestigter Parkplatz, auf dem auch Wohnmobilisten ein Plätzchen finden. Nur wenige Hundert Meter vom Café entfernt liegt in Fahrtrichtung der Route der Parkplatz „Mukran-Strand“ auf der Strandseite der Straße. Von ihm bietet sich ein besonders schöner Ausblick auf den Fährhafen.

Das Naturerbe Zentrum Rügen in Prora mit Baumwipfelpfad

› **Café und Konditorei Peters Mukran,** Neu Mukran 19b, 18546 Sassnitz, Tel. 038392 31011, www.baeckerei-peters.de, geöffnet: täglich 7–16 Uhr, GPS 54.48285, 13.57944. Das Café befindet sich zwischen Straße und Strand und ist nicht zu übersehen. Anfahrt: Am Ortseingangsschild „Neu-Mukran" abbiegen.

Das alte Fischerdorf **Mukran** besteht heute nur noch aus wenigen Häusern. Unter Wohnmobilisten sehr beliebt ist der kleine private **Wohnmobilpark- und Stellplatz Ostseeblick** (s. u.). Er befindet sich sehr versteckt hinter der ehemaligen Gaststätte „Zur anderen Welt", nur 50 m vom Strand entfernt und direkt am Radweg nach Prora und Binz. Die Zufahrt erfolgt über einen alten Plattenweg.

Sonstiger Stellplatz

S 101 **Wohnmobilpark- und Stellplatz Ostseeblick Mukran,** GPS 54.47485, 13.57137. Direkt am Radweg gelegener, nur 50 m vom Strand entfernter Platz, Blick auf den Fährhafen Mukran vom Strand, in der Hauptsaison Gaststätte vor dem Platz geöffnet. Lage/Anfahrt: von Neu Mukran kommend vor der Gaststätte links auf Betonweg abbiegen, gegenüber der Einfahrt befindet sich der Parkplatz „Feuersteinfelder" direkt an der Straße; Untergrund: Wiese; fest; Service: keine Ver- und Entsorgung; Preise: 8 €/Fahrzeug; Kassenautomat.

PRORA

(12 km – km 22)

Weiter auf der L29 kommt man an Prora vorbei. Prora ist v. a. wegen des gigantischen Seebades, welches die Nationalsozialisten hier errichten ließen, vielen Menschen ein Begriff. Aber daneben ist der Name auch verbunden mit der bewaldeten, 9,5 km langen Nehrung der **Schmalen Heide,** die sich von Neu Mukran bei Sassnitz bis Binz erstreckt. Im Nordwesten ist es der Kleine Jasmunder

168wo-lr

Prora – das Seebad der Nationalsozialisten

*Da die gesamte Anlage von Ende der 1940er-Jahre bis 1990 für die Öffentlichkeit nicht zugänglich war, rankten sich eine Menge Legenden und Gerüchte um das, was man im Inneren der Absperrungen vermutete. Heute kann sich jeder sein Bild vom **„Koloss von Prora"**, der 4,5 Kilometer lang ist, machen. Seit Ende der 1930er-Jahre befindet sich in der Schmalen Heide an der Prorer Wiek dieser gigantische Bau, der das von den Nationalsozialisten geplante und teilweise errichtete „Seebad Rügen" verkörperte.*

*Es unterstand der NS-Freizeitorganisation **„Kraft durch Freude"** (KdF), die organisatorisch zur „Deutschen Arbeitsfront" (DAF) gehörte. Der Leiter von KdF und DAF, Robert Ley, ließ 1935 die Planung von fünf Seebädern mit einer Kapazität von jeweils 20.000 Urlaubern pro Durchgang von zehn Tagen verkünden. Nur zwei Reichsmark pro Tag würde der Urlauber inklusive aller Nebenkosten zahlen müssen. Die Insel Rügen wurde als Standort eines solchen Seebades auserkoren. Der Kölner Architekt Clemens Klotz arbeitete ab Frühjahr 1935 an diesem Projekt, dessen Modellentwurf im September 1935 auf dem Reichsparteitag ausgestellt und letztlich nach kleineren Veränderungen von Hitler selbst ausgewählt wurde. Bei der Pariser Weltausstellung 1937 erhielt das gezeigte Modell sogar den Grand Prix. Schon am 2. Mai 1936 fand die propagandistische Grundsteinlegung statt, 1938 begann der Hochbau, der nach 17 Monaten weitgehend rohbaufertig war. Die endgültige Fertigstellung gelang aufgrund des Beginns des Zweiten Weltkrieges nicht, da Arbeitskräfte u. a. für den Bau der Heeresversuchsanstalt Peenemünde und den Westwall gebraucht wurden. 1942/43 stellte man den Bau kriegsbedingt völlig ein.*

Wäre das riesige Gebäude fertiggestellt worden, hätten hier zweimal vier Unterkunftshäuser von zwanzig Meter Höhe und sechs Stockwerken Quartiere für 20.000 Menschen geboten. Waren für das Erdgeschoss Kindereinrichtungen, Geschäftsflächen und Angestelltenunterkünfte vorgesehen, so sollten sich ab dem ersten Obergeschoss an die Schlafräume der Urlauber befinden, alle einheitlich 2,50 Meter mal 5 Meter groß und mit Seeblick. Zweckmäßig sollten die Zimmer mit zwei Betten und einem Liegesofa sowie Tisch und Stühlen eingerichtet sein. Ein kleiner Waschraum mit fließend kaltem und warmem Wasser hätte die Unterkunft ergänzt. Daneben sollten Gemeinschaftshäuser entstehen, welche durch einen Gang mit den Unterkunftshäusern verbunden worden wären. Von den Liegehallen aus plante man überdachte Gänge bis an die Strandpromenade, die mit Wandelgängen und Verkaufseinrichtungen versehen werden sollte.

Eine 500 Meter lange Kaianlage, die 80 Meter in die Ostsee reichte, wurde gebaut, um auch größeren Schiffen das Anlegen zu ermöglichen. Vom Kai aus kam man auf den riesigen Festplatz, dessen zentraler Punkt nach Plänen des Architekten ein Festbau mit zur Seeseite offener Säulenhalle werden sollte. Innerhalb dieses Baus

Bodden, im Osten die Prorer Wiek, welche diesen Landstrich begrenzen. Der südliche Teil der Schmalen Heide, eine bewaldete Hügelkette, trägt den Namen Prora. Das **Naturschutzgebiet „Schmale Heide und Feuersteinfelder"**, das seit 1935 existiert und 1990 erweitert wurde, dient dem Schutz von 14 offen liegenden Feuersteinwällen.

Schon im 19. Jahrhundert wurden Teile der Feuersteinfelder eingezäunt und mit Wild besetzt, um die sich ausbreitende Vegetation zurückzudrängen. Sogar Mufflons versuchte man hier Mitte der 1970er-Jahre anzusiedeln. Derzeit sind alle Feuersteinfelder für jedermann frei zugänglich.

Aufgrund des Baus des Seebades in den 1930er-Jahren und der sich anschließenden militärischen Nutzung des Gebietes wurden große Teile der Landschaft als militärische Übungsplätze und zur Errichtung von Fahr-

waren eine Festhalle und eine Kongresshalle für 20.000 Personen geplant. Diese Bauten sowie einige andere Einrichtungen, wie z. B. ein Tonfilmtheater, Aussichtsturm, Schwimmhalle und ein Musikpavillon, wurden allerdings wegen des Kriegsausbruchs nicht mehr in Angriff genommen. Einzelne Rohbauten wurden bis 1945 von einer Polizeieinheit und als Lazarett genutzt, am nördlichen Strandabschnitt reparierte man Wasserflugzeuge. 1944/45 belegten Hamburger Bombenopfer den südlichen Unterkunftstrakt. Nach dem Ende des Zweiten Weltkrieges hielt sich die sowjetische Armee vorübergehend im Objekt auf, auch als Internierungslager für enteignete Angehörige des Adels diente es kurzfristig. Anschließend begann man mit der Abtragung der Gebäude im Rahmen der Demontage-Vereinbarungen der alliierten Siegermächte. Ende der 1940er-Jahre sprengte man aus Sicherheitsgründen noch zwei Trakte. Aber schon im Herbst 1950 waren Angehörige der Kasernierten Volkspolizei, der Vorläuferorganisation der 1956 gegründeten NVA, erneut mit massiven Ausbauarbeiten beschäftigt. 1952 begann man mit der Umgestaltung des III. Südflügels zum Erholungsheim für NVA-Offiziere und deren Familien. Das Heim mit ca. 1000 Betten konnte dann fünf Jahre später zur Nutzung freigegeben werden.

Bis 1990 waren auf dem Gelände auch verschiedene militärische Einheiten untergebracht, zuerst ein Mot.-Schützenregiment, anschließend ein Fallschirmjägerbataillon. 1969 gründete man die Technische Unteroffiziersschule, die 1980 in eine Militärtechnische Schule umgewandelt wurde. Ausländische Militärkader, auch aus Afrika und dem Nahen Osten, wurden unter dem Mantel der Verschwiegenheit in der vor der Öffentlichkeit geheimgehaltenen und zu diesem Zweck hier angesiedelten speziellen Offiziersschule ausgebildet. Insgesamt waren permanent zwischen 4000 und 10.000 NVA-Angehörige in Prora und der Ort galt als eine der größten Garnisonen der DDR.

In den letzten Jahren haben Immobiliengesellschaften die Anlagen erworben, deren Wohnblöcke mehrheitlich zu Ferienwohnungen umgebaut werden sollen. Die Umgestaltung wird die nächsten Jahre andauern.

- ***Dokumentationszentrum Prora,** Objektstraße Block 3/Querriegel, 18609 Prora, Tel. 038393 13991, www.proradok.de, geöffnet: Juni–Aug. tägl., 9.30–19 Uhr, März/Apr./Mai/Sept./Okt. tägl. 10–18 Uhr, Nov.–Febr. tägl. 10–16 Uhr, letzter Einlass jeweils eine Stunde vor Schließung, Eintritt: 6 € Erwachsene, 3 € Ermäßigte, 14 € Familienkarte. Tägl. 11.45 Uhr und 14.30 Uhr öffentliche Führung (ca. 90 Minuten)*
- ***Oldtimer Museum Prora,** Proraer Allee 119, 18609 Binz, Tel. 038393 2366, www.oldtimer-museum-ruegen.de, geöffnet: April-Oktober täglich 10–17 Uhr, Eintritt: 10 € Erwachsene, 5 € Kinder*
- ***NVA Museum,** www.nva-museum-ruegen.de, direkt neben dem Oldtimer Museum, gleiche Adresse, Telefonnummer und Öffnungszeiten, Eintritt: 5 € Erwachsene, 2,50 € Kinder, kostenlose Parkmöglichkeiten*

zeughallen sowie Munitionslagern genutzt. Aber seit Beginn der 1990er-Jahre kann man am wieder allgemein zugänglichen Strand der Prorer Wiek wunderbar baden und sich erholen.

Daneben laden mehrere **Museen** (s. Exkurs S. 204) in dem riesigen Komplex zum Verweilen und ein **Hochseilgarten** zum Klettern ein. Auf dem weitläufigen Gelände befinden sich verschiedene Parkplätze, die teilweise auch für eine Übernachtung genutzt werden können. Kostenpflichtig ist hier jedoch alles. In Prora befindet sich das **Naturerbe Zentrum Rügen** mit Baumwipfelpfad, Ausstellungen und Gastronomie (s. S. 197). Der **Stellplatz Wohnmobil-Oase Prora** 72 befindet sich westlich der L29 in einem Waldgebiet. Die Zufahrt ist ausgeschildert.

Die **Kurtaxe** in Prora beträgt Mai–September 2,85 € für Personen über 18 Jahre.

Aktivität

› **Seilgarten Prora,** Dritte Straße 5a, 18609 Ostseebad Binz OT Prora, direkt hinter dem „Koloss von Prora“, Tel. 0152 03647424, www.kletterwald-binz-prora.de, geöffnet: Apr./Mai, Okt. Di.-So. 10-17 Uhr, Juni/Sept. Di.-So. 10-18 Uhr; Juli/Aug. tägl. 10-19 Uhr, Eintritt: ab 15 € Erwachsene, 12,50 € Kinder, auch Familien- und Gruppentarife

72 Wohnmobil-Oase Rügen Prora

GPS 54.44782, 13.55976

Großzügige Stellplätze, aber keine Wohnwagen-Gespanne erlaubt, Entfernung zum Strand zu Fuß oder per Fahrrad über Wanderwege ca. 800 m, 1x tägl. nach Binz kostenlose Shuttlebus-Verbindung, Auto- und Fahrradvermietung, Hundespielplatz, Gaststätte. **Lage/Anfahrt:** L29 in Richtung Binz, ca. 400 m nach der Eisenbahnbrücke rechts in die Wohnmobil-Oase Rügen abbiegen; **Platzanzahl:** über 100; **Untergrund:** Schotter, Wiese; **Service:** Strom, Trinkwasser, Abwasser, Chemie-WC; **Sicherheit:** umzäunt, beleuchtet; **Preise:** 14 € Fahrz., 7 € pro Person ab 13 Jahre, 2 € Hund, 4,50 € Strom; **Max. Stand:** unbegrenzt; **Geöffnet:** März-Ende Oktober; **Kontakt:** Proraer Chaussee 60, 18609 Binz/OT Prora; Tel. 038393 699777, www.wohnmobilstellplatz-ruegen.de.

73 Campingplatz Meier Prora

GPS 54.42336, 13.57818

Campingplatz mittlerer Größe mit parzellierten Stellplätzen, Restaurant und Kinderspielplatz. Strand 600 m entfernt. **Lage/Anfahrt:** L29 von Prora in Richtung Binz folgen, Zufahrt zum Campingplatz befindet sich auf der rechten Straßenseite; **Platzanzahl:** über 100; **Untergrund:** Wiese, Sand; fest; **Service:** Strom, Trinkwasser, Abwasser, Chemie-WC; **Sicherheit:** umzäunt, beleuchtet, bewacht; **Preise:** 13 €/Fahrz., 7 €/Pers., Strom, Wasser, Hund extra, Kurtaxe extra; **Geöffnet:** April-Oktober; **Kontakt:** Proraer Chaussee, 18609 Binz OT Prora, Tel. 038393 2085, www.camping-prora-ruegen.de.

BINZ

(4 km - km 26)

Die L29 führt weiter nach Binz. Der Ort wurde 1318 erstmals urkundlich als Byntze erwähnt und bis 1326 gehörte er zum Fürstentum Rügen, anschließend zum Herzogtum Pommern. Nach dem Ende des Dreißigjährigen Krieges wurde Binz Teil Schwedisch-Pommerns und kam erst 1815 zu Preußen. Obwohl Gäste des Fürsten zu Putbus schon um 1830 an der Mündung der Ahlbeck badeten, begann die Entwicklung des Ortes zum Ostseebad erst ab etwa 1875, als das Baden im Meer populär wurde. Bereits 1884 wurde Binz offiziell zum Badeort erklärt, wodurch ein enormes Baugeschehen einsetzte. Logierhäuser im Villenstil der sogenannten Bäderarchitektur entstanden, die klangvolle Namen erhielten. Das waren zum einen nationale Bezeichnungen wie „Germania“, zum anderen benannte man die Villen gern nach den Frauen der Bauherren. 1880 wurde das erste Hotel in Strandnähe errichtet, wo heute das Grandhotel steht. Die Eröffnung des Kurhauses folgte zehn Jahre später und noch mal fünf Jahre gingen ins Land, bevor die Strandpromenade erbaut wurde. Seit 1895 existiert die Kleinbahnstrecke Putbus-Binz, die erste Post öffnete 1898 ihre Pforten. Badelustige nutzten die am Strand angelegten Damen- und Herrenbäder. Ab 1902 kam eine neue Attraktion in den Ort: die Seebrücke. Sie ragte knapp 600 Meter ins Meer, bis sie in der Neujahrsnacht 1905/06 durch eine Sturmflut zerstört wurde. Das Kurhaus fiel 1906 einem Brand zu Opfer. Aber schon kurze Zeit später war beides wieder aufgebaut. Am 28. Juli 1912 legte ein Dampfer an der Binzer Seebrücke an, wobei an der Brücke ein hölzerner Querbalken brach. Etwa 50 Menschen wurden dabei ins Wasser gerissen, 17 starben. Aufgrund dieser Katastrophe gründete man 1913 die Deutsche Lebensrettungsgesellschaft (DLRG) in Leipzig.

Vor allem Beamte, Ärzte, Juristen und höhere Militärs zählten nach dem Ersten Welt-

krieg zu den Gästen des Ostseebades. Mitte der 1920er-Jahre setzte sich das Freibaden durch, sodass die Badeanstalten für Damen und Herren am Strand verschwanden. Der letzte Abriss erfolgte 1932. Binz erhielt 1938 ein Bahnhofsgebäude und einen Anschluss als Großbahnhof, was v. a. den seit 1936 durchgeführten Arbeiten am KdF-Seebad Prora geschuldet war. Nachdem 1942 die Seebrücke durch Eis ein weiteres Mal zerstört wurde, errichtete man sie nicht neu. Überhaupt diente Binz während des Zweiten Weltkrieges kaum noch als Badeort, sondern die Gebäude wurden häufig als Lazarette genutzt bzw. dienten als Unterkünfte für diejenigen, die durch Bombenangriffe in anderen Städten Deutschlands ihr Dach über dem Kopf verloren hatten. Auch nach 1945 wohnten v. a. Flüchtlinge und Vertriebene in den ehemaligen Urlaubspensionen. Mit der „Aktion Rose“ enteignete man 1953 in der DDR die meisten Hotel- und Pensionsbesitzer. Einige Gebäude übernahm der FDGB, andere wurden als Wohnraum genutzt. Binz wurde zum sogenannten Arbeiterseebad. Erst nach 1990 gingen viele Villen an ihre ursprünglichen Besitzer zurück, wurden saniert und dienten anschließend wieder als Pensionen oder Appartementhäuser. Ehemalige Ferienheime erfuhren ebenfalls eine Modernisierung, nachdem sie privatisiert worden waren.

Endlich, 1994, konnte die neue **Seebrücke** mit einer Länge von 340 Metern eingeweiht werden. Sie ist heute nicht nur Flaniermeile, sondern auch Ausgangspunkt für Schiffstouren zum Kap Arkona, entlang der Kreidefelsen oder für Tagesausflüge rund um Rügen. Im Juni findet hier das Seebrückenfest statt.

Ein neues **Haus des Gastes,** in dem die Kurverwaltung ihren Sitz hat, entstand 2001

und der **Kurpark** wurde neu mit Springbrunnen, Kneippanlage sowie Spielplatz gestaltet. Mittlerweile ist Binz **das größte Seebad der Insel Rügen** und bietet dem Besucher viele Veranstaltungen am feinsandigen Strand und über 1800 Sonnenstunden im Jahr, die man beim Baden und Sonnen genießen kann. Direkt vor dem Kurhaus finden auf dem Kurplatz u. a. regelmäßig Konzerte statt. In Binz ist eigentlich immer was los. Im März macht der Festspielfrühling Rügen in Binz Station. Es folgen Ende April eine Zeitreise in die Binzer Sommerfrische, Unterhaltung zu Himmelfahrt, Sommer-, Schloss- und Weinfest sowie viele sportliche Höhepunkte (Crosslauf, Radrennen, Beach-Volleyball- und Handballturniere). Kunstinteressierte unternehmen einen Bummel auf der **Margaretenstraße,** auf die man von der Strandpromenade unweit des Kurhauses in Richtung Ortskern abbiegt. Die Straße entwickelte sich immer mehr zur Kunstmeile. So findet man hier neben Rügenfotografien auch Keramik sowie Schmuck und kann den Kunsthandwerkern bei der Arbeit zusehen.

Im Westen von Binz erwartet eine weitere Besonderheit den Interessierten: der **Schmachter See.** Etwa 700 Meter vom Strand entfernt liegt der verträumte See mit seiner ruhigen Atmosphäre und einer Promenade, von der aus man die Sonnenuntergänge erleben kann. Um den See verläuft ein Wanderweg und seit 2003 lädt der **Park der Sinne** zum Besuch ein. Sieben verschiedene Spiel- bzw. Sinnesstationen gehören ebenso zur Ausstattung wie ein Wasserspielplatz und ein Irrgarten. Wasserläufe, ein Rosen- und Duftgarten, ein Aussichtsturm sowie ein in den Schmachter See reichender Steg vervollkommnen den Park, in dem sich ebenfalls verschiedene besondere Baumarten, wie z. B. der Trompetenbaum oder die Kugel-Steppen-Kirsche, finden.

Die **Kurtaxe** in Binz beträgt Mai–September 2,85 € für Personen über 18 Jahre.

⌃ *Reges Treiben am Strand von Binz*

070wo-lr

Sehenswertes

- **Fahrten zu den Kreidefelsen Binz,** Anbieter: Adler-Schiffe, Tel. 01805 123344, www.adler-schiffe.de, geöffnet: in der Hauptsaison täglich mehrere Abfahrten, Fahrkarten erhält man im Hafen, direkt an Bord oder auch in der Touristinformation.

Informationen

- **Fremdenverkehrsverein Binz e. V.,** Wylichstr. 13, 18609 Binz, www.gastgeber-binz.de, Tel. 038393 665740, geöffnet: Hauptsaison Mo.-Fr. 9-18, Sa. 11-17, So. 11-15 Uhr, Nebensaison unterschiedlich
- **Kurverwaltung Ostseebad Binz,** Heinrich-Heine-Straße 7, 18609 Binz, Tel. 038393 148148, www.ostseebad-binz.de, geöffnet: Feb.-Okt. Mo.-Fr. 9-18 Uhr, Sa., So. 10-18 Uhr, Nov.-Jan. Mo.-Fr. 9-16 Uhr, Sa., So. 10-16 Uhr

Parken

P **102 Parkplatz Poststraße Ortseingang Binz,** GPS 54.41626, 13.58954, 1 €/Std., 5 €/Tag. Sehr großer Platz, etwas außerhalb des Ortszentrums, ausgeschildert „Parkplatz Strand Nord", Übernachtung verboten.

P **103 Parkplatz Binz Klünderberg,** GPS 54.3969, 13.61625, Preise: tägl. 7-19 Uhr gebührenpflichtig, 1 €/Std., 5 €/Tag. Unbefestigter Waldparkplatz, 200 m bis zum Strand. Parken ist auch in Parkbuchten entlang der Klünderbergstraße möglich, Übernachtung möglich.

74 Wohnmobilstell- und Parkplatz Schmachter See Binz

GPS 54.40224, 13.60178

Parkplatz mit Wohnmobilstellplatz, Kassenautomat, Sanitärgebäude, relativ zentrumsnah, angrenzende Tankstelle mit Serviceangebot, ausgeschildert „Parkplatz Zentrum" oder P4; **Platzanzahl:** über 20; **Service:** Strom, Trinkwasser, Abwasser; **Preise:** 24 €/Fahrz., Parken 3 €/Std.; **Geöffnet:** ganzjährig; **Kontakt:** Prorarer Chaussee 5, 18609 Binz, Tel. 038393 2661.

Nach Binz folgt die Route der Landesstraße 29 in Richtung Putbus, möglich ist auch ein Abstecher zur schönen Halbinsel Mönchgut.

Der gut ausgebaute Parkplatz **Jagdschloss Granitz** (s. S. 211) befindet sich nur wenige hundert Meter nach dem Ortsausgang Binz auf der linken Straßenseite.

ABSTECHER ÜBER DIE HALBINSEL MÖNCHGUT

(hin und zurück etwa 40 km)

Etwa 3 km nach Binz besteht die Möglichkeit, in Richtung Sellin auf die B196 und damit auf die Halbinsel Mönchgut abzubiegen. Dieser Abstecher empfiehlt sich für Freunde langer Sandstrände und schöner Natur uneingeschränkt. Der Abstecher ist kein Rundweg, es führt nur eine Hauptstraße bis in die südlichste Spitze der Halbinsel. Der Rückweg muss also zwingend entlang der gleichen Strecke erfolgen.

Hat man sich für diesen Abstecher entschieden, erreicht man zuerst den kleinen Ort **Lancken-Granitz.** Bleibt man auf der B196, hat man die wenigen Häuser schnell hinter sich gelassen. Wer sich hier etwas umsehen will, findet einen **Parkplatz** im Ort.

P **104 Parkplatz Lancken-Granitz,** GPS 54.36908, 13.63512, B196, 18586 Lancken-Granitz. Der Parkplatz liegt neben der B196 hinter einer Bushaltestelle, kostenfrei. Der größere Parkplatz ist ein guter Ausgangspunkt für Wanderungen zum Jagdschloss Granitz (Entfernung ca. 2 km) oder den Großsteingräbern.

Etwa 1 km südwestlich des Ortes Lancken-Granitz befindet sich die größte heute noch erhaltene Konzentration von **Großsteingräbern** auf der Insel Rügen (GPS 54.36220, 13.61750). Von ursprünglich 19 Grabanlagen bestehen aktuell noch 7. Über mehrere Tausend Jahre von etwa 4000 bis 1000 v. Chr. wurden hier Menschen mit reichen Grabbeigaben bestattet. Alle Anlagen wurden bei umfangreichen Ausgrabungen um 1970 ausgiebig erforscht. Wer die Grabanlagen besuchen möchte, wandert am besten vom

Der Rasende Roland

Der Rasende Roland – das ist die Rügensche BäderBahn, eine dampflokbetriebene Schmalspureisenbahn. Im Rahmen des öffentlichen Personennahverkehrs fährt die Kleinbahn täglich auf 750 mm Spurweite von Putbus über Binz, Sellin und Baabe nach Göhren. Zusätzlich startet sie an rund 100 Tagen im Jahr von Lauterbach Mole. Seit 1895 verbindet die gemütlich mit höchstens 30 km/h dahindampfende Bahn die Seebäder Rügens miteinander. Gegründet, um auch abgelegene Gebiete am wirtschaftlichen Aufschwung des Kaiserreiches teilhaben zu lassen, erlebte die Strecke ihre vorerst letzte Blütezeit vor dem Ausbruch des Ersten Weltkrieges 1914. Über die Nachkriegs- und Inflationszeit konnte sich die Bahn durch strikte Sparsamkeit retten. Nach dem Zweiten Weltkrieg verhinderte die schlechte Erreichbarkeit der Insel Rügen (der Rügendamm war noch unterbrochen) wenigstens die Demontage der Gleisanlagen und deren Abtransport als Reparationszahlung in die Sowjetunion. Ab 1949 betrieb die Deutsche Reichsbahn die Strecke und ergänzte 1952 die vorhandenen Fahrzeuge durch Loks und Waggons sächsischer Schmalspurstrecken. 1996 erfolgte die Privatisierung der Bahn und die neu gegründete Rügensche Kleinbahn GmbH übernahm die Betriebsführung und investierte einiges, damit der Rasende Roland auch heute noch durch die Landschaft fahren kann.

Wie aber kam die Bahn zu ihrem Namen? Man glaubt, dass in den 1950er-Jahren Wismut-Kumpel (Bergarbeiter des sächsischen Uranbergbaus), die zur Erholung nach Rügen kamen, der Bahn den Namen gaben. Das „rasend" dürfte eher ironisch zu verstehen sein, denn die Höchstgeschwindigkeit lag noch unter der heutigen. Jedenfalls hat der Name bis heute Bestand und der Rasende Roland befördert seine Passagiere sicher in die Seebäder.

Wem das nicht genug Abenteuer ist, dem sei eine Fahrt auf dem Führerstand einer Dampflok empfohlen. Dafür muss man sich allerdings anmelden unter 038301 884012 oder per E-Mail unter ruegen@pressnitztalbahn.com. Wer es noch gemütlicher will, der nehme in den Sommermonaten Platz im Buffetwagen und genieße eine Fahrt unter dem Motto „Kaffee, Snack, Kuchen und mehr".

› ***Rügensche Bäderbahn Putbus,** Bahnhofstraße 14, 18581 Putbus, Tel. 038301 884012, www.ruegensche-baederbahn.de. Fahrzeit 8–21 Uhr im 2-Stunden-Takt von Putbus nach Göhren und zurück, zusätzlich in der Kernzeit der Saison über Putbus hinaus nach Lauterbach Mole, Spätfahrten bis kurz vor Mitternacht zwischen den Seebädern Binz und Göhren im Sommer, Preise für Einzelfahrkarte 2,40–12 €, ermäßigt 1–6 €, Tageskarte 25 €, ermäßigt 12,50 €.*

071wo-fo©BildPix.de

Jagdschloss Granitz

Weithin sichtbar ragt im Südosten der Insel Rügen der Turm eines der bekanntesten Baudenkmäler Norddeutschlands in die Höhe. Auf dem 109 m hohen Tempelberg, inmitten alter Buchen, wurde in den Jahren 1837 bis 1846 das Jagdschloss Granitz errichtet. Bauherr war Wilhelm Malte I. zu Putbus, der dem Berliner Architekten Johann Friedrich Steinmeyer den Bauauftrag erteilte. Vier runde Ecktürme zieren das Gebäude, der schon erwähnte Mittelturm ist 38 m hoch und entstand nach einem Entwurf Schinkels. Hat man die 154 Stufen umfassende gusseiserne Wendeltreppe an der Innenwand des Turms erklommen und tritt auf die Aussichtsplattform, genießt man einen atemberaubenden Blick über die Insel bis nach Stralsund und Greifswald. Ursprünglich diente das Jagdschloss – wie der Name sagt – dem Aufenthalt fürstlicher Gäste während der Jagdsaison. Die Granitz, ein bewaldeter Höhenrücken, galt im 19. Jh. als hervorragendes Jagdrevier und die Fürsten selbst waren passionierte Jäger. Im 18. Jh. existierte hier schon einmal ein Jagdhaus, ein beliebtes Ausflugsziel, was das Schloss heute auch wieder ist. Bis 1944 war das Jagdschloss im Besitz der Familie zu Putbus, geriet anschließend unter nationalsozialistische Verwaltung und wurde im Zuge der Bodenreform enteignet. Seit jener Zeit steht es unter staatlicher Verwaltung und ist nun Museum, in dem alte Jagdgewehre, eine Trophäensammlung und historisch ausgestattete Salons zu sehen sind. Verschiedene Ausstellungen, klassische Konzerte sowie Mondscheinwanderungen durch die Granitz bieten ein abwechslungsreiches Programm. Man kann im Jagdschloss sogar in den Stand der Ehe treten. Am schnellsten kommt man zum Jagdschloss, wenn man den Rasenden Roland (bis Haltepunkt Jagdschloss, dann noch 900 m Fußweg) oder den Jagdschlossexpress, ein kleines, langsames Ausflugsfahrzeug mit offenen Hängern, nutzt. Letzterer startet an der Binzer Seebrücke, nimmt Gäste aber auch am Parkplatz des Jagdschlosses auf. Daneben gibt es noch die Möglichkeit einer Kutschfahrt oder man geht ganz einfach ab dem Parkplatz zu Fuß bzw. nimmt das Fahrrad. Das urige ***Wirtshaus „Alte Brennerei"*** *lädt im Jagdschloss zu hausgemachten Kuchen und Speisen ein. Der Biergarten bietet Gerichte vom Grill und aus dem Kessel.*

072wo-lr

› ***Jagdschloss Granitz,*** *PF 1101, 18609 Ostseebad Binz, Tel. 038393 66710, www.granitz-jagdschloss.de, geöffnet: Mai–Sept. tägl. 9–18 Uhr, Okt./April tägl. 10–16 Uhr, Nov.–März Di.–So. 10–16 Uhr, Eintritt: 6 € Erwachsene, 4 € ermäßigt. Letzter Einlass 30 Min. vor Schließung, direkte Zufahrt mit dem Wohnmobil zum Jagdschloss nicht möglich, Rollstuhlfahrer erhalten in der Kurverwaltung Binz gegen Vorlage des Schwerbehindertenausweises und Kaution von 25 € einen Schrankenschlüssel für die Zufahrtsstraße.*

P 135 ***Parkplatz Jagdschloss Granitz,*** *GPS 54.38034, 13.60989. Der gut ausgebaute Parkplatz befindet sich direkt an der L29 etwa 900 m nach dem Ortsausgang von Binz, Preise: 2 €/Std., 14 € Tagespauschale, von hier 20-minütiger Wanderweg zum Jagdschloss bzw. Kutschfahrt dahin in Hauptsaison möglich, Übernachtung möglich, WC.*

Parkplatz durch Lancken-Granitz über Dorfstraße und Bäckerdrift. Der etwa 1,5 km lange Weg ist ausgeschildert.

Das **Jagdschloss Granitz** (s. S. 211) ist nicht nur ab Binz, sondern auch ab Lancken-Granitz zu erreichen. Wer dem touristischen Rummel rund um Binz etwas entfliehen möchte, wandert von hier wesentlich ruhiger auf der kleinen Straße in Richtung Blieschow zum Jagdschloss. Die Entfernung beträgt etwa 2 km, der markante Turm des Jagdschlosses ist ab Lancken-Granitz immer sichtbar. Statt in Lancken-Granitz zu parken, könnte man der kleinen Straße in Richtung Jagdschloss auch noch einige hundert Meter mit dem Wohnmobil bis Blieschow folgen und dort parken. **Blieschow** besteht nur aus wenigen Häusern. Die Straße dient auch als Zufahrt zum Jagdschloss, das durchgängige Befahren bis zum Schloss ist aber nur Fahrzeugen mit spezieller Berechtigung gestattet.

SELLIN

Weiter geht es auf der B196 bis nach Sellin. Um 1900 begann der Aufstieg des ehemals unbedeutenden Fischerdörfchens Sellin zu einem der bekanntesten Seebäder der Insel Rügen. Der Ort zählt heute ungefähr 1 Million Übernachtungen jährlich. Bei etwa 8000 Gästebetten im Ort bedeutet das eine sehr hohe Auslastung im gesamten Jahresverlauf. Zentrum des Ortes und Pflichtbestandteil jedes Besuches ist die **Wilhelmstraße** mit ihrer 100 Jahre alten weißen Bäderarchitektur. Als modernes Seebad verfügt Sellin über zahlreiche Möglichkeiten der Freizeitgestaltung und das gastronomische Angebot ist nahezu unüberschaubar. Aus der Masse der Hotels und Restaurants ragt das heutige Cliff-Hotel direkt oberhalb des Strandes heraus. Es wurde 1978 als Gästehaus des Zentralkomitees der SED und der Staatsregierung sehr aufwendig errichtet und beherbergte zahlreiche in- und ausländische Prominenz. Ein Aufzug brachte die Gäste vom Hotel direkt bis an den für die Öffentlichkeit gesperrten Privatstrand. Heute steht die Anlage mit ihren verschiedenen Restaurants und Terrassen jedem Gast offen. Der nach wie vor vorhandene Luxus und der unübertreffliche Ausblick sowohl auf die Ostsee als auch den Selliner See bezaubern immer noch.

Ausgesprochen gut stehen Wohnmobilisten auf dem **Reisemobilhafen Sellin** (75). Ein Besuch des **Inselparadies Sellin** mit seiner Bade-, Sauna- und Wellnesslandschaft lohnt sich zu jeder Jahreszeit. Auf seinem großen Parkplatz finden Wohnmobile aller Größen Platz. Übernachtungen sind aber nicht erwünscht.

› **Inselparadies Sellin,** Badstraße 1, 18586 Sellin, Tel. 038303 1230, www.ahoi-ruegen.com, geöffnet: April–Okt. tägl. 10–22 Uhr, Nov.–März tägl. 14–22 Uhr, Eintritt: je nach Dauer und besuchten Bereichen ab 15 €/Erwachsene, Kinder ab 11 €. Große Therme mit Badelandschaft, Sauna und Wellness, sehr viele ausgewiesene Wohnmobilparkplätze

Wahrzeichen Sellins ist die lange **Seebrücke** mit dem markanten Brückenrestaurant. Bereits 1906 wurde in Sellin eine 508 m lange See- und Landungsbrücke mit Restaurant und Musikpavillon errichtet. Am 24. März 1924 zerstörte massiver Eisgang diese Seebrücke innerhalb nur einer Stunde. Unter Aufbietung aller verfügbaren finanziellen Mittel errichtete die Gemeinde anschließend noch im August des gleichen Jahres eine neue Seebrücke. Gezeichnet von der Zeit, mehreren Sturmfluten und schwerem Eisgang musste diese Seebrücke 1974 wegen Baumängeln gesperrt und 1978 abgerissen werden. Erst 1992 wurde der Wunsch der Selliner Bürger und ungezählter Besucher erfüllt und mit dem Bau einer neuen Seebrücke begonnen. Über 20 Millionen DM kostete der Bau und es dauerte 6 Jahre, bis die heute 394 m lange Anlage mit ihren schlossähnlichen Gebäuden fertiggestellt werden konnte. Besonderer Anziehungspunkt ist die **Tauchgondel,** die seit

Seebrücke Sellin mit Seebrückenrestaurant

073wo-fo©Heggie

2008 an der Seebrücke Gäste zu einem Besuch des Meeresbodens einlädt.

Besuchen kann man auch das **Seefahrerhaus** in der Seestraße, der Eintritt in das kleine Museum mit verschiedensten Exponaten rund um die Seefahrt ist frei. Das Haus wird auch für kulturelle Veranstaltungen genutzt.

Eine **Kurtaxe** von 2,80 € wird in der Hauptsaison für Personen über 18 Jahre erhoben.

Sehenswertes

› **Besuchertauchgondel Sellin,** Wilhelmstr. 25, 18586 Sellin, die Tauchgondel befindet sich am Ende der Seebrücke Sellin, Tel. 038303 92777, www.tauchgondel.de, geöffnet: Nov.-März Mi.-So. 11-16 Uhr, April-Okt. tägl ab 10 Uhr, keine Tauchfahrt bei Eis und hohem Seegang, Eintritt: 9 € Erw., 6 € Kinder. 2008 erbaute Besuchertauchgondel, Platz für 30 Gäste, Tauchgang dauert etwa 40 Min.

Information

› **Kurverwaltung Sellin,** Warmbadstraße 4, 18586 Sellin, Tel. 038303 160, www.ostseebad-sellin.de/kurverwaltung, geöffnet: Okt.-April Mo.-Fr. 8.30-16.30 Uhr, Mai-Sept. Mo.-Fr. 8.30-18 Uhr, Sa., So. 10-14 Uhr. Sellin besitzt noch einen Infopoint der Kurverwaltung an der Seeparkpromenade 1, Tel. 038303 16222.

75 Reisemobilhafen Sellin

GPS 54.37228, 13.70226

Gut ausgebauter, preiswerter Wohnmobilstellplatz umgeben vom Küstenwald. **Platzanzahl:** 50; **Untergrund:** Rasengitter, Pflaster, Wiese; fest; **Service:** Strom, Trinkwasser, Abwasser, Chemie-WC; **Sicherheit:** beleuchtet; **Preise:** 23 €/Fahrz. Tagespauschale, Strom extra, Kurtaxe extra; **Geöffnet:** ganzjährig; **Kontakt:** Kiefernweg 4b, 18586 Sellin, Tel. 038303 92770, Mobil 0151 19007077, www.wohnmobilstellplatz-sellin.de.

76 Wohnmobilstellplatz Hafen Sellin-Seedorf

GPS 54.35358, 13.65352

Kleiner, sehr gemütlicher Stellplatz direkt am Wasser neben dem Hafen Seedorf, Nutzung der Hafenanlagen. **Lage/Anfahrt:** direkt am Wasser neben dem Hafen Seedorf im Ort; **Platzanzahl:** 20; **Untergrund:** Wiese; **Service:** Strom, Trinkwasser, Abwasser, Chemie-WC; **Preise:** 16 € Fahrz. inkl. Personen, Wasser, Strom extra; **Geöffnet:** April-Oktober; **Kontakt:** Seedorf 8, 18586 Sellin-Seedorf, Tel. 038303 95650 Mobil 0172 6400557.

Nicht ganz so bekannt wie Sellin ist das nur knapp 1 km entfernte kleinere Ostseebad Baabe, das man auf der B196 erreicht.

BAABE

Zwar begann in Baabe der Bädertourismus ebenfalls bereits vor über 100 Jahren, doch konnte sich der kleine Ort nur schwer aus dem Schatten des angrenzenden Sellins befreien. Auch heute wirkt der Ort wesentlich ruhiger als der Nachbarort Sellin. Trotzdem oder gerade deshalb lohnt sich ein Bummel durch den Ort oder ein Besuch des zum Baden sehr gut geeigneten Sandstrandes. Der Strand ist hier 50 m breit und 1,5 km lang.

Der Ort liegt inmitten des Küstenwaldes. Die **Kurtaxe** beträgt in Baabe in der Hauptsaison für Erwachsene 2,80 €.

Information

› **Touristinformation Baabe,** Haus des Gastes, Am Kurpark 9, 18586 Baabe, Tel. 038303 1420, www.baabe.de, geöffnet: tägl. 10–17 Uhr, Hauptsaison 9–18 Uhr, So. nur bis 12 Uhr

Die B196 führt direkt nach Göhren. Etwa 1,5 km vor dem Ort zweigt die L292 nach rechts ab und führt weiter nach Süden. Wer Göhren besuchen will, bleibt auf der B196 und kehrt anschließend wieder zu diesem Abzweig L292 zurück, um dann dieser Straße und damit der Route über die Halbinsel Mönchgut zu folgen.

GÖHREN

Wie Sellin und Baabe verdankt Göhren dem wunderbaren Sandstrand seinen Status als Badeort. Der Ort ist vergleichsweise ruhig und gemütlich und hat recht enge Straßen. Hier findet man eine schöne **Strandpromenade** und eine **Seebrücke.** Aufgrund der geringen Wassertiefe ist der Strand besonders für Familien mit Kindern geeignet.

Das **Nordperd,** der östlichste Punkt der Insel Rügen, ist eine 60 m hohe bewaldete Landzunge, die hier weit in das Meer hinausragt. Der Begriff „Perd" kommt aus dem Slawischen und bedeutet Vorsprung. Auf dem Nordperd verläuft ein markierter Höhenwanderweg. Besucher sollten beachten, dass das Nordperd nicht entlang des Strandes umwandert werden kann, da es zum Schutz der Küste 1907 mit einer 450 m langen Brandungsmauer umfasst wurde.

In Göhren steht eine mittelalterlich wirkende **Kirche,** dabei wurde sie erst 1930 errichtet und gilt als die jüngste Kirche der Insel Rügen.

Die **Mönchguter Museen** informieren bei einem Rundgang durch den Ort über Geschichte und Geschichten der Halbinsel Mönchgut. Der Museumsverbund Mönchguter Museen besteht aus verschiedenen Ausstellungen an verschiedenen Orten auch außerhalb Göhrens.

In Göhren verstreut zu finden ist das **Heimatmuseum,** eine alte bäuerliche Hofanlage, das 1906 gebaute **Museumsschiff „Luise"** und das **„Rookhus",** ein schornsteinloses Kleinbauernhaus.

Alle Ausstellungen sind in der Hauptsaison tägl. 10–17 Uhr geöffnet, in der Nebensaison eingeschränkte Öffnungszeiten. Zum Museum gehören auch weitere Ausstellungen in den Nachbargemeinden.

› **Heimatmuseum Mönchgut,** Mönchguter Museen, Strandstraße 4, 18586 Göhren, Telefonkontakt über Touristinformationen bzw. Kurverwaltungen, www.goehren-ruegen.de/geschichte/moenchguter-museen, geöffnet: je nach Ausstellung und Saison. Die Mönchsguter Museen bestehen aus sieben Ausstellungen in verschiedenen Orten. Zum Museum gehören das Heimatmuseum, Museumshof, Rookhus und das Museumsschiff „Luise" in Göhren, das Schulmuseum Middelhagen, das Pfarrwitwenhaus Groß Zicker, der Lotsenturm und die Lotsenwache in Thiessow.

Die **Kurtaxe** in Göhren beläuft sich auf eine Höhe von bis zu 2,45 €.

77 Regenbogen Göhren

GPS 54.34645, 13.73479

Modern ausgebaute Ferienanlage mit Campingplatz, Ferienhäusern, Restaurant, Kinderanimation, Sportanlage. **Platzanzahl:** über 50; **Untergrund:** Wiese, Sand; fest; **Service:** Strom, Trinkwasser, Abwasser, Chemie-WC; **Sicherheit:** umzäunt, beleuchtet, bewacht; **Preise:** 49,90 €/Fahrzeug teuerste Tagespauschale inklusive 2 Erwachsene und Kinder, Strom, Hund, Kurtaxe extra, Pauschalen richten sich nach Stellplatzkategorie, Frühbucherrabatte bis 30 % je nach Saison; **Geöffnet:** ganzjährig; **Kontakt:** Am Kleinbahnhof, 18586 Göhren, Tel. 038308 90120, www.regenbogen.ag.

207wo-rb © Regenbogen AG

Information

› **Kurverwaltung Göhren,** Poststraße 9, 18586 Göhren, Tel. 038308 66790, www.goehren-ruegen.de, geöffnet: Mai–September Mo.–Sa. 9–18 Uhr, So. 10–18 Uhr, Oktober–April Mo.–Fr. 9–15 Uhr, Sa. 9–12 Uhr

Parken

P **105 Parken und Reisen Baabe,** GPS 54.36209, 13.70489, Göhrener Chaussee, 18586 Baabe, kostenfrei, gepflasterter P+R-Parkplatz auf der Bahnhof-Rückseite, Entfernung zum Strand etwa 800 m. Keine Durchfahrt möglich! Es muss zur Ausfahrt gedreht werden.

Südlich Göhrens liegen die kleinen **Fischerorte** Middelhagen, Lobbe, Gager, Groß Zicker, Thiessow und Klein Zicker. Diese Orte sind alle recht eng und man sollte sich nicht scheuen, sie zu Fuß oder per Fahrrad zu erkunden. Die Entfernungen innerorts sind gering. Entlang der Straße zwischen Lobbe und Thiessow findet man immer wieder Strandparkplätze, auf allen ist das Übernachten verboten. Die **Kurtaxen** in diesen Orten betragen zwischen 1 und 2,20 € in der Hauptsaison für Erwachsene. In Klein Zicker gibt es überhaupt keine Möglichkeit, den Ort mit dem Wohnmobil zu befahren. Ab Ortseingang ist der Ort für alle Besucherfahrzeuge gesperrt.

Parken

P **106 Strandparkplatz Lobbe,** GPS 54.31724, 13.72079, 18586 Lobbe, geöffnet: ganzjährig, gebührenpflichtig, 1 €/Std., Tageskarte 5 €. Kleiner, unbefestigter Strandparkplatz am Ortsrand, Entfernung zum Strand 100 m, Übernachtung möglich.

P 107 Strandparkplatz Thiessow, GPS 54.30605, 13.71498, 18586 Thiessow, geöffnet: ganzjährig, Preise: 8–19 Uhr gebührenpflichtig, Tagespauschale 4 €. Unbefestigter Strandparkplatz neben Hauptstraße, Entfernung zum Strand 120 m. Entlang der Straße nach Thiessow gibt es mehrere Strandparkplätze. Je nach Belegung bestehen so verschiedenen Parkmöglichkeiten, Übernachtungsverbot in der Hauptsaison.

P 108 Parkplatz Hafen Thiessow, GPS 54.27964, 13.71162, Dampferweg, 18586 Thiessow, kostenfrei. Unbefestigter, größerer Parkplatz vor dem Hafeneingang in Thiessow. Im Hafen befindet sich ein gemütliches Fischrestaurant, Übernachtung verboten, je nach Saison finden dort auch Markttage statt.

78 Naturcampingplatz Alt Reddevitz

GPS 54.33709, 13.68269

Kleiner, gemütlicher Campingplatz an der Steilküste des Fliegerberges eines alten Segelfluggeländes in Alt-Reddevitz mit eigener Gaststätte. **Lage/ Anfahrt:** Der Platz liegt ungefähr 200 m abseits der Ortschaft Alt Reddevitz und kann von Middelhagen kommend über einen Verbindungsweg direkt angefahren werden; **Platzanzahl:** 130; **Untergrund:** Wiese; **Service:** Strom, Trinkwasser, Abwasser, Chemie-WC; **Preise:** 10 € Fahrzeug, 7,50 € Erwachsene, 3,50 € Kinder, 3,50 € Strom; **Geöffnet:** April–Oktober; **Kontakt:** Alt-Reddevitz 2, 18586 Mönchgut/Rügen, Tel. 038308 66960, www.rügen-urlaub.de.

81 Campingplatz Thiessow

GPS 54.27935, 13.71415

Sehr großer Campingplatz, vom Strand durch Straße getrennt. Entfernung bis zum Strand 400 m. **Lage/ Anfahrt:** Der Campingplatz liegt neben der Hauptstraße und ist von dieser gut zu sehen; **Platzanzahl:** über 200; **Untergrund:** Wiese, Sand; fest; **Service:** Strom, Trinkwasser, Abwasser, Chemie-WC; **Sicherheit:** umzäunt, beleuchtet, bewacht; **Preise:** 18 €/Fahrzeug, 5,50 €/Pers., 3 € Kinder, Strom, Wasser, Hund und Kurtaxe extra; **Geöffnet:** April–Oktober, Wintercamping auf Anfrage; **Kontakt:** Hauptstraße 4, 18586 Thiessow, Tel. 038308 669585, www.campingplatz-thiessow.de.

208wo-lw © Kurverwaltung Mönchgut/Lars Wehrmann

79 Campingplatz Am Bodden Gager

GPS 54.30916, 13.68531

Ruhiger Campingplatz auf Wiesenfläche mit zahlreichen Dauercampern. **Lage/Anfahrt:** Anfahrt über Gager, der Campingplatz ist ausgeschildert; **Platzanzahl:** über 50; **Untergrund:** Wiese, Sand; fest; **Service:** Strom, Trinkwasser, Abwasser, Chemie-WC; **Sicherheit:** umzäunt; **Preise:** 16,50 €/Fahrz., 7 €/Pers., 3 € Kinder, Wasser, Strom, Hund und Kurtaxe extra; **Geöffnet:** April–Oktober; **Kontakt:** Campingplatz 1, 18586 Mönchgut/Gager, Mobil 0151 58821445, www.moenchgut-camping.de.

80 Campingplatz Freizeitoase Lobbe

GPS 54.31572, 13.71948

Sehr gut ausgebauter Platz, zwei Bereiche beidseitig der Straße, Strandnähe, Kinderanimation, Einkaufsmöglichkeit, Restaurant. **Lage/Anfahrt:** Campingplatz ab Lobbe ausgeschildert; **Platzanzahl:** über 200; **Untergrund:** Schotterrasen, Wiese, Sand; fest; **Service:** Strom, Trinkwasser, Abwasser, Chemie-WC; **Sicherheit:** umzäunt, beleuchtet; **Preise:** 20,50 €/Fahrz., 7,50 €/Pers., 4,80 €/Kinder, Strom, Hund u. Kurtaxe extra, preiswertere Stellplätze mgl.; **Kontakt:** Lobbe 32A, 18586 Lobbe, Tel. 038308 2314, www.campingruegen.de.

Halbinsel Mönchgut

Die Halbinsel Mönchgut ist ein ganz besonders schönes Stück Natur mit Steilküsten, langen Sandstränden, Salzwiesen und historischen Plätzen. Seit 1991 ist Mönchgut von der UNESCO als Biosphärenreservat gelistet und heute in 3 Schutzzonen unterteilt. In der Schutzzone 1, der Kernzone, sind keinerlei menschliche Eingriffe und Baumaßnahmen gestattet. Jahrhundertelang gehörte Mönchgut dem reichen Greifswalder Kloster Eldena, was den Namen der Halbinsel prägte.

Sehr gute Bademöglichkeiten, reichlich Camping- und Parkplätze, kleine, verträumte Hafenanlagen und ausgezeichnete Wander- und Radwege laden besonders naturverbundene Besucher und Badegäste ein. Entlang des 4 km langen Badestrandes zwischen Lobbe und Thiessow findet man auch in der Hauptsaison immer einen Platz. Hier gibt es in kurzen Abständen verschiedene Badeparkplätze direkt neben der Straße, die außerhalb der Badesaison sehr verlassen und ruhig sind. Eine Übernachtung ist jedoch nicht gestattet.

Für Wanderfreunde besonders interessant sind die ***Zickerschen Berge*** *südwestlich von Gager und Groß Zicker, deren höchster Punkt, der Bakenberg, eine Höhe von 66 m über dem Meeresspiegel erreicht. Auf gut markierten Wanderwegen sind die kargen Hügel innerhalb von ein bis zwei Stunden leicht zu erkunden und bieten dem Besucher bei schönem Wetter einen weiten Blick über das Land und die See.*

Thiessow *und* ***Klein Zicker*** *sind die südlichsten Orte der Halbinsel. Viele Jahrhunderte lang lebte man hier vom Lotsenwesen und dem Fischfang. Erst im Jahr 2000 wurde der Lotsendienst eingestellt. Die heute zum Museumsverbund Mönchguter Museen gehörende* ***Lotsenwache in Thiessow*** *wurde 1854 auf Initiative der Preußischen Regierung errichtet. Die Besteigung des Lotsenturmes auf dem 38 m hohen Lotsenberg oberhalb Thiessows mit seiner ausgezeichneten Sicht über Küste und See sollte man als Abschluss des Abstechers zur Halbinsel Mönchgut keinesfalls versäumen. Der Lotsenturm wurde in dieser Form im Jahr 1909 errichtet. In den 1980er-Jahren verfiel der Bau leider und deshalb war 2003 ein Neubau nach historischem Vorbild notwendig.*

Die Südspitze der Halbinsel Mönchgut bildet das ***Südperd.*** *Das Südperd ist durch seine exponierte Lage dem Sturm und dem Wasser besonders ausgesetzt und hier kam es beständig zu starken Veränderungen der Küste. Deshalb investierte man schon 1905 in eine 350 m lange Brandungsmauer am Südperd. Zwischen Klein Zicker, Thiessow und dem Südperd sind kilometerlange Wanderungen entlang des Strandes und der Küstenbefestigung möglich.*

82 Campingplatz Surf-Oase Klein Zicker

GPS 54.27750, 13.70253

Einfacher und gemütlicher Campingplatz direkt hinter dem Strand, stark von Surfern besucht, Surfschule am Platz. **Lage/Anfahrt:** Der Campingplatz liegt zwischen Straße und Strand; **Platzanzahl:** über 50; **Untergrund:** Wiese, Sand; fest; **Service:** Strom, Trinkwasser, Abwasser; **Sicherheit:** umzäunt, beleuchtet; **Preise:** 15 €/Fahrz., 5 €/Pers., 4 € Kinder, Kurtaxe extra; **Geöffnet:** April–Oktober; **Kontakt:** Dörpstraat 2, 18586 Klein-Zicker, Tel. 038308 30125, www.thiewaii.de.

Um nach dem Abstecher wieder zurück zur vorgeschlagenen Route zu gelangen, fährt man über die L292 und später die B196 bis Lancken-Granitz zurück. 2 km nach Lancken-Granitz biegt die L29 von der B196 ab. Die Landesstraße 29 führt anfänglich auf altem, aber gut erhaltenem Kopfsteinpflaster über eine der schönsten Alleenstraßen Deutschlands nach Putbus und später bis Garz. Putbus ist beständig ausgeschildert.

Der Circus in Putbus – ein Rondellplatz mit klassizistischen Bauten

PUTBUS

(15 km – km 41)

Putbus – das ist zum einen die **Kulturhauptstadt Rügens** und zum anderen die **Weiße Stadt,** die Fürst Wilhelm Malte zu Putbus 1810 als jüngste Residenzstadt des Nordens gründete. Eine rege Bautätigkeit charakterisiert seine Herrschaftszeit, in der er der Stadt italienisches Flair verlieh. Daneben war der Fürst Teilhaber an Zucker- und Kreidefabriken, betrieb Schiffbau und gründete mit Lauterbach das erste Seebad auf Rügen.

Heute kann in Putbus der historische Stadtkern wieder bestaunt werden, denn nach 1991 wurden der Circus, der Marktplatz mit dem Rathaus sowie die Orangerie und der Marstall saniert und erstrahlen wieder als geschlossenes Stadtbild in Weiß. Zum ersten Mal wurde Putbus 1286 erwähnt und stand lange Zeit unter der Herrschaft der Herren zu Putbus. Deren Stammsitz aus dem Jahre 1371 war das sogenannte Steinhaus, dessen Name sich 1416 vom Haus zum Schloss wandelte und das im 17. Jahrhundert zum dreiflügeligen Schloss Putbus ausgebaut wurde. Zu Beginn des 19. Jahrhunderts wurde unter o. g. Malte zu Putbus die Stadt erweitert.

230wo-as©Axel Burchardt – stock.adobe.com

Ein Badehaus, ein Theater, der Marstall, in dem die Pferde und Kutschen der Fürstenfamilie untergebracht waren, und schließlich die Orangerie entstanden. Letztere diente v. a. der Überwinterung von Pflanzen aus dem Park und der Ausrichtung von Festen. Umsiedlerfamilien lebten zu Kriegsende da, später waren hier die Kurverwaltung und die städtische Bibliothek untergebracht.

Seit 1996 ist die rekonstruierte **Orangerie** künstlerisches Ausstellungszentrum der Insel Rügen. Auch das Schloss wurde unter Malte zu Putbus im klassizistischen Stil verändert, eine **Schlosskirche** errichtet und der Schlosspark umgestaltet. Unter anderem gab es dort ein Affen- und Fasanenhaus. Im ehemaligen Affenhaus der Schlossanlage befindet sich heute ein **Puppenmuseum** mit angeschlossenem Café.

Heute noch bietet der **Schlosspark** baumkundliche Besonderheiten wie Mammutbäume, Zedern und Tulpenbäume. Rot- und Damwild lebt im angrenzenden Wildgehege. Das Schloss wurde allerdings zu Beginn der 1960er-Jahre abgetragen, sodass man heute nur noch den durch wenige Metallpfosten gekennzeichneten Umriss dieses Gebäudes auf der Grünfläche sehen kann. Neben den schon genannten Bauten entstanden bis 1845 klassizistische Wohnhäuser auf dem **Circus,** einem Rondellplatz, der in seiner Mitte durch eine streng gegliederte Parkanlage und einen Obelisken ausgefüllt wird. Vorbild war der Circus im englischen Badeort Bath. 1836 ließ Fürst Malte zu Putbus auch das **Pädagogium** bauen, um die Bildung und Erziehung seiner Landeskinder zu fördern.

Es ist das größte Haus am Circus. Bis zum Zweiten Weltkrieg war dies eine wichtige Bildungseinrichtung in Vorpommern. Zwischen 1941 und 1945 gab es hier die Nationalpolitische Erziehungsanstalt Rügen, eine nationalsozialistische Eliteschule. Nach 1945 diente das Gebäude der Lehrerausbildung, bis in ihm ab 1975 schwerhörige Kinder unterrichtet wurden. Heute ist im ehemaligen königlichen Pädagogium das IT-College untergebracht.

074wo-lr

Von April bis Oktober finden **Stadt- und Parkführungen** statt, denen man sich anschließen kann, um noch mehr über Putbus zu erfahren. Auskünfte dazu erteilt die Putbus-Information. Zwischen Pfingsten und Himmelfahrt werden in der Stadt jedes Jahr zahlreiche Konzerte, Ballette, Opern und Operetten aufgeführt, denn dann finden in Putbus die jährlichen **Putbuser Festspiele** statt.

Von der gesamten Insel Rügen strömen Besucher hierher, um in der Schlosskirche, im Theater oder im Park die Aufführungen zu genießen. Selbst ein Konzert für Kinder steht seit einigen Jahren regelmäßig auf dem Spielplan. Weitere Informationen erhält man im Internet unter www.putbus-festspiele.de. Auch zu anderen Jahrezeiten gibt es in Putbus zahlreiche Ausstellungen und verschiedenste Veranstaltungen und Konzerte werden angeboten. Einen Abstecher wert ist – wenn man

Gern besucht, aber auch sinneverwirrend ist das Haus-Kopf-über in Putbus

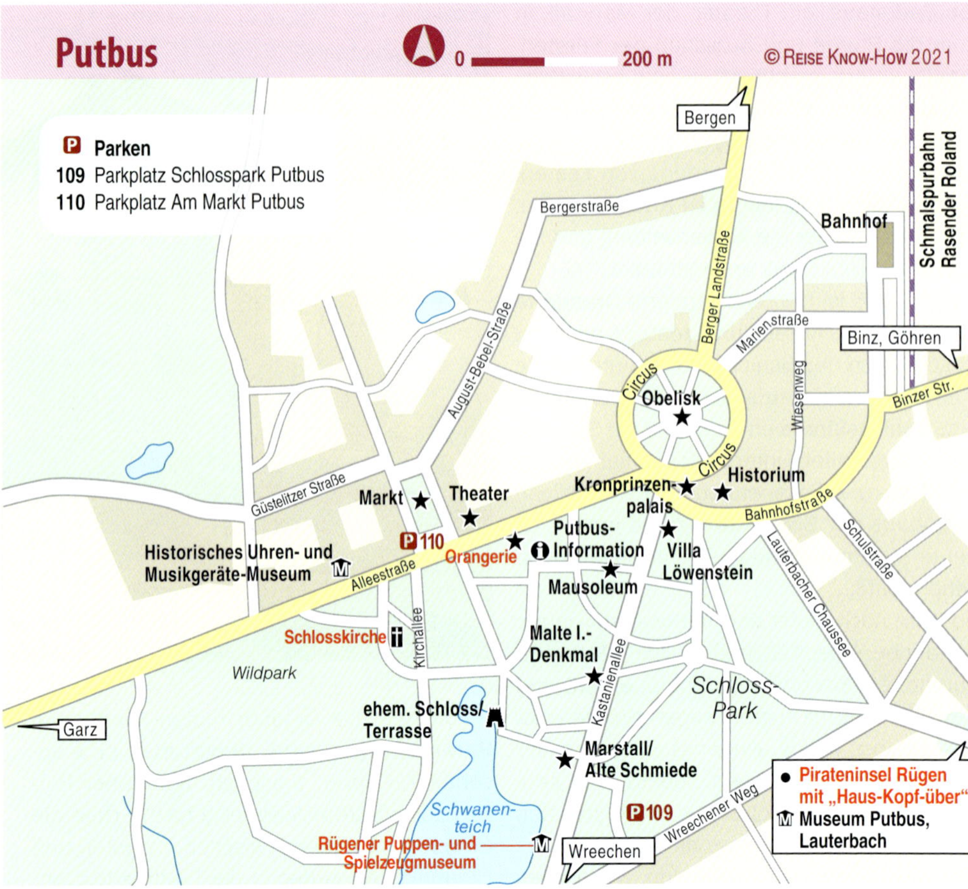

mit Kindern reist – die **Pirateninsel** mit der Attraktion „Haus-Kopf-über“, dessen Besichtigung eine Herausforderung an alle Sinne darstellt.

Die **Kurtaxe** beträgt in Putbus und seinen Ortsteilen in der Hauptsaison von Mai bis Oktober 2 € für Erwachsene.

Sehenswertes

- **Pirateninsel Rügen mit „Haus-Kopf-über“ Putbus,** Lauterbacher Straße 10, 18581 Putbus, direkt an der Straße nach Lauterbach, Tel. 38301 898366, www.pirateninsel-ruegen.de, geöffnet: Mo.–Fr. 13–19 Uhr, Sa./So. 10–19 Uhr, in Ferienzeit tägl. 10–19 Uhr, geschlossen: Weihnachten/Silvester/Neujahr, Eintritt: 7,50 € Kinder, 4,10 € Erwachsene, ab 17.30 Uhr billiger. Indoorspielplatz auf 2000 m² mit Funpark, Trampolinanlagen, Elektrokarts, Spielbereich für Kleinkinder, im „Haus-Kopf-über“ stehen alle Einrichtungsgegenstände wie das Haus selbst auf dem Kopf, Parkplatz, GPS 54.34840, 13.48953.
- **Rügener Puppen- und Spielzeugmuseum Putbus,** Park 3 (vormals: Kastanienallee), 18581 Putbus, Tel. 038301 60959, www.puppenmuseum-putbus.de, geöffnet: tägl. 10–18 Uhr, im ehemaligen Affenhaus im Schlosspark, Sammlung alter Spielsachen, mit Museumscafé
- **Orangerie Putbus,** Alleestraße 35, 18581 Putbus, Tel. 038301 889797, www.kulturstiftung-ruegen.de, geöffnet: Mai–Oktober Di.–So. 11–18 Uhr, November–April Di.–Sa. 11–17 Uhr, Eintritt: kostenlos oder je nach Veranstaltung. Die Kulturstiftung Rügen präsentiert hier wechselnde Ausstellungen zeitgenössischer Künstler sowie Exponate ihrer Sammlung.

Information

› **Putbus-Information,** Alleestraße 2, 18581 Putbus, Tel. 038301 431, www.ruegen-putbus.de, geöffnet: Mai–September Mo.–Fr. 10–17 Uhr, Sa. 10–16 Uhr, Okt.–April Mo.–Fr. 10–16 Uhr

Parken

P **109 Parkplatz Schlosspark Putbus,** GPS 54.34772, 13.47397, Wreechener Weg, 18581 Putbus. Gepflastert, 1 €/Std., 4 €/Tag, ca. 200 m vom Marstall entfernt, auch für Übernachtung gegeignet.

P **110 Parkplatz Am Markt Putbus,** GPS 54.35247, 13.46896, 30 Minuten kostenfrei, 1 €/Std., 4 €/Tag, zentral

LAUTERBACH

Lauterbach ist nur 1,5 km vom Zentrum von Putbus entfernt. Die Zufahrtsstraße, Lauterbacher Straße, biegt zwischen Bahnhof Putbus und Circus von der L29, hier Bahnhofstraße, ab. Lauterbach ist ein Ortsteil von Putbus und hat eine Besonderheit zu bieten: **Schwimmhäuser.** Das sind auf dem Wasser schwimmende Ferienhäuser, von denen aus der Gast einmalige Blicke aufs Wasser genießen kann. Diese Häuser schwimmen im schönen Jachthafen „Im Jaich“ von Lauterbach.

Der Name Lauterbachs geht auf die Frau des Fürsten zu Putbus zurück, denn diese war eine geborene von Lauterbach. Zuvor hatte Fürst Wilhelm Malte zu Putbus 1816 das erste Seebad Rügens am Strand von Neuendorf ins Leben gerufen, das ursprünglich mit Zelten und Badekarren ausgestattet war. 1818 entstand in der Goor, einem 7 ha großen Waldgebiet bei Lauterbach, ein festes Badehaus – ursprünglich für Gäste des Fürsten. Jenes existiert noch heute als Wellnesshotel.

1834 entschloss man sich in Putbus zum Bau eines Landungssteges, damit auch Schiffe hier anlegen konnten. Dafür wählte man die ruhige Bucht im heutigen Lauterbach, das 1840 erstmals urkundlich erwähnt wurde. Bootsbau, Fischerei und Handel entwickelten sich, sodass 1890 die Eisenbahnstrecke von Bergen nach Lauterbach und 1902 der Hafen fertiggestellt wurden. Dieser bietet auch heute noch viel Platz und Betrieb.

Die **Weiße Flotte** fährt mit dem Fahrgastschiff „Sundevit“ von hier aus mehrmals täglich rund um die **Insel Vilm** und zahlreiche Fischer haben hier ihren Heimathafen. Zwischen Mai und Oktober finden einmal pro Woche Robbenfahrten statt. Während der Fahrt zu den Kegelrobben informiert ein Biologe die Gäste über diese interessante Tierart. Der privat entwickelte und bewirtschaftete, wunderschöne und großflächige Jachthafen „Im Jaich“ ist nach umfangreichen Neu- und Ausbauten mit eigener Zufahrt vom öffentlichen Fahrgast- und Fischereihafen getrennt und gilt als einer der größten und bekanntesten Jachthäfen Mecklenburg-Vorpommerns.

Täglich gelingt es nur wenigen Besuchern auf die Insel Vilm überzusetzen, um an einer geführten Wanderung auf der Insel teilnehmen zu können. Die Plätze sind begehrt, denn pro Tag dürfen nur 30 Personen die Insel Vilm betreten. Für eine Teilnahme muss man sich bei der Fahrgastreederei Lenz anmelden.

› **Fahrgastreederei Lenz e.K Putbus,** 18581 Putbus, OT Freetz oder Infokiosk im Lauterbacher Hafen, Tel. 038301 61896, www.vilmexkursion.de, Eintritt: 18 € Erwachsene, 9 € Kinder, maximal 30 Personen, nur März–Okt. tägl. 10 Uhr, Abfahrt ab Hafen Lauterbach. Anmeldungen zur Führung auf der Insel Vilm sollten unbedingt rechtzeitig erfolgen.

Die Insel Vilm liegt inmitten des Greifswalder Boddens und steht schon seit 1936 unter Naturschutz. 1959 wurde sie für die Öffentlichkeit gesperrt. Der Staatsrat der DDR nutzte die Insel als abgeschiedenes und verborgenes Feriendomizil für Erich Honecker und andere Personen der DDR-Führung. Seit 1990 ist die Insel wieder für die Öffentlichkeit zugänglich, wenn auch heute aus Naturschutzgründen der Zugang stark begrenzt wird.

In den Lauterbacher Häfen ist immer was los, Fisch wird verkauft, Gaststätten offerieren ein breites Angebot. Am letzten Juliwochenende finden in Lauterbach die **Hafentage** statt, wo neben Regatten verschiedener Bootsklassen auch Rundflüge mit dem Wasserflugzeug und Veranstaltungen wie Tauziehen auf dem Wasser zahlreiche Gäste locken. Natürlich gibt es Schausteller, Händler und jede Menge Shows sowie Tanz am Abend.

Auf dem im Jachthafen befindlichen **Wohnmobilstellplatz Im Jaich** (84) kann sich der Wohnmobilist ausgezeichnet vom Trubel erholen und die Eindrücke des Tages setzen lassen. Unbedingt einmal schlendern sollte man auf der Boddenpromenade immer entlang des Ufers zum alten und sehr repräsentativen Badehaus. Über das ständig wechselnde Angebot im und ab Hafen Lauterbach informiert man sich am besten tagesaktuell.

Parken

P 111 **Am Hafen Lauterbach,** GPS 54.34547, 13.50082, 8–18 Uhr gebührenpflichtig: 1 €/Std., 5 €/Tag, gepflastert, außerhalb der Hauptsaison auch gut zum Übernachten nutzbar

(83) Wohnmobilstellplatz Lauterbach

GPS 54.34665, 13.49825

Neu errichteter großer Wohnmobilstellplatz zwischen Putbus und Lauterbach, gegenüber einem Einkaufszentrum mit Discounter, Fleischer, Bäcker. **Platzanzahl:** 26; **Untergrund:** Wiese, Schotter; **Service:** Strom, Trinkwasser, Abwasser, Chemie-WC; **Sicherheit:** umzäunt, beleuchtet; **Preise:** 16 € Pauschale inkl. 2 Personen, je weitere Person 3 €, Dusche 2 €, Hund 3 €, Strom nach Verbrauch, nur Barzahlung; **Geöffnet:** April–Oktober; **Kontakt:** Stellplatz-Lauterbach, Chausseestraße 14, 18581 Putbus OT Lauterbach, Tel. 038301 888329, Mobil 0152 32736829, www.wohnmobilstellplatz-insel-ruegen.de.

Dominierendes Bauwerk in Garz ist die St.-Petri-Kirche

(84) Wohnmobilstellplatz Im Jaich Lauterbach

GPS 54.34181, 13.50414

Direkt im Yachthafengelände „Im Jaich" Lauterbach, Einkaufsmöglichkeit im Hafenkiosk. **Platzanzahl:** 14; **Untergrund:** Schotter, Wiese; **Service:** Strom, Trinkwasser, Abwasser, Chemie-WC; **Preise:** 20 €/Fahrz. inkl. Strom u. Wasser, Kurtaxe extra; **Max. Stand:** unbegrenzt; **Geöffnet:** April–Nov.; **Kontakt:** Hafenmeister, Am Yachthafen 1, OT Lauterbach, 18581 Putbus, Tel. 038301 8090, www.im-jaich.de.

Folgt man nach Putbus weiter der L29, gelangt man nach Garz.

GARZ

(9 km – km 50)

Garz ist die älteste und trotzdem heute die kleinste Stadt auf der Insel Rügen. Die Stadt hat nur noch 2300 Einwohner. Bereits im 11. Jahrhundert siedelten hier Slawen vom Stamm der Ranen. Der Name Garz ist vom slawischen Wort Gard abgeleitet. Dieses bedeutet Burg und in Garz befindet sich einer der größten slawischen Burgwälle Mecklenburg-Vorpommerns. Der Sage nach reiste Absalon, der dänische Bischof von Roskilde, nach dem Fall der Jaromarsburg 1168 hierher, um die kampflose Übergabe der Feste zu erreichen. Die Slawenfürsten Tezlaw und Jaromar übergaben auch die Festung und unterwarfen sich den Dänen. Alle Gebäude im Inneren des Burgwalls wurden anschließend zerstört. Die Fürsten der Ranen siedelten nach Bergen auf den Rugard, eine 91 Meter hohe Erhebung im Zentrum Rügens, über. Deutsche Siedler errichteten im frühen 13. Jahrhundert eine neue Siedlung Garz, der 1316 das Stadtrecht verliehen wurde.

Mit dem Bau der **St.-Petri-Kirche** auf einem alten Begräbnishügel wurde in Garz etwa 1350 begonnen. Dem Fundament nach befand sich vermutlich schon vorher ein Bauwerk an dieser Stelle. Bis 1741 erhielt die mächtige Kirche in mehreren Bauabschnitten ihre noch heute aktuelle Gestalt. Im Kircheninneren findet man eine reichhaltige und wertvolle Ausstattung. Der Taufstein soll ein Geschenk Heinrichs des Löwen gewesen sein. Als Wunder kann man den Umstand werten, dass die Kirche bei keinem der drei großen Stadtbrände zu Schaden kam. 1765 zerstörte einer dieser Brände die Stadt Garz so vollständig, dass sich heute bis auf die Kirche keine Gebäude mehr in der Stadt erhalten sind, die vor dem Brand errichtet wurden. Da sich die St.-Petri-Kirche im Besitz der Evangelischen Kirche befindet, wurde auf Initiative der katholischen Bevölkerung 1912 die **Herz-Jesu-Kirche** errichtet.

Berühmtester Sohn der Stadt Garz ist zweifellos der bekannte Schriftsteller und deutsche Patriot **Ernst Moritz Arndt.** Geboren wurde Arndt 1769 in Groß Schoritz, einem Ortsteil von Garz, und getauft in der Garzer St.-Petri-Kirche. In einem kleinen Ernst-Moritz-Arndt-Museum wird an ihn erinnert.

› **Ernst-Moritz-Arndt Museum Garz,** An den Anlagen 1, 18574 Garz, Tel. 038304 12212, www.stadt-garz-ruegen.de/ema-museum.html, geöffnet: Mai–Oktober Di.–Sa. 10–16 Uhr, November–April Mo.–Fr. 11–15 Uhr, Eintritt: 2 € pro Person. 1937 erbautes Museum, welches den Nationalsozialismus und die DDR überdauerte. Wechselnde Ausstellungen zu Ernst Moritz Arndt und der Geschichte der Stadt Garz. Gepflasterter Parkplatz, GPS 54.31521, 13.34946.

Es wird empfohlen, die Insel Rügen über die Glewitzer Fähre (Rügenfähre) in Richtung Stahlbrode zu verlassen. Die ruhige Fahrt über das Wasser kann einen romantischen Abschluss jeder Rügenfahrt bilden und der Blick zurück zur Insel Rügen lässt schon etwas Wehmut aufkommen. Diese Fährverbindung war und ist immer eine gute Möglichkeit, in der Hauptsaison Verkehrsstaus vor und hinter dem Rügendamm zu umgehen.

Durch den Bau der Rügenbrücke neben dem Rügendamm verlor die Glewitzer Fähre

234wo-as©textag - stock.adobe.com

jedoch erheblich an zahlender Kundschaft und deshalb verkürzte die Weiße Flotte GmbH die Betriebszeiten der Fährschiffe. Heute wird die Fährverbindung leider nur noch zwischen April und Oktober betrieben.

Es werden Fahrzeuge mit einem Maximalgewicht von 5 t transportiert. Bereits in Garz informieren Tafeln über den Betriebszustand der Fähre, denn in Garz müssen sich Reisende entscheiden, ob sie die Glewitzer Fähre oder die Straßenverbindung über den Strelasund nehmen wollen. Außerhalb der Fährzeiten bleibt nur die Möglichkeit der Straßenverbindung. Die Straßenverbindung über Rügendamm/Rügenbrücke und den Strelasund bedeutet 36 km Umweg auf der vorgeschlagenen Route 8 in Richtung Greifswald, dafür entfallen jedoch die Fährkosten. Über die Fährverbindung wird die Ostseeautobahn A20 ab Garz nach 33 km erreicht, über die Straßenverbindung nach 60 km.

› **Weiße Flotte GmbH Fähre Glewitz,** Fährstraße 16, 18439 Stralsund, Tel. 03831 26810, 268138, www.weisse-flotte.de, geöffnet: 28. März–31. Oktober tägl. ab 6 Uhr, letzte Fahrt je nach Saison, Eintritt: bis 3 t 9 €, 3–5 t 11,50 € inkl. Fahrer, je weiterer Person 1,50 €. Rügenfähre Glewitz, kürzeste Verbindung von Garz zur Ostseeautobahn A20.

HALBINSEL ZUDAR

Will man den Weg über die **Glewitzer Fähre** nehmen, verlässt man Garz in Richtung Süden. Der Weg zur Fähre ist an jeder Wegkreuzung ausgeschildert. Als ehemalige Umgehungsstraße vor dem Bau der neuen Rügenbrücke noch sehr gut ausgebaut, ist der Zustand der Straße heute bei deutlich geringerem Verkehrsaufkommen ausgezeichnet. Man merkt sofort, dass man sich außerhalb der großen Touristenströme bewegt. Besonders die schlecht ausgebauten Nebenstraßen und Landwirtschaftswege halten viele Touristen von einem Besuch ab und machen so die Halbinsel Zudar mit ihren Stränden und Wäldern zum vielleicht letzten einsamen Ort der Insel Rügen.

Zudar ist der Name der südlichsten Halbinsel Rügens und eines kleinen gleichnamigen Ortes, heute ein Ortsteil von Garz. Hier steht die kleine **Wallfahrtskirche St. Laurentius.** An der Kirche befindet sich ein kleiner Parkplatz, für Reisende mit größeren Wohnmobilen ist die Zufahrt jedoch nicht zu empfehlen. Der Weg ist sehr schmal und Wendestellen gibt es kaum. Die Kirche wurde schon 1318 erstmalig erwähnt und aufgrund eines vermeintlich wundertätigen Marienbildes pilgerten zahlreiche Gläubige zu ihr. Nachdem allerdings vor der Küste ein Pilgerschiff gesunken war, verlor man den Glauben an die Wunderkraft des Bildes und es gab keine Pilgerfahrten mehr. Vom Ort Zudar bis zur Glewitzer Fähre beträgt die Entfernung lediglich noch 3 km.

075wo-lr

85 Naturcampingplatz Pritzwald Zicker

GPS 54.26096, 13.40585

Sehr ruhiger Campingplatz in einem Waldstück direkt am Strand. Einkaufsmöglichkeit vorhanden. **Lage/ Anfahrt:** lange Anfahrt über Maltzien, Poppelvitz und Zicker, nach Zicker 2 km über Plattenstraße; **Platzanzahl:** über 50; **Untergrund:** Wiese, Sand; fest; **Service:** Strom, Trinkwasser, Abwasser, Chemie-WC; **Sicherheit:** umzäunt, beleuchtet, bewacht; **Preise:** 7 €/ Fahrz., 6 €/Pers., Strom, Hund extra; **Geöffnet:** April–Oktober; **Kontakt:** Zicker 19, 18574 Garz/Rügen OT Zicker, Tel. 038304 629771, Mobil 0151 67643930, www.naturcamping-ruegen-pritzwald.de.

231wo-lr

Am Nord-Oststrand der Halbinsel Zudar befindet sich der **Naturcampingplatz Pritzwald 85**. Dieser sehr ruhige Campingplatz ist weit abgelegen und besitzt einen eigenen 700 m langen Sandstrand mit Flachwasser am Bodden.

Der Platz grenzt direkt an das **Vogelschutzgebiet Schoritzer Wiek,** welches nicht betreten werden darf. Die Zufahrt zum Naturcampingplatz erfolgt etwa 2 km nach dem Ort Zudar über die kleinen Dörfer Maltzien, Poppelvitz und Zicker und ist gut ausgeschildert. Alle Wege abseits dieser Ortsverbindungsstraße zwischen den genannten Orten und dem Campingplatz Pritzwald sind meist nur leicht befestigte Landwirtschaftswege, die für Fahrzeugverkehr zwar nicht gesperrt sind, sich jedoch nicht uneingeschränkt für Wohnmobile eignen.

Sehenswert ist die Wallfahrtskirche St. Laurentius in Zudar

Mit kleineren Wohnmobilen oder Campingbussen kann man sich durchaus bei trockenen Wegen der Küste abseits der kleinen Dörfer nähern. In Strandnähe finden sich dann auch so einige unbefestigte Parkmöglichkeiten, an denen sich im Sommer vor allem Surfer mit ihren Kleinbussen treffen. Man ist aber auch ohne Fahrzeug zu Fuß oder per Fahrrad immer gut unterwegs. Dann kann man die sehr verlassenen und besonders ruhigen, weil etwas abgelegenen Sandstrände finden, Vogelbeobachtungstürme besteigen oder **Palmer Ort,** die Südspitze der Insel Rügen, besuchen. Die Entfernungen betragen je nach Ausgangsort etwa 1–5 km. Palmer Ort hat eine starke Strömung und das Wasser wird schnell tief. Zum Baden ist die Südspitze Rügens deshalb nicht die erste, aber vielleicht die einsamste Adresse. Windsurfer sind hier besonders gern unterwegs. Ausgezeichnet baden kann man am Strand des Naturcampingplatzes Pritzwald oder auch am sogenannten **Gelben Ufer,** dem östlichsten

Punkt der Halbinsel Zicker. Dieser Strand ist nur auf einem etwa 2 km langen Wanderweg ab Grabow zu erreichen. Einsamkeit ist hier jedoch dann (fast) garantiert. Schöne Bademöglichkeiten befinden sich an der Küste auch neben dem kleinen Fährhafen Glewitz. Palmer Ort wurde, wie andere Naturschutzgebiete, der Michael Succow Stiftung übergeben. Ein Übernachten ist überall im Naturschutzgebiet verboten.

Parken

P 112 **Parkplatz Vogelschutzgebiet Zudar,** GPS 54.26145, 13.39250, 18574 Zudar, geöffnet: ganzjährig, kostenfrei. Unbefestigter Parkplatz für kleine Wohnmobile zwischen Wald und Wasser etwa 1 km vor dem Naturcampingplatz Pritzwald.

STAHLBRODE

(10 km – km 60)

Hat man mit dem Fährschiff den Hafen von **Stahlbrode** erreicht, lohnt sich ein Bummel durch den schön gestalteten ehemaligen Fischereihafen mit Imbiss und Fischräucherei. Hier befindet sich auch ein kleiner **Wohnmobilstellplatz** 86 direkt am Wasser, der vom Hafenmeister verwaltet wird. Außerdem gibt es hier den **Naturcampingplatz Stahlbrode** 87. Beim Verlassen des Ortes passiert man die Zufahrt zum **Biohofgut LandWert.** Große Parkplätze, Schulbauernhof, Café und Hofladen laden zum Besuch ein. Hofladen und Café sind jedoch nur am Wochenende geöffnet.

86 Wohnmobilstellplatz Stahlbrode Hafen

GPS 54.23375, 13.28817

Kleiner Wohnmobilstellplatz auf der Mittelmole des Hafengeländes direkt am Wasser. **Platzanzahl:** 3; **Untergrund:** Beton; **Service:** Strom, Trinkwasser, Abwasser; **Sicherheit:** beleuchtet; **Preise:** 10 €/Fahrz., Strom, Wasser extra; **Geöffnet:** ganzjährig; **Kontakt:** Yachthafen Stahlbrode GmbH, Am Sund 7, 18519 Sundhagen OT Stahlbrode, Mobil 0160 97060982.

87 Naturcampingplatz Stahlbrode

GPS 54.23465, 13.28165

Kleiner, naturbelassener Campingplatz auf einem Wiesengelände, umgeben von Wald. Blick auf die Küste, Fahrrad- und Bootsverleih. **Platzanzahl:** über 20; **Untergrund:** Wiese, Sand; fest; **Service:** Strom, Trinkwasser, Abwasser, Chemie-WC; **Sicherheit:** umzäunt, beleuchtet; **Preise:** 12 €/Fahrzeug, 4 €/Person, Strom, Wasser und Hund kosten extra; **Geöffnet:** April–Oktober; **Kontakt:** Küstenweg 8, 18519 Sundhagen OT Stahlbrode, Tel. 038328 489908, Mobil 0173 9483674, www.naturcamping-stahlbrode.de.

ROUTE 8

WISSENSCHAFT, MILITÄRWESEN, EIN MALER UND KAISERBÄDER – DIE INSEL USEDOM

080wo-lr

ROUTENÜBERSICHT

Strecke:

Greifswald (s. S. 230) – **Lubmin** (21 km, s. S. 238) – **Freest** (9 km, s. S. 241) – **Kröslin** (3 km, s. S. 243) – **Wolgast** (9 km, s. S. 243) – **Trassenheide** (9 km, s. S. 249) – **Abstecher nach Peenemünde** (hin und zurück etwa 22 km, s. S. 251) – **Zinnowitz** (5 km, s. S. 258) – **Zempin** (4 km, s. S. 260) – **Koserow** (3 km, s. S. 261) – **Kölpinsee** (2 km, s. S. 264) – **Ückeritz** (3 km, s. S. 265) – **Bansin** (9 km, s. S. 268) – **Heringsdorf** (1 km, s. S. 271) – **Ahlbeck** (1 km, s. S. 274)

Streckenlänge:

ohne Abstecher ca. 79 km
mit Abstecher ca. 101 km

Der Besuch Greifswalds steht am Anfang dieser Tour. Über Wolgast gelangt man auf die Insel Usedom. Ein Abstecher nach Peenemünde führt zur „Wiege der Raumfahrt" und gleichzeitig zu einer Stätte menschenverachtender Unterdrückung. Auf Usedom gibt es in den einzelnen Seebädern herrliche Strände, die Haffseite bietet Ruhesuchenden entspannte Ausflüge in die Natur. Sehenswert ist das Museumsatelier Otto Niemeyer-Holsteins, der einen Großteil seines Lebens auf der Insel verbrachte. Den Abschluss der Route bildet der Besuch der drei Kaiserbäder Bansin, Heringsdorf und Ahlbeck mit deren herausragender Bäderarchitektur. Letztmalig taucht man ein in den Trubel der touristischen Hochburgen an der Ostseeküste, bevor hier, kurz vor der polnischen Grenze, die Reise endet.

⊠ Kapitelstartseite: So einsam steht man nur außerhalb der Hauptsaison am Peenestrom zwischen Spandowerhagen und Wolgast

⊡ Seit 1887 ermöglicht die Holzklappbrücke den Übergang über den Ryck im Greifswalder Ortsteil Wieck

OSTSEE
Rügen
Stralsund
OSTSEE
Greifswald
Usedom
Świnoujście
Peene-
münde
Karlshagen
Trassen-
heide
Zinnowitz
Groß
Ernsthof
Bannemin
Zempin
Koserow
Krummin
Kölpinsee
Neuendorf
Sauzin
Naturpark
Achterwasser
Ückeritz
Ziemitz
Lütow
Peenestrom
Pommersche
Bucht
Warthe
Pudagla
Zemitz
Wehrland
Usedom
Liepe
Bansin
Heringsdorf
Ahlbeck
ŚWINOUJŚCIE
(Swinemünde)
Lassan
Rankwitz
Benz
Pulow
Dewichow
Neppermin
Usedom
Część
miasta
Międzyzdroje
Rubkow
Buggen-
hagen
Korswandt
Warszów
E 65
Zalesie
Wicko
Lentschow
Mellenthin
Katschow
Łunowo
Wapnica
Görke
Zirchow
Świna
Przytór
Pinnow
Murchin
Peenestrom
Usedom
Dargen
Garz
Lubin
Kamminke
Stolpe
auf Usedom
Voßberg
Piastowo
Karsibór

219wo-lr

Die Entfernung zwischen Stahlbrode, dem Ende der Route 7, und Greifswald beträgt etwa 20 km. Auf der sehr gut ausgebauten B105 ist Greifswald schnell erreicht. Wer nicht direkt zum Beginn der Route 8 fahren möchte, kann einen kurzen Umweg über das **Erdölmuseum Reinkenhagen** (www.erdoelmuseum-reinkenhagen.de) oder den **Naturerlebnispark Gristow** (www.naturerlebnispark-gristow.de) einlegen. Das Erdölmuseum ist ab der B105 in Reinberg in Richtung Miltzow fahrend nach 5 km erreicht und der Naturerlebnispark Gristow liegt etwa 10 km vor Greifswald an der Zufahrt zur Forschungsinsel Riems und dem kleinen Ort Gristow. Der **Caravanservice und Stellplatz Wöller in Hinrichshagen** 88 lässt sich sehr bequem über die als Greifswalder Stadtring ausgeführte B105/B109 erreichen. Dazu einfach der Bundestraße bis zur Abfahrt Hinrichshagen weiter folgen und erst dort in Richtung Stadtzentrum Greifswald abbiegen.

88 Wohnmobilstellplatz Wöller Hinrichshagen

GPS 54.07460, 13.35242

Schön gestalteter Wohnmobilstellplatz bei Caravan Wöller, Händler und Werkstatt. **Lage/Anfahrt:** B96 Umgehungsstraße Greifswald Abfahrt Loitz/Hinrichshagen, dann 200 m auf der Chausseestraße Richtung Greifswald; **Platzanzahl:** 50; **Untergrund:** Wiese, geschottert, fest; **Service:** Strom, Trinkwasser, Abwasser, Chemie-WC; **Sicherheit:** umzäunt, beleuchtet; **Preise:** 15 € Pauschale Fahrz. und Personen; **Geöffnet:** ganzjährig; **Kontakt:** Chaussee 12, 17489 Hinrichshagen bei Greifswald , Tel. 03834 500448, www.caravan-woeller.de.

Handarbeit und Körpereinsatz sind im Museumshafen Greifswald am Segelschulschiff „Greif" gefragt. Das Schiff gehört der Stadt und ist oft bei maritimen Veranstaltungen der Region vertreten. Mitfahrten für Gäste sind möglich.

GREIFSWALD

Greifswald ist mehr als das Verwaltungszentrum Vorpommerns. Die alte Handels- und Hansestadt mit ihrer reichhaltigen und wechselvollen Geschichte beherrschte nicht nur die Insel Rügen, sondern war auch eine starke Wirtschaftsmacht des östlichen Ostseeraumes.

GESCHICHTE

Die Gründung des Ortes Greifswald geht auf das sehr vermögende und einflussreiche **Kloster Eldena** zurück. Greifswald besteht mindestens seit dem 12. Jahrhundert, eine erste urkundliche Erwähnung erfolgte 1193. 1241 wurde dem Ort das Marktrecht verliehen und 1249 übergab das Kloster Eldena den Ort dem Pommernherzog Wartislaw III., der sofort damit begann, die Stellung des Ortes weiter aufzuwerten. Das Stadtrecht erhielt Greifswald schon 1250 und vier Jahre später wurde Greifswald auch als Freihafen anerkannt. Der Hanse trat Greifswald 1278 bei. Nachteilig wirkte sich jedoch immer die Lage des Hafens am Greifswalder Bodden aus. Zwar schützte der Bodden den Hafen vor Sturm und Wellengang, doch seine geringe Wassertiefe und die zunehmende Versandung verhinderten eine weitere Entwicklung und begrenzten so die Schifffahrt. Durch Binnenhandel und als religiöses Zentrum kam Greifswald trotzdem zu großem wirtschaftlichen Erfolg. Ihre größte Blütezeit erlangte die Stadt im 16. Jahrhundert.

1456 wurde die Universität gegründet. Sie ist heute eine der ältesten Universitäten im gesamten Ostseeraum. Im 17. und 18. Jahrhundert verwüsteten militärische Auseinandersetzungen und Seuchen, beginnend mit dem Dreißigjährigen Krieg und der ersten Pestepidemie, die Stadt. Sie wurde mehrfach von verschiedenen Seiten erobert, ausgeplündert und in Brand gesteckt. Zum Ende des Dreißigjährigen Krieges hatte sich die Be-

122wo-lr

völkerungszahl halbiert. Von 1631 bis 1815 gehörte Greifswald mit seinen Besitzungen zu Schweden. Friedlich war auch diese Zeit nicht, denn Schweden, Brandenburger, Sachsen, Preußen, Russen, Dänen und Franzosen kämpften immer wieder um die Stadt. Dabei wurde Greifswald mehrfach stark zerstört. 1713 und 1736 machten Großbrände und 1758 ein explodierendes riesiges Pulvermagazin weite Teile der Stadt dem Erdboden gleich. Gemäß den Beschlüssen des Wiener Kongresses erhielten die Preußen 1815 nach vorausgegangener mehrfacher französischer Besetzung die Stadt Greifswald und begannen mit dem Wiederaufbau. Ein Meilenstein war dabei der Bau der Fernstraße Berlin–Greifswald– Stralsund 1836 und der Eisenbahnlinie 1863. Neben den Verwaltungs-, Gerichts- und Kirchenbehörden siedelte sich auch Industrie an.

Größter Arbeitgeber blieb jedoch stets die Universität, die es immer vermochte, sich den wechselnden Herrschaftsverhältnissen anzupassen und so ihren Fortbestand zu sichern. Heute beschäftigt allein die Universitätsklinik etwa 5000 Mitarbeiter, die gesamte Universität ist Arbeitgeber für mehr als 6000 Personen. Am Ende des Zweiten Weltkrieges rettete der Stadtkommandant Oberst Petershagen durch Befehlsverweigerung die Stadt vor der Zerstörung und übergab Greifswald kampflos der Roten Armee. Greifswald gedenkt jährlich dieser Tat und ernannte Petershagen zum Ehrenbürger.

Zu DDR-Zeiten erlitt die alte und im Krieg glücklicherweise nahezu unzerstörte Hansestadt einen außergewöhnlich hohen Verfall an Bausubstanz. Durch fehlendes Geld und Interesse unterblieben selbst die notwendigsten Instandsetzungen. Viele Häuser ließ man sehenden Auges zu Ruinen verfallen. Sogar der Abriss der gesamten Innenstadt wurde erwogen, um die Sanierungskosten zu sparen. Stattdessen entstanden riesige und mit vergleichsweise wenig Aufwand ausgeführte Plattenbausiedlungen am Stadtrand. 50 % der Gebäudesubstanz der Greifswalder Innenstadt waren nicht zu retten und fielen dieser unglaublichen Vernachlässigung nach 1945 zum Opfer.

Greifswald

© Reise Know-How 2021

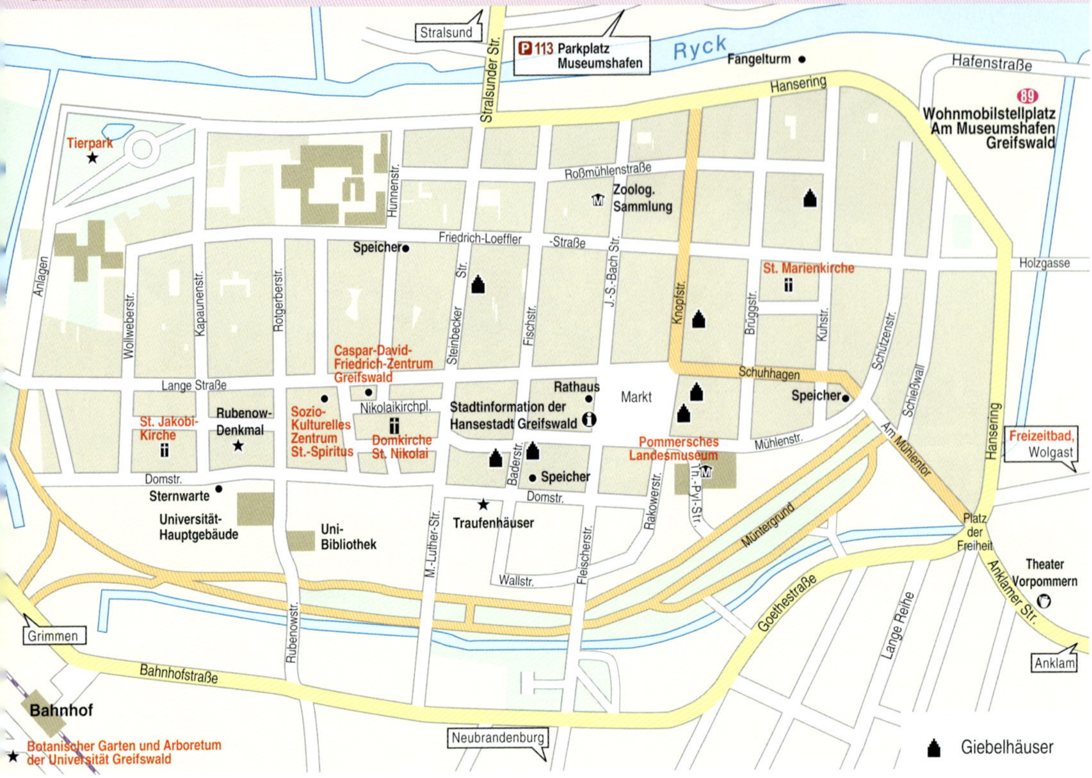

Erneut gerettet wurde die Stadt durch die politische Wende 1990 und das anschließend folgende Städtebauprogramm der Bundes- und Landesregierung. Heute sind die Wunden der Stadt bei genauem Hinsehen immer noch erkennbar, trotzdem wurde beim Aufbau Großartiges geleistet. Besucher finden in Greifswald eine moderne und junge Universitätsstadt, einen alten sanierten Stadtkern mit zahlreichen Sehenswürdigkeiten und umfassende gastronomische sowie kulturelle Angebote.

STADTERKUNDUNG

Seit einigen Jahren ist die B105 als Umgehungsstraße ausgeführt, Besucher der Stadt müssen deshalb darauf achten, rechtzeitig in Richtung Zentrum von der B105 abzubiegen. Auf der vorgeschlagenen Route erfolgt die Einfahrt nach Greifswald an Neuenkirchen vorbei über die Stralsunder Landstraße.

Am Ortseingang sieht man auf der rechten Seite die alten, in rotem Backstein ausgeführten **Bauten der ehemaligen Universitätsklinik.** 153 Jahre lang wurden hier Patienten behandelt und medizinische Forschung betrieben. Schon Ferdinand Sauerbruch, der berühmte Chirurg, arbeitete vor über 100 Jahren hier. Ab 2012 standen die Gebäude leer, die an dieser Stelle ehemals ansässigen Kliniken und Stationen zogen in einen modernen Neubau um. Ende 2014 wurden die historischen Gebäude an der alten Friedrich-Loeffler-Straße wieder mit studentischem Leben erfüllt. Dort entstand der innerstädtische Campus der geistes- und sozialwis-

082wo-lr

senschaftlichen Fachdisziplinen der Universität. Auf der linken Straßenseite liegt der heutige **Museumshafen am Ryck.** Der Ryck ist ein 30 km langer Fluss, der bei Greifswald in die Dänische Wiek des Greifswalder Boddens mündet. Jahrhundertelang diente er als Fahrrinne zwischen dem Stadthafen Greifswald und der Ostsee. Er ist heute noch zwischen Museumshafen und Mündung an der Dänischen Wiek auf 5 km schiffbar. Am Museumshafen, unübersehbar direkt neben dem Stadtring (Hansering), befinden sich die Reste des Fangelturmes. Heute noch etwa 13 m hoch diente er ab 1329 dem Schutz der Stadt und des Hafens. Das gesamte Gelände des Museumshafens mit Fangelturm wurde 2015 schön saniert. Entlang des Ryck führt ein empfehlenswerter, gut ausgebauter Wander- und Fahrradweg bis zur Mündung des Ryck in die Dänische Wiek. In der Nähe des Museumshafens befindet sich der **Wohnmobilstellplatz Museumshafen Greifswald** 89. Hinter dem Museumshafen mit seinen zahlreichen historischen Schiffen führt dieser Wander- und Fahrradweg auf einer Gesamtlänge von 5 km immer entlang des Rycks und von Bäumen gesäumt am Stadtrand entlang, durchquert den alten Ortsteil Wieck, unterquert die bekannte Wiecker Holzklappbrücke und erreicht am Ende einen Aussichtspunkt auf die Dänische Wiek. Für einen Bummel durch die historische Innenstadt parkt man das Wohnmobil am besten auf dem Parkplatz Museumshafen auf der anderen Seite des Ryck. Von diesem Parkplatz führt eine Brücke über den Ryck und man kann so bequem den Hansering um die Altstadt erreichen. Dieser Parkplatz ist auch für eine Übernachtung geeignet.

Beeindruckende Giebelhäuser am Greifswalder Markt

P **113 Parkplatz Museumshafen**, GPS 54.10099, 13.38225, Ladebower Chaussee, 17489 Greifswald, geöffnet: ganzjährig, Preise: 1 €/Std., 5 €/Tag. Gepflastert, WC am Platz, auch für Übernachtung geeignet.

In der Innenstadt finden sich kaum geeignete Parkplätze für Besucher mit Wohnmobil. Zu fast zwei Dritteln ist die Innenstadt vom alten und noch 2 km langen Stadtwall umgeben, der heute als Fuß- und Radweg genutzt wird. Einen besseren Weg um die historische Altstadt gibt es nicht. Der erhöhte Wall bietet ein schönes Panorama der Altstadt und Einblicke in die Hinterhöfe der alten Häuser. Zu den wichtigsten Sehenswürdigkeiten zählt der wunderschön gestaltete **Marktplatz** mit seinen alten Handels- und Lagerhäusern, Kontoren und Verwaltungsgebäuden, dem Rathaus aus dem 13. Jahrhundert und dem klassizistischen Palais der einstigen Stadtschule und heutigen Gemäldegalerie. Die Gemäldegalerie ist ein Teil des Pommerschen Landesmuseums. Von der Vergangenheit als religiöses Zentrum und dem Wohlstand der Bürger zeugen die **drei mächtigen gotischen Kirchen,** St. Marien, St. Nikolai und St. Jakobi. St. Marien wurde der Mutter Gottes geweiht, St. Nikolai dem Heiligen Nikolaus, dem Schutzheiligen der Kaufleute, und St. Jakobi gilt dem Apostel Jacobus, dem Schutzheiligen der Fischer und Reisenden. **Die St.-Marien-Kirche,** wegen ihrer gedrungenen Bauweise auch als „Dicke Marie“ bekannt, ist die älteste der Greifswalder Kirchen. Mit ihrem Bau begann man bereits Anfang des 13. Jahrhundert. Den höchsten Kirchturm mit 100 m Höhe besitzt die **Domkirche St. Nikolai** und wird deshalb auch „Langer Nikolai“ genannt. Nur unwesentlich jünger als St. Marien wurde hier 1456 die Gründung der Universität verlesen. An dieses Ereignis erinnert die Rubenow-Tafel von 1460 im Inneren der Kirche, auf der die Gründungsprofessoren abgebildet sind. Der hohe und schlanke Kirchturm wurde erst 1650 angebaut. Caspar David Friedrich, der berühmte Maler und Sohn der Stadt, wurde 1774 hier getauft. Zum Ende des 13. Jahrhundert leistete sich die Stadt noch eine dritte Kirche – **St. Jakobi.** In der Langen Straße befindet sich das **St.-Spiritus-Stift.** Seit über 750 Jahren stehen hier Häuser, die der Versorgung von Alten und Kranken und später auch als Altersruhesitz dienten. Die aktuell vorhandene Bausubstanz wurde überwiegend im 18. Jahrhundert errichtet. Heute wird die Anlage mit ihren sanierten kleinen Fachwerkhäusern als soziokulturelles Zentrum der Stadt für zahlreiche Veranstaltungen genutzt.

Greifswald besitzt einen **Botanischen Garten mit Arboretum,** der von der Universität unterhalten wird, einen **Tierpark** und den schönen Theaterbau von 1915, der Spielstätte des heutigen Theater Vorpommern. Der Theaterbau wird von der Stadt Greifswald

Der Greifswalder Dom St. Nikolai befindet sich gleich hinter den Giebelhäusern des Marktplatzes

auch als Stadthalle für verschiedenste Veranstaltungen genutzt. Besuchen sollte man unbedingt das **ehemalige Fischerdorf Wieck,** seit 1297 im Besitz der Stadt Greifswald. Offiziell eingemeindet wurde es jedoch erst 1939. Hier mündet der Ryck in die Dänische Wiek und aufgrund der geringen Wassertiefe und Breite des Rycks, welche die mögliche Größe der Schiffe im Stadthafen begrenzten, wurde Wieck der Haupthafen der Hansestadt Greifswald. Im 19. Jahrhundert war Wieck einer der wichtigsten Fischereihäfen der deutschen Ostseeküste und zeitweise auch Endhafen der preußischen Postlinie nach Ystad in Schweden. Heute ist Wieck ein gemütlicher und gepflegter Touristenort mit Bademöglichkeit und zahlreichen Gaststätten. Bekanntestes Bauwerk und Symbol des Ortes ist die Holzklappbrücke nach holländischem Vorbild. Sie erlaubt seit 1887 auf einer Länge von 55 m die Überquerung des Ryck und den Zugang nach Wieck ohne Fähre. Hochgeklappt gewährt sie Schiffen bis zu 10 m Breite eine Durchfahrt. Seit einigen Jahren ist die Befahrung der Brücke mit Kfz nur noch Anwohnern gestattet, der Fußgängerverkehr ist uneingeschränkt möglich. Wieck ist Zentrum des bekannten Greifswalder **Fischerfestes Gaffelrigg.** Jährlich am 3. Wochenende im Juli lockt die nach der Hanse Sail zweitgrößte maritime Veranstaltung Mecklenburg-Vorpommerns bis zu 80.000 Besucher an. Höhepunkt ist dabei die Regatta der historischen Schiffe aus dem In- und Ausland. Auch zahlreiche kulturelle und sportliche Veranstaltungen werden den Besuchern angeboten. Den Abschluss der Veranstaltungen bildet das Multimediaspektakel „Ryck in Flammen“ mit großer Abschlussparade der Schiffe entlang des Rycks mit Feuerwerk und Musik.

Sehr gut geeignet für einen Besuch der Mündung des Ryck in die Dänische Wiek und des alten Fischerdorfes Wieck ist die Nutzung des Parkplatzes Ladebow Flugplatzsiedlung nördlich des Ryck. Da der Ryck aber mit dem Wohnmobil nicht in diesem Bereich überquert werden kann, muss man sich schon vor der Einfahrt nach Greifswald dafür entscheiden. Man fährt dazu die Ladebower Chaussee am Parkplatz „Museumshafen“ vorbei und folgt der Straße noch ca. 5 km. Hier befand sich bis 1945 ein großer Flugplatz. Nach Kriegsende wurde das Gelände in ein Gewerbegebiet umgestaltet. Verschiedene Bauten und Hinweistafeln erinnern an den ehemaligen Flugplatz. Die schönen Parkplätze in diesem Bereich eignen sich ganz vorzüglich für eine Übernachtung. Ladebow besitzt verschiedene gastronomische Einrichtungen. Das Fischerdorf Wieck kann über die Wiecker Klappbrücke erreicht werden. Vom Parkplatz sind es etwa 500 m bis zur Klappbrücke, bis zur Ryckmündung ungefähr 1000 m.

Sehenswertes

- **Pommersches Landesmuseum Greifswald,** Rakower Straße 9, 17489 Greifswald, Tel. 03834 83120, www.pommersches-landesmuseum.de, geöffnet: Mai-Oktober Di.-So. 10-18 Uhr, November-April Di.-So. 10-17 Uhr, Eintritt: 6,50 € Erwachsene, 4,50 € Kinder, Sonderausstellungen extra. Das Museum besteht aus sechs Häusern und vier Außenanlagen mit Ausstellungen zu Erd- und Landesgeschichte, Gemäldegalerie, Museumsgarten, Café und Restaurant.
- **Caspar-David-Friedrich-Zentrum Greifswald,** Lange Straße 57, 17489 Greifswald, Tel. 03834 884568, www.caspar-david-friedrich-gesellschaft.de, geöffnet: Juni-Okt. Di.-So. 11-17 Uhr, Nov.-Mai Di.-Sa. 11-17 Uhr, Eintritt: 4,50 €, im Gebäude der alten Friedrichschen Seifensiederei. Informationen zur Person Caspar David Friedrichs, seiner Herkunft und seinem Werdegang, Familie und Werk, Galerie, Museumsladen, Workshops, Seifensiederei.
- **Botanischer Garten und Arboretum der Universität Greifswald,** Grimmer Straße 88, 17487 Greifswald, Tel. 03834 861130, geöffnet: April-Oktober tägl. 9-18 Uhr, Eintritt: kostenfrei, Konzertveranstaltungen kostenpflichtig. Botanischer Garten mit verschiedenen Veranstaltungen, Gewächshäuser und Freiland der Universität, existiert seit 1763, Führungen möglich.
- **Tierpark Greifswald,** Anlagen 3, 17489 Greifswald, der Tierpark liegt am Westrand der historischen Alt-

stadt, unweit des Botanischen Gartens, Tel. 03834 502279, www.tierpark-greifswald.de, geöffnet: Nov.-März tägl. 10-16 Uhr, April/Okt. tägl. 9-17 Uhr, Mai-Sept. tägl. 9-18 Uhr, Eintritt: 5 € Erwachsene, 2,50 € Kinder. 100 Tierarten auf 3,6 ha großem Gelände, Tierparkcafé.

Information

› **Stadtinformation der Hansestadt Greifswald,** Rathaus am Markt, 17489 Greifswald, Tel. 03834 85361380, www.greifswald.info, geöffnet: April-Okt. Mo.-Fr. 10-18 Uhr, Sa. 10-14 Uhr, Juli/August auch So. 10-14 Uhr, November-März Mo.-Fr. 10-17 Uhr. Zentrale Touristinformation der Hansestadt, Ausgangspunkt verschiedener Stadtführungen, Souvenirverkauf, Ticketshop für Veranstaltungen.

Aktivität

› **Freizeitbad Greifswald,** Pappelallee 3-5, 17489 Greifswald, Tel. 03834 532711, www.freizeitbad-greifswald.de, geöffnet: Mo. 14-21 Uhr, Di.-So. 10-21 Uhr, Eintritt: 10 € Erwachsene, 6,50 € Kinder. Modernes Freizeitbad mit Sauna und Wellnessbereich.

Parken

P 114 **Parkplatz Ladebow Flugplatzsiedlung**, GPS 54.09591, 13.44387, Max-Reimann-Straße, 17493 Greifwald OT Ladebow. Großer, ruhiger, gepflasterter Parkplatz, geöffnet: ganzjährig, Preise: 0,50 €/Std., 5 €/Tag, für Übernachtung geeignet.

89 Wohnmobilstellplatz Am Museumshafen Greifswald

GPS 54.09858, 13.38869

Wohnmobilstellplatz in Zentrums- und Hafennähe, auch ausgeschildert als „Fasten-Caravan"; **Platzanzahl:** 20; **Untergrund:** geschottert, fest; **Service:** Strom, Trinkwasser, Abwasser, Chemie-WC; **Sicherheit:** umzäunt, beleuchtet; **Preise:** Pauschale inkl. 2 Personen 18 €, Wasser, Strom extra; **Geöffnet:** ganzjährig; **Kontakt:** Marienstraße 10-12, 17489 Greifswald, Tel. 03834 585459, Mobil 0174 6948083, https://ferien-fasten.de.

ORTSTEIL ELDENA

Durch den Bau großer neuer Wohngebiete am Rande Greifswalds, beginnend in den 1970er-Jahren und bis heute fortgesetzt, wurde die ehemals etwa 2,5 km lange, unbebaute Strecke zwischen dem alten und jahrhundertelang etwas von Greifswald abgesetzten Ortsteil **Eldena** und der Stadt geschlossen. Heute hat man bis Eldena nicht mehr das Gefühl, die baulichen Stadtgrenzen zu verlassen. Um nach Eldena zu gelangen, folgt man ab Greifswald der L26 (Wolgaster Landstraße) in der ausgeschilderten Richtung Wolgast. Hier befinden sich die Ruinen des Klosters Eldena. Zum einst reichen und mächtigen Zisterzienserkloster Eldena gehörten früher beträchtliche Besitzungen. Das Kloster wurde 1199 auf Initiative des Rügenfürsten Jaromar I. gegründet und 1204 von Papst Innozenz III. anerkannt. Durch großzügige Schenkungen der Rügen- und Pommernfürsten erlangten die Klosterbrüder schnell beträchtlichen Grundbesitz und Wohlstand. Nach der Reformation wurde das Kloster 1535 auf Befehl des Pommernfürsten Herzog Philipps I. aufgelöst und in herzoglichen Besitz überführt. Einer seiner Nachfolger, der letzte Pommernfürst Bogislaw XIV., schenkte es 1634 der Universität Greifswald. Kurz darauf brannten die Schweden große Teile des Klosters nieder.

Bis in das 18. Jahrhundert verfielen die Gebäude und Anlagen immer mehr oder wurden für die Gewinnung von Baumaterial abgerissen. Caspar David Friedrich entdeckte die Ruinen des alten Klosters als Motiv für mehrere Werke und lenkte so den öffentlichen Blick wieder auf das alte Kloster. Die weltbekannten Gemälde „Winterlandschaft mit der Ruine des Klosters Eldena", „Abtei im Eichwald" oder „Ruine Eldena im Riesengebirge" entstanden nach Motiven und Skizzen der Klosterruinen. Dem erstarkten öffentlichen Interesse folgten Ausgrabungen und später wurde auf dem Klostergelände ein romantischer Park angelegt. Zu DDR-Zeiten begann man, das Gelände für Veranstaltungen zu nutzen und erbaute auch eine Freilichtbühne. Nach 1990 wurde das Gelände saniert und dient auch heute noch oft als Veranstaltungsort. Im Klosterpark befinden sich nur begrenzt kostenfreie Parkmöglichkeiten. Unweit des Klosters kann man jedoch auf einem unbefestigten und gebührenpflichtigen **Parkplatz** parken.

P **115 Parkplatz Eldena,** GPS 54.08806, 13.45334, Wolgaster Landstraße, 17493 Greifswald OT Eldena. Der unbefestigte Parkplatz liegt auf der rechten Straßenseite und ist für Wohnmobile aller Größen geeignet, kurz nachdem man von Greifswald kommend das Kloster passiert hat, geöffnet: ganzjährig, Preise: gebührenpflichtig von 8 bis 20 Uhr, 2,50 € Tagespauschale.

90 Campingplatz An der Dänischen Wiek

GPS 54.08793, 13.45844

Neu errichteter Campingplatz auf schönem Wiesengelände, direkter Zugang zum Strandbad Eldena. **Lage/Anfahrt:** die Zufahrt zum Campingplatz befindet sich direkt an der Wolgaster Landstraße, der Ortsdurchfahrt von Eldena; **Untergrund:** Wiese; **Service:** Strom, Trinkwasser, Abwasser, Chemie-WC; **Sicherheit:** umzäunt, beleuchtet; **Preise:** 36 € Pauschalpreis inkl. Fahrz., 2 Erwachsene, 2 Kinder, Wasser, Entsorgung und Strom, auch preiswertere Stellplätze verfügbar; **Geöffnet:** Ostern–Oktober, Reservierungen erst ab 15 Übernachtungen; **Kontakt:** Wolgaster Landstraße 47, 17493 Greifswald, Tel. 03834 5355280, www.camping-greifswald.de.

Nach Eldena führt die Route an der Südspitze der Dänischen Wiek entlang. Wer der vorgeschlagenen Route in Richtung Lubmin folgen will, muss in **Kemnitz** aufpassen, nicht auf die L26 direkt nach Wolgast abzubiegen, denn die L26 führt geradeaus auf kürzestem Weg nach Wolgast. Sie ist gut und schnell zu befahren, aber man verpasst die Schönheiten der weiter nördlich gelegenen Küste. Um der Route zu folgen, muss man deshalb an dieser Kreuzung der Ausschilderung nach Lubmin folgen.

Bei **Neuendorf** muss man sich entscheiden, ob man direkt nach Lubmin fahren möchte. Dann folgt man dem ausgeschilderten Straßenverlauf auf der B262. Interessanter ist es jedoch, einen kleinen Umweg über die Dörfer Neuendorf, Ludwigsburg, Loissin und Gahlkow zu fahren. Dazu verlässt man in Neuendorf die Landesstraße und biegt in Richtung Ludwigsburg ab. Bei **Ludwigsburg** findet man einen der schönsten Strände mit Badegelegenheit in diesem Teil der Ostseeküste, das **Naturschutzgebiet Lanken** und die Schlossanlage Ludwigsburg. Heute leider ziemlich verfallen, wurde das **Schloss Ludwigsburg** ab 1577 als Witwensitz der Pommernfürsten erbaut und ging später in schwedischen Besitz über. 1810 erwarb es die vermögende Greifswalder Kaufmannsfamilie Weißenborn. 1945 enteignet, kaufte die Familie 1991 das Areal zurück und arbeitet zusammen mit einem Förderverein an der Instandsetzung der verfallenen Anlage. Für Besucher geöffnet sind bereits ein kleiner Hofladen und ein Kräutergarten. Auf dem Friedhof des Ortes findet man eine kleine Kapelle und das Mausoleum der Familie Weißenborn.

Entlang der Dorfstraße und dem späteren Strandweg gelangt man nach etwa 1,5 km an den **Ludwigsburger Strand.** Hier bestehen verschiedene Möglichkeiten, mit dem Wohnmobil zu parken oder zu übernachten. In der Badesaison sind alle Parkplätze gebührenpflichtig. Außerhalb der Badesaison trifft man hier nur selten Menschen. Vom Ludwigsburger Strand ist die 10 km entfernte Hansestadt Greifswald mit ihren markanten Kirchtürmen bei schönem Wetter gut zu sehen. Zwischen dem Greifswalder Ortsteil Wieck und Ludwigsburg verkehrt in den Sommermonaten eine **Fähre** und bringt viele Greifswalder Badegäste nach Ludwigsburg. Da der Badestrand etwas abgelegen liegt und auch keine Ausschilderung auf ihn verweist, ist er bei Touristen wenig bekannt und ein kleines Geheimnis sowie kostenfreier Lieblingsbade-

Routenübersicht S. 228

strand der Greifswalder Bürger. In der Hauptsaison ist hier auch ein kleines Restaurant geöffnet.

P 116 Parkplatz Strand Ludwigsburg, GPS 54.11264, 13.48274, Strandweg, 17509 Ludwigsburg. Hier gibt es mehrere gebührenpflichtige, teils befestigte Badeparkplätze, nur 50 m vom Strand entfernt und am Abend oder außerhalb der Badesaison sehr ruhig.

Eine schöne und außerhalb der Badesaison sehr einsame Wanderung führt über etwa 6 km entlang des Strandes von Ludwigsburg rund um das Naturschutzgebiet Lanken bis zum **Camping- und Freizeitpark Loissin** 91. Der hier sehr urwüchsige Strand, von Wind und Wasser geformt, mit seinen teils im Wasser liegenden umgestürzten Bäumen bietet ein unvergessliches Naturerlebnis, stellt aber auch einen gewissen Anspruch an die Kondition, da der Weg manchmal etwas beschwerlich ist.

Das Naturschutzgebiet Lanken wurde 2003 von der Michael-Succow-Stiftung übernommen und wird im Sprachgebrauch der Stiftung als **Drachenreich Lanken** bezeichnet. Professor Michael Succow studierte in Greifswald und ist heute einer der international bekanntesten deutschen Biologen. 1997 erhielt er den Alternativen Nobelpreis und baute mit dem Preisgeld die nach ihm benannte Stiftung auf. Ziel der Stiftung ist es, das Naturschutzgebiet Lanken komplett zu renaturieren und von jedem menschlichen Eingriff zu befreien. Weitere Infos zum Naturschutzgebiet, zu Flora und Fauna und auch zu gelegentlichen Führungen findet man auf der Website der Michael-Succow-Stiftung unter www.succow-stiftung.de.

91 Camping- und Freizeitpark Loissin

GPS 54.12595, 13.52061

Gemütlicher Campingplatz mit Dauercampern und Stellplätzen. Liegt etwas abgelegen direkt am Strand des Greifswalder Boddens. Kinderspielplatz, Restaurant, Einkaufsmöglichkeit, Sommerkino, **Lage/Anfahrt:** Loissin kann über Ludwigsburg oder direkt ab Neuendorf erreicht werden; **Platzanzahl:** über 20; **Untergrund:** Wiese, Sand; fest; **Service:** Strom, Trinkwasser, Abwasser, Chemie-WC; **Sicherheit:** umzäunt, beleuchtet; **Preise:** Tagespauschale 37 €, teuerster Stellplatz direkt am Wasser inkl. 2 Erw. und Strom, auch preiswertere Angebote; **Geöffnet:** April–Okt.; **Kontakt:** Am Strandweg 1, 17509 Loissin, Tel. 038352 243, www.freizeitpark-loissin.de.

Über **Gahlkow** und **Vierow** erreicht man wieder die L262 und anschließend nach 2,5 km das Seebad Lubmin.

LUBMIN

(21 km – km 21)

Jahrhundertelang war Lubmin ein kleines Fischer- und Seefahrerdorf, bis man den fast 4 km langen und sehr breiten Sandstrand entdeckte und der Badetourismus einsetzte. Die 1898 erbaute Kleinbahn der Kleinbahn-Gesellschaft Greifswald-Wolgast mit gleichnamiger Bahnstrecke und Bahnhof in Lubmin sorgte für einen bequemen Zugang, der überwiegend von Greifswald anreisenden Gäste. Eine Seebrücke entstand 1928 und wurde 1992 erneuert. Die schöne Seepromenade wurde 1938 erbaut. Lubmin und seine Umgebung galten viele Jahre als sehr dünn besiedeltes, ruhiges und naturbelassenes Urlaubsgebiet. Der Ort liegt innerhalb des Küstenwaldes und der Strand verläuft schnurgerade in Ost-West Richtung. Freunde von Wasser und Sonne finden hier ganz ausgezeichnete Bademöglichkeiten.

Als man zu DDR-Zeiten begann, hier 1967 das Kernkraftwerk Nord zu errichten, änderte sich das Leben in Lubmin. Tausende Bauarbeiter und später Beschäftigte des Kraftwerkes fanden Arbeit am Ort. Die Bahnlinie der alten Kleinbahn ab Greifswald wurde ausgebaut und eine große Fernwärmetrasse zur Beheizung Greifswalder Wohngebiete entstand. Bis zur politischen Wende 1990 wurde das

084wo-lr

Kernkraftwerk beständig erweitert und lieferte mehr als 10 Prozent des Strombedarfs der DDR. 8 Reaktorblöcke entstanden, von denen bis 1990 allerdings nur 5 angefahren wurden. Der neue Block 6 erhielt 1990 keine Betriebsgenehmigung mehr, die Blöcke 7 und 8 wurden anschließend nicht mehr fertiggestellt. Sicherheitsbedenken und der Mangel an bundesdeutschen Standards in der konstruktiven Auslegung der Kernreaktoren führten 1990 zur Entscheidung, das Kraftwerk stillzulegen. Ungefähr 9000 Beschäftigte verloren ihren Arbeitsplatz beim größten Arbeitgeber Nordostmecklenburgs, was die Region anfänglich in den wirtschaftlichen Abgrund stürzte. Deshalb war die Entscheidung zur Stilllegung des Kraftwerks jahrelang heftig umstritten. Seitdem läuft der Rückbau des Kraftwerks und gilt als das größte Rückbauprojekt eines Kernkraftwerkes weltweit, für das eine Summe von etwa 5 Milliarden Euro aufgewendet werden muss. 1992 entstand auf dem Gelände das Zwischenlager Nord zur Aufbewahrung von schwach-, mittel- und hochradioaktivem Abfall. Die Betriebsgenehmigung wurde bis 2039 erteilt. Mehrfach war das Zwischenlager Schauplatz heftiger Auseinandersetzungen mit Atomkraftgegnern, Castor-Transporte verwandelten das ganze Gebiet in eine Festung.

2011 wurde die Ostseegasleitung „North Stream“ in Betrieb genommen, die Deutschland mit russischem Erdgas versorgt. Diese Leitung mündet aus der Ostsee in Lubmin und hat in Bau und Betrieb neue Arbeitsplätze geschaffen. Die Hafenanlagen wurden ausgebaut und weitere Anlagen zur Verteilung und zum Transport des russischen Erdgases über die Binnengasleitung „Opal“ entstanden. Beim Bau der Ostseegasleitung wurden verschiedene historische Schiffswracks auf dem Meeresboden vor Lubmin gefunden. 1715 versenkte die schwedische Marine 20 Schiffe, um ein künstliches Riff als Sperrbarriere zum Schutz vor ihren Gegnern zu errichten. Lange Zeit galten die Wracks als

Außerhalb der Badesaison ist viel Platz – auch für Pferde – am kilometerlangen Lubminer Ostseestrand

verschollen, heute führt die Ostseegasleitung mitten durch diesen Unterwasserschiffsfriedhof. Da die Schiffe unter Denkmalschutz gestellt wurden, mussten von den Erbauern der Gasleitung besondere Vorsichtsmaßnahmen getroffen werden, um die Schiffe nicht zu beschädigen. Teile eines Wracks wurden von Unterwasserarchäologen auf Kosten der Gasleitungsbauer gehoben, da es der Gasleitung im Wege lag.

Um den Ort Lubmin und seinen herrlichen Strand zu besuchen, muss man die L262 in Richtung Lubmin Zentrum verlassen. Die L262 führt später direkt am ehemaligen Kernkraftwerk vorbei und die alten Kraftwerksblöcke sind zu sehen. Von den etwa 1,5 km weiter östlich liegenden gigantischen Anlagen bemerkt der ortsfremde Besucher im Zentrum Lubmins heute nichts. Kaum eine Ausschilderung verweist auf die Anlagen und ihre Geschichte, der Küstenwald verhindert den Blick darauf. Lubmin stellt sich dem Besucher als gepflegtes, ruhiges Seebad dar und ein Bummel durch den Ort oder entlang des Strandes ist sehr reizvoll. Parkmöglichkeiten finden sich außerhalb der Hauptsaison ausreichend, aber im Regelfall gebührenpflichtig im Ort. In der Badesaison ist Lubmin mit den Fahrzeugen der Urlauber und Tagesgäste schnell sehr stark gefüllt und es empfiehlt sich, in etwas größerer Entfernung zum Strand nach Parkplätzen zu suchen.

⊡ *1992 wurde die neue Seebrücke Lubmins erbaut*

Die **Kurtaxe** beträgt 1,50 € für Erwachsene in der Hauptsaison.

Als Parkplatz bietet sich der „Gartenweg Lubmin“ an.

Information

› **Kurverwaltung Seebad Lubmin,** Freester Straße 8, 17509 Lubmin, Tel. 038354 22011, www.lubmin.de/, geöffnet: ganzjährig Mo.–Sa. aber stark wechselnde Öffnungszeiten je nach Saison, Juli–August auch So. 9–17 Uhr geöffnet

Parken

P 117 **Parkplatz Gartenweg Lubmin**, GPS 54.13553, 13.60218, Gartenweg, 17509 Lubmin, geöffnet: ganzjährig, Preise: 5 €/Tag. Großer, aber bei Badewetter stark frequentierter Parkplatz nur 50 m vom Strand entfernt, von der Hafenstraße auf Gartenweg abbiegen und diesem bis zum Ende folgen.

Die Route folgt der L262 in Richtung Spandowerhagen, Freest und Wolgast. Kurze Zeit nach dem Abzweig in Richtung Lubmin Zentrum führt die Straße am heutigen Industriegebiet Lubmin, dem Standort des ehemaligen Kernkraftwerks – heute ausgeschildert als „Energiewerke Nord“ –, vorbei. Früher durch die Tausenden Beschäftigten verkehrstechnisch stark genutzt, ist sie bis zum alten Kraftwerk gut ausgebaut. Anschließend wird sie deutlich schmaler. **Spandowerhagen** ist ein kleines gemütliches Dorf, welches auf der 2014 im Ortsbereich neu gebauten L262 in kürzester Zeit umfahren werden könnte. Die neue Straßenführung umgeht den Ort mit einem Abstand von ca. 300 m. Um den Ort zu besuchen, muss man deshalb die neue Straße an der Ausschilderung Spandowerhagen verlassen und auf die Dorfstraße abbiegen. Auf dieser kleinen Straße geht es hinter dem kleinen Ortskern in Richtung Ostsee und Hafen. Im Schatten der riesigen Industrieanlagen Lubmins ist hier ein wunderschönes Stück Natur an der Peenemündung erhalten geblieben. Das Gebiet gehört zum **Naturschutzgebiet Peenemünder Haken, Struck und Ruden.** Gute Bademöglichkeiten bestehen hier auch.

In der Nähe des kleinen Sportboothafens an der schilfgesäumten Peene gibt es kostenfreie Parkmöglichkeiten. Die direkte Einfahrt auf das kleine Hafengelände ist jedoch nicht mehr möglich. Heute muss man vor der Zufahrtsschranke nach einem Parkplatz suchen. Entlang der Peene führt ein 2 km langer Wanderweg bis zum Hafen von Freest.

Aktivität

› **Kanuhof Spandowerhagen,** Dorfstraße 46, 17440 Spandowerhagen, www.kanuhof-spandowerhagen.de, Tel. 038370 20665. Kanuhof mit Vermietung und geführten Touren, kleines Café, Zelten möglich, aber kein Wohnmobilstellplatz.

Parken

P 118 **Parkplatz Spandowerhagen,** GPS 54.14809, 13.69792, Dorfstraße, 17440 Spandowerhagen, immer der Dorfstraße durch den Ort folgen, geöffnet: ganzjährig, kostenfrei, mit Picknick- und Feuerstelle

P 119 **Parkplatz Sportboothafen Spandowerhagen,** GPS 54.14798, 13.70116, Strandweg, 17440 Spandowerhagen, geöffnet: ganzjährig, kostenfrei. Unbefestigte Parkmöglichkeiten auf Wiesengrund vor dem kleinen Sportboothafen.

2 km nach Spandowerhagen erreicht man den Fischerort Freest.

FREEST

(9 km – km 30)

Der Ort ist bekannt für seinen recht großen Fischereihafen, die verschiedenen Fischrestaurants und den Verkauf von fangfrischem Fisch. Zu DDR-Zeiten war Freest der Standort einer großen Fischereigenossenschaft

Fischerboot in der Hafeneinfahrt Freest vor dem am anderen Peeneufer liegenden Kraftwerk Peenemünde

086wo-ir

und bis heute gilt der Ort als ein Zentrum der Küstenfischerei in Mecklenburg-Vorpommern. Vom Hafen schaut man über den Peenestrom auf Peenemünde mit seinem großen Kraftwerk. Ab dem Hafen besteht zwischen Mai und Oktober zwischen 10 und 18 Uhr eine stündliche **Fährverbindung für Personen und Fahrräder nach Peenemünde** (s. S. 256). Für Reisende, die Peenemünde nicht mit dem Wohnmobil besuchen wollen, eine gute Alternative.

In Peenemünde besteht auch die Möglichkeit, in die Usedomer Bäderbahn umzusteigen und so andere Orte auf der Insel Usedom zu erreichen. Außerdem legen hier auch Ausflugsschiffe für Fahrten zu den Inseln Ruden und Greifswalder Oie an. Diese Schiffe kommen meistens aus Kröslin, fahren die Peene aufwärts und nutzen den Hafen von Freest für einen Zwischenstopp. Die Fahrten zu den Inseln finden je nach Saison nur ein- bis zweimal täglich statt. Die Fahrpläne können am Hafen eingesehen oder an der Fähre erfragt werden.

Jährlich am ersten Wochenende im August veranstaltet Freest das bekannte **Freester Fischerfest** (www.freester-fischerfest.de).Drei Tage lang wird dann aus dem sonst ruhigen Ort eine große Bühne mit zahlreichen Veranstaltungen, Kutterfahrten und Tanz für die ganze Familie.

In Freest finden sich zwei Campingplätze, **Ostseecamping Peenemündung** (92) und **Waldcamp Freest** (93). Beide Campingplätze nutzen die gleiche Einfahrt von der L262. Die Zufahrt zum Campingplatz Waldcamp ist etwa 100 m länger. Kurz vor dem Ortsausgang in Richtung Kröslin liegt auf der rechten Straßenseite das Hotel und Restaurant „Leuchtfeuer", ein regional sehr bekanntes Fischrestaurant.

Gastronomie

› **Restaurant Leuchtfeuer Freest,** Dorfstraße 1, 17440 Freest, Tel. 038370 20710, www.hotel-leuchtfeuer.de, geöffnet: ganzjährig. Ausgezeichnetes Fischrestaurant, liegt direkt an der Hauptstraße (Dorfstraße)

Parken

P 120 **Parkplatz Fischereihafen Freest,** GPS 54.13745, 13.72774, Am Hafen, 17440 Freest, geöffnet: ganzjährig, Preise: 8–20 Uhr kostenpflichtig 1 €/Std., 4 € Tagespauschale. Gepflasterte Parkmöglichkeit direkt im Fischereihafen.

Folgt man dem Verlauf der L262, erreicht man Kröslin.

209wo-pf © Ostseecamping Peenemündung

(92) Ostseecamping Peenemündung

GPS 54.13903, 13.71782

Sehr familiärer und ruhiger Campingplatz unter Bäumen mit freundlichen Betreibern. Kurze Entfernung zu Strand und Hafen, 5 extra Wohnmobilparkplätze für einzelne Übernachtungen. **Platzanzahl:** über 20; **Untergrund:** Wiese, Sand; fest; **Service:** Strom, Trinkwasser, Abwasser; **Sicherheit:** umzäunt, beleuchtet; **Preise:** ab 14 €/Fahrz., 7 € Erw., 5 € Kinder inkl. Wasser, Strom 3,50 €/Tag, Hund extra; **Geöffnet:** Mai–Sept.; **Kontakt:** Dorfstraße 68b, 17440 Freest, Tel. 038370 21899, www.ocpm.de.

93 Waldcamp Freest

GPS 54.13905, 13.71719

Gepflegter Campingplatz am Ufer der Peene und im Küstenwald, Fahrradverleih, Grillplatz, Kegelbahn, Einkaufsmöglichkeit. **Platzanzahl:** über 50; **Untergrund:** Wiese, Sand; fest; **Service:** Strom, Trinkwasser, Abwasser, Chemie-WC; **Sicherheit:** umzäunt, beleuchtet; **Preise:** 14,50 €/Fahrz., 6 € Erw., 4 € Kinder, Strom, Wasser, Hund extra; **Geöffnet:** 15. März–31. Okt.; **Kontakt:** Dorfstraße 74, 17440 Freest, Tel. 038370 20538, www.campingplatz-freest.de.

KRÖSLIN

(3 km – km 33)

Kröslin ist das Verwaltungszentrum des gleichnamigen Gemeindeverbundes. Das Gemeindegebiet ist sehr groß und reicht bis zur 16 km entfernten Insel **Greifswalder Oie** in der Ostsee.

Auch der **Ruden,** eine Peenemünde vorgelagerte Insel, gehört zu Kröslin und nicht zu Peenemünde. Das hat historische Gründe. Diese Inseln waren schon bewohnt, als Peenemünde noch ein unbewohntes und abgelegenes Refugium war. Weiterhin gehören die Gemeindeteile Freest, Hollendorf, Karrin und Spandowerhagen zum Verbund.

Kröslin entwickelte sich zum kleinen Zentrum am Westufer der Peene als Teil des Eldenaer Klosterbesitzes. Der Ort ist erstmals 1228 urkundlich erwähnt worden. Da die anderen Orte keine Kirche besaßen, war Kröslin der zentrale Kirchenort des Umkreises. Die verhältnismäßig große Kirche, deren Errichtung auf den Beginn des 14. Jahrhundert datiert wird, besteht bis heute und kann besichtigt werden. Falls die Kirche geschlossen ist, gibt es den Kirchenschlüssel im Pfarramt. Mit dem Bau der Eisenbahnlinie Wolgast – Kröslin – Lubmin – Greifswald im Jahr 1898 steigerte sich die wirtschaftliche Attraktivität des Ortes und seines Hafens. Während im 20. Jahrhundert in anderen Orten ein zunehmender Tourismus begann, setzte Kröslin, auch mangels geeigneter Bademöglichkeiten, auf wirtschaftliches Wachstum. Der Hafen bildete dabei den Mittelpunkt. Neben seiner Nutzung als Fischereihafen wurden hier vor allem Güter auf die Eisenbahn umgeschlagen. Mit der Ansiedlung von Militär in Peenemünde begann die Nutzung der Fährverbindung nach Peenemünde und des Hafens durch die Kriegsmarine und später die Volksmarine der DDR. Bis 1990 lag hier die Landungsschiffabteilung der 1. Flottille der NVA Volksmarine.

Wie in Freest besteht auch ab Kröslin eine Fährverbindung nach Peenemünde.

Nur 9 km nach Kröslin wird Wolgast immer auf der L262 bleibend erreicht.

WOLGAST

(9 km – km 42)

Wolgast besaß seit seiner Gründung im Jahr 1123 aufgrund seiner Lage am Peenestrom und dem Übergang zur Insel Usedom große wirtschaftliche und militärische Bedeutung. Als wichtige Zoll- und Handelsstation entwickelte sich der Ort schnell. Das Stadtrecht wurde schon 1282 verliehen. Zwischen 1296 bis 1625 war die Stadt Sitz der Pommerschen Herzöge. Auf der sogenannten Schlossinsel im Peenestrom zwischen Wolgast und der Insel Usedom stand ihre Schlossanlage. Nach dem Dreißigjährigen Krieg war das Schloss Sitz des Schwedischen Generalgouverneurs. Im Kampf gegen brandenburgische Truppen explodierte 1675 im Schloss das Pulvermagazin und zerstörte die Schlossanlage, die 1820 endgültig abgerissen wurde.

Mit dem Aufschwung der Segelschifffahrt und einsetzender Industrialisierung konnte Wolgast im 19. Jahrhundert neue wirtschaftliche Stärke gewinnen und entwickelte sich zu einem wichtigen Umschlagplatz und Heimathafen verschiedener Reedereien und Küstenfischer.

Wesentlichen Anteil hatten die seit 1863 und 1876 bestehenden Eisenbahnverbin-

dungen, die Wolgast als Kreuz zwischen Swinemünde, Greifswald und der Anschlussstrecke nach Berlin verbanden. 1934 wurde die Peenebrücke zur Insel Usedom gebaut. An Ende des Zweiten Weltkrieges konnte die Rote Armee am 30.4.1945 die Stadt kampflos besetzen, was sinnlose Zerstörung verhinderte. Lediglich die wichtige Peenebrücke wurde von der Wehrmacht gesprengt. Erst 1950 konnte sie wieder errichtet werden. Auf Anordnung der sowjetischen Militäradministration entstand 1948 die Peene-Werft, bis heute der größte Arbeitgeber in der Stadt. Die Werft war bis zum Ende der DDR nahezu ausschließlich mit dem Bau von Militärschiffen beschäftigt. In den ersten Jahren nach der Werfterrichtung musste die gesamte Produktion als Reparationsleistung an die Sowjetunion abgeliefert werden. Nach 1990 wurde die Belegschaft von 3500 auf 800 verkleinert. Die Werft baut heute vor allem Spezialschiffe, ist aber auch am Bau von Kriegsschiffen für die deutsche Bundesmarine und ausländische Auftraggeber sowie der Konstruktion von Off-shore-Windkraftanlagen beteiligt. Begrenzt wird die Größe der Schiffsbauten durch die Breite der Fahrrinne des Peenestroms unter der Peenebrücke. Mehr als 28 m breite Schiffe können in der Peenwerft nicht gebaut oder instand gesetzt werden, da sie die Brücke nicht mehr passieren könnten. Im Sommer 2012 musste der Eigentümer Insolvenz anmelden, die Werft wurde aber anschließend von einem neuen Investor übernommen. Durch neue Bauaufträge der Bundesmarine und einen Großauftrag zum Bau von Küstenschutzbooten im Wert von 1,5 Mrd. Euro aus Saudi-Arabien scheint der Fortbestand der Werft über längere Zeit gesichert zu sein. Diese Rüstungsexporte sind aber umstritten und wurden von der Politik schon mehrfach ausgesetzt.

Für Besucher sehenswert sind die **mittelalterliche Altstadt,** das historische Rathaus

⊡ Die Schlossinsel in Wolgast lädt mit alten Speichern und dem ehemaligen Eisenbahnfährschiff „Stralsund“ zum Besuch ein

Peenebrücke Wolgast

Jahrhundertelang war der Übergang von Wolgast zur Insel Usedom nur per Schiff und Fähre möglich. Mit der einsetzenden Industrialisierung und dem Anschluss Wolgasts an das Eisenbahnnetz wirkte sich das Fehlen einer Brücke besonders nachteilig aus. Alle Personen, Fuhrwerke und Waren mussten auf Fährschiffe umgeladen werden. Bereits Ende des 19. Jahrhundert gab es deshalb Pläne für den Bau einer Brückenverbindung, die aber auch den Schiffsverkehr auf der stark befahrenen Peene ermöglichen musste. In den 1920er-Jahren nahm dann der Bäderverkehr auf die Insel Usedom so stark zu, dass der Brückenbau unumgänglich war. Hunderttausende Passagiere und Tonnen von Waren ließen sich nicht mehr per Fähre übersetzen. Die vorab kalkulierten gigantischen Baukosten sorgten jedoch lange Zeit für Streit zwischen Land, der Stadt Wolgast und den Badeorten der Insel Usedom, da man sich über die Kostenteilung nicht einigen konnte. Erst 1933 wurde mit dem Bau einer Klappbrücke begonnen. Der Brücken- und Fundamentbau wurde in nur einem Jahr abgeschlossen – für die damalige Zeit eine beachtliche technische Leistung. Die Eisenbahn konnte die Brücke, die nur für Auto- und Fußgängerverkehr ausgelegt war, jedoch nicht befahren. Bahnreisende zwischen Wolgast und der Insel Usedom mussten die Brücke zu Fuß überqueren und dann hinter der Brücke am Haltepunkt der Bahn wieder einsteigen. Die abziehende Wehrmacht sprengte 1945 militärisch sinnlos die Brücke, kurz bevor die Stadt Wolgast kampflos übergeben wurde und unterbrach damit diese wichtige Verkehrsverbindung für die nächsten fünf Jahre. Erst 1950 gelang der Wiederaufbau. Aus Mangel an Baumaterial mussten die gesprengten Brückenteile aus der Peene gehoben und nach Instandsetzung erneut verwendet werden. Diese Brücke diente bis 1996 als Übergang zur Insel Usedom, bevor die heute bestehende Klappbrücke neben der alten Brücke erbaut werden konnte. Nach Übergabe der neuen Brücke wurde die alte abgerissen. Seit 2000 kann auch der Zugverkehr über die Brücke erfolgen und Bahnreisenden bleibt der ehemals besonders bei schlechtem Wetter oft beschwerliche Fußweg erspart. Ein interessanter Vergleich: Die Baukosten der neuen und größten Waagebalken-Klappbrücke Deutschlands betrugen 104 Mio. DM, die ehemalige Klappbrücke wurde 1933–1934 für 1,5 Mio. Reichsmark errichtet. Der Klappmechanismus wird heute von Elektromotoren betrieben.

Die Brücke öffnet zu festen Betriebszeiten, um den Schiffsverkehr auf der Peene zu ermöglichen. Fußgänger und Fahrzeuge müssen sich dann für jeweils 15 Min. gedulden. Besonders in den Sommermonaten kommt es dann leicht zu einem beträchtlichen Rückstau auf beiden Seiten der Brücke. Wohnmobilisten sollten in der Hauptsaison den Übergang von und zur Insel Usedom nach Möglichkeit nicht im Bereich der Brückenöffnungszeiten planen. Aktuell gibt es folgende Öffnungszeiten: Mai–Okt. 5.45, 7.45, 12.45, 16.45, 20.45, 23.45 Uhr, Nov.–April entfällt die Öffnung um 7.45 Uhr, dafür öffnet die Brücke um 8.45 Uhr.

von 1718, das stadtgeschichtliche Museum im über 300 Jahre alten Speicher „Kaffeemühle" und die mächtige Petrikirche. Die **Petrikirche** wurde ab 1280 errichtet und ist die Grabstätte der Pommernherzoge. In ihrer Gruft befinden sich die Särge der letzten Herzöge von Pommern-Wolgast. Die Gruft der Petrikirche kann besichtigt und ihr Kirchturm bestiegen werden. Zehntausende Besucher benutzen jährlich diese Möglichkeit. Die Altstadt kann nicht mit Wohnmobilen befahren werden und ist komplett für den Durchgangsverkehr gesperrt.

Wohnmobilisten, die Wolgast auf der vorgeschlagenen Route erreicht haben, sind bereits bei ihrer Einfahrt in die Stadt an einer Zufahrt zum Tierpark Wolgast vorbeigefahren. Der **Tierpark** entstand in den 1960er-Jahren auf Initiative und unter Mithilfe der Bevölkerung im Wolgaster Tannenkamp, einem beliebten Ausflugsziel im Norden Wolgasts. Er ist relativ groß, liegt in einem natürlichen Waldgebiet und beherbergt heute etwa 400 Tiere.

Sehr schön gestaltet wurde die **Schlossinsel** kurz vor der Peenebrücke mit dem Museumshafen. Auf der Schlossinsel wurden alte Speicher und Häuser restauriert, eine Holzbrücke erlaubt den Fußgängerübergang zwischen Altstadt und Schlossinsel.

Im **Museumshafen** ist die über 120 Jahre alte Eisenbahnfähre „Stralsund" zu besichtigen. Sie ist das älteste erhaltene Eisenbahndampffährschiff der Welt. Ursprünglich für den Fährbetrieb vor Stralsund gebaut, wurde sie 1901 nach Swinemünde auf die Insel Usedom verlegt. Nach der Sprengung der Peenebrücke 1945 diente sie unter anderem bis 1950 als Fährschiff zwischen Wolgast und der Insel Usedom. Ihre letzte offizielle Fahrt hatte sie 1990. Allerdings fanden sich in Einzelfällen von 1993 bis 1995 keine anderen Möglichkeiten, Waggons der Usedomer Bäderbahn über die Peene zu bringen, sodass es noch zu vereinzelten Fahrten des nun schon offiziellen Museumsschiffes als Eisenbahnfähre kam.

Sehenswertes

› **Tierpark Wolgast,** Am Tierpark 1–2, 17348 Wolgast, www.tierparkwolgast.de, Tel. 03836 602431, geöffnet: Mai–September 9–17.30 Uhr, Oktober–April 10–15.30 Uhr, Eintritt: 7,50 € Erwachsene, 5 € Kinder, 2 € Hund. Der Tierpark liegt in einer parkähnlichen natürlichen Umgebung und zeigt 400 Tiere aus 52 Arten. Streichelzoo, Gaststätte, große kostenlose Parkflächen, die sich auch für eine Übernachtung eignen, GPS 54.07001, 13.77332.

› **Stadtgeschichtliches Museum „Kaffeemühle" Wolgast,** Rathausplatz 6, 17438 Wolgast, Tel. 03836 203041, www.museum.wolgast.de, geöffnet: April–Okt. Di.–Fr. 11–18 Uhr, Sa./So. 11–16 Uhr, Eintritt: 5 € Erwachsene, 4 € Ermäßigte, 3 €

⊡ *Die moderne Klappbrücke zwischen Wolgast und Usedom*

150wo-lr

Kinder. Das Museum offeriert Wolgaster Geschichte vom 8. Jahrhundert bis zur Gegenwart.

- **Eisenbahndampffährschiff „Stralsund" Wolgast,** Mobil 0176 41620570, www.dampffaehrschiff-wolgast.org, geöffnet: Di.–So. 11–16 Uhr, Eintritt: 4 € Erwachsene, 1 € Kinder. Fährschiff mit zwei zweistufigen Expansionskolben-Dampfmaschinen als einziges seiner Art in Europa, ist 37,46 m lang, 9,80 m breit und erreicht eine Geschwindigkeit von 8 Knoten. Das ganze Schiff kann besichtigt werden.
- **St. Petri-Kirche Wolgast,** Kirchplatz 7, 17438 Wolgast, www.kirche-wolgast.de, Tel. 03836 202269. Austragungsort der Wolgaster Sommermusiken von Juni bis Oktober, Gottesdienste sonntags 10 Uhr.

Information

- **Touristinformation Wolgast,** Rathausplatz 10, 17438 Wolgast, Tel. 03836 600118, www.stadt-wolgast.de, geöffnet: Mo.–Fr. 10–18 Uhr, Sa. 10–14 Uhr, Juli–August auch So. 10–13 Uhr

Parken

P 121 **Parkplatz Wilhelmstraße Wolgast,** GPS 54.05478, 13.77274, Wilhelmstraße, 17438 Wolgast, geöffnet: ganzjährig, Preise: kostenlos. Gepflasterter Parkplatz unmittelbar am Rande der Altstadt, auch als „Parkplatz Altstadt" ausgeschildert.

P 122 **Parkplatz Alter Fischmarkt Wolgast,** GPS 54.05246, 13.77509, Fischerstraße, 17438 Wolgast, geöffnet: ganzjährig, Preise: 4 Std. mit Parkscheibe. Großer Parkplatz für Womos aller Größen geeignet gegenüber der Altstadt und direkt an der Hauptstraße.

94 Campingplatz Peenecamp Wolgast

GPS 54.04203, 13.76896

Kleiner Campingplatz am Ufer der Peene mit Bootsliegeplätzen und Wasserzugang. **Lage/Anfahrt:** Ausschilderung zum Bahnhof Wolgast folgen (Bahnhofsstraße), am Bahnhof vorbei, ab Abzweig Lotsenstraße ausgeschildert; **Platzanzahl:** über 20; **Untergrund:** Wiese, fest; **Service:** Strom, Trinkwasser, Abwasser; Chemie-WC; **Preise:** 8 € Fahrz., 6 € Erwachsene, 3 € Kinder, Strom extra; **Geöffnet:** Mai–Oktober; **Kontakt:** Am Strom 6, 17438 Wolgast, Mobil 0160 1066066, www.peenecamp-wolgast.de; **Hinweis:** Ab Frühjahr 2021 soll zusätzlich zum Peenecamp Wolgast im Hollendorfer Weg 3 in Wolgast ein weiterer Wohnmobilstellplatz zur Verfügung stehen.

Nach der Überquerung der Wolgaster Peenebrücke hat man die **Insel Usedom** erreicht. 7,5 km beträgt die Entfernung bis zum Ostseebad Zinnowitz (s. S. 258). Die heute gut ausgebaute B111 sorgt für einen zügigen Verkehr und Zinnowitz kann in wenigen Minuten erreicht werden. Die Route schlägt aber den landschaftlich interessanteren Weg auf den kleinen Ortsverbindungsstraßen über Zecherin, Mölchow und Trassenheide vor. Bei Stau auf der B111 kann diese Route auch als Umgehungsstraße dienen.

Wer diesen Weg fahren möchte, biegt etwa 1,2 km nach der Peenebrücke links in Richtung Zecherin ab, aber Achtung, die Straße ist relativ leicht zu verpassen. Bis nach **Zecherin** sind es ca. 2 km. Wer Navigationssysteme nutzt, muss aufpassen: Es gibt noch einen zweiten, weiter südlich liegenden Ort Zecherin auf der Insel Usedom. Zecherin liegt am östlichen Ufer des Peenestromes in landschaftlich idyllischer und ruhiger Lage. Der Ort war und ist ein kleiner Fischerort mit schönem Hafen. Dort sind Wohnmobile sehr willkommen und es gibt den **Wohnmobilstellplatz Hafen Zecherin** 95 mit direktem Blick auf das Wasser. Die sanitären Anlagen des Hafens stehen zur Verfügung. Aufgrund des verschilften Peeneufers gibt es kaum Bademöglichkeiten.

95 Wohnmobilstellplatz Hafen Zecherin

GPS 54.07784, 13.80712

Sehr ruhige und idyllische Wohnmobilstellplätze im Fischerei- und Sportboothafen Zecherin, Nutzung der sanitären Hafenanlagen. Spielplatz, Angel- und Feuerstelle, Bootsvermietung, Angelfahrten. Tipp! **Untergrund:** Pflaster; fest; **Ver-/Entsorgung:** Strom,

UBB – die Usedomer Bäderbahn

Als am 11. März 1876 bei Karnin, einem kleinen Ort auf der Insel Usedom, eine eingleisige Drehbrücke über den Peenestrom in Betrieb genommen wurde, stand der touristischen Erschließung der Insel Usedom mit der Eisenbahn nichts mehr im Wege. Denn mit der Eröffnung der Strecke von Ducherow auf dem Festland nach Swinemünde wurde der Grundstein für den Bäderverkehr gelegt, der in den folgenden Jahren immer weiter ausgebaut wurde. Swinemünde erhielt eine Hafenbahn, 1894 verband die Eisenbahn dann Swinemünde mit Heringsdorf, von wo aus 1911 die Strecke zur Wolgaster Fähre eröffnet wurde. Weil der Eisenbahnverkehr sich so rasant entwickelte, musste schon 1908 der zweigleisige Ausbau der Strecke erfolgen. Die kurze Reisezeit von ca. drei Stunden, die man nun von Berlin aus in Schnellzügen benötigte, um die Insel zu erreichen, ließ Usedom zur „Badewanne der Berliner" werden. Vor allem in den 1930er-Jahren nahm der Bäderverkehr einen enormen Aufschwung. Aber auch die militärische Nutzung der Bahn nahm immer mehr zu, da 1936 in Peenemünde die Heeresversuchsanstalt und die Erprobungsstelle der Luftwaffe entstand. Durch die Sprengung der Karniner Eisenbahnbrücke durch die deutsche Wehrmacht im April 1945 wurden das Streckennetz und die Anbindung an Berlin unterbrochen. Als Ergebnis der Potsdamer Konferenz wurde die Insel Usedom geteilt, Swinemünde kam zu Polen und damit waren auch die östlichen Bahnstrecken und Anbindungen der jetzt wirklich vom Festland isolierten Inselbahn verloren. Bis 1948 wurden Teile der Gleisstrecken abgebaut und wie andere Güter als Reparationsleistungen an die UdSSR über den Hafen Swinemünde abtransportiert.

Die noch auf dem Gebiet der DDR bestehende Inselbahn konnte nur noch durch das Eisenbahndampffährschiff „Stralsund" mit seiner Verbindung nach Wolgast den Anschluss an die übrigen Reichsbahnstrecken halten. Notwendig war das u. a., da auf der Insel Usedom keine wesentlichen Instandsetzungsmöglichkeiten für Waggons und Lokomotiven bestanden. Mit dem Fährschiff übergesetzt wurden auch mit Gütern beladene Waggons, um das Ent- und Beladen zu vermeiden. Das sorgte natürlich für eine erhebliche Verzögerung des Transportes dieser Waggons. Personenwaggons wurden deshalb nicht mit dem Fährschiff transportiert. Auch nachdem man die Peenebrücke in Wolgast 1950 wieder errichtet hatte, blieb der 1000 Meter lange Fußmarsch über die Peenebrücke Bestandteil einer Eisenbahnreise auf die Insel Usedom. Lastwagen transportierten gegen Gebühr das Gepäck zu den Anschlusszügen. 1990 endete der Eisenbahnfährschiffverkehr zwischen Wolgast-Hafen und Wolgast-Fähre. Das 100-jährige Fährschiff war restlos verschlissen. Daraufhin beantragte die Reichsbahndirektion Schwerin die Stilllegung der Strecke, weil einerseits der Güterverkehr per Schiene eingestellt wurde, andererseits die Fahrgastzahlen zurückgingen und der Eisenbahnfährbetrieb mit dem jetzt notwendigen Bau oder Kauf eines neuen Fährschiffes unrentabel war. Aber schon 1993 rief man das „Projekt Usedom" ins Leben, den Vorläufer der jetzigen Usedomer Bäderbahn, die 1995 als Tochtergesellschaft der Deutsche Bahn AG gegründet wurde. Eine grundlegende Sanierung des Schienennetzes folgte und neue Haltepunkte entstanden. Seit 2000 fahren auch Züge über die neue Peenebrücke in Wolgast bis nach Barth und 2008 konnte der Streckenabschnitt zwischen der Grenze Ahlbecks und dem Zentrum Swinemündes wieder in Betrieb genommen werden. Damit gibt es eine komfortable Gleisverbindung zum Festland und alle wichtigen Küstenorte der Insel sind per Bahn erreichbar.

Seit Ende 2017 wird das Streckennetz der UBB nicht mehr vom gleichnamigen Zugbetreiber befahren, sondern von der DB Regio, um der gesetzlichen Forderung nach Trennung von Netz und Fahrbetrieb zu genügen. Beide Unternehmen gehören der Deutschen Bahn. Für die Kunden ändert sich nichts, auch das Aussehen der Züge bleibt erhalten. Fahrplan- und Ticketinformationen sowie die Auskunftsstellen werden jedoch jetzt von der Deutschen Bahn (DB, www.bahn.de) zur Verfügung gestellt.

Trinkwasser, Abwasser; **Preise:** 12 € Fahrzeug, 3,50 € Erwachsene, 2 € Kinder, Strom, Wasser extra; **Geöffnet:** ganzjährig; **Kontakt:** Wolgaster Weg 3a, 17449 Mölschow OT Zecherin, Tel. 03836 202316, 0173 9851196, www.hafenzecherin.de.

Nach Zecherin folgt **Mölschow.** Das landwirtschaftlich geprägte Dorf wurde 1925 bei einem Großfeuer nahezu komplett zerstört und musste anschließend neu aufgebaut werden. Mittelpunkt des Dorfes blieb die Gutsanlage, die 1945 enteignet und aufgeteilt wurde. Im Gut befindet sich die **Usedom-Destillerie,** die Besucher empfängt und ihnen Verkostungen und Führungen anbietet.

- **Usedom-Destillerie,** Trassenheider Str. 7a, 17449 Mölschow, www.usedomdestillerie.de, Mobil 0173 5120261, geöffnet: Mi.–So. 14–18 Uhr. 2020 neu eröffnete Destillerie mit verschiedenen Spirituosen im Angebot.
- **Dino-Park Mölschow,** Hauptstraße 5a, 17449 Mölschow, www.dinopark-usedom.de, geöffnet: Sommer tägl. ab 9 Uhr, im Winter nur an Wochenenden und Feiertagen ab 10 Uhr, Eintritt: 9,50 € Erwachsene, 7,50 € Kinder. Dinosauriererlebnis- und Themenpark für die ganze Familie.

Hat man die kleine Abfahrt in Richtung Zecherin nahe der Klappbrücke verpasst, kann man auch über Mölchow nach Zecherin fahren. Zwischen den Abfahrten Zecherin und Mölchow von der B111 liegen nur etwa 2 km. Bis zum Ostseebad Trassenheide sind es ab Mölschow nur 2 km.

TRASSENHEIDE

(9 km – km 51)

Trassenheide ist relativ jung. 1823 stand hier nur ein großer Schafstall zur Unterbringung des Viehs bei Hochwasser, dann gründete man eine Fischerkolonie zum Heringsfang. Bis ins Jahr 1908 führte der Ort noch den Namen Hammelstall und wurde anschließend auf Antrag der Bewohner in Trassenheide umbenannt. Dieser Name wurde von der nahe gelegenen Försterei „Trassenmoor“ ab-

Der Skulpturenpark Trassenheides befindet sich an der Strandpromenade

088wo-lr

geleitet. Trassenheide blieb trotz Namensänderung ein kleiner Ort und lag bis zum Ende des Zweiten Weltkriegs abseits der Touristenströme.

Mit dem Bau der Werkbahn zur Heeresversuchsanstalt der Luftwaffe und dem Flugplatz Peenemünde in den 1930er-Jahren hatte sich zwar die Verkehrsverbindung Trassenheides verbessert, aber der Ausbau Peenemündes stellte sich als nicht besonders vorteilhaft für Trassenheide heraus. Im Rahmen der Operation Hydra, dem britischen Bombenangriff auf Peenemünde, wurde das etwa 8 km Luftlinie südlich Peenemündes liegende Trassenheide durch Fehler in der Zielmarkierung der Bomberführung am 17./18. August 1943 schwer bombardiert und zu weiten Teilen zerstört.

Nach dem Ende des Zweiten Weltkrieges 1945 stiegen langsam die Besucherzahlen. Bis heute wirkt sich die relativ weite Entfernung zwischen dem Ortskern und dem zugehörigen Badestrand etwas nachteilig auf die Beliebtheit des Ferienortes aus. Etwa 1,5 km sind durch den Küstenwald bis zum Strand zurückzulegen. Strandgäste finden rund um den Strand und an der Seepromenade ausreichend gastronomische Angebote. Der Titel Seebad wurde dem Ort im Jahr 1997 verliehen. Wie in allen Seebädern an der Ostküste der Insel Usedom ist der schier endlose Sandstrand das heute wichtigste Kapital Trassenheides.

Im Küstenwald unmittelbar hinter der Düne befindet sich der **Campingplatz Ostseeblick** 96.

In einem angrenzenden Gewerbegebiet an der Straße in Richtung Zinnowitz stehen **Europas größtes Schmetterlingshaus,** das **Erlebnishaus „Die Welt steht Kopf“** und das **Kinderland Usedom.** Kostenfreie Parkmöglichkeiten sind vorhanden. Eine Minigolfanlage und das Wildlife Usedom, eine Naturausstellung, ergänzen auf demselben Gelände das Veranstaltungsangebot.

Als **Kurtaxe** wird in Trassenheide ein Betrag von 2 € in der Hauptsaison erhoben.

Sehenswertes

- **Schmetterlingsfarm Trassenheide,** Wiesenweg 5, 17449 Trassenheide, Tel. 038371 28218, www.schmetterlingsfarm.de, geöffnet: Feb.-Nov. tägl. 9.30-18 Uhr, Preise: 14 € Erwachsene, 8 € Kinder. Europas größtes Schmetterlingshaus mit 5000 m², verschiedene Sonderausstellungen, Shop, Café, großer Parkplatz gegenüber, GPS 54.08043, 13.86800.
- **„Die Welt steht Kopf“ Trassenheide,** Wiesenweg 2c, 17449 Trassenheide, Tel. 038371 26344, www.weltstehtkopf.de, geöffnet: Hauptsaison tägl. 10-18 Uhr, Nebensaison tägl. 10-16 Uhr, Eintritt: 8 € Erwachsene, 7 € Kinder. Auf dem Kopf stehendes Haus mit kompletter Innenausstattung, GPS 54.07791, 13.86758.
- **Kinderland Usedom Trassenheide,** Wiesenweg 1, 17449 Trassenheide, Tel. 0151 59068791, www.usedom-kinderland.de, geöffnet: täglich ab 10 Uhr, Eintritt: 4 € Erwachsene, 8 € Kinder. 10.000 m² Kinderland mit Eisenbahn, Karussell, Kletterturm, Trampolin, Spielplatz, Rutschen, liegt zwischen „Die Welt steht kopf“ und der Schmetterlingsfarm.

Information

- **Kurverwaltung Trassenheide,** Strandstraße 36, 17449 Trassenheide, Tel. 038371 20928, www.trassenheide.de, geöffnet: Mo.-Fr. 9-12 und 13-18 Uhr, Sa. 10-12 Uhr

96 Campingplatz Ostseeblick Trassenheide

GPS 54.09004, 13.88558

Großer Campingplatz im Küstenwald hinter der Düne, Kinderspielplatz, Einkaufsmöglichkeit. Der Campingplatz wird von der Kurverwaltung Trassenheide betrieben. **Platzanzahl:** über 150; **Untergrund:** Wiese, Sand; fest; **Service:** Strom, Trinkwasser, Abwasser, Chemie-WC; **Sicherheit:** umzäunt, beleuchtet, bewacht; **Preise:** 15,50 €/Fahrz., 6,50 € Erwachsene, 3 € Kinder, Strom, Wasser, Hund extra; **Geöffnet:** April-Oktober; **Kontakt:** Zeltplatzstraße 20, 17449 Trassenheide, Tel. 038371 20949, www.campingplatz-ostseeblick.de.

ABSTECHER NACH PEENEMÜNDE

(hin und zurück etwa 22 km)

Peenemünde und Karlshagen sollten bei einem Besuch der Insel Usedom nicht verpasst werden. Karlshagen bietet wunderschönen Sandstrand und ausgezeichnete Bademöglichkeiten. Peenemünde ist vielleicht der historisch interessanteste Ort der Insel und lockt mit zahlreichen Sehenswürdigkeiten.

Im Hafen bieten verschiedene Reedereien sehr interessante Schiffsrundfahrten und Ausflüge an, Museumsschiffe laden zu einem Besuch ein.

KARLSHAGEN

Wie Trassenheide wurde auch Karlshagen erst recht spät gegründet. Das heutige Seebad ist noch keine 200 Jahre alt. Bis zum Bau der Heeresversuchsanstalt der Luftwaffe 1936 in Peenemünde blieb der Ort ein verschlafenes Fischernest, obwohl man sich schon ab 1885 durch den Bau eines Hotels um Bädertouristen bemühte. Mit der einsetzenden regen Bautätigkeit und späteren Versuchsarbeit in Peenemünde wuchs der Ort durch den Zuzug von Mitarbeitern der Versuchsanstalt und ihren Familien um einige Tausend Bewohner an. Allerdings gehörte Karlshagen bereits zum Sperrgebiet Peenemünde und der Gästebetrieb wurde eingestellt. Wie Trassenheide wurde auch Karlshagen bei den Bombenangriffen im August 1943 schwer getroffen und zahlreiche Menschen starben.

Nach dem Zweiten Weltkrieg begann eine erneute zögerliche Ausrichtung als Touristenort. Mit der Wiederaufnahme des Flugbetriebes und der Ansiedlung eines großen Marineverbandes der NVA in Peenemünde wurde jedoch wieder ein Sperrgebiet eingerichtet, welches bereits am nördlichen Ortsausgang von Karlshagen begann. Das Sperrgebiet verhinderte zu DDR-Zeiten eine stärkere touristische Entwicklung des Ortes, denn die DDR wollte keinen Massentourismus in der Nähe ihrer militärischen Sperrgebiete. So blieb die Bettenzahl begrenzt und es entstanden lediglich einige Ferienobjekte von DDR-Betrieben, ein Zeltplatz und das MZO 14 (Mehrzweckobjekt 14) der NVA – eine im militärischen Sprachgebrauch benutzte Bezeichnung für das Kinderferienlager der NVA. Nach 1990 setzte in Karlshagen eine rege Bautätigkeit ein. Trotzdem sank die Einwohnerzahl stark, denn mit der Aufgabe Peenemündes als Garnison der Bundeswehr, die den Standort der NVA übernommen hatte, verließen zahlreiche Berufssoldaten und Zivilbeschäftigte den Ort. Besonders im letzten Jahrzehnt konnte Karlshagen einen riesigen Sprung in der touristischen Entwicklung verzeichnen. Die Gästezahlen explodierten regelrecht und kein anderes Ostseebad erreichte ein stärkeres Wachstum.

Trotzdem bleibt der Ort ruhig und bescheiden. Eine große Einkaufsmeile existiert hier nicht. Für die Gäste gibt es eine Reihe von Veranstaltungen, die vor allem zwischen April und Oktober stattfinden. Hafenfest, Strandfest oder Seebadfest werden jedoch überstrahlt vom **Usedom Beach Cup,** eine der größten Beachvolleyball-Veranstaltungen der Welt. Dieses Beachvolleyball-Turnier findet seit 1999 jährlich Ende Juli/Anfang August statt. Mehr als 1000 teilnehmende Spieler werden jährlich gezählt.

Direkt an der Straße kurz vor der Ortseinfahrt Karlshagen befindet sich neben dem angrenzenden Friedhof die **Mahn- und Gedenkstätte Karlshagen** zur Erinnerung an die Opfer der mehrfachen alliierten Bombenangriffe im Zweiten Weltkrieg. Auf dem Friedhof sind etwa 2000 Opfer verschiedener Nationen dieser Angriffe begraben. Gedenksteine und Erinnerungstafeln, teils mit namentlicher Aufführung und Darstellung ihres Lebenslaufes, erinnern an sie.

Karlshagen besitzt den größten **Hafen** auf der deutschen Seite der Insel Usedom. Er liegt etwas abgetrennt vom Ortskern an der Peene und nicht auf der Ostseeseite des Ortes. Die Entfernung zwischen Ostseestrand und Hafen beträgt etwa 3 km. Der Hafen wurde in den letzten Jahren schön ausgebaut. In ihm finden Besucher verschiedene gastronomische Angebote und gute Parkmöglichkeiten. Auf einem Teil der Hafenparkflächen sind Wohnmobilstellplätze mit Übernachtungsmöglichkeit ausgewiesen.

Die **Kurtaxe** beträgt zwischen Mai–September 2 € pro erwachsenem Besucher.

Information

› **Touristinformation Karlshagen,** Hauptstraße 4, 17449 Karlshagen, www.karlshagen.de, Tel. 038371 55490, geöffnet: Mo.–Fr. 9–17 Uhr, Juli/August auch Sa./So. 10–15 Uhr

Parken

P 123 **Strandparkplatz Ostseestraße Karlshagen,** GPS 54.12683, 13.82618, Ostseestraße, 17449 Karlshagen, geöffnet: ganzjährig, der Parkplatz liegt außerhalb Karlshagens an der Zufahrt zu einer neu errichteten Ferienhaussiedlung, Preise: 1 €/Std., 5 € Tagespauschale. Gepflasterter Parkplatz beidseitig der Zugangsstraße zur Ostsee und Ferienhaussiedlung, Entfernung zum Strand etwa 200 m. Sehr gut für Übernachtung und für Wohnmobile aller Größen geeignet.

P 124 **Strandparkplatz Am Maiglöckchenberg Karlshagen,** GPS 54.11960, 13.83450, Am Maiglöckchenberg, 17449 Karlshagen, geöffnet: ganzjährig, Preise: 6 € Tagespauschale. Befestigter Parkplatz für Wohnmobile im Innenbereich Karlshagens. Nach veränderter Parkregelung können Wohnmobile nur noch in einem Teilstück der Straße parken.

Sonstiger Stellplatz

S 125 **Wohnmobilstell- und Parkplatz Marina Karlshagen,** GPS 54.11064, 13.81318. Stell- und Parkplatz etwa 300 m vor dem Peenehafen Karlshagen. Besonders außerhalb der Saison ruhig, umgeben von Grünflächen und Bäumen. Platzanzahl: 15; Untergrund: Pflaster, Service: WC, Strom, Wasser; Preise: 12 € Tagespauschale; Geöffnet: ganzjährig; Kontakt: Peenestraße, 17449 Karlshagen.

97 Campingplatz Dünencamp Karlshagen

GPS 54.11794, 13.84460

Preisgekrönter Campingplatz der 5-Sterne-Kategorie. Vollausstattung mit Gaststätte. Der Campingplatz wird von der Gemeinde betrieben. **Lage/Anfahrt:** Der Campingplatz liegt auf 1 km Länge im Küstenwald direkt hinter dem Strand.; **Untergrund:** Wiese, Sand; fest; **Service:** Strom, Trinkwasser, Abwasser, Chemie-WC; **Sicherheit:** umzäunt, beleuchtet, bewacht; **Preise:** 16,50 €/Fahrzeug, 9 € Erwachsene, 6 € Jugendliche, 3,50 € Kinder, Strom, Wasser und Hund kosten extra; **Geöffnet:** ganzjährig; **Kontakt:** Zeltplatzstraße 11, 17449 Karlshagen, Tel. 038371 20291, www.karlshagen.de/duenencamp/campingplatz. **Achtung!** Der Platz hat die gleiche Postleitzahl und den gleichen Straßennamen wie der Campingplatz Ostseeblick Trassenheide 96. Es besteht Verwechslungsgefahr!

PEENEMÜNDE

Peenemünde ist als **Wiege der Raumfahrt** auch international bekannt. Zwar wurden hier die erste einsatzfähige Trägerrakete und zahlreiche andere zivile und militärische Flugobjekte entwickelt und getestet, doch man sollte nicht vergessen, dass der einst einsame Ort auch schon früher einmal Geschichte geschrieben hat. Am 26.06.1630 fand hier die Seelandung des Invasionsheeres unter dem schwedischen König Gustav Adolf statt, der damit entscheidend in den Dreißigjährigen Krieg eingriff und nachfolgend weite Teile deutscher Gebiete und auch ganz Pommern besetzte. Das war der Beginn der langen schwedischen Herrschaft in weiten Teilen der Ostseeküste und des Binnenlandes Mecklenburg-Vorpommerns. Nach 1815 gehörte der

Zur Erinnerung an den NVA-Flugbetrieb steht ein doppelsitziges Übungsjagdflugzeug am Eingang zum Flugplatz Peenemünde

Ort Peenemünde zur preußischen Provinz Pommern und konnte einen gewissen Aufschwung verzeichnen. Landwirtschaft und Fischerei waren dabei die Haupterwerbsfelder der Bevölkerung.

1936 begannen die Arbeiten zur Errichtung der **Heeresversuchsanstalt** Peenemünde, ab 1938 gesellte sich die **Erprobungsstelle der Luftwaffe** dazu. Alle früheren Bewohner Peenemündes wurden zwangsausgesiedelt, das alte Dorf zu weiten Teilen abgetragen. Riesige Anlagen mit Häfen, Schießständen, Unterkünften, Bürogebäuden, Produktions- und Flugzeughallen entstanden. Die Heeresversuchsanstalt beschäftigte sich vorrangig mit dem Bau von Flüssigkeitsraketen, um eine militärische Anwendung als Trägermittel zu ermöglichen. Weltbekannt ist die A4, die erste einsatzfähige Trägerrakete mit einem Sprengkopf von 1 t. Die Nazis verwendeten den Propagandanamen V2, für „Vergeltungswaffe 2“. Die V1, ein Marschflugkörper mit der technischen Bezeichnung Fi-103, wurde ebenfalls in Peenemünde, allerdings von der Erprobungsstelle der Luftwaffe, getestet. Darüber hinaus flog und testete die Luftwaffe hier auch andere bekannte und neuartige Waffensysteme, wie das erste Raketenflugzeug der Welt He-176, das schnellste Flugzeug des Zweiten Weltkriegs, die Me-163, neuartige Flugabwehrraketen und die erste ferngesteuerte Gleitbombe, die Hs-293.

Peenemünde war ein Ort bahnbrechender Entwicklungen, aber auch eine Stätte der Ausbeutung Zehntausender Zwangsarbeiter, Kriegsgefangener und KZ-Häftlinge, von denen eine große Anzahl in dieser Waffenschmiede ums Leben kam. Im Rahmen der Operation Hydra bombardierten 596 Bomber der britischen Royal Air Force diesen Ort von ungeheurer militärstrategischer Bedeutung in der Nacht vom 17. auf den 18. August 1943. Ungefähr 800 Menschen, darunter viele Zwangsarbeiter, KZ-Häftlinge und Kriegsgefangene, aber auch namhafte Wissenschaftler, wurden getötet. Neben Peenemünde wurden die Orte Karlshagen und Trassenheide schwer getroffen und zahlreiche Häuser zerstört. An diese Opfer erinnert heute die **Mahn- und Gedenkstätte Karlshagen** mit Kriegsopferfriedhof. Anschließend verlagerte man große Teile der Entwicklung

089wo-lr

und Fertigung der V2 in unterirdische Stollensysteme in Mitteldeutschland. Trotzdem blieb Peenemünde eine wichtige Entwicklungs- und Erprobungsstelle. Am 18.7.1944 und am 4.8.1944 wurde Peenemünde erneut angegriffen. Galten bei den Angriffen im Sommer 1943 noch die Wohnunterkünfte als Hauptziel, legten jetzt 600 amerikanische Bomber die Versuchseinrichtungen in Schutt und Asche. Erneut kamen etwa 2000 Menschen ums Leben. Ende des Zweiten Weltkrieges wurde Peenemünde rechtzeitig vor dem Eintreffen der Roten Armee geräumt. Im Rahmen der Demontage nach 1945 wurden fast alle technischen Anlagen abgebaut und in die UdSSR verbracht, verbliebene Gebäude gesprengt. Ab 1952 übernahmen Einheiten der Kasernierten Volkspolizei, dem Vorläufer der NVA, Flugplatz und Hafenanlagen. Zwar wurden erneut Gebäude und Anlagen errichtet, doch konnten diese aufgrund der mangelnden wirtschaftlichen Möglichkeiten

Munitionsbelastung der Insel Usedom und ihrer Küstengewässer

Durch die Alliierten wurden im Zweiten Weltkrieg mehrfach verheerende Bombenangriffe auf die Insel Usedom geflogen. Nicht nur die schweren Angriffe mit Hunderten von Bombern und Tausenden von abgeworfenen Bomben und Brandmitteln auf Peenemünde, Karlshagen, Trassenheide und die heute polnische Hafenstadt Swinemünde, einen Nachbarort von Ahlbeck, hinterließen ein gefährliches Erbe. Zusätzlich entledigte man sich nach Ende des Zweiten Weltkrieges großer Mengen an Munition durch einfaches Versenken in der Ostsee. Dazu kommt die bis 1990 andauernde Nutzung der Strandflächen Peenemündes und des Nordteils des Flugplatzes Peenemünde als Schieß- und Übungsplatz. In der Zeit des Kalten Krieges fanden hier große Landemanöver mit Zehntausenden Soldaten statt.

All das führte zu einer erheblichen Munitionsbelastung einzelner Flächen im Inland der Insel Usedom, aber vor allem der Strände. Nach Aufspülung durch Sturm und Strömung gelangen ständig Munitionsreste vom Seeboden an den Ostseestrand. Werden verschiedene Arten Munition im Regelfall vom Finder noch als solche erkannt, sind die ***Reste weißen Phosphors,*** *die aus Brandbomben und Brandmitteln stammen, besonders gefährlich. Diese Phosphorstücke erinnern stark an Bernstein und werden deshalb nicht ohne weiteres als gefährliche Hinterlassenschaft des Krieges wahrgenommen. Nach Unterlagen der Royal Air Force fielen bei den Bombenangriffen auf Peenemünde Tausende Brand- und Sprengbomben in einen 2 km Streifen vor der Küste zwischen Trassenheide und der Nordspitze Peenemündes. Beim Aufschlag auf dem Wasser zerbrachen Bomben und Brandmittelbehälter oder Korrosion im Salzwasser zerstörte die Metallhülle. Damit wurde der im Inneren der Munition befindliche Phosphor freigesetzt. Phosphor ist an der Luft selbstentzündend und verbrennt mit einer Flammtemperatur von weit über 1000 °C. Deshalb wurde er gezielt als Brandmittel und Brandbeschleuniger in der Munition eingesetzt. Phosphor lässt sich nach der Entzündung nicht mehr mit Wasser löschen, er ist stark giftig und bereits kleinste Mengen wirken tödlich.*

Die betroffenen Gemeinden unternehmen alles, um eine Munitionsbelastung ihrer Strände zu verhindern. Wie überall in Deutschland kann aber nicht ganz ausgeschlossen werden, dass Munitionsreste entdeckt werden. Dann gilt es, die Munition nicht anzufassen und die zuständigen Behörden sofort zu informieren. In den besonders gefährdeten Bereichen, in denen die Gemeinden auch mit Hinweisschildern auf die Problematik aufmerksam machen, sollte Bernstein wegen der Verwechslungsgefahr mit Phosphorstücken nur unter größter Vorsicht gesammelt werden. Wegen hoher Munitionsbelastung dürfen gesperrte Gebiete nicht betreten werden.

der DDR nur wesentlich spartanischer ausgeführt werden. Bis 1990 waren hier etwa 5000 Flieger und Matrosen stationiert und das gesamte Gebiet wurde als Sperrgebiet für die Zivilbevölkerung ausgewiesen.

Die in Peenemünde gemachten Erfindungen und Entwicklungen waren für den Tod Tausender Menschen verantwortlich, öffneten aber auch den Zugang zur friedlichen Erforschung des Weltraumes.

In den verschiedenen Verkaufsstellen Peenemündes, aber auch in wirklich jeder anderen Buchhandlung oder Touristinformation der Insel Usedom wird eine große Menge an Büchern und Informationsmaterial zu Peenemünde angeboten, in denen sich die Besucher über jedes Detail, jede Ruine und jede Sehenswürdigkeit informieren können. Noch heute sind große Teile der weiten Landschaft Peenemündes für den Besucherverkehr gesperrt. Gründe dafür sind die hohe Munitionsbelastung verschiedener Flächen, aber auch ihre Einstufung als Flächendenkmal und Naturschutzgebiet. Im Kölpiensee zwischen Flugplatz und Südhafen liegt in sehr flachem Wasser das Wrack eines britischen Lancaster-Bombers, der beim Angriff 1943 abgeschossen wurde. Bei geringem Vegetationsgrad im Frühjahr, Herbst und Winter ist das Wrack aus größerer Entfernung zu sehen. Das Wrack ist als Bodendenkmal geschützt und darf nicht betreten werden. Der Oststrand von Peenemünde ist mit einem Zaun vom Karlshagener Strand getrennt. Deshalb ist es nicht möglich, die am Peenemünder Oststrand im Küstenwald liegenden alten Raketenversuchsstände und Startstellungen vom Strand aus zu entdecken. Der gesamte Strandbereich bis hin zur Nord-Westspitze Peenemündes ist für Besucher gesperrt. Baden ist deshalb hier trotz feinstem Sandstrand ebenfalls nicht möglich.

Neben verschiedenen Museumsschiffen, einem **U-Boot, Museen,** Buchhandlungen und Restaurants ist das ehemalige Kraftwerk heute der touristische Mittelpunkt Peenemündes. Hier befinden sich die großen Innen- und Außenausstellungen des **Historisch-Technischen Museums** Peenemünde.

Peenemünde besitzt zwei Häfen. Dabei ist der große Südhafen für Wohnmobilreisende von eigentlichem Interesse, denn hier befinden sich die Museumsschiffe, gastronomische Angebote und auch kleinere Verkaufseinrichtungen für Souvenirs, Schmuck oder Bücher. Der Südhafen ist auch als Museumshafen ausgeschildert.

Die Fähr- und Fahrgastschiffe warten hier auf ihre Gäste. Besonders empfehlenswert sind bei schönem Wetter die **Fahrten zu den Inseln Ruden und Greifswalder Oie** vor Peenemünde. Die Inseln sind nahezu unbewohnt und bieten eine einzigartige Natur und einsame Wanderwege. Wer die notwendige Zeit mitbringt, sollte eine solche kleine Seereise nicht verpassen. Für den Besuch der Greifswalder Oie müssen ungefähr 5–6 Std. eingeplant werden. Nach einer 90-minütigen Überfahrt zur Insel stehen 2–3 Std. für die Erkundung der Insel Oie zur Verfügung. Mit einer Stunde Landgang dauert der Besuch der Peenemünde vorgelagerten alten Lotseninsel Ruden etwa 4 Std. Auch Angelfahrten sind vom Südhafen möglich. Schifffahrtsangebote gibt es von der Apollo Fahrgastreederei, aber auch von anderen Anbietern. Der deutlich kleinere Nordhafen wird zu einem modernen Jachthafen mit zahlreichen Ferienhäusern umfunktioniert. Hier sind für Wohnmobilreisende die Parkmöglichkeiten und ggf. sanitären Einrichtungen mit Dusche des Hafens interessant.

Peenemünde ist über 20 Jahre nach Ende der militärischen Nutzung immer noch in einem fortwährenden Ausbau und beständiger Entwicklung begriffen – besonders intensiv im Bereich der beiden Häfen. Die touristischen Angebote und die Parkplatzsituation ändern sich fortlaufend. Durch Neubauten, Munitionsfunde und Rückbau militärischer Anlagen kann sich die Straßenführung jederzeit leicht verändern. Deshalb ist es wichtig, immer auf die aktuellen Ausschilderungen zu achten.

Auf dem **Flugplatz** von Peenemünde warten kleine Sportmaschinen auf Gäste für einen Rundflug. Am Flugplatz beginnt auch eine einzigartige **Rundfahrt mit einem Kleinbus** (Infos unter www.peenemuende-west.de) zu den historisch wichtigen Orten Peenemündes. Diese Rundfahrt ist die einzige Möglichkeit, die für Besucher gesperrten Bereiche östlich und nördlich des Flugplatzes zu besichtigen und führt hinter den Absperrzäunen über den Flugplatz und die alten Raketenschießstände und Versuchsstellungen bis an den Strand an der Nordspitze Peenemündes. Hier sind die letzten Reste der V1-Startrampen zu besichtigen. Am Flugplatz befindet sich ein kleiner Verkaufskiosk, in dem Rundflüge und die Rundfahrten zu den historischen Orten gebucht werden können. Möglich ist die Buchung der etwa 90-minütigen Rundfahrt auch über die Touristinformation Karlshagen. Die Flüge und Rundfahrten werden nach Bedarf ohne festen Zeitplan angeboten.

Auf den sehr weitläufigen Flächen des Ortes und der beiden Häfen Peenemündes gibt es mehr als genug **Parkmöglichkeiten.** Das Parken in und um Peenemünde ist aber fast überall kostenpflichtig (1 €/Std.) und es sind auch zahlreiche Kontrolleure unterwegs. Wohnmobilisten sollten deshalb darauf achten, hier unbedingt immer entsprechend der ausgewiesenen Parkregeln zu parken. Die Entfernungen zwischen Flughafen, Ort Peenemünde und den Häfen betragen jeweils mehrere Kilometer. Deshalb lässt sich Peenemünde kaum zu Fuß entdecken. Da man am Flugplatz kostenfrei parken kann, könnte man jedoch dort auf dem Parkplatz auf das Fahrrad umsteigen. Zwischen Peenemünde und Freest auf der anderen Seite des Peenestromes verkehrt eine **Fährverbindung.**

Sehenswertes

› **Apollo Fahrgastreederei Peenemünde,** Hafenpromenade 8, 17449 Peenemünde, Tel. 038371 28429, www.schifffahrt-apollo.de. Fahrgastschiffreederei mit Fahrten zur Greifswalder Oie sowie Fahrten zu den Robbenbänken in der Ostsee. Fahrplan je nach Saison. Die Reederei betreibt auch die Fährverbindung nach Freest: in der Hauptsaison täglich 10–18 Uhr, ansonsten 10–16 Uhr.

› **Historisch-Technisches Museum Peenemünde,** Im Kraftwerk, 17449 Peenemünde, Tel. 038371 5050, www.peenemuende.de, geöffnet: April–September tägl. 10–18 Uhr, Oktober–März tägl. 10–16 Uhr, Nov.–März Mo. geschlossen, Eintritt: 9 € Erwachsene, 6 € Kinder. 5000 m² große Innenausstellungen zur Geschichte Peenemündes, der militärischen und zivilen Raketenentwicklung, 120.000 m² großes Außengelände mit zahlreichen Exponaten. Großer Buch- und Souvenirverkauf, 22 km langer Rundweg vorbei an historischen Orten und Gebäuden Peenemündes.

› **U-Boot 461 Peenemünde,** Hafen, 17449 Peenemünde, Tel. 038371 89054, 0176 10777707, www.u-461.de, geöffnet: Hauptsaison tägl. 9.30–18.15 Uhr, Nebensaison 10–17 Uhr, Eintritt: 7 € Erwachsene, 4,50 € Kinder. Ehemals sowjetisches und größtes U-Boot mit konventioneller Bewaffnung der Welt. Vollständig erhalten, im Inneren zu besichtigen. Nichts für Besucher mit Platzangst!

› **Phänomenta Peenemünde,** Museumsstraße 12, 17449 Peenemünde, Tel. 038371 26066, www.phaenomenta-peenemuende.de, geöffnet: Februar–Oktober 10–18 Uhr, außerhalb dieser Zeit wechselnde Öffnungszeiten, Eintritt: 9 € Erwachsene, 7 € Kinder. Interaktive Ausstellungen mit über 200 naturwissenschaftlichen und physikalischen Phänomenen und Experimenten.

› **Usedomer Spielzeugmuseum Peenemünde,** Museumsstraße 14, 17449 Peenemünde, Tel. 038371 25656, www.usedom-spielzeugmuseum.de, geöffnet: tägl. 10–18 Uhr, Eintritt: 7 € Erwachsene, 4 € Kinder. Große Sammlung an Spielzeug verschiedener Epochen, Spielzeugtechnikausstellung, Bistro und Shop.

Parken

P **126 Parkplatz Flugplatz Peenemünde,** GPS 54.15219, 13.77654, Flughafenring, 17449 Peenemünde, kostenfrei. Befestigte Parkflächen am Flugplatz Peenemünde. Guter Platz, um auf das Fahrrad umzusteigen.

98 Wohnmobilstellplatz Peenemünde Museumshafen

GPS 54.13595, 13.76263

Großer Wohnmobilstellplatz in sehr schöner Lage auf einer Halbinsel zwischen Museumshafen Peenemünde und Peenestrom, Gastronomie, Bootsvermietung, Angelausflüge. **Lage/Anfahrt:** vom Flughafenring über Fährstraße, der Ausschilderung folgen; **Platzanzahl:** über 50; **Untergrund:** Wiese, Sand; **Service:** Strom, Trinkwasser, Abwasser, Chemie-WC; **Preise:** 14 €/Fahrzeug, 2 €/Person, 2 € Strom, 3 € WLAN, Duschen, Wasser, Entsorgung extra; **Geöffnet:** ganzjährig; **Kontakt:** Fährstrasse 09, 17449 Peenemünde, Tel. 038371 556623, www.halbinsel-peenemuende.de.

210wo-pm © Halbinsel Betriebsgesellschaft mbH

P 127 Parkplatz Nordhafen Peenemünde, GPS 54.151180, 13.759040, Zum Nordhafen, 17449 Peenemünde, Preise: Tagespauschale 10 €. Parkplatz mit Übernachtungsmöglichkeit im Nordhafen Peenemündes, Nutzung der sanitären Einrichtungen/Waschmaschine des Hafens möglich, die Anmeldung erfolgt beim Hafenmeister. Nach Umgestaltung/Neubau des gesamten Nordhafens ist für 2021 der Aufbau eines Wohnmobilstellplatzes geplant.

99 Natur Camping Usedom Lütow

GPS 54.01171, 13.85874

Sehr schöner und großer Naturcampingplatz inmitten des Naturschutzgebietes Südspitze Gnitz, Einkaufsmöglichkeit, Kinderspielplatz, Sportmöglichkeiten, Fahrradverleih. **Lage/Anfahrt:** ab Zinnowitz der K29 in Richtung Neuendorf folgen, Neuendorf durchfahren und bis Lütow, ab Lütow 1,5 km asphaltierter Weg bis zum Campingplatz; **Platzanzahl:** über 200; **Untergrund:** Wiese, Sand; fest; **Service:** Strom, Trinkwasser, Abwasser, Chemie-WC; **Sicherheit:** umzäunt, beleuchtet, bewacht; **Preise:** 37 €/Fahrzeug, Komfortstellplatz inklusive 2 Personen, Strom und Wasser; **Geöffnet:** April–Oktober; **Kontakt:** Zeltplatzstraße 20, 17440 Lütow, Tel. 038377 40581, www.natur-camping-usedom.de.

Auf dem Rückweg von Peenemünde ist man knapp 1 km nach dem Gewerbegebiet Trassenheide wieder auf der B111 und kurz darauf schon in Zinnowitz.

Das Ostseebad Zinnowitz liegt nördlich der B111 und wenn man das Ostseebad besuchen will, muss man die Bundesstraße verlassen und der Ausschilderung in Richtung Zentrum Zinnowitz folgen. Wer den Campingplatz **Natur Camping Usedom** (99) auf der Halbinsel Gnitz in Lütow oder den **Stellplatz Achterwasser** (100) in Netzelkow anfahren möchte, muss am Ortseingang Zinnowitz nach rechts die B111 auf den Neuendorfer Weg in Richtung Neuendorf verlassen.

(100) Wohnmobilstellplatz Achterwasser Netzelkow

GPS 54.02681, 13.90992

Kleiner, etwas einsamer und abgelegener Stellplatz auf der Halbinsel Gnitz am Achterwasserhafen, Restaurantschiff, Boots- und Fahrradverleih. **Lage/Anfahrt:** von der B111 in Zinnowitz in Richtung Neuendorf abbiegen, in Neuendorf über Netzelkower Weg nach Netzelkow fahren, dort gelangt man über die Kirchstraße zum Hafen; **Platzanzahl:** 20; **Untergrund:** Wiese; **Service:** Strom, Trinkwasser, Abwasser; **Preise:** 10 €/Fahrzeug, 1 € pro Person; **Geöffnet:** April–Oktober; **Kontakt:** Kirchstraße 5, 17440 Lütow, Tel. 038377 40575.

Auf der Halbinsel Gnitz am Rande von Lütow befindet sich auch das einzige heute noch erhaltene, etwa 3000 Jahre alte **Großsteingrab** der Insel Usedom (GPS 54.01406, 13.88204). Der Wanderpfad zum Grab ist ausgeschildert und am Grab befindet sich eine Informationstafel. Alle anderen ähnlichen Grabanlagen wurden auf Usedom in den letzten Jahrhunderten zerstört, die Steine meist zum Bau von Häusern und Stallanlagen verwendet.

▷ Die Tauchgondel an der Vinetabrücke in Zinnowitz lädt zum Entdecken des Meeresbodens ein

ZINNOWITZ

(5 km – km 56)

Das Ostseebad Zinnowitz ist eines der traditionsreichsten Seebäder an der Ostseeküste Mecklenburg-Vorpommerns, der Badebetrieb wurde bereits 1851 eröffnet. Schnell sorgten neu errichtete Hotels und Pensionen für angemessene Unterkünfte der finanzkräftigen neuen Badegäste. Jedoch fehlte es für den Transport der Gäste per Schiff an einer geeigneten Anlegestelle, die in Form eines hölzernen Anlegesteges erst 1897 geschaffen werden konnte. 1904 wurde dieser Anlegesteg durch eine erste Seebrücke an der Strandpromenade ersetzt. Gezeichnet von den Elementen und ihrem Alter wurde 1993 ein Neubau der Seebrücke erforderlich und die 315 m lange **Vineta-Brücke** mit ihren zwei markanten Plattformen wurde gebaut. Am Ende der Vineta-Brücke befindet sich eine **Tauchgondel,** die den Besuch des Ostseebodens trockenen Fußes erlaubt.

Zwischen 1938 und 1945 gehörte Zinnowitz zum Sperrgebiet Peenemünde. Im östlich des Ortes angrenzenden Küstenwald wurden drei Startstellen für die „Vergeltungswaffe 1 (V1)" errichtet und die Marschflugkörper im Schuss auf die freie Ostsee erprobt. Auf dem Gelände der Startstellung 1 befindet sich heute der **Campingplatz Am Dünengelände** (102). Die beiden anderen Startstellungen, die Überreste des Starthauses und der Gleisanlage der Startrampe lassen sich bei einer Wanderung durch den Küstenwald entlang des Radwegs Zinnowitz-Zempin leicht entdecken. An den Zugangswegen sind Informationstafeln mit historischen Fotos aufgestellt (GPS 54.027238, 13.93013).

Nach 1945 wurde der Ort erneut zu einem der beliebtesten Urlaubsorte an der Ostseeküste und zählt heute einige Hunderttausend Gäste jährlich. Eine besondere Attraktion des Ortes ist die Vineta-Bühne mit den hier stattfindenden **Vineta-Festspielen.** Hier werden historische Themen mit moderner Musik, Tanz, Lasershow und Feuerwerk dargestellt. In der Nähe der Strandpromenade befinden

090wo-lr

sich einige alte Villen in klassischer Bäderarchitektur, auffallend sind aber die vielen Neubauten, die Hotel- und Gastronomiebetriebe beherbergen. Interessant ist das sehr kleine Klubkino in Zinnowitz mit seiner gemütlichen Wohnzimmeratmosphäre.

Das **Parken** mit Wohnmobil ist in Zinnowitz nicht einfach, da innerorts viele Parkplätze für Wohnmobile gesperrt oder zu klein sind. Ein schöner Parkplatz befindet sich am Hafen am Achterwasser, die Entfernung bis zum Zentrum und Strand beträgt von hier allerdings knapp 2,5 km. Die Zufahrt zum Hafen erfolgt entlang der Hafenstraße, die gegenüber der Tankstelle beginnt.

P 128 Parkplatz Hafen Achterwasser Zinnowitz, GPS 54.06432, 13.91707, Hafenstr. 3, 17454 Zinnowitz, Tel. 038377 352933 Hafenmeister, www.zinnowitzer-yachtclub.de, geöffnet: tägl. Moderne Hafenanlage mit Wasserwanderrastplatz, schöner befestigter Parkplatz, Übernachtung und Nutzung der sanitären Einrichtungen nach Abstimmung mit dem Hafenmeister möglich, Anlegestelle für Rundfahrten durch das Achterwasser mit Fahrgastschiff, Hafenrestaurant „Kombüse 3".

Die **Kurtaxe** beträgt in der Hauptsaison für Erwachsene 2,50 €.

Sehenswertes

- **Besuchertauchgondel Zinnowitz,** An der Strandpromenade 0, 17454 Zinnowitz, die Tauchgondel befindet sich am Ende der Seebrücke „Vineta-Brücke", Tel. 038377 37861, www.tauchgondel.de, geöffnet: November–März täglich 11–16 Uhr, April–Oktober täglich 10–19 Uhr, Hauptsaison bis 21 Uhr geöffnet, Eintritt: 8,50 € Erwachsene, 5,50 € Kinder. Die Gondel wurde im Jahr 2006 erbaut und war damals die weltweit erste Besuchertauchgondel. Platz für 24 Gäste, der Tauchgang dauert ungefähr 40 Minuten.
- **Vineta-Festspiele Zinnowitz,** Seestraße 8, 17454 Zinnowitz, Tel. 03971 2688800 Zentraler Ticketverkauf, www.vineta-festspiele.de, Open-Air-Theatershow für die ganze Familie mit Musik, Tanz, Lasershow, Feuerwerk, Vorstellungen sind nicht täglich, Spielplan beachten.
- **Club Kino Zinnowitz,** Neue Strandstr. 20, 17454 Zinnowitz, www.club-kino.de, Tel. 038377 42036. Zwei Säle mit 40 bzw. 98 Plätzen garantieren ein gemütliches Kinoerlebnis.

Information

- **Kurverwaltung Zinnowitz,** Neue Strandstraße 30, 17454 Zinnowitz, www.zinnowitz.de/kurverwaltung.html, Tel. 038377 4920, geöffnet: November–März Mo.–Fr. 9–16 Uhr, Sa. 10–15 Uhr, April–Okt. Mo.–Fr. 9–18 Uhr, Sa. 10–15 Uhr, Juni/Juli/August zusätzlich So. 10–18 Uhr

Aktivität

- **Bernsteintherme Zinnowitz,** Dünenstraße, 17454 Zinnowitz, www.bernsteintherme.de, Tel. 038377 35500, geöffnet: Di.–Sa. 10–16 Uhr, Eintritt: ab 18 € Erwachsene/3 Std., 10,80 € Kinder/3 Std. Moderne Therme mit Meerwasserbad, Sauna, Wellness, Cafeteria.

101 Campingplatz Pommernland Zinnowitz

GPS 54.08185, 13.90001

Größerer Campingplatz mit Restaurant, Kinderanimation, Einkaufsmöglichkeit. Entfernung zum Strand etwa 200 m. **Platzanzahl:** über 100; **Untergrund:** Wiese, Sand; fest; **Service:** Strom, Trinkwasser, Abwasser, Chemie-WC; **Sicherheit:** umzäunt, beleuchtet, bewacht; **Preise:** 15 €/Fahrz., 11 € Erwachsene, 7,50 € Kinder, Strom, Wasser, Hund und Kurtaxe extra; **Geöffnet:** März–Dezember; **Kontakt:** Dr. Wachsmannstraße 40, 17454 Zinnowitz, Tel. 038377 40348, www.camping-zinnowitz.de, in der Hauptsaison Reservierung empfehlenswert.

Die Entfernung zwischen Zinnowitz und Zempin beträgt nur 4 km.

Für eine bessere touristische Vermarktung haben sich die Orte **Zempin, Koserow, Loddin und Ückeritz** zu den sogenannten **Bernsteinbädern** zusammengeschlossen. Die Kurverwaltungen arbeiten eng zusammen, konzipieren gemeinsame Angebote und haben ihre Öffnungszeiten und Kurtaxen angeglichen. Den gemeinsame Internetauftritt, auf dem viele interessante Informationen zu finden sind, erreicht man im Internet unter www.usedomer-bernsteinbaeder.de.

ZEMPIN

(4 km – km 60)

Mit der Anerkennung als Seebad wurde Zempin 1996 das kleinste Seebad der Insel Usedom. Zempin liegt an der schmalsten Stelle der Insel. Bereits vor der Einfahrt in den Ort befindet sich der **Campingplatz Am Dünengelände** 102 auf der linken Seite. Wie alle Seebäder Usedoms besitzt auch Zempin einen sehr schönen Sandstrand, leider sind alle Parkmöglichkeiten in Strandnähe für Wohnmobile gesperrt oder ungeeignet. Der Heimatverein Zempin unterhält in der alten Schule **„Uns olle Schaul"** eine kleine Ausstellung mit einem Kolonialwarenladen aus den 1920er-Jahren und verschiedenen Schiffsmodellen. Der Hafen von Zempin am Achterwasser ist sehr klein, die Zufahrt ist eng und es gibt kaum Parkmöglichkeiten.

Die **Kurtaxe** beträgt 2 € für Erwachsene in der Hauptsaison.

Sehenswertes

- **„Uns olle Schaul" Heimatmuseum Zempin,** Fischerstraße 11, 17459 Zempin, Tel. 038377 36951 Terminvereinbahrung außerhalb der Öffnungszeiten, www.zempin-usedom-heimat.de/ausstellungen.html, geöffnet: Mai–Sept. Mi./Sa. 15–18 Uhr. Kleines Heimatmuseum im Gebäude der alten Schule, alter Kolonialwarenladen, Fischereiausstellung.

Information

- **Fremdenverkehrsamt Zempin,** Fischerstraße 1, 17459 Zempin, Tel. 038377 42162, www.usedomer-bernsteinbaeder.de/zempin.html, geöffnet: Okt.–Mai Mo.–Fr. 9–16 Uhr, Juni–Sept. Mo.–Fr. 9–18 Uhr, Sa. 9–12 Uhr, Juli/Aug. auch So. 9–12 Uhr

102 Campingplatz Am Dünengelände Zempin

GPS 54.07216, 13.93909

Naturnaher Campingplatz im Küstenwald, TV, Restaurant. **Platzanzahl:** über 100; **Untergrund:** Wiese, Sand; fest; **Service:** Strom, Trinkwasser, Abwasser,

Chemie-WC; **Sicherheit:** umzäunt, beleuchtet, bewacht; **Preise:** 41,50 €/Fahrz. Pauschale inkl. 2 Pers., Strom u. TV, Kurtaxe extra; **Geöffnet:** ganzjährig; **Kontakt:** Am Dünengelände, 17459 Zempin, Tel. 038377 41363, www.camping-zempin.de.

Zwischen Zempin und Koserow befindet sich **„Lüttenort"**, das ehemalige Atelier und Wohnhaus des bekannten Malers **Otto Niemeyer-Holstein,** welches heute ein Museum ist (s. S. 262). Die Insel Usedom ist hier nur etwa 200 m breit. „Lüttenort" gilt heute als Pilgerstätte aller an Malerei und Kunst interessierten Urlauber.

Die direkte Zufahrt ist nur über die Fischerstraße in Zempin möglich, von der man an der Feuerwehr auf die Rieckstraße abbiegen muss. Ab Ortsausgang wurde die Straße nach Lüttenort neu und aufwendig gepflastert.

Am Museum können Besucher zwei Stunden kostenfrei parken. Die Parkplätze sind allerdings begrenzt. Besucher können auch weiter bis zur Ferienanlage Forsthaus Damerow fahren, dort parken und dann bis zum Museum laufen. Die Entfernung zwischen Forsthaus und Museum beträgt ungefähr 600 Meter. Da die Bahnstrecke nicht gequert werden kann, muss auf der B111 bis zu Karls Erlebnishof in Koserow gefahren werden, um zur Ferienlage Forsthaus Damerow zu gelangen.

103 Wohnmobilstellplatz Autokino Koserow

GPS 54.06342, 13.98256

Kleiner Stellplatz neben dem Autokino Koserow, Imbissangebot; **Platzanzahl:** über 30; **Service:** Strom, Trinkwasser, Abwasser, Chemie-WC; **Preise:** 14 €/ Fahrz., 3 € Erwachsene, 1,50 € Kinder, 3 € Strom; **Geöffnet:** Mai–Oktober; **Kontakt:** Alte B 111 Nr. 1, 17459 Koserow, Tel. 038375 220377

KOSEROW

(3 km – km 63)

Koserow liegt am Streckelsberg, mit etwa 60 m über Null eine der höchsten Erhebungen der Insel Usedom. Der Ort wurde erstmalig 1347 urkundlich erwähnt und zählt damit zu den ältesten Orten der Insel. Über viele Jahrhunderte war Koserow ein armes Dorf, dem Krieg und Zerstörung, aber auch die Naturgewalten erheblich zusetzten. Immer wieder trafen Sturmfluten den Ort und richteten große Schäden an. Nur vier Jahre nach ihrer Eröffnung wurden auch die Einrich-

Nur wenige Küstenfischer sind in Koserow noch aktiv

183wo-lr

Otto Niemeyer-Holstein

Als fünftes Kind des berühmten Völkerrechtlers Prof. Dr. Dr. Theodor Niemeyer wird Otto Niemeyer 1896 in Kiel geboren. Nach dem Besuch der Schule wird er im Ersten Weltkrieg – wie viele seiner Zeitgenossen – Kriegsfreiwilliger und später mehrfach verwundet. Während der Aufenthalte im Lazarett beginnt er zu zeichnen und zu malen und ergänzt seinen Familiennamen mit dem seiner Geburtsregion zu Niemeyer-Holstein. 1919 zeigt er erstmals seine Werke im Rahmen einer Züricher Ausstellung, drei Jahre später folgt seine erste eigene Ausstellung in Hamburg. 1931/32 hält sich Niemeyer-Holstein wiederholt auf der Insel Usedom auf und die Küstenlandschaft wird zu seinem künstlerischen Hauptthema. 1933 kauft er Brachland zwischen Koserow und Zempin – Lüttenort –, wo er in einem ausrangierten Berliner S-Bahn-Wagen lebt, der später mit Häusern umbaut wird, und einen Malgarten anlegt. Bis 1945 lebt Niemeyer-Holstein sehr zurückgezogen, unternimmt einige Schiffsreisen nach Skandinavien, wird 1943 zur Arbeit bei der Reichsbahn dienstverpflichtet und muss den Kriegstod eines Sohnes verkraften.

Auch die Zeit nach 1945 gestaltet sich für Niemeyer-Holstein in der DDR nicht einfach, so lehnt 1953 die Jury zur 3. Deutschen Kunstausstellung in Dresden alle seine eingereichten Bilder ab. Der Künstler unterzeichnet 1968 eine Zustimmungserklärung des DDR-Künstlerverbandes zur Niederschlagung des Prager Frühlings durch den Einmarsch sowjetischer Truppen nicht und stellt sich so gegen das System.

Ab 1970 steht Niemeyer-Holstein auch deshalb unter ständiger Beobachtung des Ministeriums für Staatssicherheit. Aber der Maler stellt im In- und Ausland seine Werke aus, so z. B. in Berlin, Rostock, Uppsala und Ascona. Er reist nach China und Usbekistan, wird Ehrenpräsident der Ostsee-Biennale. 1984 stirbt Otto Niemeyer-Holstein in Lüttenort und wird auf dem Benzer Friedhof beigesetzt. Schon ein Jahr nach dem Tod des Künstlers wird Lüttenort Museum und Begegnungsstätte, so wie es der Wunsch Niemeyer-Holsteins war. 1999/2000 wurde zusätzlich ein Ausstellungsneubau in Lüttenort errichtet, wo neben der original erhaltenen Wohn- und Arbeitsstätte des Künstlers auch viele seiner Werke betrachtet werden können.

› ***Museum Atelier Otto Niemeyer-Holstein Lüttenort,*** *17459 Ostseebad Koserow, Tel. 038375 20213, http://atelier-otto-niemeyer-holstein.de, geöffnet: 15. Apr.–15.Okt. tägl. 10–18 Uhr, Okt./Apr. Mi./Do./Sa./So. 10–16 Uhr, Eintritt: Garten und Galerie 4 €, ermäßigt 2 €. Führungen um 11, 12, 14 und 15 Uhr, Museumsshop, am ersten Sonntag im Monat ermäßigter Eintritt und freier Eintritt für Schüler und Studenten.*

tungen des entstehenden Seebades Koserow 1857 bei einer schweren Sturmflut zerstört. Trotzdem entwickelte sich im Laufe des letzten Jahrhunderts langsam der Tourismus und seit 1993 gehört Koserow offiziell zu den Seebädern Usedoms. Koserow besitzt eine 261 m lange **Seebrücke,** die 1993 errichtet wurde. 1995 stand diese Seebrücke bereits vor dem Aus, nachdem ein gewaltiger Herbststurm sie schwer beschädigt hatte. Damals entschied sich die Gemeinde, die Seebrücke erneut instand zu setzen. Seit 2019 wird nun an einer neuen, sehr aufwendigen Seebrücke von 280 m Länge gebaut. Bedingt durch die Corona-Einschränkungen konnte der geplante Termin der Fertigstellung Ende 2020 nicht gehalten werden. In Koserow steht die **älteste Kirche der Insel Usedom.** Sie wurde schon im 13. Jh. erbaut. Zwischen der B111 und dem Ort finden Besucher im Sommer ein **Autokino.** Neben ihm erinnert ein Gedenkstein an die Sturmfluten, die den Ort einstmals verwüsteten. Am sogenannten Fischerstrand befinden sich die historischen **Koserower Salzhütten,** kleine reetgedeckte Holzhütten, in denen früher Salz aufbewahrt wurde. Das Salz wurde in großen Mengen zur Haltbarmachung des gefangenen Fisches benötigt.

Die Bernsteinhexe von Koserow

1843, als das heutige Seebad noch ein kleines Fischerdörfchen war und Badegäste den Ort noch nicht in Beschlag nahmen, rückten Koserow und der Streckelsberg als angeblicher Schauplatz einer Hexenjagd in das öffentliche Interesse. Was war geschehen? Der Koserower Pfarrer Johann Wilhelm Meinhold gab in diesem Jahr das Buch „Maria Schweidler, die Bernsteinhexe" mit dem Untertitel „Der interessanteste aller bisher bekannten Hexenprozesse, nach einer defekten Handschrift ihres Vaters, des Pfarrers Abraham Schweidler in Coserow auf Usedom" heraus und behauptete nachdrücklich, dass darin eine wahre Geschichte geschildert werde. Meinhold sagte, er habe alte Aufzeichnungen in der Kirche entdeckt, die der damalige Pastor Abraham Schweidler (der Vater der „Bernsteinhexe") verfasst haben soll, und diese veröffentlicht. Aber schon ein Jahr später gab Meinhold bekannt, dass er selbst der Autor war, was dem Erfolg des Buches allerdings keinen Abbruch tat. Der Roman handelt von der 15-jährigen Pfarrerstochter Maria, die während des Dreißigjährigen Krieges, einer Zeit der Elends und Leids, beim Beerensammeln am Streckelsberg eine Bernsteinader findet. Mit dem Erlös aus dem Verkauf des Bernsteins konnte die Not der Familie und der Koserower Bevölkerung gelindert werden.

Aber der Amthauptmann Wittich von Appelmann, dessen Werben um die schöne Maria erfolglos blieb, nutzte den Fakt des plötzlichen Reichtums und beschuldigte die Pfarrerstochter der Hexerei. Der Verdacht, dass Maria magische Kräfte habe, verstärkte sich, weil sie nie die Quelle ihres Einkommens verriet. Außerdem wollten Dorfbewohner beobachtet haben, dass sich Maria auf dem Streckelsberg mit dem Teufel in Wolfsgestalt traf. 1630 folgte die Verurteilung zum Tod auf dem Scheiterhaufen. In letzter Minute aber rettete der Ritter Rüdiger von Neuenkirchen Maria vor den Flammen. Er beteuerte ihre Unschuld und offenbarte, dass er der Teufel in Wolfsgestalt war. Da ihre Beziehung nicht standesgemäß war, tarnte er sich mit einem Wolfspelz, um sich mit Maria treffen zu können. Die Geschichte der Bernsteinhexe ist auch heute noch fest mit dem Ort Koserow verbunden, obwohl es hier nie einen derartigen Fall gegeben hat. Im Roman werden aber die Zustände zu Zeiten des Dreißigjährigen Krieges anschaulich und wahrheitsgetreu geschildert.

Die mecklenburgische Rockgruppe „Transit" setzte der Bernsteinhexe mit dem gleichnamigen Titel 1980 ein musikalisches Denkmal. Auf dem aktuellen Spielplan des Vereins „Klassik am Meer" (www.klassik-am-meer.de) mit seinem hervorragenden Ensemble steht ebenfalls ein Stück mit dem Titel „Bernsteinhexe". Von Juli bis September kann man diese Aufführungen in der Koserower Kirche erleben. Karten sind in der Kurverwaltung Koserow erhältlich. Die Geschichte wird in den heimischen Buchläden angeboten. Außerdem lockt das Restaurant „Bernsteinhexe" seine Gäste mit Hausmannskost. Der Ort Koserow nennt die Bernsteinhexe seine Schutzheilige und deshalb ist sie einfach überall im Seebad präsent.

› ***Restaurant Bernsteinhexe Koserow,*** *Meinholdstr. 4a, 17459 Koserow, Tel. 038375 20283, geöffnet: tägl. 11.30–21 Uhr, durchgehend warme Küche*

Der **Streckelsberg** dominiert den Ort und die umliegende Küste. Durch beständige Abbrüche an der Strandseite veränderte sich der Berg jedoch fortlaufend. Während der Raketentests bis 1945 diente der Streckelsberg als Beobachtungsstelle und zur Abwehr feindlicher Flugzeuge. Um Abbrüche der Steilküste am Streckelsberg nach Möglichkeit zu verhindern, wurde wiederholt eine Brandungsmauer aufgeschüttet. In der heutigen Form besteht die zweiteilige Brandungsmauer seit 1999. Ursprünglich war der Streckelsberg unbewaldet, die Buchenwälder wurden erst 1818 von Oberförster Schrödter angelegt, um den Berg und Koserow zu schützen. Nach ihm ist heute eine Straße im Ort benannt. Über den Streckelsberg mit seinen Buchenwäldern führen heute beliebte **Wanderwege,** dabei bietet sich bei schönem Wetter ein beeindruckender Blick über das Umland und die Ostsee. Neu entstanden ist nun auch hier wie an verschiedenen anderen Orten an der Ostseeküste ein **Karls Erlebnisdorf.** Das Erlebnisdorf bietet der ganzen Familie die Möglichkeit eines kurzweiligen Aufenthaltes. Der große zugehörige, kostenfreie Parkplatz kann für eine Übernachtung genutzt werden.

Die **Kurtaxe** beträgt 2 € für Erwachsene in der Hauptsaison.

Information

› **Kurverwaltung Koserow,** Hauptstraße 31, 17459 Koserow, Tel. 038375 20415, www.usedomer-bernsteinbaeder.de/koserow.html, geöffnet: Nov.–März Mo.–Fr. 9–12 u. 13–16 Uhr, April–Okt. Mo.–Fr. 9–16 Uhr, Sa. 9–12 Uhr, Juli/Aug. auch So. 9–12 Uhr

Aktivität

› **Karls Erlebnisdorf Koserow**, Zum Erlebnisdorf 1, 17459 Koserow, liegt neben der B111, Tel. 038202 4050 (zentrale Servicenummer). Erlebnishof mit zahlreichen Angeboten für die ganze Familie, sehr großer kostenfreier Parkplatz, Übernachtung möglich, GPS 54.04416, 14.00379.

Parken

P 129 **Parkplatz Streckelsberg Koserow,** GPS 54.05326, 14.00056, Förster-Schrödter-Str., 17459 Koserow, 1 €/Std., 7 €/Tag. Unbefestigt, groß, für Womos aller Größen, Übernachten verboten.

104 Campingplatz Am Sandfeld Koserow

GPS 54.04670, 14.01102

Kleiner gemütlicher Campingplatz im Wald am Streckelsberg. TV. **Platzanzahl:** über 50; **Untergrund:** Wiese, Sand; fest; **Service:** Strom, Trinkwasser, Abwasser, Chemie-WC; **Sicherheit:** umzäunt, beleuchtet, bewacht; **Preise:** 14 €/Fahrz., 8 € Erwachsene, 4 € Kinder, Strom, Hund, TV und Kurtaxe extra; **Geöffnet:** April–Sept.; **Kontakt:** Am Sandfeld 5, 17459 Koserow, Tel. 038375 20759, www.amsandfeld.de.

KÖLPINSEE

(2 km – km 65)

Als nächsten Ort an der B111 erreicht man Kölpinsee. Das Seebad Kölpinsee bildet mit Loddin und Stubbenfelde die Gemeinde Loddin, dabei gehen die Orte bei einer Ausdehnung von 2 km zwischen Ostsee und Achterwasser nahezu ineinander über. Namensgebend für Kölpinsee ist der gleichnamige Binnensee, dessen Wasserspiegel etwas tiefer als der Ostseespiegel liegt. Der Kölpinsee ist eingedeicht, um Überschwemmungen bei Ostseesturmfluten zu verhindern. Spaziergänger können ihn auf dem 4 km langen Rundweg „Schwanenweg“ umwandern. Der Name Kölpinsee stammt aus dem Slawischen und bedeutet Schwanensee.

Wie andere Orte auf der Insel Usedom litten Kölpinsee und Loddin unter den Gewalten des Meeres. Mehrfach in der Geschichte und letztmalig 1914 wurden alle Schutzdeiche der Orte von Sturmfluten durchbrochen und das gesamte Gebiet zwischen Ostseeküste und Achterwasser war überschwemmt. Deshalb wurden und werden aufwendige Maßnahmen zur Deich- und Küstenbefestigung unternommen. Heute sind der Gemeindeverbund und das Seebad für ruhigen Tourismus bekannt und damit grenzt sich die Gegend von den von starken Touristenströmen bevölkerten nördlichen und südlichen Seebädern deutlich ab. Loddin eignet sich besonders für Naturfreunde, Kölpinsee für Badegäste. Der Ortsteil Stubbenfelde besteht fast ausschließlich aus dem sehr großen **Campingplatz Stubbenfelde** 105 in Strandnähe.

Die **Kurtaxe** beträgt 2,50 € für Erwachsene in der Hauptsaison.

Information

› **Kurverwaltung Kölpinsee-Loddin,** Strandstraße 23, 17459 Loddin, Tel. 038375 22780, www.usedomer-bernsteinbaeder.de/loddin, geöffnet: Oktober–April Mo.–Fr. 9–16 Uhr, Mai–September Mo.–Fr. 9–18 Uhr, Sa. 9–12 Uhr, Juli/August zusätzlich So. 9–12 Uhr

Parken

P 130 Parkplatz Strandstraße Kölpinsee, GPS 54.04008, 14.02760, Strandstraße Kölpinsee, 17459 Loddin OT Kölpinsee, Preise: 6 € Tagespauschale, kostenfreie Toilette. Befestigter Strandparkplatz etwa 200 m vom Strand entfernt. Übernachtung von Wohnmobilen gestattet, Übernachtungspauschale 10 €.

P 131 Parkplatz Loddin Kurverwaltung, GPS 54.03435, 14.02125, Strandstraße 23, 17459 Loddin, kostenfrei. Teilweise befestigter großer Parkplatz gegenüber dem Haus des Gastes (Kurverwaltung), Übernachtung möglich.

105 Campingplatz Stubbenfelde

GPS 54.03096, 14.03743

Sehr großer Campingplatz der Extraklasse, Solarium, Restaurant, Einkaufsmöglichkeit, Saunaanlage, Spielplatz, Fahrradverleih, Kinderanimation. **Platzanzahl:** über 200; **Untergrund:** Schotterrasen, Rasengitter, Wiese, Sand; fest; **Service:** Strom, Trinkwasser, Abwasser, Chemie-WC; **Sicherheit:** umzäunt, beleuchtet, bewacht; **Preise:** 45,50 €/Fahrz. teuerste Stellplatzpauschale inkl. 2 Personen, Wasser, TV, Kurtaxe extra; **Geöffnet:** April–Oktober; **Kontakt:** Waldstraße 12, 17459 Loddin OT Stubbenfelde, Tel. 038375 20606, www.stubbenfelde.de.

Für Gäste des Naturcampingplatzes Ückeritz 106 lohnt sich auch ein Besuch des Waldkabinetts und Steinmuseums Neu Pudagla *(s. S. 267)*

ÜCKERITZ

(3 km – km 68)

Folgt man dem Verlauf der B111, gelangt man nach Ückeritz. Das heutige Ostseebad Ückeritz gehörte viele Jahrhunderte zu den ärmsten Orten auf der Insel Usedom. Der Ortsname ist aus dem Slawischen abgeleitet und bedeutet Grenzdorf. Ursprünglich befand sich der Ortskern am Achterwasser, da die Bewohner die Gewalten der Ostsee fürchteten und der flache Sandstrand der Ostsee kaum Möglichkeiten für Schifffahrt und Fischfang bot.

Erst mit der Entwicklung des Bädertourismus dehnte sich der Ort zunehmend in Richtung Ostsee aus. Der hier sehr breite Küstenwald und die im Nordbereich des Ückeritzer Strandes vorhandene Steilküste bewirkten aber im Vergleich zu den nahe gelegenen Kaiserbädern eine langsamere Entwicklung als Badeort. Für Gäste, die einen ruhigen Aufenthalt wünschten, war das jedoch attraktiv. In

169wo-lr

092wo-lr

den 1930er-Jahren galt der Ort deshalb besonders unter Malern und anderen Künstlern als anziehend. Ückeritz ist das waldreichste Seebad der Insel Usedom und liegt auf der Insel sehr zentral. Das Gelände des breiten Küstenwaldes wurde zu DDR-Zeiten zum größten Campingplatz Europas. Auf mehr als 5 km Länge entstand ein stadtähnlicher, 13 ha großer Campingplatz, auf dem bis zu 20.000 Gäste gleichzeitig Platz fanden.

1990 wurde der heutige **Naturcampingplatz Ückeritz** 106 deutlich verkleinert, ist aber immer noch einer der größten Campingplätze an der Ostseeküste und deutlich größer als der eigentliche Ort Ückeritz. Bei der Umgestaltung des Campingplatzes wurden auf dem großen Gelände inselartige Campingbereiche geschaffen, was für die Ruhe und den Campingkomfort sehr positiv ist. Wanderfreunde finden im Küstenwald und rund um den **Ortsteil Stagnieß** verschiedene Naturlehrpfade und ausgeschilderte Wanderwege.

Einen guten Blick über den Hafen in Ückeritz hat man vom Café Knatter

In der Nähe des Forstamtes Stagnieß, etwa 800 m südlich von Ückeritz, befinden sich ein **Kletterwald,** ein **Steinmuseum und Waldkabinett** und der kleine Campingplatz **Naturcamping Hafen Stagnieß** 107. Ückeritz und Stagnieß besitzen Häfen am Achterwasser. Am gemütlichen Sportboothafen von Ückeritz am Achterwasser befindet sich das sehr schöne Café „Knatter“ mit Freiterrasse und Wintergarten direkt am Wasser. Hier gibt es auch einen Spielplatz und gute Parkmöglichkeiten.

Der vergleichsweise große Hafen von Stagnieß wird auch von Fahrgastschiffen angesteuert, mit denen man u. a. eine zweistündige Achterwasserfahrt unternehmen kann. Informationen dazu erhält man auf der Website www.ms-astor.de bzw. auch in der Kurverwaltung.

P 132 Parkplatz Hafen Ückeritz, GPS 54.01099, 14.03972, Hauptstraße 36, 17459 Ückeritz, geöffnet: ganzjährig, kostenfrei. Hafenparkplatz für Gäste des Cafés „Knatter" und der Surf-, Segel- und Kiteschule. Etwa 100 m entfernt befindet sich ein kostenpflichtiger Gemeindeparkplatz mit Toilette, Tageskarte 5 €, Übernachtung möglich.

Die **Kurtaxe** beträgt 2,50 € in der Hauptsaison für Erwachsene.

Sehenswertes

› **Waldkabinett und Steinmuseum Neu Pudagla,** Neu Pudagla, 17459 Ückeritz, Ausschilderung „Forstamt" folgen, Tel. 038375 20460, geöffnet: Steinmuseum: ganzjährig rund um die Uhr; Waldkabinett: tägl. 7.30–18 Uhr, Eintritt: frei. Zu Stein gewordene Hölzer sind zu bestaunen, Waldbäume werden vorgestellt und Findlinge aus Skandinavien und vom Grund der Ostsee säumen den Weg. Parkplatz kostenlos.

Information

› **Kurverwaltung Ückeritz,** Bäderstraße 5, 17459 Ückeritz, www.usedomer-bernsteinbaeder.de/ueckeritz.html, Tel. 038375 2520, geöffnet: Oktober–April Mo.–Fr. 9–16 Uhr, Mai–September Mo.–Fr. 9–18 Uhr, Sa. 9–12 Uhr, Juli/August zusätzlich So. 9–12 Uhr

Aktivität

› **Kletterwald Usedom Ückeritz,** B111, Ückeritz, der Kletterwald befindet sich etwa 600 m südlich von Ückeritz direkt neben der B111 am Forsthaus Ückeritz, gleiche Einfahrt wie Forstamt, Tel. 038375 22677, www.kletterwald-usedom.de, geöffnet: Mai/Juni/Sept. tägl. 10–18 Uhr, April/Okt. Di.–So. 10–17 Uhr, Juli/Aug. tägl. 9.30–20 Uhr, Eintritt: 22 € Erwachsene, 15 € Kinder. Schön gestalteter Kletterwald mit sechs Parcours verschiedener Schwierigkeit. Mindestalter 6 Jahre, GPS 54.00140, 14.05877. Parkplatz 3 €/Tag.

106 Naturcampingplatz Ückeritz

GPS 54.01634, 14.06591

Sehr großer Campingplatz im Küstenwald und in Strandnähe. Mehrere Einkaufsmöglichkeiten und Restaurants, Kinderspielplätze, Kinderanimation, Veranstaltungsbühne, kleine Einkaufsmeile, TV. **Platzanzahl:** über 500; **Untergrund:** Wiese, Sand; fest; **Service:** Strom, Trinkwasser, Abwasser, Chemie-WC; **Sicherheit:** umzäunt, beleuchtet, bewacht; **Preise:** 14 €/Fahrz., 8 € Erwachsene, 3 € Kinder, Strom, Wasser, Hund und Kurtaxe extra; **Geöffnet:** April–Oktober; **Kontakt:** Auf dem Campingplatz 1, 17459 Ückeritz, Tel. 038375 20923, www.campingplatz-ueckeritz.de. Der Campingplatz wird von der Gemeinde betrieben, Ansprechpartner außerhalb der Öffnungszeiten ist die Kurverwaltung.

107 Naturcamping Hafen Stagnieß

GPS 54.00223, 14.04558

Gemütlicher und preiswerter Naturcampingplatz am Achterwasser in Hafennähe, Imbissangebot. **Lage/Anfahrt:** Die B111 in Richtung Hafen Stagnieß verlassen und der Straße entlang an Forstamt, Kletterwald folgen; **Platzanzahl:** über 100; **Untergrund:** Wiese, Sand; fest; **Service:** Strom, Trinkwasser, Abwasser; **Preise:** 9,70 €/Fahrz., 4,15 € Erwachsene, 2,05 € Kinder, Strom, Wasser, Hund extra; **Geöffnet:** April–Sept.; **Kontakt:** Hafen, 17459 Ückeritz OT Stagnieß, Tel. 038375 20936, www.camping-surfen-usedom.de.

Auf den großen unbefestigten Parkflächen des Steinmuseums und des Kletterwaldes ist eine Übernachtung gut möglich. In der Hauptsaison ist das Parken am Kletterwald von 9 bis 21 Uhr gebührenpflichtig.

Zwischen Ückeritz und den Kaiserbädern Bansin, Heringsdorf und Ahlbeck biegt die B111 nach rechts ab. Zu den Kaiserbädern führt die L266 geradeaus.

Wer die Insel Usedom über den Ort Usedom und Zecheriner Brücke verlassen will, folgt der B111 in Richtung Pudagla/Usedom. Der Campingplatz Neppermin wird nach etwa 5 km erreicht. Die Abfahrt von der B111 in Neppermin in Richtung Campingplatz ist etwas unübersichtlich. Man verlässt die Bundestraße und quert sie anschließend unter einer Brücke wieder. Der Campingplatz ist ausgeschildert.

BANSIN

(9 km – km 77)

Das Seebad Bansin ist das kleinste der alten Kaiserbäder und wartet auf engem Raum mit Zeugnissen der Bäderarchitektur auf, die v. a. entlang der Strandpromenade und der parallel verlaufenden Bergstraße zu finden sind. Auch Bansin hat eine Seebrücke, die 285 Meter misst, als Anlegestelle für die Fahrgastschifffahrt dient und zum Flanieren einlädt. Der Ort trägt seit Anbeginn den Beinamen Seebad, wurde er doch eigens zu Zwecken des Badebetriebes gegründet. Zeugen aus jener Zeit, nämlich die Badekarren, kann man noch heute an der Strandpromenade bewundern. Diese wurden von Pferden ins hüfthohe Meer gezogen, wo man über eine kleine Treppe ins Wasser steigen konnte. Und da diese Treppe von einer Jalousie überdacht wurde, waren die Badenden vor neugierigen Blicken absolut sicher. Zurück an Land ging es erneut mit dem Badekarren.

Bansin kann von sich behaupten, der Geburtsort einer Berühmtheit zu sein. Von hier stammt der Schriftsteller Hans Werner Richter, auf dessen Initiative die Gruppe 47 entstand. Diese Vereinigung von Autoren, die sich zwischen 1947 und 1967 traf und zu der auch Heinrich Böll, Siegfried Lenz, Ingeborg

Klassische Bäderarchitektur – das über 100 Jahre alte Hotel Kaiser Wilhelm in Bansin

Bachmann und Günter Grass gehörten, beeinflusste den Literaturbetrieb der Bundesrepublik maßgeblich. Hans Werner Richter wurde 1908 in dem Bansiner Ortsteil Neu Sallenthin geboren und verbrachte seine Kindheits- und Jugendjahre auf Usedom, bevor er nach Berlin und später nach München ging. Erst am Ende seines Lebens kehrte er zurück und wurde schließlich auf dem Bansiner Friedhof beigesetzt. Da das Geburtshaus Richters nicht mehr existiert, hat man im ehemaligen Feuerwehrhaus eine Gedenkstätte für ihn eingerichtet. Im **Hans-Werner-Richter-Haus** kann man u. a. das rekonstruierte Münchener Arbeitszimmer des Schriftstellers besichtigen und die Bibliothek nutzen.

In der Seestraße 60 befindet sich das **Rolf-Werner-Gedenkatelier.** Rolf Werner war ein auf Usedom bekannter Maler und lebte von 1953 bis zu seinem Tod 1989 in Bansin. Neben dem Gedächtnisatelier befindet sich der kleine private **Wohnmobilstellplatz der Familie Knüppel** (110). Für Leute, denen die Natur am Herzen liegt, lohnt ein Spaziergang durchs Achterland, einem der Ostsee abgewandten und welligen Moränenhügel. Hier brüten Höckerschwäne, Blesshühner und verschiedene Entenarten.

Nur wenige Meter hinter der Strandpromenade beginnt in Bansin bereits der Wald und befindet sich der etwa 14 Hektar große **Schloonsee.** Hier kann man angeln und den Blick bis Heringsdorf schweifen lassen.

Sehenswertes

› **Hans-Werner-Richter-Haus Bansin,** Waldstraße 1, 17429 Bansin, Tel. 038378 47801, geöffnet: Juli/Aug. Di.–Fr. 10–18 Uhr, Sa./So. 12–18 Uhr, Sept.–Juni Di.–Fr. 10–16 Uhr, Sa./So. 12–16 Uhr. Kleines Literaturhaus mit Bibliothek und Ausstellungsräumen, in denen an Richter als den Initiator und Leiter der „Gruppe 47" erinnert wird, freitags in der Saison Lesungen im „Grass-Zimmer", eine kleine Ausstellung erinnert an die 1925 in Ahlbeck geborene Schriftstellerin und Publizistin Carola Stern, www.kaiserbaeder-auf-usedom.de/hans-werner-richter-haus

› **Rolf-Werner-Gedenkatelier Bansin,** Seestraße 60, 17429 Bansin, https://museum-rolf-werner.business.site. Dauerausstellung mit Werken des Malers und Grafikers Rolf Werner, der bis zu seinem Tod 1989 hier lebte. Das Museum befand sich Ende 2020 noch in der Renovierung.

Information

› **Touristinformation Seeheilbad Bansin,** An der Seebrücke, 17429 Bansin, Tel. 038378 47050, www.kaiserbaeder-auf-usedom.de/kaiserbaeder/bansin, geöffnet: Mai–September Mo.–Fr. 9–18 Uhr, Sa./So. 10–15 Uhr, April/Oktober Mo.–Fr. 9–17 Uhr, Sa./So. 10–13 Uhr, November–März Mo.–Fr. 9–16 Uhr, Sa./So. 10–12 Uhr

(108) Wohnmobilstell- und Parkplatz Gartenweg Bansin

GPS 53.96474, 14.13626

Sehr kleiner und einfacher Park- und Stellplatz, ungefähr 150 Meter entfernt befindet sich der Caravanstellplatz Wille (111). **Platzanzahl:** 10, **Untergrund:** Wiese, **Service:** Strom, **Preise:** 9 € Übernachtungspauschale, Strom extra; **Geöffnet:** ganzjährig; **Kontakt:** Gartenweg, 17429 Bansin.

(109) Wohnmobilstellplatz am Waldparkplatz Bansin

GPS 53.98834, 14.11295

Sehr großer, aber abgelegener Stellplatz, kleiner Laden mit Brötchenservice, Hundestrand in der Nähe, ca. 350 m zum Strand; **Anfahrt/Lage:** Die Zufahrt zum Stellplatz über einen Waldweg liegt von Ückeritz kommend bereits ca. 2 km vor dem Ortseingang Bansin (L266 in Fahrtrichtung Bansin nach links verlassen und auf Straße „Am Heuberg" abbiegen); **Platzanzahl:** 80; **Untergrund:** Wiese; **Service:** Strom, Trinkwasser, Abwasser, Chemie-WC; **Preise:** 16 €/Fahrz., 7 € Erwachsene, 3,50 € Kinder, Strom und Dusche extra; **Geöffnet:** Mai–September; **Kontakt:** Am Heuberg 1, 17429 Bansin, Postanschrift: Wolfgang Klein, Schulstraße 15, 17429 Neppermin, Tel. 038378 29248, www.ostsee-camping-bansin.de.

151wo-lr

110 Wohnmobilstellplatz Knüppel Bansin

GPS 53.96776, 14.13659
Kleiner Stellplatz auf Wiesenfläche hinterm Wohnhaus, direkt neben dem Rolf-Werner-Gedenktatelier. **Platzanzahl:** 3; **Untergrund:** Wiese; **Service:** Strom, Trinkwasser, Abwasser; **Sicherheit:** umzäunt, beleuchtet; **Preise:** 25 €/Fahrz. Pauschale alles inklusive; **Kontakt:** Seestraße 60a, 17429 Bansin, Tel. 038378 32104, Mobil 0152 09424385.

111 Caravanstellplatz Wille Bansin

GPS 53.96560, 14.13548
Moderner, aber kleiner Stellplatz. In der Nähe befindet sich auch ein gebührenpflichtiger Parkplatz. **Platzanzahl:** 10; **Untergrund:** Wiese; **Service:** Strom, Trinkwasser, Abwasser; **Sicherheit:** umzäunt, beleuchtet; **Preise:** 25 €/Fahrz., 4 €/Pers., Strom, Wasser, Hund extra; **Geöffnet:** ganzjährig; **Kontakt:** Seestraße 30, 17429 Bansin, Mobil 0160 6843759.

112 Nandalee Camping Sellin

GPS 53.95771, 14.09073
Kleiner, wunderschöner und gemütlicher Naturcampingplatz am Schmollensee, mit Biergarten. **Anfahrt/ Lage:** über Bansin Dorf, Neu Sallenthin nach Sellin; **Platzanzahl:** über 20; **Untergrund:** Wiese; **Service:** Strom, Trinkwasser, Abwasser, Chemie-WC; **Preise:** ab 21 € Pauschale inkl. 2 Personen, Strom, Wasser extra; **Geöffnet:** März–November; **Kontakt:** Sellin 17A, 17429 Seebad Bansin OT Sellin, Mobil 0152 33883226, www.nandalee-camping.de.

Folgt man dem Verlauf der L266, erreicht man Heringsdorf.

Das romantische Gedenkatelier des Malers Rolf Werner in Bansin

HERINGSDORF

(1 km – km 78)

Heringsdorf kann von sich behaupten, mit 8,5 Kilometern die längste Strandpromenade Europas zu besitzen. Außerdem verfügt der Ort über die längste Seebrücke Deutschlands. Diese ist 508 Meter lang. Das Seebad ist das mondänste unter den „drei kaiserlichen" und besticht durch die elegante Bäderarchitektur aus dem 19. Jahrhundert. Einst waren die Villen die Sommerresidenzen der „Schönen und Reichen". So wohnte Lyonel Feininger in der Villa Oppenheim. In der Villa Diana war Bismarcks Privatbankier Gerson von Bleichröder zu Gast, ihm folgten später der NS-Minister Hermann Göring und Harry Tisch, der Vorsitzende der DDR-Gewerkschaft FDGB. Eine Büste des deutschen Kaisers im Garten der Villa Staudt erinnert an dessen häufige Besuche in Heringsdorf. Kaiser Wilhelm I. verlebte seinen Urlaub im Weißen Schloss. Viele dieser Villen wurden liebevoll restauriert und sind heute Urlaubsdomizile, einige wurden zu Museen, wie z. B. die **Villa Irmgard,** in der das einstige Wohn- und Arbeitszimmer Maxim Gorkis zu sehen ist. Jener hielt sich häufig im Seebad auf, um seine Tuberkulose zu kurieren.

Aber nicht nur Bäderarchitektur lockt nach Heringsdorf. Zu jeder Jahreszeit ist hier für Alt und Jung eine Menge los, v. a. auf und um die Seebrücke gibt es regelmäßige **Veranstaltungen,** wie z. B. Kurkonzerte in der Konzertmuschel. Kulturelles Zentrum ist der Kaiserbädersaal an der Strandpromenade, dessen

Die drei Kaiserbäder Bansin, Heringsdorf und Ahlbeck

2005 erfolgte der Zusammenschluss von Bansin, Heringsdorf und Ahlbeck zur Gemeinde Dreikaiserbäder. Diese drei Bäder übten schon immer eine enorme Anziehungskraft auf „normale" Urlauber, aber auch Persönlichkeiten aus Politik und Wirtschaft sowie berühmte Künstler aus. Neben Johann Strauß erholten sich hier die Schriftsteller Heinrich und Thomas Mann, Maxim Gorki, Leo Tolstoi und Theodor Fontane. Letzterer schrieb 1863 an seine Frau Emilie: „… man hat Ruhe und frische Luft und diese beiden Dinge wirken wie Wunder und erfüllen Nerven, Blut, Lungen mit einer stillen Wonne." Ausgangspunkt für die Entwicklung der drei Orte zu See- und Kaiserbädern war im 19. Jahrhundert Swinemünde (heute Polen), der damals größte Ort auf der ungeteilten Insel Usedom. Dort wurde 1824 die erste Badesaison gestartet und Swinemünde erhielt finanzielle Zuwendungen des preußischen Königs. So konnte sich der Ort zum mondänen Seebad entwickeln. Heringsdorf wurde ein Jahr nach Swinemünde Badeort, 1852 folgte Ahlbeck. Während Heringsdorf und Ahlbeck schon früher als kleine Fischerorte bestanden, wurde Bansin eigens als Badeort 1897 gegründet.

In allen drei Bädern dominierten anfangs einfache Bedingungen, was Unterbringung und Bademöglichkeiten betraf. So waren Urlauber z. B. in Fischerhäusern untergebracht.

Heute gibt es in allen drei Kaiserbädern natürlich jeglichen Komfort, eine Menge Unterhaltung und einen bis zu 70 Meter breiten, weißen Sandstrand. Sie zählen zu den architektonisch reizvollsten Badeorten in ganz Deutschland. Besonders schön ist es, auf der Strandpromenade, die die Orte miteinander verbindet, entlangzuschlendern. Denn auf diesem Weg passiert man die majestätischen Villen aus der Kaiserzeit, die den Kaiserbädern ihren Namen gegeben haben. Von Bansin über Heringsdorf bis nach Ahlbeck verleihen sie den Orten ihren einzigartigen Charme. Bis heute kann man hier ein nahezu lückenlos erhaltenes Villenensemble bestaunen und sich vom Stil französischer Renaissancepaläste ebenso verzaubern lassen wie von klassizistischen Gebäuden.

Die ***Kurtaxe*** *wird in allen drei Seebädern einheitlich erhoben und beträgt 2,70 € in der Hauptsaison für Erwachsene.*

232wo-as©Sina Ettmer – stock.adobe.com

Grundmauern vom alten Kulturhaus aus dem Jahre 1898 stammen. 1946 brannte das Haus ab, wurde zwei Jahre später durch die russischen Besatzer wieder errichtet und als Sanatorium genutzt. Aber bald entwickelte sich das Haus erneut zum Kulturzentrum und wurde 1950 der Gemeinde übergeben. 1996 erfolgten die Privatisierung und die Sanierung im klassizistischen Stil, sodass das Gebäude heute für unterschiedlichste Veranstaltungen zur Verfügung steht. Dreimal im Jahr trifft sich in Heringsdorf alles, was im Modegeschäft der Ostseeanrainerstaaten Rang und Namen hat. Im Frühjahr ist es die **Baltic Fashion,** die mit der Verleihung des gleichnamigen Awards endet. Die Seebrücke wird im Juni zur **Bridge of Fashion** und somit zum längsten Laufsteg der Welt. Im Oktober dann finden hier die **Modetage** statt.

Direkt auf der **Seebrücke** gibt es einige Geschäfte und Restaurants. Von der Brücke aus hat man einen schönen Blick über die Ostsee bis nach Polen.

Auch Kunstliebhaber kommen in Heringsdorf auf ihre Kosten, denn sie können jedes Jahr ab März den seit 1970 bestehenden **Kunstpavillon** auf der Strandpromenade besuchen, in dem Werke nicht nur einheimischer Künstler ausgestellt werden. Lesungen sowie Konzerte kann man hier auch erleben. Außerdem bietet sich von Juni bis September ein Besuch im **Chapeau Rouge,** dem roten Theaterzelt, an, das seit 1993 zu seinen Aufführungen einlädt. Vormittags gibt es Darbietungen für Kinder, am Abend stehen die Erwachsenen im Mittelpunkt und die können sich neben klassischen Stücken von Goethe oder Dürrenmatt auch Schwänke ansehen. Mehrmals wöchentlich finden in der benachbarten **Volkssternwarte „Manfred von Ardenne“** abendliche Führungen und Vorträge statt. Der Rundfunk- und Fernsehpionier Prof. von Ardenne selbst gründete diese Sternwarte 1960.

508 m lang ist die Seebrücke in Heringsdorf

Die Stellplätze **Mobilcamp Heringsdorf** 114 und **Korbwerk Heringsdorf** 113 bieten Gelegenheit zum Übernachten. Einen kleinen privaten Stellplatz kann man hinter dem „Haus Ariane“ in Heringsdorf finden.

S 133 **Stellplatz Haus Ariane,** GPS 53.95217, 14.16594, Bülowstraße 13. Kleiner privater Stellplatz für bis zu 5 Wohnmobile, 18 € Tagesgebühr.

Auf einem Hügel über dem Ort befindet sich die **Kirche im Walde,** die es seit 1848 gibt und deren Gemeinde aufgrund der Blütezeit der Kaiserbäder um 1900 einen eigenen Pastor erhielt.

Für 2021 ist in der Nähe des Bahnhofs Heringsdorf die **Eröffnung eines Baumwipfelpfades** geplant. Mit einer Länge von ca. 1400 m und einer Höhe von etwa 33 m wird er einen wunderschönen Blick über die Ostsee und die Umgebung gestatten.

Sehenswertes

- **Usedomer Kunstverein e. V., Kunstpavillon Heringsdorf,** auf der Promenade am Rosengarten, 17424 Heringsdorf, www.kunstpavillon-ostseebad-heringsdorf.de, Tel. 038378 22877, Mobil 0170 3378356, geöffnet: ab März Mi.–So. 14–17 Uhr, geschl.: Winterhalbjahr, Preise je nach Veranstaltung
- **Chapeau Rouge,** Strandpromenade, 17424 Heringsdorf, Tel. 03971 2688800 (zentraler Ticketverkauf), www.chapeau-rouge.de, geöffnet: Ende Mai–September, Karten auch bei Kurverwaltung Heringsdorf, Kulmstraße 33,17424 Heringsdorf, Vorstellung nicht tägl., Spielplan beachten
- **Volkssternwarte „Manfred von Ardenne“ Heringsdorf,** Friedenstr. 7, 17424 Heringsdorf, www.sternwarte-usedom.de, Tel. 038378 471650, 0171 2756948, Eintritt: Führungen 6 € Erwachsene, 4 € Kinder. Regelmäßige Führungen abends bei klarem Himmel, Programminfo vor Ort oder im Internet.
- **Kirche im Walde Heringsdorf,** Klenzestraße 9, 17424 Heringsdorf, Tel. 038378 22488, www.kirche-heringsdorf.de, geöffnet: Mo.–Sa. 11–18 Uhr, Gottesdienst sonntags 11 Uhr. Eine Besonderheit ist der an der Außenseite befestigte Davidstern, im Inneren gibt es unter anderem eine Holzstatue Martin Luthers.
- **Villa Irmgard Heringsdorf,** Maxim-Gorki-Str. 13, 17424 Heringsdorf, Tel. 038378 22361, geöffnet: Juni–Oktober 12–18 Uhr, November–Mai 12–16 Uhr (Mo. u. Mi. geschlossen), Eintritt: 4 € Erwachsene, 3 € Ermäßigte, 2 € Kinder. Den Besucher erwarten wechselnde Bilderausstellungen und Wissenswertes aus der Geschichte des Seebades in einer original erhaltenen Villa von 1906. Zudem finden regelmäßig Buchlesungen, kleine Konzerte und Theateraufführungen statt.

Information

- **Touristinformation und Kurverwaltung Heringsdorf,** Delbrückstraße 69, 17424 Heringsdorf, Tel. 038378 2451, www.kaiserbaeder-auf-usedom.de/kaiserbaeder/heringsdorf, geöffnet: Mai–Sept. Mo.–Fr. 9–18 Uhr, Sa./So. 10–15 Uhr, Apr./Okt. Mo.–Fr. 9–17 Uhr, Sa./So. 10–13 Uhr, Nov.–März Mo.–Fr. 9–16 Uhr, Sa./So. 10–12 Uhr

113 Wohnmobilstellplatz Korbwerk Heringsdorf

GPS 53.95044, 14.16584

Stellplätze auf dem Gelände von Deutschlands ältester Korbmanufaktur. **Lage/Anfahrt:** Vor dem Bahnhof Heringsdorf von der den Ort durchquerenden Bülowstraße (L266) auf Waldbühnenweg abbiegen und diesem ungefähr 100 m bis zum Korbwerk folgen; **Platzanzahl:** 25; **Untergrund:** Beton; **Service:** Strom, Trinkwasser, Abwasser; **Sicherheit:** umzäunt, beleuchtet; **Preise:** 25 € Tagespauschale inklusive Personen, Strom, Wasser extra, **Geöffnet:** ganzjährig; **Kontakt:** Waldbühnenweg 2, 17424 Heringsdorf, Mobil 0151 22434432

114 Mobilcamp Heringsdorf

GPS 53.96143, 14.15415

Moderner Stellplatz, Kinderspielplatz, nur ca. 300 m bis zum Strand, 10 Min. bis zum Ortszentrum, gastronomische und kulturelle Einrichtungen sind in der unmittelbaren Nähe, in Nebensaison Rabatt bei längerem Aufenthalt. **Lage/Anfahrt:** von Bansin kommend, kurz nach dem Ortsschild „Heringsdorf“ links in die

Triftstraße einbiegen, bis zum Ende der Straße fahren; **Platzanzahl:** 71; **Untergrund:** Wiese; **Service:** Strom, Trinkwasser, Abwasser, Chemie-WC; **Sicherheit:** umzäunt, beleuchtet; **Preise:** 17 €/Fahrz., 9 € Erwachsene, 5 € Kinder, Strom und Wasser extra; **Geöffnet:** April–Oktober und nach Anfrage über den Jahreswechsel; **Kontakt:** Triftstraße 10a, 17424 Heringsdorf, Tel. 038378 498073, Mobil 0174 1508790, www.mobilcamp-heringsdorf.de.

Der nächste Ort an der L266 ist Ahlbeck.

AHLBECK

(1 km – km 79)

Das östlichste der Kaiserbäder ist Ahlbeck. Natürlich besticht auch dieses Bad durch seine herrliche Bäderarchitektur. In einem der Gebäude, dem Seehotel „Ahlbecker Hof", residierten in der Vergangenheit u. a. der Kaiser von Österreich und Theo Lingen. Aber auch heutzutage beherbergt das Hotel Berühmtheiten wie die schwedische Königin Silvia oder den ehemaligen deutschen Bundespräsidenten Horst Köhler.

Als Wahrzeichen des Ortes gilt die **älteste Seebrücke Deutschlands** mit dem Gaststättenpavillon. Die Seebrücke reicht 280 Meter in die Ostsee und ihr Anfang wird durch eine schmiedeeiserne Uhr im Jugendstil markiert. Schon 1898 wurde sie in der Architektur der Gründerzeit erbaut und noch heute leuchten das rote Dach und die grünen Türme des Pavillons schon von Weitem. Sie ist die einzige Seebrücke an der Ostsee, deren historische Bausubstanz erhalten blieb. Vicco von Bülow alias Loriot hatte die Seebrücke 1991 sogar als Kulisse für einige Szenen aus seinem Film „Pappa ante Portas" auserkoren.

Auch in Ahlbeck steht der Badespaß an erster Stelle. Sollte einmal kein Strandwetter sein, dann kann der Besucher ausweichen in die **Ostseetherme,** die ihr heilsames Thermalwasser auszeichnet. Hierbei handelt es sich um eine 4-prozentige Jodsole, die aus einer eigenen Quelle gewonnen wird. In fünf Innenbecken und einem Außenbecken kann man nach Herzenslust entspannen. Seit 1996 steht vor der Therme ein **Aussichtsturm** mit drei Plattformen in Stahlbauweise, die entweder über eine Treppe oder über einen Aufzug erreicht werden können.

Auch in Ahlbeck befindet sich eine **Kirche,** deren Entwicklung eng mit der Geschichte des Seebades verbunden ist. Ursprünglich mussten Einwohner und Gäste des Ortes nach Heringsdorf oder Swinemünde, um an Gottesdiensten teilnehmen zu können. 1865 gründete dann der Kantor Johann Koch das Komitee zur Erbauung eines evangelischen Gotteshauses. 1894 erfolgte die Grundsteinlegung. Drei Jahrzehnte waren dafür Sammlungen unter Bewohnern und Urlaubern durchgeführt worden. Jeweils sonntags 9.30 Uhr finden hier Gottesdienste statt. Ansonsten ist die Kirche dienstags bis freitags von 11 bis 18 Uhr sowie montags und samstags von 13 bis 18 Uhr für die Öffentlichkeit zugänglich.

Unweit der Kirche, auf der Kurparkstraße, steht das **Rathaus** von Ahlbeck. Ursprünglich wurde das Gebäude 1896 als Warmbad errichtet. In vielen Orten gab es seinerzeit ein solches Bad, da kaum jemand zu Hause eine eigene Badewanne hatte und die Leute deshalb einmal pro Woche zum Baden ins Badehaus gingen. Erst im Jahr 1975 wurde das Warmbad geschlossen, anschließend als Kinderkrippe genutzt und nach der Wende umfassend saniert. Hier befindet sich auch ein kleines **Heimatmuseum.** Beim Bummeln auf der Promenade laden eine Vielzahl von Cafés und Restaurants zum Verweilen ein, außerdem starten **Kutschfahrten** (Standplatz Seestraße/Ecke Dünenstraße) in die Umgebung Ahlbecks, beispielsweise zum Wolgastsee. Von da kann man durch den Wald zurückwandern.

Wer jetzt schon viel auf den Beinen war und gar die gesamte Promenade der Kaiserbäder abgelaufen ist, dem ist zu empfehlen, sich einen Platz im Kaiserbäder-Express zu suchen und mit diesem an den Ausgangspunkt seiner Unternehmungen zurückzukehren – vielleicht mit frischem Fisch in der Tasche, der kurz zuvor bei den Strandfischern erworben wurde. Der Kaiserbäder-Express, der auch Tschu Tschuh Bahn genannt wird, verkehrt täglich von 9.20 bis 18 Uhr zwischen den Kaiserbädern. Man kann an den einzelnen Haltestellen zu- und aussteigen und bezahlt je nach Fahrstrecke direkt beim Fahrer (Einzelticket für die kleine Bäderrundfahrt 4/2 €, www.kaiserbaeder-express.de).

Unweit von Ahlbeck liegt der **Grenzübergang zum Nachbarland Polen.** Er darf von Fahrzeugen bis 3,5 t ohne Kontrollen passiert werden. Das heutige **Świnoujście,** das ehemalige Swinemünde, ging im Ergebnis des Zweiten Weltkrieges an Polen. Es ist die größte Stadt auf der Insel Usedom mit heute etwa 40.000 Einwohnern. Am 12. März 1945 flogen über 1000 Kampfflugzeuge der Alliierten einen verheerenden Bombenangriff auf die Stadt, der nach Schätzungen über 20.000 zivile Todesopfer forderte. Bis zu 14.000 Opfer wurden auf dem **Golm,** der höchsten Erhebung der Insel Usedom, auf der deutschen Seite der deutsch-polnischen Grenze in Massengräbern bestattet. Außerdem dient der Golm als Soldatenfriedhof für mehrere Tausend gefallene deutsche Soldaten, überwiegend Marineangehörige. Der Golm ist deshalb heute **eine der größten Kriegsgräberstätten Deutschlands** und wichtigster historischer Erinnerungs- und Trauerort der Insel Usedom. Er ist mit dem Wohnmobil über Korswandt und Zirchow zu erreichen.

Sehenswertes

- **Evangelische Kirche Ahlbeck,** Dorfstr. 8, 17375 Ahlbeck, Tel. 03977 520213, geöffnet: Juni–Sept. Mo. 13–18 Uhr, Di.–Fr.11–18 Uhr, Sa. 13–18 Uhr. Das Innere der Kirche ist schlicht gestaltet und der Gottesdienst findet sonntags 10 Uhr statt.
- **Heimatmuseum Ahlbeck,** Kurparkstraße 4, 17419 Ahlbeck, im Rathaus, Tel. 038378 25040. Heimatgeschichtliche Ausstellung von Gebrauchsgegenständen aus verschiedenen Epochen

152wo-lr

Information

- **Touristinformation Ahlbeck,** Dünenstraße 45, 17419 Ahlbeck, Tel. 038378 499350, www.kaiserbaeder-auf-usedom.de/kaiserbaeder/ahlbeck, geöffnet: Mai–September Mo.–Fr. 9–18 Uhr, Sa./So. 10–15 Uhr, April/Oktober Mo.–Fr. 9–17 Uhr, Sa./So. 10–13 Uhr, November–März Mo.–Fr. 9–16 Uhr, Sa./So. 10–12 Uhr

Aktivität

- **Ostseetherme Usedom Ahlbeck,** Lindenstraße 60, 17419 Ahlbeck, Tel. 038378 2730, www.ostseetherme-usedom.de, geöffnet: tägl. 10–19 Uhr, Eintritt: Badewelt 2 Std. Erwachsene 11,30 €, Kinder 8,35 €, Tageskarte 14,70 €/11,75 €, Saunawelt extra. Kurmittelhaus und Gesundheitsstudio in einer Einrichtung, großer kostenloser Parkplatz.

Wahrzeichen der Ostseetherme Ahlbeck – der begehbare Aussichtsturm auf dem Gelände

115 Wohnmobilstellplatz Rauthe Ahlbeck

GPS 53.93666, 14.18628

Lage/Anfahrt: an Bahnschienen, in der Nähe des Bahnhofs gelegen, aber bei Nacht kein Zugverkehr; **Platzanzahl:** 30; **Service:** Strom, Trinkwasser, Abwasser; **Preise:** 20,60 €, Personen und Strom inklusive, Dusche extra; **Geöffnet:** ganzjährig; **Kontakt:** Manfred Rauthe, Waldstraße 7, 17419 Ahlbeck; Mobil 0174 9007688, www.wohnmobil-stellplatz-ahlbeck.de.

116 Caravanplatz Am Wiesenrand Ahlbeck

GPS 53.94199, 14.17578

Lage/Anfahrt: ca. 800 m vom Strand entfernt, in Ahlbeck auf der B111 ca. 1 km nach dem Plusmarkt rechts in den Gothenweg abbiegen, noch etwa 500 m, dann links; **Platzanzahl:** 27; **Untergrund:** Wiese; **Service:** Strom, Trinkwasser, Abwasser, Chemie-WC; **Preise:** 15,50 € Pauschale inkl. 2 Personen, Strom und Dusche extra; **Geöffnet:** Mitte März–Oktober; **Kontakt:** Hans-Dieter Arndt, Gothenweg 5a, 17419 Ahlbeck, Tel. 038378 30373, Mobil 0162 3960318, www.caravan-camping-usedom.de.

117 Campingplatz Korswandt

GPS 53.91409, 14.15064

Gemütlicher Naturcampingplatz, Fahrradverleih, Imbiss. **Lage/Anfahrt:** Von Ahlbeck der L266 in Richtung Ort Usedom folgen, Ortslage Korswandt durchfahren, Entfernung ab Ahlbeck 3 km; **Platzanzahl:** über 20; **Untergrund:** Wiese, Sand; fest; **Service:** Strom, Trinkwasser, Abwasser; **Preise:** 9 €/Fahrz., 6 €/Pers., 3 € Kinder, Strom, Wasser, Hund extra; **Geöffnet:** März–Oktober; **Kontakt:** Hauptstraße 1, 17419 Korswandt, Tel. 038378 22110.

Wer die Insel Usedom über die **Zecheriner Brücke** im Süden der Insel verlassen will, dem ist noch der Besuch des **Wasserschlosses Mellenthin** empfohlen. Die Schlossanlage wurde bereits 1575 erbaut und bietet heute mit eigenem Hotel, Restaurant, Kafferösterei, Bäckerei und Brauerei für Besucher ein kurzweiliges Angebot. Ausreichend kostenlose Parkplätze für Wohnmobile aller Größen sind vorhanden.

› **Wasserschloss Mellenthin,** Dorfstraße 25, 17429 Mellenthin, Mellenthin befindet sich in der Nähe der B111 südlich von Neppermin, Tel. 038379 28780, www.wasserschloss-mellenthin.de, geöffnet: tägl. ab 11 Uhr. Altes Wasserschloss von 1575 mit eigener Brauerei, Restaurant, Kaffeerösterei und Bäckerei. Veranstaltungsort für Musik und Kunst, kostenloser Parkplatz, GPS 53.92343, 14.01558.

ANHANG

106wo-lr

PRAKTISCHE REISETIPPS

INFORMATIONEN

- **Tourismusverband Mecklenburg-Vorpommern e. V.,** Konrad-Zuse-Straße 2, 18057 Rostock, Tel. 0381 4030550, www.auf-nach-mv.de. Die Internetseite gibt einen Überblick über Städte und Regionen des Bundeslandes und wartet mit allgemeinen Informationen zu Kunst/Kultur und unterschiedlichen Aktivitäten auf. Es können auch kostenlos verschiedene Kataloge zur Urlaubsvorbereitung bestellt werden. Eine interaktive Karte zur Region mit eingetragenen Sehenswürdigkeiten rundet das Angebot ab.
- **Verband Mecklenburgischer Ostseebäder e. V.,** Konrad-Zuse-Straße 2, 18057 Hansestadt Rostock, Tel. 0381 80892670, www.ostseeferien.de. Tourismusverbund der mecklenburgischen Ostseebäder, Internetseite mit Informationen, Newsletter, Veranstaltungskalender.
- **Tourismusverband Fischland Darß Zingst e. V.,** Barther Straße 16, 18314 Löbnitz, Tel. 038324 6400, www.fischland-darss-zingst.de. Gemeinsamer Tourismusverband der Halbinsel Fischland-Darß-Zingst, Informationen zur Halbinsel und ihren Gemeinden, Veranstaltungen, Wetter, Informationsmaterial aller Art.
- **Tourismuszentrale Rügen GmbH,** Circus 16, 18581 Putbus, Tel. 03838 807780, www.ruegen.de. Tochtergesellschaft des Tourismusverbandes Rügen e. V. Internetseite informiert umfassend zu allen Städten und Gemeinden der Insel Rügen, Anreise, Veranstaltungen, Kurtaxe, Touristinformationen, Rügen-App für iPhone und Android.
- **Usedom Tourismus GmbH,** Hauptstraße 42, 17459 Seebad Koserow, Tel. 038375 244144, www.usedom.de. Offizielles Tourismusunternehmen der Insel Usedom, hervorgegangen aus dem Tourismusverband Insel Usedom e. V., Informationen zur Insel Usedom, allen Gemeinden, allen Veranstaltungen und den Sehenswürdigkeiten.

Abschied von Rügen – mit der Autofähre nach Stahlbrode

HÄNDLER UND SERVICE FÜR WOHNMOBILE UND CARAVANS

Aufgenommen wurden nur Unternehmen, die auch einen Werkstattservice, Pannenhilfe und Zubehörhandel bieten. Ausschließliche Vermieter von Wohnmobilen/Caravans wurden nicht berücksichtigt.

- **Wohnmobile & Caravans Linke, Wismar,** Grevenbarg 1, 23970 Gewerbegebiet Kritzow/Wismar Ost, Tel. 03841 283758, www.wohnmobile-caravans.de. Händler der Marken Knaus, Weinsberg, Tabbert und Hobby. Werkstatt, Zubehörhandel, An- und Verkauf von Wohnmobilen und Caravans aller Art.
- **Caravaning Nord, Bargeshagen,** Rabenhorster Damm 3, 18211 Bargeshagen, Tel. 038203 62493, www.caravaningnord.de. Händler der Marken Knaus, Weinsberg, Caraddo, Clever, Hymer und Sterckeman. Vermietung, Werkstatt, Zubehörhandel, An- und Verkauf von Wohnmobilen und Caravans aller Art.
- **Caravan Center Petschow, Rostock,** Neu Hinrichsdorf 1a, 18146 Rostock, Tel. 0381 6867640, www.caravan-center-rostock.de. Händler der Marken Dethleffs und Hobby, Vermietung, Werkstatt, Zubehörhandel, An- und Verkauf von Wohnmobilen und Caravans aller Art.
- **Wohnwagen Westphal, bei Rostock,** Wendenstraße 15, 18184 Broderstorf-Pastow, Tel. 038204 899268, www.wohnwagen-westphal.de. Händler für Caravans der Marke Dethleffs, Vermietung, Werkstatt, Zubehörhandel, An- und Verkauf von Wohnmobilen und Caravans aller Art. Eigener Wohnmobilstellplatz auf dem Firmengelände.
- **Zingler Karosseriebau & Caravancenter Rostock,** Rövershäger Chaussee 10, 18146 Rostock, die Werkstatt liegt direkt an der L22 kurz vor der Autobahn A19, Tel. 0381 4923768, www.zingler-karosseriebau.de, geöffnet: Mo.–Fr. 6–18 Uhr, Sa. 10–12 Uhr. Reparatur und Unfallinstandsetzung an Caravans und Wohnmobilen aller Hersteller.
- **Anhänger- und Camping-Center Brandt/Rostock-Kritzmow,** Satower Straße 22, 18198 Kritzmow, Tel. 038207 436, www.caravan-brandt.de. Händler der

079wo-lr

Marken Tabbert, Knaus und Bürstner, Vermietung, Werkstatt, Zubehörhandel, An- und Verkauf von Wohnmobilen und Caravans aller Art.

- **Caravan-Center Dahnke, Stralsund,** Werftstraße 16, 18439 Stralsund, Tel. 03831 2038570, www.caravan-center-dahnke.de. Händler der Marken Carthago, Carado, Malibu, Hobby, Fendt, Pössl und T@B, Vermietung, Werkstatt, Zubehörhandel, An- und Verkauf von Wohnmobilen und Caravans aller Art.
- **Caravan Jonas, Richtenberg,** Stralsunder Straße 6, 18461 Richtenberg, Tel. 038322 589767, Mobil 0179 5022241, www.caravan-richtenberg.de. Händler der Marken Adria, Dethleffs, Sunlight und Sterckeman, Vermietung, Werkstatt, Zubehörhandel, An- und Verkauf von Wohnmobilen und Caravans aller Art. Eigener Wohnmobilstellplatz.
- **Caravan Wöller Hinrichshagen,** Chausseestraße 12, 17498 Hinrichshagen, Tel. 03834 500448, www.caravan-woeller.de. Händler der Marken, Wilk, Weinsberg, Knaus. Mobiler Reparaturservice kommt zur Schadensstelle, Vermietung, Werkstatt, Zubehörhandel, An- und Verkauf von Wohnmobilen und Caravans aller Art.

ANREISE UND VERKEHR

Die Ostseeküste Mecklenburg-Vorpommerns zieht jedes Jahr Millionen Urlauber und Tagesausflügler an. Absoluter Schwerpunkt ist dabei die Sommersaison, denn dann locken die langen Strände besonders viele Badegäste an. In dieser Zeit sind die Ostseeküste und ihre Städte und Gemeinden vielerorts stark überlaufen. Bei schönem Badewetter verbringt die Masse der Gäste den Tag am Strand und in den Badeorten und der Straßenverkehr läuft relativ normal. An Regentagen zieht es aber viele Besucher in die größeren Städte, um den trüben Tag zu einem Besuch der Sehenswürdigkeiten, Thermen und Veranstaltungen in den regionalen Zentren zu nutzen. Deshalb muss an Schlechtwettertagen im Sommer immer mit einer besonders großen Verkehrsdichte und auch mit längeren Staus gerechnet werden. Am Wochenende sorgen Kurzurlauber sowie die An- und Abreisetage der großen Hotels und Reiseveranstalter ebenfalls für überdurchschnittlichen

Verkehr. Im Frühjahr und im Herbst gehen die Besucherzahlen deutlich zurück, liegen aber rund um die Hauptreiseorte immer noch auf sehr hohem Niveau. In den Wintermonaten ist das Verkehrsaufkommen wesentlich geringer und Behinderungen oder Staus treten so gut wie nie auf.

Die Ostseeküste Mecklenburg-Vorpommerns ist mittlerweile sehr gut an das Autobahnnetz Deutschlands angeschlossen. Besonders die Ostseeautobahn A20 folgt immer der Küste und erlaubt neben der zeitsparenden Umfahrung einzelner Routen dieses Buches die schnelle Anfahrt aller Küstenorte aus westlicher oder östlicher Richtung. Die A19 sorgt für die schnelle Zufahrt nach Rostock und über die A14 ist Wismar zügig erreicht. Neben der als Nadelöhr bekannten B105 zwischen Rostock und Stralsund werden die B96 auf der Insel Rügen sowie die B111 zwischen Wolgast und den drei Kaiserbädern Bansin, Heringsdorf und Ahlbeck tagsüber besonders stark frequentiert. Reisende sollten deshalb in der Sommersaison nach Möglichkeit diese Straßen umgehen.

KLIMA UND REISEZEIT

Die südliche Ostsee liegt in der gemäßigten Klimazone mit kontinentalen Einflüssen. Durch die geringe Wassertiefe der Ostsee und den daraus resultierenden relativ großen und schnellen Änderungen der Wassertemperatur kann die Ostsee nicht wie andere Meere als großer Temperaturpufferspeicher ausgleichend gegenüber dem Klima im angrenzenden Binnenland wirken. Deutliche Tempera-

101wo-lr

turschwankungen innerhalb kurzer Zeit sind deshalb an den Küsten zu jeder Jahreszeit möglich. Weil das Ostseewasser nur einen geringen Salzgehalt hat, friert die Ostsee im Küstenbereich in vielen Wintern zu. Die Eisbildung an der Küste wirkt als Kältereservoir und dämpft dann eine schnelle Erwärmung in den ersten Frühlingstagen. Die Eisbildung kann auch zu Einschränkungen im Fähr- und Fahrgastverkehr zu den Inseln führen. Im Frühjahr und im Herbst sind ausgeprägte Sturmwetterlagen nicht selten und die Windgeschwindigkeiten können sehr hohe Werte erreichen, der Aufenthalt im Freien ist dann nicht besonders attraktiv. Besonders gefährdete Lagen sind heute durch intensive Küstenbefestigung, Brandungsmauern und Deiche geschützt und verheerende Sturmfluten, wie sie zum Teil noch in den 1960er-Jahren auftraten, sind derzeit wenig wahrscheinlich.

In den meisten Jahren stellt sich im **Frühjahr** eine relativ stabile Wetterlage mit wenigen Niederschlägen ein, die Lufttemperaturen sind aber noch recht gering. Im **Sommer** werden durch den kontinentalen Einfluss sehr hohe Lufttemperaturen erreicht, in vielen Jahren regnet es jedoch auch häufig. Der **Herbst** bietet im Vergleich zum Frühjahr meist höhere Temperaturen, die Herbststürme setzen aber manchmal schon im Oktober ein. Der **Winter** ist häufig nicht besonders kalt, in manchen Jahren fällt kaum Schnee. Die klimatisch beste Reisezeit ist deshalb der Frühsommer, in dem die Temperaturen schon sehr hoch sein können, die Regenwahrscheinlichkeit aber noch gering ist. Badegäste müssen dann aber noch mit **Wassertemperaturen der Ostsee** unter 17 °C rechnen. Im Juli und im August können dagegen bei warmem Wetter Wassertemperaturen von bis zu 23 °C erreicht werden. Die Flachwasserbereiche, wie beispielsweise die der Wohlenberger Wiek oder der Insel Usedom, erreichen generell höhere Wassertemperaturen als Badestrände an der offenen See mit größeren Wassertiefen und teils starken Strömungen, wie sie beispielsweise an Küstenabschnitten der Insel Rügen bestehen. Auch darf nicht vergessen werden, dass außerhalb der Flachwasserbereiche bei stärkerem Wind schnell erheblicher Wellengang entsteht.

Wann man die Ostseeküste Mecklenburg-Vorpommerns am besten besucht, hängt davon ab, welche Ziele man mit diesem Aufenthalt verbindet und natürlich auch, welche Reisezeit man individuell ermöglichen kann. Naturfreunde können ein beeindruckendes Naturerlebnis, verbunden mit deutlich geringeren Besucherzahlen am besten im Frühjahr und Herbst erleben. Besonders in den Nationalparks und Naturschutzgebieten mit ihrer schönen Natur und hohen Wild- und Vogelbeständen lohnt sich dann ein Besuch. Im Winter ist die Ostseeküste außerhalb der wichtigsten Touristenorte sehr ruhig und verlassen und auch ein zugefrorener Küstenstreifen mit von der See aufgetürmten Eisplatten kann sehr reizvoll sein. Für einen Badeurlaub bleibt dem Besucher nur die Zeit zwischen Juni und Anfang September.

Die meisten Sehenswürdigkeiten und viele Camping- und Stellplätze sind ganzjährig geöffnet. Zahlreiche Thermen und Hallenbäder laden zu jeder Jahreszeit zu Schwimmen und Wellness ein.

Gemäß Naturschutzausführungsgesetz und Landeswaldgesetz Mecklenburg-Vorpommern ist das **freie Übernachten** außerhalb ausgewiesener Park- und Stellflächen in Wald und Flur in Mecklenburg-Vorpommern fast überall entlang der Ostseeküste verboten. Nach dem extremen Ansturm von Besuchern mit Wohnmobilen auf die Ostseeküste im Corona-Jahr 2020 wurden vielerorts die letzten legalen Möglichkeiten zum Übernachten auf Parkplätzen gestrichen, Verbotsschil-

Bilderbuchwetter am Ostseestrand

der aufgestellt oder Höhenbegrenzungen montiert. Die Städte und Gemeinden waren der Masse an Wohnmobilen, die jede noch so kleine Übernachtungsmöglichkeit auf bisher ausgewiesenen oder tolerierten Parkplätzen oft tagelang blockierten, einfach nicht mehr gewachsen. Insbesondere in den Sommermonaten finden nun auch beständig Kontrollen durch Ordnungsämter, Polizei und Naturschutzbehörden statt und bei Verstößen werden erhebliche Bußgelder verhängt.

KURTAXE

Immer wieder ist die Kurtaxe öffentlicher Streitpunkt und besonders häufig ein Ärgernis für Wohnmobilisten. Gern wird dann darüber diskutiert, ob ein Aufenthalt oder eine Übernachtung auf einem Parkplatz, der Hund im Wohnmobil oder ein kurzzeitiger Strand- oder Gastronomiebesuch bereits abgabepflichtig sind. Wissen sollte man Folgendes: Kurtaxe, fantasievoll auch Ortstaxe, Aufenthaltsabgabe, Nächtigungstaxe oder Tourismusabgabe genannt, wird in Deutschland auf der Grundlage des §43 des Kommunalabgabengesetzes erhoben und braucht zwingend eine entsprechende örtliche Satzung.

100wo-lr

Für Kinder muss in der Regel nur eine ermäßigte Kurtaxe bezahlt werden

Die Kurtaxe wird in den Städten und Gemeinden der Ostseeküste Mecklenburg-Vorpommerns auf der Grundlage der vorgeschriebenen Satzung individuell aber stark unterschiedlich im Jahresverlauf, in der finanziellen Höhe, im betroffenen Personenkreis und der Zeitdauer des Aufenthaltes erhoben. Während mancherorts auf die Erhebung ganz verzichtet wird, gilt an anderer Stelle bereits eine Kurtaxepflicht bei bloßem kurzzeitigen Aufenthalt im Gemeindegebiet und auch das Mitführen von Hunden kann je nach Satzung bereits abgabepflichtig sein. An der Ostseeküste sind vielerorts in Gemeinden, die bereits bei bloßem Aufenthalt eine entsprechende Abgabe fordern, Kassenautomaten aufgestellt. Nicht selten befindet sich dann gleich neben dem Parkautomaten ein Kassenautomat für die Entrichtung der Kurtaxe. Besonders in der Sommersaison sind Kontrollen an den Stränden oder Parkplätzen nicht selten. Verpflichtet zur direkten Einziehung der Kurtaxe sind alle Übernachtungsbetriebe und damit auch alle gewerblichen Camping- und Wohnmobilstellplätze sowie auch alle Fährverbindungen, die zu kurtaxepflichtigen Inseln führen. Beachten muss man dann, dass die individuelle Kurtaxe auf den veröffentlichten Übernachtungs- oder Fährpreis des Anbieters noch zusätzlich aufgeschlagen wird, denn sie ist nicht in den Preisangaben des Anbieters enthalten!

Aus Platzgründen können die vielen jeweils mehrere Seiten langen und stark unterschiedlichen Kurtaxe-Satzungen der zahlreichen Ostseegemeinden in diesem Buch nicht im Detail dargestellt werden. Erhebt aber eine Gemeinde Kurtaxe, ist das im Buch erwähnt. Aus Platzgründen wird im Buch aber nur der Kurtaxesatz für Erwachsene in der

Hauptsaison aufgeführt, um einen Preisvergleich zu ermöglichen. Sehr häufig erlaubt die Kurtaxe auch die vergünstigte Benutzung bestimmter Gemeindeeinrichtungen oder -veranstaltungen, wie z. B. Schwimmbadbesuch, Konzerte oder Museen. Es empfiehlt sich deshalb, sich über die jeweilige Kurtaxesatzung des besuchten Ortes zu informieren. Die Camping- und Stellplatzbetreiber, aber auch die Touristinformationen geben gern entsprechende Auskünfte.

PREISE

Die Ostseeküste Mecklenburg-Vorpommerns ist heutzutage ganz sicher kein finanziell besonders günstiges Urlaubsziel mehr. Natürlich finden sich gerade für Wohnmobilisten noch recht preiswerte Orte und Urlaubsziele und das Buch versucht auch, auf diese hinzuweisen, doch das allgemeine Preisniveau ist mittlerweile sehr hoch und steigt von Jahr zu Jahr beständig weiter. Nach dem Prinzip von Angebot und Nachfrage schlägt sich der hohe Besucherandrang direkt in den Preisen nieder. Besonders zu Buche schlagen vielerorts sehr hohe Parkgebühren und Eintrittsgelder. Zusammen mit einer eventuellen Kurtaxe können bereits die Parkgebühren für eine durchschnittliche Familie mit Wohnmobil bei einfachem Strandbesuch Kosten von 20 € oder mehr verursachen und es gibt auch längst Campingplätze, deren aktueller Höchstpreis für die Übernachtung eines Wohnmobils bei über 60 € liegt. Natürlich hängt die Preisgestaltung immer sehr stark vom Bekanntheitsgrad des Ortes und der Anzahl der Besucher ab. Wohnmobilisten sind aber mobil und flexibel und können bei Bedarf auch besonders teure Orte meiden.

Leider wird die Preisgestaltung und ihre Darstellung für Camping- und Stellplätze an der Ostseeküste Mecklenburg-Vorpommerns immer komplizierter. Nicht selten besitzen heute die Plätze seitenlange Preislisten, die kaum noch überschaubar sind. Dann wird jedes Detail, wie beispielsweise der Kalendermonat, die Länge oder das Gewicht des Fahrzeuges, das Lebensalter der Personen, die Entfernung des Stellplatzes zum Strand oder die Ausstattung, Größe und Befestigung des individuellen Stellplatzes auf dem Campingplatz preislich höchst unterschiedlich bewertet. Das ergibt dann stark variierende Übernachtungspreise auf ein und demselben Camping- oder Stellplatz. Zusätzlich können noch Sonderleistungen wie WLAN, Strom, Wasser, der Hund oder TV-Anschluss zu verschiedenen Preisen in Rechnung gestellt werden.

Solche komplexen Preissysteme – die zusätzlich noch permanenten Preisänderungen unterliegen – können in diesem Buch leider nicht ausführlich dargestellt werden.

Wer Geld sparen will, sollte sich überlegen, was er unbedingt benötigt, und nachfragen, welche Alternativen und Pauschalen oder Sonderangebote es am Platz gibt. Da die meisten Camping- und Stellplätze in der Sommersaison sehr gut besucht sind, besteht in dieser Zeit kaum Verhandlungsspielraum. Außerhalb der Saison sind erhebliche Preisnachlässe nicht selten, denn dann gibt es oft größeren Leerstand. Rechnen kann sich auch der Wechsel von einem Camping- oder Stellplatzes direkt an der Ostsee oder in einem Ostseebad hin zu einem Platz etwas weiter im Inland. Camping- oder Stellplätze mit direktem Strandzugang haben natürlich im Regelfall die höchsten Preise, während ein Campingplatz 5 km vom Strand entfernt meist deutlich preisgünstiger ist. Vergessen sollte man bei der Auswahl eines etwas abgelegenen und preiswerteren Camping- oder Stellplatzes aber nicht, dass dann fast immer zusätzliche Parkgebühren und Kurtaxe beim Tagesbesuch der Ostseegemeinden anfallen könnten. Vorausbuchungen sind auf allen Camping- und Stellplätzen insbesondere in der Hauptsaison empfehlenswert und manchmal auch preiswerter als die direkte Buchung am Tag der Anreise. Viele Plätze sind im Sommer schon wochenlang vorher ausgebucht und eine Übernachtung sollte auch deshalb nach Möglichkeit immer rechtzeitig angemeldet werden. Im Frühjahr, Herbst oder Winter ist das nicht unbedingt notwendig, da dann die riesigen Sommerkapazitäten einen Aufenthalt auf den Camping- oder Stellplätzen immer ermöglichen.

PARKEN

Parken mit dem Wohnmobil wird in vielen Orten der Ostseeküste Mecklenburg-Vorpommerns zunehmend schwieriger. Nicht nur die bereits genannten hohen Parkgebühren sind dabei ein Ärgernis. Gegenwärtig haben immer mehr Ostseegemeinden die Neigung, zunehmend Parkplätze direkt oder indirekt für Wohnmobile zu sperren und dabei sind sie oft auch erfinderisch. Besonders beliebt sind Querbalken über der Parkplatzzufahrt, die die Höhe der Zufahrt begrenzen und somit Wohnmobile gezielt aussperren, oder enge, durch Poller und Steine begrenzte Zufahrten, die den Wenderadius eines Wohnmobils überfordern. Nicht selten bleiben dem Wohnmobilisten dann nur legale Parkmöglichkeiten teils kilometerweit entfernt. Fahrräder können deshalb sehr hilfreich sein. In der Nähe von Camping- und Stellplätzen ist es häufig besonders schwer, mit dem Wohnmobil einen Parkplatz für ein paar Stunden Aufenthalt zu finden. Natürlich ist es verständlich, wenn die Gemeinden ihren im Campinggewerbe tätigen Anwohnern Kundschaft und sich so auch Steuereinnahmen sichern wollen. Oft bleibt aber leider die Frage offen, wie denn Tagesgäste mit Wohnmobil den Ort mangels wohnmobiltauglicher und für Wohnmobile erlaubter Parkplätze überhaupt noch besuchen sollen. In manchen Gemeinden entsteht so leider der Eindruck, dass man dort an Besuchern mit Wohnmobil angesichts Zehntausender anderer Gäste nicht mehr besonders interessiert ist. Schade, schade, aber glücklicherweise sind in vielen Orten Wohnmobilisten immer noch sehr willkommen. Interessanterweise verschwinden sehr schnell viele Parkautomaten und Verbotsschilder außerhalb der Sommersaison von den Parkplätzen, von Parkplatzwächtern direkt kassierte Parkgebühren gibt es ohnehin so gut wie nicht mehr, da sich der personelle Aufwand nicht mehr rechnet. Deshalb stehen dem Reisenden mit Wohnmobil außerhalb der Hauptsaison etwas mehr Parkmöglichkeiten als im Sommer zur Verfügung. Besonders in den Gebieten, die auf Zehntausende Badegäste eingerichtet sind, liegen die oft riesigen Strandparkplätze dann sehr verlassen da.

HUNDE

Für ganz Mecklenburg-Vorpommern gilt nach Hundehalterverordnung – HundehVO M-V – eine generelle Leinenpflicht bei Versammlungen, Umzügen, Volksfesten und sonstigen öffentlichen Veranstaltungen sowie an Orten mit großen Menschenansammlungen, in öffentlichen Verkehrsmitteln, in Verkaufsstätten oder Tiergärten. Außerhalb umzäunten privaten Geländes müssen Hunde immer ein Halsband mit Namen und Wohnanschrift des Hundehalters oder eine gültige Steuermarke tragen. Frei laufende Hunde müssen immer im Einwirkbereich des Hundehalters stehen. Über die Landesverordnung hinaus haben die Städte und Gemeinden zusätzlich individuell unterschiedliche Hundeverordnungen auf kommunaler Ebene erlassen. Aufgrund dieser besteht für Hunde in den Städten und Gemeinden der Ostseeküste Mecklenburg-Vorpommerns zumindest in der Sommersaison fast überall Leinenpflicht. Außerdem sind zahlreiche öffentliche Strandabschnitte für Hunde gesperrt und dafür spezielle Hundestrände ausgewiesen. Vor allem in der Sommersaison kommt es nicht selten zu entsprechenden Kontrollen durch die Ordnungsbehörden der Städte und Gemeinden. Außerhalb der Sommersaison liegen die Strände verlassen und eventuell noch bestehende Einschränkungen für Hunde werden kaum noch durchgesetzt. Als gefährlich eingestufte Hunde müssen immer an der Leine geführt werden und einen Maulkorb tragen. Nach §29 Abs. 2 Landeswaldgesetz Mecklenburg-Vorpommerns sind alle Hunde in Waldgebieten grundsätzlich an der Leine zu führen. Wildernde Hunde außerhalb des Einwirkbereiches des Hundehalters dürfen in Mecklenburg-Vorpommern nach Landesjagdgesetz vom zuständigen Jagdausübungsberechtigten ohne Vorwarnung getötet werden. Nicht vergessen werden darf die **Kurtaxepflicht für Hunde,** die in einigen Städten und Gemeinden besteht.

103wo-lr

PANNE UND UNFALL

Wer mit seinem Fahrzeug aus technischen Gründen liegenbleibt, verlässt nach Möglichkeit die Straße oder fährt an den äußersten Rand und sorgt unbedingt für die bestmögliche Absicherung des Standplatzes. Warnblinkanlage anschalten, Warnwesten anziehen und falls erforderlich auch das Warndreieck aufstellen. Warndreiecke müssen auf Landstraßen mindestens 100 m und auf Autobahnen mindestens 150 m vor dem liegengebliebenen Fahrzeug aufgestellt werden. Steht man an einem sehr stark befahrenen Ort, ist es sicherer, das Wohnmobil zu verlassen und sich an eine Stelle zurückzuziehen, an der man selbst ungefährdet ist. Kinder lässt man dabei nicht allein aussteigen und Hunde sollte man immer anleinen. Kann man den Schaden nicht selbst beheben, ruft man am besten den Pannendienst. Dieser erfragt den Ort, die Schadensart, den Typ, ggf. Maße und Gewicht des Fahrzeuges und organisiert eine Instandsetzung oder das Abschleppen in eine geeignete Werkstatt. Das ist relativ bequem, kann aber in der Hauptsaison etwas Zeit in Anspruch nehmen.

Auch Hunde fühlen sich an der Osteeküste Mecklenburg-Vorpommerns wohl

Bei Unfällen wählt man den Notruf der Polizei unter Tel. 110 oder bei Unfällen mit Personenschäden bzw. akuter Erkrankung eines Reisenden den Notruf der Rettungsleitstellen unter Tel. 112. Diese Notrufnummern sind von jedem Telefon und Handy kostenfrei erreichbar.

Bei einer Panne kann man natürlich auch an der gesamten Ostseeküste Mecklenburg-Vorpommerns die Hilfe der etablierten Automobilklubs in Anspruch nehmen:

- **ADAC** (Allgemeiner Deutscher Automobil-Club e. V.): Tel. 0180 2222222, Mobiltelefon: 222222
- **AvD** (Automobilclub von Deutschland): Tel. 0800 9909909
- **ACE** (Auto Club Europa e. V): Tel. 0180 2343536
- **VCD** (Verkehrsclub Deutschland): Tel. 01805 290390
- **Zentraler Notruf der Autoversicherer:** Tel. 0800 6683663

Selbstverständlich ist ein Pannendienst aber auch über den Mobilitätsservice der verschiedenen Wohnmobilmarken möglich. In solchen Fällen gilt die in den Fahrzeugunterlagen angegebene Telefonnummer. Im Regelfall wird auch jede beliebige Werkstatt vor Ort bemüht sein, einem zu helfen, und zumindest in der Lage sein, die regionalen Ansprechpartner für den jeweiligen Fahrzeugtyp zu nennen.

Das ist
noch nicht alles!
Mehr Reise Know-How gibt es hier:
www.reise-know-how.de
Reiseführer | CityTrip | InselTrip | Wohnmobil-Tourguide | Kauderwelsch

REISE KNOW-HOW
@ReiseKnowHow
@reiseknowhowverlag
@Reise_KnowHow
auf www.reise-know-how.de
für den Newsletter anmelden
Zugspitze, Foto: Aneta Niemitz
Landkarten | KulturSchock | Wanderführer | ReiseSplitter | Fremdenversteher

Liebe Leserin, lieber Leser,

ein unabhängiger Verlag für unabhängig Reisende – das sind wir, der Reise Know-How Verlag aus Bielefeld, eines der letzten Familienunternehmen in der Branche. Obwohl wir zu den größten Reiseführerverlagen Deutschlands gehören, ist der familiäre Umgang miteinander in allen Bereichen des Verlagslebens zu spüren: In der Geschäftsführung in zweiter Generation, in einer wertschätzenden Arbeitsatmosphäre, in der Nähe zu unseren frei arbeitenden Autorinnen und Autoren, im engen Austausch mit unseren Leserinnen und Lesern – und auch in der Zusammenarbeit mit Druckereien in Deutschland, in denen wir ausschließlich und regional unsere Bücher produzieren. Die sollen schließlich erst mit Ihnen auf große Reise gehen.

Alles, was wir in unsere Bücher und Landkarten stecken, soll Ihnen eines ermöglichen: Auf Ihre ganz eigene, individuelle Weise die Welt zu entdecken. Wir wünschen Ihnen viel Freude und unvergessliche Erlebnisse mit diesem Wohnmobil-Tourguide.

Es grüßen herzlich
Peter Rump & Wayan Rump

REGISTER

T

U

V

W

Z

DIE AUTOREN

221wo-lr

Sylke Liehr und **Achim Rümmler** leben und arbeiten in der sächsischen Landeshauptstadt Dresden. Sie sind seit vielen Jahren mit verschiedenen Wohnmobilen unterwegs, um interessante Landstriche in Deutschland und ganz Europa kennenzulernen. Sie lieben die Natur, besonders wenn diese noch sehr ursprünglich ist, alle Outdoor-Aktivitäten und interessieren sich für die Geschichte, Kunst und Kultur der besuchten Gebiete. So bereisten sie vielfach neben der in ihrer Heimat liegenden Sächsischen Schweiz die ostdeutschen Mittelgebirge, die Mecklenburgische Seenplatte und die deutschen Küsten an Nord- und Ostsee. Dabei versuchen sie auch immer, von den großen und ausgetretenen Touristenpfaden abzuweichen, Neues und Vergessenes zu entdecken, Land und Leute kennenzulernen sowie den lokalen Genüssen für Gaumen und Magen näherzukommen. Wenn die Zeit für einen längeren Auslandsurlaub nicht ausreicht, nutzen sie sehr häufig kürzere Ausflüge zur Erkundung deutscher Regionen. Immer dabei ist ihr Hund Bini Mind, ein Border Terrier und waschechter Schotte. Nach ihrem erfolgreichen Buch über die Mecklenburgische Seenplatte stellen sie mit diesem Tourguide über die Ostseeküste Mecklenburg-Vorpommerns bereits ihren zweiten Reiseführer für Reisende mit Wohnmobil vor.

IMPRESSUM

Sylke Liehr, Achim Rümmler

Die schönsten Routen an der Ostseeküste Mecklenburg-Vorpommerns

© Reise Know-How Verlag Peter Rump GmbH 2013, 2016, 2018

4., neu bearbeitete und aktualisierte Auflage 2021

Alle Rechte vorbehalten.

ISBN 978-3-8317-3483-2

Printed in Germany

Druck und Bindung:
mediaprint solutions GmbH, Paderborn

Herausgeber: Klaus Werner
Layout: amundo media GmbH (Inhalt), Wayan Rump (Umschlag)
Lektorat: amundo media GmbH
Routenkarten: Ingenieurbüro B. Spachmüller
Ortspläne: amundo media GmbH, der Verlag, Ingenieurbüro B. Spachmüller
Kontakt: Osnabrücker Str. 79, 33649 Bielefeld, info@reise-know-how.de

Alle Angaben in diesem Buch sind gewissenhaft geprüft. Preise, Öffnungszeiten usw. können sich jedoch schnell ändern. Für eventuelle Fehler übernehmen Verlag wie Autoren keine Haftung.

Bildnachweis

Umschlagvorderseite: Regenbogen AG | Umschlagrückseite: Sylke Liehr, Achim Rümmler

Soweit ihre Namen nicht vollständig am Bild vermerkt sind, stehen die Kürzel an den Abbildungen für die folgenden Fotografen, Firmen und Einrichtungen. Sylke Liehr, Achim Rümmler: lr | fotolia.com by adobe: fo | stock.adobe.com: as | Uli Schlögel: us

108wo-lr

107wo-lr

ROUTENATLAS

Lübecker Bucht
Wismarer Bucht
Salzhaff
Neustadt in Holstein
Grömitz
Brenkenhagen
Lenste
Kniphagen
Groß-Schlamin
Bentfeld
Schashagen
Altenkrempe
Bliesdorf
Brodau
Rettin
Pelzerhaken
Sierksdorf
Timmendorfer Strand
Brodten
Warnsdorf
Travemünde
Priwall
Pötenitz
Ivendorf
Kücknitz
Schlutup
Lauen
Selmsdorf
Sülsdorf
Dassower See
Dassow
Schwanbeck
Kleinfeld
Schönberg
Palingen
Lockwisch
Lüdersdorf
Klein Siemz
Groß Siemz
Niendorf
Roduchelstorf
Groß Schwansee
Kalkhorst
Rosenhagen
Harkensee
Neuenhagen
Brook
Elmenhorst
Grundshagen
Hohen Schönberg
Rankendorf
Wilmstorf
Klein Voigtshagen
Welzin
Roggenstorf
Kussow
Tramm
Mallentin
Kirch Mummendorf
Blüssen
Börzow
Bernstorf
Wotenitz
Boltenhagen
Tarnewitz
Klütz
Damshagen
Großenhof
Wohlenberg
Niendorf
Groß Walmstorf
Warnow
Grevesmühlen
Plüschow
Barendorf
Upahl
Sievershagen
Hanshagen
Testorf
Groß Krankow
Petersdorf
Gressow
Beckerwitz
Zierow
Gramkow
Proseken
Gägelow
Barnekow
Insel Poel
Kirchdorf
Timmendorf
Weitendorf
Malchow
Groß Strömkendorf
Redentin
Hansestadt Wismar
Dammhusen
Triwalk
Metelsdorf
Dorf Mecklenburg
Beidendorf
Moltow
Schimm
Groß Stieten
Jesendorf
Bobitz
Lübow
Kritzow
Zurow
Reinstorf
Rerik
Rerik West
Kieluing
Zweedorf
Roggow
Am Pepelow
Rakow
Salzhaff
Boiensdorf
Questin
Stove
Blowatz
Alt Bukow
Neuburg
Alt Farpen
Neuburg-Steinhausen
Krusenhagen
Hornstorf
Benz
Gamehl
Hagebök
Nantrow
E 22
20
105
104
501
76
75
208

© Reise Know-How 2021
1 cm = 4 km
0
10 km
OSTSEE
Fehmarn
Darß
Hiddensee
Rügen
Stralsund
Greifswald
Usedom
Świnoujście
Rostock
Wismar
Prerow
Darß
Wieck a. Darß
Born a. Darß
Ahrenshoop
Fischland
Saaler
Bodden
Wustrow
Neuendorf Heide
Saal
Bartelshagen II
Langendamm
Hessenburg
Dierhagen
Ribnitzer See
Ribnitz-
-Damgarten
Tempel
Daskow-
Recknitz
Müritz
Graal-
Rostocker Heide
Klockenhagen
Gelbensande
Tressentin
Kuhlrade
Bartelshagen I b. Ribnitz-D.
Allerstorf
Markgrafenheide
Hinrichshagen
Blankenhagen
Brünkendorf
Warnemünde
Rövershagen
Vogtshagen
Gresenhorst
Nienhagen
Elmenhorst-
-Lichtenhagen
Mönchhagen
Mandelshagen
Carlsruhe
Kühlungsborn
West
Ost
Börgerende-
-Rethwisch
Heiligendamm
Wittenbeck
Admannshagen-
Unterwarnow
Hansestadt Rostock
Poppendorf
Dänschenburg
Dettmannsdorf
298
Bad Doberan
Bargeshagen
Gehlsdorf
Dierkow
Bentwisch
Thulendorf
Stubbendorf
Reppelin
Steffenshagen
Bartenshagen-
Lambrechtshagen
Broderstorf
Sanitz
Gnewitz
Jennewitz
Reddelich
Stülow
Roggentin
Groß Lüsewitz
Zarnewanz
Gersdorf
Hohenfelde
Parkentin
Niekrenz
Biendorf
Kröpelin
Kessin
Tessin
Kowalz
Schmadebeck
Retschow
Kritzmow
Bandelstorf
Petschow
Gubkow
Vilz
Lehnenhof
Hanstorf
Niendorf
Papendorf
Prangendorf
Neubukow
Altenhagen
Stäbelow
Krempin
Rederank
Heiligenhagen
Bölkow
Kavelstorf
Dummerstorf
Göldenitz
Selpin
Cariner-
Buchholz
Pölchow
Woltow
Alt Karin
Ravensberg
land
Gerdshagen
Ziesendorf
Prisannewitz
Cammin
Teschow
Moitin
Satow
Hohen Luckow
Benitz
Warnow
Radegast
Wendorf
Alt Kätwin
Kobrow
Kirch Mulsow
Jürgenshagen
Bröbberow
Sabel
Passee
Klein Belitz
Letschow
Schwaan
Dalwitz
Berendshagen
Niendorf
Kronskamp
Laage
Wardow
Reinstorf
Bandow
Züsow
Vorbeck
Hohen Sprenz
Prebberede
Glasin
Penzin
Weitendorf
Bernitt
Passin
Rukieten
Klein Sien
Selow
Kambs
Belitz
Babst
Schweez
Neu Heinde
Kritzkow
Mistorf
Liessow
Moisall
Langen-
Perniek
Kurzen-
-Trechow
Siemitz
Matgendorf
Kassow
Diekhof
Neuendorf
Hermannshagen
Goldewin
Drölitz
Gottin
Neukloster
Schlemmin
Steinhagen
Groß Schwiesow
Recknitz
Kuhs
Bützow
Lüssow
Lübberstorf
Göllin
Sarmstorf
Plaaz
Tolzin
Warnkenhagen
Dalkendorf
Wolken
Neukloster-see
Katelbogen
Rühn
Glasewitz
Qualitz
Strenz
Schlieffenberg
Mankmoos
Baumgarten
Gülzow-
Gr. Wariner See
Güstrow
Roggow
Wendorf
Wattmannshagen
Groß Roge
Warin
Zernin
Warnow
Tarnow
Bülow
Klueß
Viergest
Klein-Köthel
Nisbill

Nationalpark Vorpommersche Boddenlandschaft
300
297
Zingst
Bock
Barhöft
Klausdorf
Hohendorf
Groß Mohrdorf
Prohn
Kramerhof
Parow
Günz
Bresewitz
Barther Bodden
Grabow
Bodstedter Bodden
Bodstedt
Pruchten
Barth
Küstrow
Flemendorf
Groß Kordshagen
Lassentin
Altenpleen
Preetz
Niepars
Pantelitz
Fuhlendorf
Barthe
Divitz-
Kenz-
Spoldershagen
Lüdershagen
Löbnitz
Karnin
Kummerow
Martensdorf
Obermützkow
Velgast
Langenhanshagen
Wiepkenhagen
Altenwillershagen
Trinwillershagen
Lendershagen
Weitenhagen
Ahrenshagen
Schlemmin
Ravenhorst
Millienhagen-
Oebelitz
Richtenberg
Franzburg
Sievertshagen
Tribohm
Semlow
Plennin
Eixen
Wolfsdorf
Buchholz
Papenhagen
Marlow
Kavelsdorf
Hugoldsdorf
Drechow
Pöglitz
Splietsdorf
Müggenwalde
Schulenberg
Bad Sülze
Tribsees
Rekentin
Trebel
Gremersdorf
Kirch Baggendorf
Kneese
Dudendorf
Langsdorf
Böhlendorf
Lindholz
Gransebieth
Wendisch Baggendorf
Klevenow
Dönnie
Süderholz
Kandelin
Breesen
Deyelsdorf
Grammendorf
Rakow
Bretwisch
Thelkow
Behren-Lübchin
Keffenbrink
Glewitz
Düvier
Gülzowshof
Viecheln
Nehringen
Langenfelde
Nustrow
Wasdow
Medrow
Lühburg
Gnoien
Bobbin
Groß Methling
Volksdorf
Toitz
Rustow
Loitz
Trantow
Stubbendorf
Brudersdorf
Nossendorf
Wotenick
Walkendorf
Dölitz
Beestland
Finkenthal
Alt Pannekow
Boddin
Hansestadt Demmin
Alt Vorwerk
Remlin
Zarnekow
Warrenzin
Glasow
Dargun
Schwasdorf
Altkalen
Groß Wüstenfelde
Jördenstorf
Wagun
Peene
Küsserow
Marienhof
Klenz
Schorrentin
Verchen
Schönfeld
Sukow-
Levitzow
Lelkendorf
Mecklenburgische Schweiz
Neukalen
Kummerower See
Metschow
Meesiger
Thürkow
Teterower Peene
Teterower See
Karnitz
Alt-Sührkow
Teschow
Gorschendorf
Sommersdorf
Kummerow
Teterow
Grammentin
Hansestadt Stralsund
Knieper Nord
Knieper West
Strelasund
Altefähr
Devin
Neuhof
Wendorf
Negast
Jakobsdorf
Zarrendorf
Brandshagen
Stahlbrode
Zudar
Steinhagen
Elmenhorst
Bookhagen
Ahrendsee
Sundhagen
Reinberg
Abtshagen
Behnkendorf
Miltzow
Wittenhagen
Stoltenhagen
Bremerhagen
Kirchdorf
Riemserort
Gristow
Insel Koos
Mesekenhagen
Lehmhagen
Willerswalde
Horst
Groß Petershagen
Neuenkirchen
Wampen
Grimmen
Ryck
Wackerow
Levenhagen
Neuendorf
Griebenow
Hansestadt Greifswald
Hinrichshagen
Weitenhagen
Poggendorf
Alt Pansow
Dersekow
Dargelin
Treuen
Sassen-
Klein Zastrow
Behrenhoff
Passow
Görmin
Kammin
Alt Plestlin
Bentzin
Kuntzow
Bandelin
Wüstenfelde
Sophienhof
Jarmen
Breechen
Tutow
Kletzin
Müssentin
Groß Toitin
Kruckow
Siedenbrünzow
Kartlow
Völschow
Vanselow
Schmarsow
Plötz
Jagetzow
Tollense
Utzedel
Teusin
Alt Tellin
Daberkow
Buschmühl
Beggerow
Hohenbüssow
Bartow
Hohenbrünzow
Hohenmocker
Schwichtenberg
Golchen
Borrentin
Sarow
Breest
Hohenbollentin
Törpin
Gnevkow
Letzin
Burow
Gr. Landgraben
Kölln
Neu
Lindenberg
Altenhagen
Seltz
Kentzlin
Gültz
Fahrenholz
Ummanz
Waase
Wusse
Lieschow
Groß Kubitz
Gingst
Kubitzer Bodden
Rügen
Parchtitz
Boldevitz
Bergen auf Rügen
Dreschvitz
Güttin
Sehlen
Ketelshagen
Samtens
Rambin
Karnitz
Putbus
Kasnevitz
Krakvitz
Garz /Rügen
Gustow
Poseritz
Groß Schoritz
Zudar
Venzvitz
E 22
E 251
105
109
110
194
96
20

300
© Reise Know-How 2021
0 1 cm = 4 km 10 km
OSTSEE
Pommersche Bucht
Greifswalder Bodden
Stettiner Haff
Biosphärenreservat Südost-Rügen
Naturpark Usedom
Usedom
Achterwasser
Peenestrom
Peene
Ückermünde
Świnoujście (Swinemünde)
Wiek
Prora
Binz
Sellin
Baabe
Göhren
Middelhagen
Lobbe
Lancken-Granitz
Zirkow
Serams
Vilmnitz
Lauterbach
Vilm
Gager
Thiessow
Peenemünde
Karlshagen
Trassenheide
Zinnowitz
Zempin
Koserow
Kölpinsee
Ückeritz
Bansin
Heringsdorf
Ahlbeck
Korswandt
Zirchow
Garz
Kamminke
Lubmin
Loissin
Wolgast
Kröslin
Freest
Spandowerhagen
Anklam
Lassan
Usedom
Stolpe auf Usedom
Mellenthin
Benz
Pudagla
Lütow
Krummin
Bannemin
Sauzin
Dargen
Görke
Katschow
Ducherow
Bugewitz
Mönkebude
Grambin
Altwarp
Leopoldshagen
Vogelsang-Warsin
Ueckermünde Ost
Bellin
Züssow
Karlsburg
Gribow
Ziethen
Murchin
Pinnow
Rubkow
Kemnitz
Diedrichshagen
Hanshagen
Wrangelsburg
Katzow
Neu Boltenhagen
Rubenow
Wusterhusen
Brünzow
Groß Polzin
Stolpe
Butzow
Blesewitz
Neuenkirchen
Spantekow
Drewelow
Sarnow
Rossin
Neu Kosenow
Bargischow
Medow
Krien
Schmatzin
Klein Bünzow
Lühmannsdorf
Groß Kiesow
Kölzin
Oldenburg
Neustadt
Lübeck
Wismar
Rostock
Stralsund
Greifswald
Rügen
Hiddensee
Fehmarn
Darß
Usedom
Swinoujscie

© Reise Know-How 2021

ÜBERSICHT DER CAMPING- UND STELLPLÄTZE

Die **GPS-Koordinaten der Stell- und Campingplätze im Buch** können auf der Verlags-Homepage www.reise-know-how.de von der Artikelseite dieses Buches unter der Rubrik Datenservice als Waypoint-Liste heruntergeladen werden.

ROUTE 1

ROUTE 2

ROUTE 3

ROUTE 4

ROUTE 5

ROUTE 6

ROUTE 7

ROUTE 8

Schreiben Sie uns!

Wir hoffen, dass Ihnen dieser Wohnmobil-Tourguide gefällt und er Ihnen ein guter Begleiter auf einer außergewöhnlichen und spannenden Reise ist.

Weil ein Reiseführer von Erfahrungen lebt, sind wir an Ihren Erlebnissen interessiert: Haben Sie in unserem Buch einen Stellplatz entdeckt, den es nicht mehr gibt, eine Sehenswürdigkeit, die wir noch nicht aufgeführt haben, oder eine falsche Adresse? Dann schreiben Sie uns! **Wir nehmen jeden Hinweis und jede Kritik ernst und arbeiten kontinuierlich daran, die Bücher aktuell zu halten und immer weiter zu verbessern.** Jede Mail wird gelesen und beantwortet. Auch wenn wir nicht jeden Wunsch erfüllen können, machen wir uns immer Gedanken über Ihre Anmerkungen.

Schreiben Sie uns:
per Mail an info@reise-know-how.de oder an
Reise Know-How Verlag Peter Rump GmbH, Postfach 140666, 33626 Bielefeld

Wenn sich Ihre Infos direkt auf das Buch beziehen, würde uns die Angabe der Seitenzahl und der Auflagenzahl bzw. des Erscheinungsjahres Ihrer Ausgabe die Arbeit sehr erleichtern. Besonders hilfreiche Beiträge und Ergänzungen zu den Büchern belohnen wir mit einem Sprachführer Ihrer Wahl aus der über 240 Bände umfassenden „Kauderwelsch"-Reihe.

Herzlichen Dank und gute Reisen
Ihr Reise Know-How Verlag

Routenübersicht

© Reise Know-How 2021

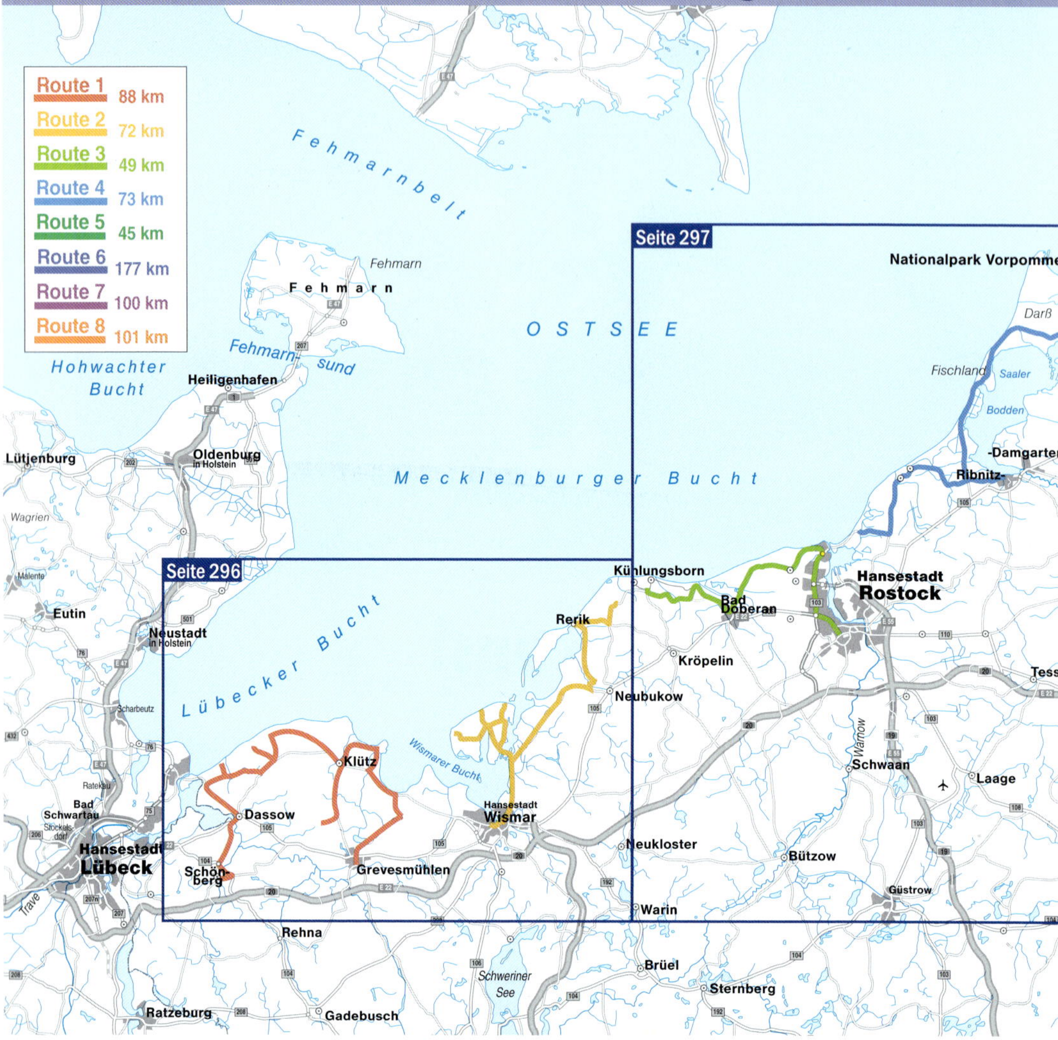